角筆口訣의 解讀과 翻譯 5

집필진

이승재 (서울대학교 교수)	남풍현 (구결학회 고문)
윤행순 (한밭대학교 교수)	정재영 (한국기술교육대학교 교수)
이희관 (전 호림박물관 학예실장)	박진호 (한양대학교 교수)
장경준 (고려대학교 교수)	김성주 (한국기술교육대학교 연구교수)
박준석 (말라야대학교 교수)	서민욱 (가톨릭대학교 박사)
정진원 (고려대학교 강사)	조은주 (단국대학교 강사)
이병기 (한림대학교 교수)	이전경 (연세대학교 강사)
이 용 (류블랴나대학교 교수)	김천학 (서울시립대학교 강의교수)
김명운 (서울대학교 강사)	조호 사토시 (토야마대학 교수)
유현조 (서울대학교 강사)	안대현 (연세대학교 강사)
김선영 (서울대학교 박사과정)	고성익 (서울대학교 박사과정)
김지오 (동국대학교 박사과정)	박진희 (서강대학교 박사과정)
윤옥석 (연세대학교 박사과정)	정혜선 (서강대학교 박사과정)
조재형 (중앙대학교 박사과정)	

角筆口訣의 解讀과 飜譯 5

초판 제1쇄 인쇄 2009년 7월 20일   초판 제1쇄 발행 2009년 7월 31일
지은이 이승재 외
펴낸이 지현구 **펴낸곳** 태학사 **등록** 제406-2006-00008호
주소 경기도 파주시 교하읍 문발리 파주출판도시 498-8
전화 마케팅부 (031) 955-7580~2 편집부 (031) 955-7585~90 **전송** (031) 955-0910
홈페이지 www.thaehaksa.com **전자우편** thaehak4@chol.com

ⓒ 이승재 외, 2009
값 30,000원

ISBN 978-89-5966-317-0 94710
ISBN 978-89-5966-001-8 (세트)

☞ 잘못된 책은 구입한 곳이나 본사에서 바꾸어 드립니다.
☞ 이 연구는 한국학술진흥재단의 기초학문육성사업 인문사회분야지원 토대연구(과제번호 KRF-2005-078-AM0026)의 연구비를 받아 수행되었다.

角筆口訣의 解讀과 翻譯 5
− 周本『華嚴經』卷第三十一・卷第三十四 −

이승재　남풍현　윤행순　정재영
이희관　박진호　장경준　김성주
박준석　서민욱　정진원　조은주
이병기　이전경　이 용　김천학
김명운　　조호 사토시　유현조
안대현　김선영　고성익　김지오
박진희　윤옥석　정혜선　조재형

태학사

머리말

　2000년 7월 초순에 뜻하지 않게 우리는 寶物을 찾게 되었다. 角筆 硏究의 세계적 권위자인 일본의 小林芳規 교수가 來韓하여 口訣學會의 南豊鉉 會長을 비롯한 여러 임원과 공동으로 각필 자료를 조사하던 중에 새로운 양식의 구결 자료를 발견한 것이다. 誠庵古書博物館(館長 趙炳舜) 소장의 『瑜伽師地論』 卷第八에 기입된 角筆口訣 資料가 바로 그것이다. 그 뒤를 이어 湖林博物館(館長 吳允善) 소장의 周本 『華嚴經』 卷第三十一과 卷第三十四, 『瑜伽師地論』 卷第三 등 10여 점의 자료에서도 각필 구결이 발견되었다. 千年의 神秘를 간직한 채 묻혀 있던 이 보물을 찾아냄으로써 우리는 千年 前의 國語 資料를 대량으로 확보하는 기쁨을 맛보았다.

　그러나 기쁨도 한 순간이었다. 이 자료를 연구하여 그 비밀을 풀어내는 일이 결코 쉽지 않았던 것이다. 우선 角筆로 종이를 눌러 기록한 點이나 線이 선명하지 않아 이를 정확하게 判讀하는 일이 의외로 어려웠다. 각도에 따라 잘 보이다가도 어떤 때에는 신기루처럼 사라져 버리기도 하였다. 一 個人의 판독만으로는 객관적인 판독에 이르기 어려웠으므로 여러 연구자가 點과 線을 共同으로 判讀하는 작업이 필수적이었다. 이 객관성 확보를 위하여 사진을 정밀하게 찍어 배포하고 공동 연구팀을 조직하게 되었다.

　判讀이 끝나면 이를 文字言語로 풀어내는 과정이 뒤따른다. 그런데 角筆로 기록된 點이나 線은 우리가 처음으로 접해 보는 기록 방식이기 때문에 이를 어떻게 解讀할지 앞이 막막하였다. 우리가 참고할 수 있는 것은 기존의 釋讀口訣 자료와 일본의 경험밖에 없었다. 일본에서는 이른바 訓點 資料라 하여 수천 점의 자료를 이미 조사한 상태였고 解讀 經驗을 百年이나 축적하였다. 이 경험을 최대한 활용하였지만 解讀의 실마리는 좀처럼 잡히지 않았다. 일본의 훈점 해독 방법이 우리의 角筆口訣을 解讀하는 데에 오히려 방해가 되는 적도 있었다. 길은 釋讀口訣에 있었다. 석독구결을 바탕으로 하여 해독의 실마리를 찾을 수 있었고 해독의 결과도 석독구결로 귀결되었다.

　南豊鉉 會長이 句節 末에 점이나 선을 몰아서 찍는다는 사실을 발견하였는데, 해독에 瑞光이 비치기 시작한 것은 바로 이때부터였다. 이를 이어 逆讀線·境界線·指示線 등의 각종 符

號가 가지는 기능이 밝혀지면서 조금씩 點吐에 대응하는 口訣吐가 무엇인지 알 수 있게 되었다. 각필 구결의 記入 位置에 대한 비밀이 풀리면서 한걸음 더 전진할 수 있었다. 그 사이에 십여 편의 논문이 쏟아져 나온 것은 두말할 필요도 없다.

이윽고 角筆口訣 資料의 중요성을 간파한 젊은 연구자들이 따로 모여 각필구결을 연구하는 모임을 만들었다. 天佑神助인지 한국학술진흥재단의 기초학문육성지원사업이 발족되었고 그 하위에 인문사회분야지원 토대연구가 있었다. 이 연구비의 지원을 받은 젊은 연구자들은 한층 힘을 내었다. 매주 한 번씩 한 자리에 모여 한두 장씩 읽어 가면서 서로의 판독안과 해독안을 비교·검토하고 수정하였다. 이 작업을 2회 반복함으로써 오류를 최소화하려고 노력하였다. 연구 결과를 출판할 때에는 시리즈 방식으로 간행하되, 이용자의 편의를 위하여 解讀集과 寫眞資料集을 분책하기로 하였다. 그 결실로 다음과 같은 解讀集을 낼 수 있었다.

角筆口訣의 解讀과 翻譯 1 - 初雕大藏經의 『瑜伽師地論』 卷第五·卷第八(2005년 8월, 태학사)
角筆口訣의 解讀과 翻譯 2 - 周本『華嚴經』 卷第三十六(2006년 3월, 태학사)
角筆口訣의 解讀과 翻譯 3 - 周本『華嚴經』 卷第六·卷第五十七(2006년 11월, 태학사)
角筆口訣의 解讀과 翻譯 4 - 晉本『華嚴經』 卷第二十·周本『華嚴經』 卷第二十二(2009년 7월, 태학사)

이번에 간행하는 解讀集은 그 다섯 번째 결실로서 湖林博物館 所藏의 周本『華嚴經』 卷第三十一과 卷第三十六을 대상으로 삼았다. 이들은 寺刊本 계통의 木版卷子本이고 國寶 203호로 지정된 周本『華嚴經』 卷第六과 계통이 같다. 11세기 말엽 또는 12세기 초엽에 간행된 것으로 추정된다. 여기에 기입된 각필구결이 불경 제작 당시에 기입된 것이라면 이것은 900여 년 전의 우리말을 반영한다. 이 자료로 말미암아 국어사의 공백기로 남아 있는 11-12세기를 새로이 기술할 수 있게 되었으니 이 얼마나 貴重한 國語資料인가!

이 책은 여기에 기입된 점이나 선을 判讀하고 이를 口訣字로 解讀한 다음 다시 현대어로 翻譯한 것이다. 11-12세기의 국어 문장 자료가 많지 않은 상태임을 감안하면 이 책의 가치는 결코 가볍지 않다. 900餘 年 전에 점과 선으로 기록된 우리말 자료를 文字言語로 풀어낸 것이므로 향가 수십 편을 새로 발굴하여 해독해 낸 것과 다를 바가 없다. 그토록 염원하던 三代目의 출현에는 미치지 못하지만 그에 버금가는 자료를 찾아내었고 또한 해독해 낸 것이다. 해독의 결과를 이용하면 音韻史·文法史·語彙史 등의 국어사 전반에 걸쳐 전혀 새로운 논의를 전개할 수 있을 것이다. 한 마디로 이 책은 국어사 연구의 새로운 디딤돌이라 하여도 지나친 말이 아니다.

　이 책이 나오기까지 많은 분들로부터 은혜를 입었다. 자료를 발견하는 데에 결정적 계기를 마련해 주신 일본의 小林芳規·西村浩子 교수를 비롯하여 사진 촬영에 협조해 주신 成保文化財團의 尹章燮 理事長과 湖林博物館의 吳允善 館長께 무어라 감사의 말씀을 올려야 할지 모르겠다. 휴가를 반납하고 정성스레 점과 선을 옮겨 적었던 南豊鉉·尹幸舜·鄭在永 교수와 공동연구원으로 참여하였던 호림박물관의 이희관 학예실장께도 머리 숙여 감사드린다. 가장 먼저 각필구결의 해독에 뛰어든 장경준·이병기 교수와 서민욱 연구원, 판독에서 해독에 이르기까지 정성을 다해 준 박진호·김성주·박준석 교수와 정진원·조은주 연구원, 공동연구회에 자발적으로 참여해 준 젊은 국어학도야말로 이 책의 진정한 著者이다. 끝으로 짧은 기간에 예쁜 책으로 마무리 지어 주신 태학사의 지현구 사장님과 여러 직원께 고마움을 전한다.

2009년 7월 20일
여러 젊은 국어학자의 뒤켠에서　이 승 재　씀

차례

머리말   5

第一部   硏究 論文

   호림박물관 소장 점토석독구결 자료 주본『화엄경』권제31에 대하여 ·········· 정진원 / 13
   湖林博物館 所藏 點吐釋讀口訣 資料 周本『華嚴經』卷第34에 대하여 ········ 金星周 / 25

第二部   判讀과 解讀 및 飜譯

일러두기 ·· / 42
周本『華嚴經』卷第三十一 ··· / 43
周本『華嚴經』卷第三十四 ··· / 207

第一部　研究 論文

호림박물관 소장 점토석독구결 자료
주본『화엄경』권제31에 대하여

정진원(고려대)

1. 저자: 華嚴經과 于闐國의 三藏 實叉難陀

우전국(于闐國)은[1] 현재 신강(新疆) 위구르 자치구의 타림분지 서남쪽 곤륜산맥의 북쪽과 접해 있는 곳이다. 우전은 실크로드 동서무역의 중개시장으로 번영했기 때문에 동서 양쪽 문화를 받아들여 독특한 문화를 형성하였다.[2] 『60화엄경』이나 『80화엄경』 모두가 사막의 오아시스 국가였던 우전에서 발견되어 중국으로 왔다는 것은 화엄경이 우전에서 편찬 또는 집대성 되었을

---

1) 우전은 현재 허톈 [和闐(화전), Khotan]으로 불린다. 중앙아시아 타림분지 남부의 서역남도(西域南道:실크로드의 하나) 최대의 오아시스 도시로 인구는 약 12만(1987년)이다. 백옥하(白玉河)와 흑옥하(黑玉河) 사이에 있는 요충으로, 동으로는 누란, 서로는 야르칸드, 북으로는 악수로 통하는 동서교통의 중심도시이다. 예부터 중국인이 귀하게 여긴 연옥(軟玉)의 산지로 유명하며, 이는 일찍이 하서회랑의 월지(月氏)에 의해 중국에 수출되었다. 전한(前漢) 무제(武帝) 때, 서역과의 교통이 시작되었을 무렵, 허톈은 우전국(于闐國)이었다. 중국의 서역에 대한 영향력이 쇠퇴한 3세기 무렵 동서교역으로 번영하며 독자적인 문화를 꽃피웠던 타림분지의 5대국 중 하나였다. 당(唐)나라 초기에는 북의 서돌궐(西突厥)에 복속하였으나, 당의 타림분지 진출에 따라 다른 오아시스국가와 함께 멸망하였다. 허톈의 주변에는 대승불교의 유적이 많다. 현재는 옥 이외에 직물업의 중심지로도 알려져 있다. <네이버 두산백과사전 정리요약>

2) [북사(北史)] 제97의 [서역전(西域傳)]에 보면, 우전에서는 모든 백성이 불법(佛法)을 소중히 여겼으며, 사찰과 탑과 승려들이 대단히 많았다. 특히 왕은 불교를 신봉하여 육재일(六齋日)을 지키고 불단에 올리는 곡물이나 과일을 손수 씻었다고 한다. 400년경에 법현(法賢)이 율장의 빠진 부분을 구하기 위하여 서역으로 가던 중 우전국에 머물면서 그곳 불교의 모습을 기록으로 남겨놓은 [법현전(法賢傳)]은 당시 우전국의 불교의 모습을 소상하게 전해주고 있다. 기록에 따르면 우전국은 부유한 나라로서 국민들은 불법을 신봉하고 수만 명의 승려들이 있으며, 사람들의 집 앞에는 높이가 6미터 정도 되는 작은 탑이 세워져 있었으며, 여행하는 승려들을 위해 승방도 마련되어 있었다고 한다. 또한 우전에는 14개의 대사찰을 비롯한 수백개의 사찰이 있었으며 그 중 하나인 왕신사(王新寺)에는 높이가 75미터나 되는 탑이 세워져 있었다고 하니 사찰의 규모와 웅대함을 짐작할 수 있다. 그리고 건물은 금은으로 칠해져 있고 여러가지 보석으로 장식되어 있었으며, 법당의 기둥과 창문은 모두다 금으로 칠해져 있었다고 한다.

가능성을 시사해 준다.

　삼장 실차난타(三藏 實叉難陀:652~710)는[3] 당(唐)나라의 역경승(譯經僧)으로 산스크리트명 Śikṣānanda의 음역이다. 우전(于闐) 출생으로 695년 『화엄경(華嚴經)』의 산스크리트본을 뤄양[洛陽]으로 가져다가 보리류지(菩提流志), 의정(義淨) 등과 함께 『신역(新譯)화엄경』(80권)을 완역하고, 그 밖에 『대승입능가경(大乘入楞伽經)』, 『문수수기경(文殊授記經)』 등 19부도 한역하였다. 704년에 일단 귀국했었으나 708년 다시 중국으로 왔다. 그가 번역한 『화엄경』에는 측천무후(則天武后)가 서문을 썼고 측천무후 당시의 국명이 '周'였으므로 통칭 '周本 華嚴經'이라 부른다.

2. 구성

2.1. 書誌에 대하여[4]

　周本 『華嚴經』 卷第31(湖林博物館 所藏)은 周本 卷第6, 卷第22와 같은 木板卷子本이다. 총 21幅, 張의 크기 縱 29.5cm, 橫 48.5cm, 邊高 23.4cm이다. 上下單邊으로 每張 24行 17字이다. 각 張 앞(版心)이 '周三十一 三' 등으로 쓰여 '經名, 卷次, 張次'를 표시하고 있다. 卷第6, 卷第22와 비교하면 '經' '第' '幅'이 결여되어 있다.[5] 紺色 不審紙 외에 黃色 不審紙도 있는데 출현 빈도가 높아 2.2.에서 별도 도표로 다루었다.[6] 點吐의 깊이가 얕고 두 점을 이어 線을 그릴 때 2mm 내외인 것도 다른 주본 화엄경들과 같다. 그 외에 '勿'이라는 글자와 欄下에 '由經也' 등의 각필로 쓴 글자가 있는데 '由'자 우측에 각필로 '経'자가 기입되어 있다.

2.2. 不審紙

　不審紙는 주본 권제31의 모두 26곳에 붙여져 있다. <주본화엄31, 06:13>의 黃色 不審紙만

---

3) 불광사전 【實叉難陀】 p5784-下 참조.　http://www.sejon.or.kr/zboard/view.php?id=bori_06&no=104 참조.
4) 주로 남풍현(2000), 남풍현(2006)을 참조하여 정리하였다.
5) 곧 권제6의 경우 '周經第二十二 第三幅 戒初'와 같이 되어 있다.
6) 남풍현(2006)에서는 황토색 불심지가 감색 불심지보다 먼저의 것으로 추측하고 있으나 정확하지 않다.

빼고 모두 紺色이라는 특징이 있다. 특히 黃色은 다른 不審紙보다 아주 작은 편에 속한다.[7] 이것을 도표로 정리하면 다음과 같다.

不審紙	위치	특징
1	<주본화엄31, 05:18>	제18행의 欄上에 정사각형 紺色 不審紙가 붙어 있다.
2	<주본화엄31, 06:09-10>	9행과 10행 사이의 欄上에 紺色의 不審紙가 붙어 있다.
3	<주본화엄31, 06:13>	13행의 欄上에 紺色 不審紙가 붙어 있다.
4	<주본화엄31, 07:16>	16행 欄上에 마름모꼴의 작은 黃色 不審紙가 있다.
5	<주본화엄31, 08:04>	제4행의 欄上에 긴 \ (역사선) 모양의 紺色 不審紙가 붙어 있다.
6	<주본화엄31, 08:08>	제8행의 欄上에 \(역사선) 직사각형 형태의 紺色 不審紙가 붙어 있다. 이점본에는 제13행 난상에 紺色 불심지가 붙어 있는 것으로 기록되어 있다.
7	<주본화엄31, 08:22>	제22행의 欄上에 紺色 不審紙가 붙어 있다.
8	<주본화엄31, 09:12-13>	12행과 13행 사이의 欄上에 不審紙가 있다.
9	<주본화엄31, 09:23>	23행의 欄上에 다른 不審紙보다 위쪽에 紺色 不審紙가 있다.
10	<주본화엄31, 10:5-6>	5행과 6행 사이의 欄上에 마름모꼴 형태의 작고 희미한 黃色 不審紙가 있다.
11	<주본화엄31, 10:15-16>	15행과 16행 사이의 欄上에 不審紙가 있다.
12	<주본화엄31, 10:21-22>	21행과 22행 사이의 欄上에 不審紙가 있다.
13	<주본화엄31, 11:05>	5행의 欄上 떨어진 위치에 紺色 不審紙가 있다.
14	<화엄31, 11:17-18>	17행과 18행 사이의 欄上에 不審紙가 있다.
15	<주본화엄31, 12:08>	8행의 欄上에8행의 欄上 좀 떨어진 위치에 마름모꼴의 紺色 不審紙가 붙어 있다. 그 위에 작은 크기의 黃色 不審紙도 있는 듯하다.
16	<주본화엄31, 14:06>	6행 위의 欄上에 紺色 不審紙가 붙어 있다.
17	<주본화엄31, 14:09>	9행 위의 欄上에 紺色 不審紙가 붙어 있다.
18	<주본화엄31, 15:15>	15행 欄上에 수직으로 긴 직사각형의 紺色 不審紙가 있다.
19	<주본화엄31, 17:09-10>	9行과 10行 사이의 欄上에 직사각형의 紺色 不審紙가 있다.
20	<주본화엄31, 17:22-23>	22行과 23行 사이의 欄上에 정사각형의 紺色 不審紙가 있다.
21	<주본화엄31, 18:08-09>	8행과 9행 사이의 欄上 좀 떨어진 위치에 정사각형의 紺色 不審紙가 있다.
22	<주본화엄31, 18:13-14>	13行과 14行 사이에 마름모꼴의 紺色 不審紙가 있다.
23	<주본화엄31, 18:19-20>	19行과 20行의 사이에 마름모꼴의 紺色 不審紙가 있다.
24	<주본화엄31, 19:15>	15행과 16행 사이의 欄上에 마름모꼴의 紺色 不審紙가 붙어 있다.
25	<주본화엄31, 19:24>	19행 欄上에 마름모꼴의 紺色 不審紙가 붙어 있다.
26	<주본화엄31, 20:17>	17행 欄上에 정사각형의 紺色 不審紙가 있다

---

7) 黃色 不審紙는 紺色보다 아주 작고 색깔도 희미해 이외에도 심증이 가는 곳이 몇 군데 더 있으나 확실치 않아 도표에 넣지 않는다.

2.3. 팔십화엄 십회향품의 내용

華嚴經에서 중시하고 있는 내용은 크게 '法界緣起'와 '菩薩行'이라 할 수 있다. 그 중 十廻向品 내용인 '보살행'은 중생을 구제하는 것을 수행목적으로 삼는다.[8] 十廻向은 앞에서 나온 十住·十行보다 더 비중을 두어 해설하고 그 하나하나에 대해 게송으로 찬탄한다. 廻는 轉, 向은 趣의 의미로 보기도 하는데, 자기가 닦은 선근공덕을 轉하여 기대하는 곳으로 向하는 것이 廻向이기 때문이다.[9]

'25 십회향품(十廻向品)'은 주본 팔십화엄의 7처 9회 중 제5회에 들어있는데 가장 주요 부분이라 할 수 있다. 십회향품이 펼쳐지는 공간은 욕계육천 중 도솔천이다. 5회가 시작되는 '23 승도솔천궁품'은 세존이 위신력으로 야마천궁을 떠나지 않고 도솔천왕이 설법처를 마련하는 내용으로 이루어져 있다. '24. 도솔궁중게찬품'에서는 金剛幢菩薩을 우두머리로 하여 열 명의 보살이 시방의 보살들과 함께 와서 부처님께 예배하고, 게송으로 부처님을 찬탄하고 있다. 여기서 법문을 설하는 주체가 부처의 가피를 입은 金剛幢菩薩이다. 金剛은 지혜를 나타내고 幢은 자비의 기치를 뜻한다.(해주 1998: 87-94) 내용은 십회향 단계에 있는 보살이 앞 모임들에서 설교한 보살수행의 성과를 중생을 구제하는 데와, 자신이 깨달음을 얻고 영원한 실체에 회향하는 것에 대하여 설명하고 있다. 여기까지가 보살의 예비단계인 十地 前 보살들의 수행 내용이다.

十廻向은 다음 10가지 즉, ①구호일체중생이중생상회향(救護一切衆生離衆生相廻向)·②불괴회향(不壞廻向)·③등일체제불회향(等一切諸佛廻向)·④지일체처회향(至一切處廻向)·⑤無盡功德藏廻向(무진공덕장회향)·⑥입일체평등선근회향(入一切平等善根廻向)·⑦등수순일체중생회향(等隨順一切衆生廻向)·⑧진여상회향(眞如相廻向)·⑨무착무박해탈회향(無着無縛解脫廻向)·⑩입법계무량회향(入法界無量廻向)인데, 그 중 주본 권제31은 아홉번째 無著無縛解脫廻向을 설하고 있다.

이 열 가지 회향은[10] 보살이 닦은 선근을 衆生과 菩提, 眞如 세 가지로 대별한다. 첫째 중생

---

8) 화엄경에서는 보살들이 부처와 그의 교설, 승가에 대한 신앙심을 일으키는 것으로 시작해 십바라밀, 십주, 십행, 십회향 등의 단계를 거쳐 보살 수행을 완성하고 부처 경지에 도달하는 모습을 서술한다. 부처는 신통력인 십명과 지혜인 십인을 얻어 중생구제를 위한 법계 이치를 깨닫는 내용으로 이루어져 있다. 조규형(2001), pp.3-9.
9) 이기영(1985), 『화엄경의 세계』, 한국불교연구원출판부. pp.74-77.
10) 십회향: daśa-pariāmanā 보살이 수행하는 계위(階位)인 52위(位) 중에서, 제31위에서 제40위까지. 10행위(行位)를 마치고, 다시 지금까지 닦은 자리(自利)·이타(利他)의 여러 가지 행을 일체 중생을 위하여 돌려주

회향은 대자비심을 중생에게 베풀어 교화하는 것이고, 둘째 보리회향은 선근을 위없는 깨달음으로 향하게 하는 것, 셋째 진여회향은 相을 버리고 理를 깨달아 들어가 보현 법계의 공덕을 성취하는 일을 말한다.

3. 제9회향 無著無縛解脫廻向

3.1. 無著無縛解脫廻向의 개요

제9회향 '無著無縛解脫廻向'은 金剛幢菩薩이 智光三昧에 들어 부처님의 한량없는 지혜를 얻은 뒤, 그 삼매에서 일어나 다른 보살들에게 부처의 열 가지 회향을 닦아 배우도록 설한다. '제9 무착무박해탈회향'의 구체적인 의미는 생각의 집착과 모습의 속박이 없는 해탈한 마음으로 선근을 회향하는 것이다.(장휘옥 1992: 203) 먼저 보살이 모든 선근을 존중한다. 부처께 예경하고 합장 공양하고 탑에 정례하고 부처의 설법을 청하는데 마음으로 존중하니, 이러한 여러 가지 선근을 모두 존중하여 따른다. 다음에 보살은 여러 선근으로 집착과 속박이 없는 해탈한 마음으로 보현의 광대한 정진을 일으킨다. 부처들이 보살로 있을 때 닦던 회향과 같이 회향한다. 모든 부처들의 회향을 배우며 모든 부처들의 회향하는 길을 따른다. 세간과 세간법을 분별하지 않으며 중생을 조복하거나 조복하지 않음을 분별하지 않으며 자신과 타인을 분별하지 않는다. 일체의 선근을 가볍게 생각하지 않고 相에 속박되지 않으며 見에 집착하지 않는 해탈의 마음으로써 그 선근을 회향한다. 선근으로써 一法 중에 모두 일체의 제법을 분별해 알고 일체법 중에서 또한 一法을 알며 제법을 분별하여 조금도 위배되거나 집착함이 없는 것이다. 회향은 보살도의 중심이 된다.

3.2. 無着無縛解脫廻向의 내용 정리

'무착무박해탈회향'의 전체 내용을 다음과 같이 표로 간추린다. (1)은 무비(1998)의 과단 분석이고 (2)는 구결학회 해독작업의 과목이다. (1)은 불교 전통강원의 분류방식이고 (2)는 구결학회

는 동시에, 이 공덕으로 불과를 향해 나아가 오경(悟境)에 도달하려는 지위.

세미나에서 현토된 경전내용에 의거해 나눈 것으로 서로 차이가 있다.

(1)무비(1998) 科段[11] 제목	周本 권제31 제9 無着無縛解脫廻向 科段	(2) 구결학회 해독본 科段	周本 권제31 제9 無着無縛解脫廻向 본문내용
第九無着無縛解脫廻向			
(1) 廻向할 善根	<01:04-12>	<01:04> <01:06-12>①-⑨	心生尊重 ①出生死-⑨勸佛說法
(2) 修行	<01:12-15>	<01:12-15>	
(3) 普賢의 三業과 精進 四門	<01:15-19>	<01:15-19> <01:16--19>①-④	以諸善根 如是廻向 ①身業成就-④廣大精進
(4) 普賢의 總持德 四門	<01:19-02:02>	<01:19- 06:18>①-㊴	①音聲陀羅尼門-㊴修普賢行
(5) 普賢의 自在力十二門	<02:02-03:06>		
가. 一多自在의 九願	<02:02-23>		
나. 廣大自在의 三願	<02:23-03:06>		
(6) 普賢行의 七願	<03:06-22>		
가. 神通의 四願	<03:06-13>		
나. 四辯의 三願	<03:13-22>		
(7) 攝法의 廣大自在德	<03:22-05:11>		
가. 智慧의 三願	<03:22-04:07>		
나. 利益의 二願	<04:07-12>		
다. 廣大한 三業의 一願	<04:12-16>		
라. 淸淨한 三業의 一願	<04:16-20>		
마. 諸根三業의 一願	<04:20-05:03>		
바. 神通力三業의 一願	<05:03-11>		
(8) 相卽相入의 重重德	<05:11-08:16>		
가. 入普賢門의 三願	<05:11-22>		
나. 普賢方便의 三願	<05:22-06:10>		
다. 普賢地位의 二願	< 06:10-07:10>	㊵<06:18-07:05>	㊵修習普賢菩薩行願 ①衆生想-㊻覺想
라. 普賢大智의 四願	<07:10-07:23>	<07:06-07:10>	一念中 悉能了知-修學到於彼岸
마. 普賢開說의 二願	<07:23-08:13>	<07:10-08:13> ㊶-㊻	㊶生大智寶㊻-住普賢地
바. 普賢의 了知諸根의 一願	<08:13-08:16>	<08:13-23>㊼-㊽	㊼諸根行門修習-大迴向心
(9) 普賢의 微細知法德 가. 知世間法의 微細智慧	<08:16-08:23>		
나. 知衆生趣의 微細智慧	<08:23-09:05>	<08:23-09:05> ㊾ ①-⑩	㊾懈倦無有 ①一切衆生 趣甚微細-⑩衆生攀緣甚微細
다. 知菩薩行德의 微細智慧	<09:05-09:23>	<09:05-09:23>㊿	㊿立深志樂 修普賢

		①-㉑	①爲一切衆生 修菩薩行 甚微細-㉑離翳三昧智 甚微細
라. 知菩薩地位德의 微細智慧	<09:23-11:20>	<09:23-11:05> ㉛ ①-㊶<11:05-20>	㉛修普賢行 ①安立智 甚微細-㊶自在智 甚微細 一切微細 悉能了知-神通願力 悉能示現
마. 知衆生世界의 微細智慧	<11:20-12:07>	<11:20-12:07>㊺ ①-⑨<11:21-12:02>	㊺得一切衆生界 甚微細智 ①衆生界의 分別-⑨衆生界無量淸淨 甚微細智
바. 知世界의 微細智慧	<12:07-13:05>	<12:07-13:05>㊼ ①-㉑ <12:09-12:23>	①小世界 甚微細智-㉑一切世界 如幻 甚微細智
사. 知法界의 微細智慧	<13:05-13:20>	<13:05-13:20> ㊾ <13:06-13> ①-⑪	①得無量[ㄱ]法界[ㄴ]甚微細智- ⑪現神變 甚微細智
아. 知劫의 微細智慧	<13:20-14:12>	<13:20-14:12>㊿ ①-⑩<13:21-14:04>	①不可說劫 爲一念 甚微細智-⑩一念中 見三世一切劫 甚微細智
자. 知法의 微細智慧	<14:12-15:03>	<14:12-15:03>㊱ ①-⑩<14:13-14:21>	①甚深法 甚微細智-⑩無有餘 甚微細智
차. 知一切의 微細智慧	<15:03-15:15>	<15:03-15:15>㊲ ①-⑩<15:04-15:10>	①知一切刹 甚微細智-⑩知一切出世行 甚微細智
(10) 實際廻向	<15:15-15:22>	<15:15-15:22>㊳ ①-⑩<15:16-15:22>	①不分別 若世間若世間法-⑩ 不分別 若法若智
(11) 結諸門	<15:22-16:03>	<15:22-16:03> ①-⑩<15:23-16:03>	以彼善根 如是迴向 ①心無著無縛解脫-⑩智無著無縛解脫
(12) 利益	<16:03-16:14>	<16:03-16:14> ①-⑨<16:05-16:14>	如三世諸佛 爲菩薩時 所修迴向
(13) 果位	<16:14-16:24>	<16:14-16:24>	第九 無著無縛解脫心迴向
(14) 金剛幢菩薩의 偈頌 가, 廻向의 善根	<16:24-21:07> <16:24-17:09>	<16:24-21:07>	金剛幢菩薩 偈頌
나, 世間法	<17:10-15>		
다, 衆生趣	<17:16-17>		
다, 衆生世界	<17:18-21>		
마, 菩薩의 行과 德	<17:22-18:03>		
바, 八相成道의 因果	<18:04-20:03>		

사, 知德	<20:04-09>		
아, 知劫의 智慧	<20:10-11>		
자, 知世間의 智慧	<20:12-13>		
차, 知法界의 智慧	<20:14-17>		
카, 知法의 智慧	<20:18-19>		
타, 知一切法의 智慧	<20:20-23>		
파, 利益	<20:24-21:03>		
하, 果位	<21:04-07>		

4. 주본 권제31의 특징과 가치

권제31은 다른 주본『화엄경』과 비슷한 특징을 지니고 있다. 점도도 비슷하고 구결의 특징들도 대동소이하다. 권제31에 나타나는 구결의 특징을 정리하면 다음과 같다.

① 주본『화엄』에서는 일반적으로 '13(:)'이 'xム'로 표기되는데[12] 반해 권제31과 권제34[13]에서는 '13(-)'이 'xム'로 쓰이는 예가 나타난다.

(1) 如來[44(·)]普[24(|)]於一切世界[53(·)]施作佛事[41(·),13(-)] => 如來尸 普ıı {於}一切 世界 + 佛事乙 施作xム (如來께서 널리 一切 世界에서 佛事를 施作함에 있어) <10:24-11:01>

② 주본『화엄경』권제31에서는 '13(·-)', '13(i)', '13(!)'가 'x쇼'로 대응되는데 주로 '無', '不', '莫' 등의 부정어와 함께 쓰여 '~할 이 없다'는 뜻으로 쓰이고 있다.

(2) 功德廣大[23(|)]淨[43(|)]無等[13(·-),41(·),경계선] => 功德 廣大ﾉ ﾞ 淨(ﾉ) ﾞ 尒 等x쇼 無x

---

11) 무비 현토(1998), 80권 대방광불화엄경, hwkwamok.hwp
   http://www.buddhasite.net/dharmadhatu/vibha.php?cathg=library&conts=pds
12) <주본화엄22 21:21-22>
   A: 不可說[25(·)]諸[33(·)]菩薩衆[33(·)]各[43(|)]從他方[25(·)]種種[25(·)]國土[41(·),25(·)]而[45(·)]共[25(·)?]來集[13(:)]
   B: 不可說ﾋ諸ヿ菩薩衆ヿ各[ﾞ 尒]從他方ﾋ種種ﾋ國土[乙,ﾋ]而灬共ﾋ來集xム
   C: 不可說ﾋ 諸ヿ 菩薩衆ヿ 各ﾞ 尒 他方ﾋ 種種ﾋ 國土乙 從ﾋ 而灬 共ﾋ 來集xム
13) 권제34에 용례가 더 빈번하다.

乙 (功德 廣大하여 깨끗하여서 필적할 이 없거늘) <18:07>

(3) 寶座[33(·)]高廣[13(|)]#23(|)]最[23(:),43(|)]無等[34(|)]-중복선,13(i)#13(!)] => 寶座ㄱ 高廣x
ㅿ 最ㅅ(ヽ) ㅕ 等 ㅅㅅ 無 ㅕ (寶座는 高廣하되 가장 그러하여서 비길 것 없어) <19:14>

(4) 一切世間[53(·)]莫能[35(·)]壞[34(|)?,13(!),25(·),51(·)] => 一切 世間十 能矢 壞 ㅕ xㅅ 莫セ分
(一切 世間에 능히 무너뜨릴 이 없으며) <21:04>

③ 주본 권제31과 진본 권제20과 비교[14]

주본 권제31의 내용이 진본 권제20 후반부 일정 부분이 동일하다.[15] 그러므로 양자를 비교하면 각 권의 특징이 드러나는 장점이 있다. 제9회향은 '無着無縛解脫廻向'이라는 큰 주제를 구체적으로 설명 나열하는 형식이므로 전형적인 틀을 가지고 있다. 곧 '無着無縛解脫廻向'에 대하여 金剛幢菩薩이 대중들에게 자문자답하는 형식이다. 예를 들어 서두 부분은 청중을 호명하고 '無着無縛解脫廻向'의 정의를 '불자야 무엇이 무착무박해탈인가 하면 일체선근에 대해 마음으로 존중하는 것이다'로 내리고 있다. 그리고 '所謂'로 시작하는 부연 설명을 9가지의 사례를 연결어미로 나열하고 마지막 문장에 종결어미를 써서 매듭을 짓는다. 위와 같은 내용에 대하여 주본 권제31과 진본 권제20은 각각의 특징을 보인다.[16]

① <주31>은 '云何[41(·.)]'를 쓰고 나열구를 종결할 때 '如是等'으로 복수를 나타내는 '等'을 쓰는 반면, <진20>은 '何等[41(·)?]'을 쓴다.

(5) 가. 云何[41(·.)]/云何(ㅌヽ)ㄱ 乙/어떠한 것을 <주본화엄31, 01:04>
    나. 何等[41(·)?]/何(ㅅ) 等(ヽㄱ 乙)/어떠한 것들을 <진본화엄20, 01:02>

② 회향을 정의하는 것도 <주31>은 종결어미 'xㅣ'에 대응되는 '55(/)'인데 비하여 <진20>은 'xㅿ'에 대응되는 '13(··)'으로 나타나는 점도 흥미롭다.

(6) 가. 於一切善根[53(·)]心[53(·)]生尊重[41(·|)?,24(|)?,55(/)?] => {於}一切 善根十 心十 尊重

---

14) 김성주(2007)을 참조하고 예문을 보충하였다.
15) 주본 권제31 <01:04-07:16>과 진본 권제20 <12:13-18:10>이 중복되는 내용이다.(김성주 2007: 47)
16) 이하 주본 권제31을 <주31>, 진본 권제20을 <주20>으로 표시한다.

ノ尸入乙 生リ☒(一切 善根에 대해 마음에 尊重하는 것을 낸다.) <주본화엄31, 01:05-06>

나. 於一切善根[53(:)]不生輕心[41(·),14(/),13(··)] => {於}一切 善根 3 十 輕心乙 生x尸 不☒ ᄉ(一切 善根에 대해 輕心을 내지 않는데) <진본화엄20, 12:14-15>

③ <주31>은 '所謂'로 상위 주제를 설정하고 구체적인 예시문들을 나열하는 연결어미 '51(·)'이 붙는데 'ᄼ'에 대응한다. 반면 <진20>은 '所謂'에 대응되는 문구없이 명사 '心'에 붙는 조사 'ᄅ'에 대응하는 '11(·)'이 나열된다.

(7) 가. 所謂[12(·)?,33(·)?]於出生死[41(·),13(/)#13(··)?,53(|)]心[53(·)]生尊重[41(·|)?,51(·)] => 謂(ノ)ㄱ 所ㄱ {於}生死乙 出ノᄉᆞ十 尊重ノ尸入乙 生(リ)ᄼ <주본화엄31, 01:06>

나. 不輕出生死[41(·),41(\),42(·),44(·),25(|·)]心[11(·)] => 生死乙 出x入乙 輕 3 尸 不x匕 心 ᄅ <진본화엄20, 12:15>

④ <주31>은 명사구 나열 구문에서 '--リᇂ --リᇂ --ᇂx l '로 쓰이는 반면 <진20>에서는 '-ᄅ--ᄅノᄉ乙x l '가 쓰인다.

(8) 가. 於如是[14(:)]等[12(:)]......生尊重[41(·|)?,24(|),22(·)]隨順[25(·),22(·)]忍可[22(·),55(/)?] => {於}是 如(支)ノ尸 等ノㄱ ...... 生リᇂ 隨(ᄀ) 順匕(ᄉ)ᇂ 忍可(ᄉ)ᇂx l (이와 같은 등의 ...... 내고 隨順하고 忍可하고 한다.) <주본화엄31, 01:11-12>

나. 不輕出生死[41(·),41(\),42(·),44(·),25(|·)]心[11(·)]...心[11(·)]...心[11(·),41(:),55(/)] => 死乙 出x入乙 輕 3 尸 不x匕 心 ᄅ...心 ᄅ...心 ᄅノᄉ乙x l (生死를 벗어나는 것을 가벼이 여기지 않는 마음이니....마음이니...마음이니 하는 것을 한다.) <진본화엄20, 12:15-19>

위의 내용을 구결문으로 바꾸어 비교하면 다음과 같다.

<주본화엄31, 01:04-12>	<진본화엄20, 12:13-19>
云何(セノ)ㄱ乙 ... 無著無縛解脫迴向ミノ亽口{爲}(ゝ)ナ禾(尸)ㅅㄱ	何(ヮ) 等(ゝㄱ乙).... 无縛无着解脫心迴向(ミノ亽口) {爲}(ゝナ禾尸ㅅㄱ)
心十 尊重ノ尸ㅅ乙 生ㅣㅣxㅣ	輕心乙 生x尸 不xム
謂(ノ)ㄱ 所ㄱ.....①尊重ノ尸ㅅ乙 生(ㅣ)ϡ...⑨生(ㅣ)ϡ	①輕ϡ尸 不xセ 心ミ...⑨輕ϡ尸 不xセ 心ミ
尊重ノ尸ㅅ乙 生ㅣㅣϡ 隨(ヮ) 順セ(ゝ)ϡ 忍可(ゝ)ϡxㅣ	輕ϡ尸 不xセ 心ミノ亽乙xㅣ

⑤ <주31>에서는 '24(ㅣ)'는 'ㅣ'에 대응하며 주격, 부사어, 사동표지가 모두 동일하다.[17] 한편 <진20>에서는 '35(/)'으로 주격과 부사어표지는 동일하나, 사동표지는 '35(\)'으로 <주31>과 각각 대응되는 점토가 다르다. 그 외에 <진20>의 '25(ㅣ·)'에 대응되는 '25(!)' 등이 비교대상이 되는데 <진20>이 보다 정밀한 점토체계를 가지고 있는 것으로 보인다.(김성주 2007:48)

참고문헌

김성주(2007), 「주본화엄경과 진본화엄경의 점토석독구결연구」, 『규장각』 30, 서울대학교 규장각한 국학연구원.

김영욱(2004), 「주본 화엄경 권삼십육의 구결」, 『한국각필부호구결자료와 일본훈점자료 연구 -화엄 경자료를 중심으로-』(정재영 외 지음), 태학사.

남풍현(2000), 「고려시대의 점토구결에 대하여」, 『서지학보』 24, 한국서지학회.

남풍현(2006), 「高麗時代의 點土 口訣에 대하여」, 『각필구결의 해독과 번역』 3, 태학사.

대한전통불교연구원(1991), 『아세아불교에 있어서 화엄의 위상』, 동방원.

무비 현토(1998), 『80권 대방광불화엄경』, hwkwamok.hwp(팔십화엄과목. 천불동 인터넷자료실)
http://www.buddhasite.net/dharmadhatu/vibha.php?cathg=library&conts=pds

무비·현석(2002), 『화엄경 개요』, 우리출판사.

---

17) 令에 대응되는 '亽ㅣ'의 경우에는 42(·)으로 실현하기도 한다.

박진호(2003), 「주본화엄경 권제36 점토구결의 해독 -자토구결과의 대응을 중심으로-」, 『구결연구』 11, 구결학회.

박진호(2006), 「진본화엄경 권제20 점토 해독」, 『구결연구』 16, 구결학회.

법정(2002), 『화엄경』, 동쪽나라.

봉선사 능엄학림(편)(2003), 「화엄경 청량소 과도집」, 동국역경원.

尹幸舜(2004), 「周本 華嚴經 卷第二十二에 대하여」, 『한국각필부호구결자료와 일본훈점자료 연구 -화엄경자료를 중심으로-』(정재영 외 지음), 태학사.

이기영(1985), 『화엄경의 세계』, 한국불교연구원출판부.

이승재 외(2006가), 『각필구결의 해독과 번역 2 -주본 화엄경 권제삼십육-』, 태학사.

이승재 외(2006나), 『각필구결의 해독과 번역 3 -주본 화엄경 권제육·권제오십칠-』, 태학사.

장휘옥(역)/카마타 시게오(저)(1992), 『화엄경이야기』, 장승.

정재영 외(2003), 『한국각필 부호구결 자료와 일본훈점자료 연구 -화엄경자료를 중심으로-』, 태학사.

조규형(2001), 『팔만대장경 선역본』 제9권(영인본), 고려대장경연구소 출판부.

해주(1998), 『화엄의 세계』, 민족사.

http://ebti.dongguk.ac.kr/ <대방광불화엄경 80권본> 해제 2 - 11쪽.

운허용하 불교사전(동국역경원 인터넷서비스) http://buddha.dongguk.ac.kr/bs_detail.aspx?type=detail&from=&to=&srch=%ec%8b%ad%ed%9a%8c%ed%96%a5&rowno=1

불광사전.

네이버 두산 백과사전.

다음 백과사전.

호탄 바자르 http://blog.naver.com/mirr05/90048207957

湖林博物館 所藏 點吐釋讀口訣 資料
周本『華嚴經』卷第34에 대하여

金星周(한국기술교육대)

1. 周本華嚴經의 構成과 十地品

1.1. 周本華嚴經(80華嚴)의 構成

周本華嚴經은 7處 9會 39品으로 이루어져 있다. 7處 8會 34品로 이루어진 晉本華嚴經과 비교하면 經이 설해진 처소는 동일하지만 대중이 모인 횟수와 經文의 품수는 각각 1會 5品이 더 많다. 주본화엄경의 7處 9會 39品을 간략하게 살펴보면 아래와 같다.

<표1: 株本華嚴經의 9會의 處所와 說主>

會數	品	處所	說主
제1회	6품	法菩提場	普賢菩薩
제2회	6품	寶光明殿	文殊菩薩
제3회	6품	忉利天	法慧菩薩
제4회	4품	夜摩天	功德林菩薩
제5회	3품	兜率天	金剛幢菩薩
제6회	1품	他化自在天	金剛藏菩薩
제7회	11품	寶光明殿	普賢菩薩
제8회	1품	寶光明殿	普賢菩薩
제9회	1품	給孤獨園	文殊菩薩→普賢菩薩

이 중 제6회는 十地品 한 품으로 이루어져 있는데 주본『화엄경』권제34는 십지품에 속하는 내용을 담고 있다.

1.2. 十地品의 내용과 卷次

주본 『화엄경』에서는 제3회, 제4회, 제5회의 十住, 十行, 十廻向을 포섭하는 십지보살행이 施設되는데, 제6회의 십지법문은 他化自在天宮에서 金剛藏菩薩이 菩薩大智慧光明三昧에 들어서 說한다. 十地品은 品次로는 際26이며 卷次로는 卷第34에서 卷第39에 해당한다. 아래에서는 卷次에 따른 간략한 내용과 구성을 보인다.

十地品의 내용과 卷次
  卷第34
歡喜地 : 기쁨에 넘치는 지위
  卷第35
離垢地 : 번뇌의 때를 벗은 지위
發光地 : 지혜의 광명이 나타나는 지위
  卷第36
焰慧地 : 지혜가 매우 치성한 지위
難勝地 : 진제와 속제를 조화하여 매우 이기기 어려운 지위
  卷第37
現前地 : 지혜로 진여를 나타내는 지위
遠行地 : 광대한 진리의 세계에 이르는 지위
  卷第38
不動地 : 다시 동요하지 않는 지위
善慧地 : 바른 지혜로 설법하는 지위
  卷第39
法雲地 : 대법우를 내리게 하는 지위

이 중 주본 『화엄경』 권제34는 십지품의 서분 부분과 제1 歡喜地의 내용을 담고 있다. 歡喜地는 10가지 願을 성취하며, 布施攝과 布施波羅蜜로 기쁨에 넘치는 보살의 지위이다. 菩薩이 선근을 깊이 심고 모든 행을 잘 닦으며 광대한 지혜를 내면 자비가 앞에 나타나서 범부의 처지에서 벗어나 보살의 지위에 들어가서 여래의 가문에 태어난다. 이때가 보살이 歡喜地에 머무는 때이다.

菩薩이 歡喜地에 머물면 모든 두려움이 다 사라지며 10가지 큰 원을 성취한다. 그 十大願은 ① 일체 부처님께 공양하는 원 ② 불법을 수호하는 원 ③ 법륜 굴리기를 청하는 원 ④ 모든 바라밀을 수행하는 원 ⑤ 중생을 교화하는 원 ⑥ 세계를 잘 분별하는 원 ⑦ 불토를 청정히 하는 원 ⑧ 항상 보살행을 떠나지 않는 원 ⑨ 보살도를 행하여 이익을 주는 원 ⑩ 아뇩다라삼먁삼보리를 이루는 원 등이다.

보살이 歡喜地에 머물러 이렇게 큰 서원을 내는데, 만약 중생계가 끝나면 이 願도 끝나지만 衆生界가 다할 수 없기 때문에 이 願의 善根도 다함이 없다. 이 十大願 중 일곱 번째 '불토를 청정히 하는 원'에서는 '일체 국토가 한 국토에 들어가고 한 국토가 일체 국토에 들어간다'는 상입(相入)으로 체계화되고 있다. 한편 네 번째 '모든 바라밀을 수행하는 원'은 華嚴敎學에서 특히 중시되고 있다. 보살은 六相(總相, 別相, 同相, 異相, 成相, 壞相)으로 모든 바라밀행을 설해서 중생으로 하여금 마음을 닦아 마음이 증장케 하는 願을 일으키게 하는데, 이는 후에 六相圓融說로 체계화되면서 華嚴敎學의 중요한 부분이 되었다.

2. 『華嚴經』 卷第34의 형태서지와 構成

2.1. 호림박물관 소장 각필구결본 주본 『화엄경』 권제34의 형태서지

각필자료 가운데 호림박물관 소장 주본 『화엄경』 권제34만큼 형태서지가 알려져 있지 않은 문헌이 없는 것 같다.[1] 이것은 다른 각필자료에 비해서 이 자료가 나중에 발견되었기 때문인 것으로 보인다. 필자는 이 자료를 실사하지 못하였으므로 여기에서는 『湖林博物館名品選集 Ⅱ』에 실려 있는 형태 서지 사항을 참고하여 이 자료의 형태 서지를 말하기로 한다.

먼저 이 자료의 판수제는 '大方廣佛華嚴經卷第三十四'이며 이어 제2행에 역자명이 판수제보다 5칸 낮추어져 '于闐國三藏實叉難陀奉 制譯'으로 쓰여 있다. 이로서 이 자료는 實叉難陀가 번역한 80화엄임을 알 수 있다. 제3행에는 품명으로 '十地品第二十六之一'이라 되어 있다. 종이의 크기는 48.0cm, 세로 29.3cm인데, 재조대장경 각판보다도 새김이 훨씬 정교하다고 한다. 성암고서박물관에 소장 국보 204호인 권제36과 자체, 판식, 판각 상태, 지질, 권축 상태 등이 흡사

---

1) 남풍현(2000, 2006)과 정재영 외(2003)에서 『주본화엄경』 권제34에 대한 설명이 없다.

하기 때문에 동일한 시기에 찍어낸 것으로 보고 있다. 특히 권두의 변상도는 앞의 권제36의 그 것과 함께 帳幅의 판화로는 희소한 것이어서 화엄경 변상도의 종류와 변천과정을 연구하는 데 중요한 자료가 된다고 한다.

2.2. 주본『화엄경』권제34의 구성

주본『화엄경』권제34의 구성을 무비스님의 과단을 기준으로 제시하면 아래와 같다.(무비 1994:304-404)

大方廣佛華嚴經 卷第三十四

1. 序分
  1.1. 說法因緣
    1.1.1. 時와 處所   [주본화엄34, 01:04-05]
    1.1.2. 法會聽衆
      1.1.1.1. 大衆의 德을 讚歎함   [주본화엄34, 01:06-22]
      1.1.1.2. 大衆의 名號   [주본화엄34, 01:22-02:16]
    1.1.2. 三昧   [주본화엄34, 02:17-18]
    1.1.3. 加被
      1.1.3.1. 佛出現   [주본화엄34, 02:18-24]
      1.1.3.2. 加被의 內容
        1.1.3.2.1. 自利   [주본화엄34, 02:24-03:05]
        1.1.3.2.2. 利他   [주본화엄34, 03:05-12]
      1.1.3.3. 加被의 相
        1.1.3.3.1. 語加   [주본화엄34, 03:12-17]
        1.1.3.3.2. 意加   [주본화엄34, 03:17-04:03]
        1.1.3.3.3. 身加   [주본화엄34, 04:04]
    1.1.4. 出定   [주본화엄34, 04:05]
    1.1.5. 十地의 綱要   [주본화엄34, 04:06-20]
    1.1.6. 請法

1.1.6.1. 解脫月菩薩의 請法
    1.1.6.1.1. 會衆의 所念　　　　　　　[주본화엄34, 04:21-05:07]
    1.1.6.1.2. 不說의 第一理由　　　　[주본화엄34, 05:08-14]
    1.1.6.1.3. 歎德再請　　　　　　　　[주본화엄34, 05:15-24]
    1.1.6.1.4. 不說의 第二理由　　　　[주본화엄34, 06:01-10]
    1.1.6.1.5. 讚歎人法三請　　　　　　[주본화엄34, 06:11-07:01]
1.1.6.2. 會衆請法　　　　　　　　　　　[주본화엄34, 07:02-09]
1.1.6.3. 放光請法　　　　　　　　　　　[주본화엄34, 07:10-08:06]
1.1.6.4. 許說
    1.1.6.4.1. 義趣廣大　　　　　　　　[주본화엄34, 08:07-15]
    1.1.6.4.2. 說法廣大　　　　　　　　[주본화엄34, 08:16-20]

2. 正宗分
  2.1. 第一歡喜地
    2.1.1. 深種善根　　　　　　　　　　[주본화엄34, 08:21-23]
    2.1.2. 超凡成聖　　　　　　　　　　[주본화엄34, 08:24-09:08]
    2.1.3. 住地十法　　　　　　　　　　[주본화엄34, 09:08-12]
    2.1.4. 住地成就十法　　　　　　　　[주본화엄34, 09:13-15]
    2.1.5. 歡喜二十種由　　　　　　　　[주본화엄34, 09:15-10:04]
    2.1.6. 遠離五種怖畏　　　　　　　　[주본화엄34, 10:04-07]
    2.1.7. 遠離因由　　　　　　　　　　[주본화엄34, 10:07-14]
    2.1.8. 善根成就의 三十一法　　　　[주본화엄34, 10:15-11:06]
    2.1.9. 住地 十大誓願
      2.1.9.1. 諸佛供養願　　　　　　　[주본화엄34, 11:07-11]
      2.1.9.2. 佛法受持願　　　　　　　[주본화엄34, 11:11-14]
      2.1.9.3. 轉法輪願　　　　　　　　[주본화엄34, 11:14-19]
      2.1.9.4. 修行二利願　　　　　　　[주본화엄34, 11:19-24]
      2.1.9.5. 成熟衆生願　　　　　　　[주본화엄34, 11:24-12:06]
      2.1.9.6. 世界承事願　　　　　　　[주본화엄34, 12:06-10]
      2.1.9.7. 淸淨國土願　　　　　　　[주본화엄34, 12:10-16]
      2.1.9.8. 菩薩不離願　　　　　　　[주본화엄34, 12:16-23]

2.1.9.9. 利益成就願　　　　　　　　　　[주본화엄34, 12:23-13:04]
2.1.9.10. 成正覺願　　　　　　　　　　 [주본화엄34, 13:04-16]
2.1.9.11. 十願成就의 十盡句　　　　　　[주본화엄34, 13:16-24]
2.1.9.12. 發願後의 十心　　　　　　　　[주본화엄34, 14:01-03]
2.1.10. 信成就者　　　　　　　　　　　 [주본화엄34, 14:03-09]
2.1.11. 住地菩薩의 念慮　　　　　　　　[주본화엄34, 14:10-15:03]
2.1.12. 大慈悲心과 布施　　　　　　　　[주본화엄34, 15:04-22]
2.1.13. 十地淸淨 十種法　　　　　　　　[주본화엄34, 15:22-16:01]
2.1.14. 歡喜地의 功果
　　2.1.14.1. 調柔果
　　　　2.1.14.1.가. 法　　　　　　　　　[주본화엄34, 16:02-16]
　　　　2.1.14.1.나. 喩　　　　　　　　　[주본화엄34, 16:16-17]
　　　　2.1.14.1.다. 合　　　　　　　　　[주본화엄34, 16:17-20]
　　2.1.14.2. 發趣果
　　　　2.1.14.2.가. 法　　　　　　　　　[주본화엄34, 16:21-17:11]
　　　　2.1.14.2.나. 喩　　　　　　　　　[주본화엄34, 17:11-17]
　　　　2.1.14.2.다. 合　　　　　　　　　[주본화엄34, 17:17-23]
　　　　2.1.14.2.라. 總結地相　　　　　　[주본화엄34, 17:23-18:01]
　　2.1.14.3. 攝報果
　　　　2.1.14.3.가. 在家果　　　　　　　[주본화엄34, 18:02-12]
　　　　2.1.14.3.나. 出家果　　　　　　　[주본화엄34, 18:12-19]
　　2.1.14.4. 願智果　　　　　　　　　　[주본화엄34, 18:19-21]
2.1.15. 重頌
　　2.1.15.1. 住歡喜地의 意義　　　　　　[주본화엄34, 18:21-19:09]
　　2.1.15.2. 釋名　　　　　　　　　　　[주본화엄34, 19:10-14]
　　2.1.15.3. 安住　　　　　　　　　　　[주본화엄34, 19:15-20]
　　2.1.15.4. 誓願　　　　　　　　　　　[주본화엄34, 19:21-20:03]
　　2.1.15.5. 波羅密行　　　　　　　　　[주본화엄34, 20:04-09]
　　2.1.15.6. 歡喜地의 功果　　　　　　　[주본화엄34, 20:10-19]
　　2.1.15.7. 結說　　　　　　　　　　　[주본화엄34, 20:20-22]

3. 點圖와 口訣

3.1. 주본『화엄경』권제34의 점도

・㇉ ∴x㇉ /ナ亽㇉	｜・x㇉ \・x㇉ \.x㇉	・㇁ ∴ﾚ㇁ ∴ㆆ㇁ ∴ﾛ㇁ ｜ﾛ㇁ ーナ㇁ /x㇁ \x㇁	｜・x㇁ ｜x㇁ ⊥x㇁ 下x㇁ ⅰx㇁ ！x㇁	:xﾑ ∴ﾛ尸ﾑ ∴xﾑ ーxﾑ /ﾛ亽	｜・x亽 ・｜xﾑ 下x亽 ！ ㇌亽	・尸 ﾚ尸 ∴ㆆ尸 ∴ﾛ尸 ∴x尸 ｜ㆆﾛ尸 ーナ尸 \x尸	｜x尸 下x尸 ⅰ川尸 ！川尸	入㇁ /x入㇁ ・/火七八尸入㇁
・丁 :x尸丁 ｜ナ尸丁 ーx丁	｜・火	・ㆆ ∴X ｜X ー<ﾉ> /X \X		・X ∴ハ ∴X ∴.X ｜ﾚㇳ ーㆆ /ﾛハ	\ㇳ	支/冬 ｜川 ー亘 \ㆆ /ㅗ	・七 :x七 ∴ヒ七 ∴x七 ｜亽七 ーx七 \x七	｜x七 ・｜x七 \x七 ⅰx七 ！x亽七
・X ーナ乎 ∴ﾚ乎 ｜x乎 ーx乎 /x乎 ∴ﾛ乎	｜・x乎 ・｜X ⊥x乎	・ﾛ㇁ ｜X ー人 /X	｜・X	・㇁ ∴X ｜X ーX /ﾑ \彳	⊥尸乙丁ﾉ尸	・ﾛ ｜ㇳ ー白 \X		・矢/心 ∴X ーX
・乙 ﾛ亽乙 ∴x乙 ∴丁乙 ｜x入乙 ーx入乙	｜・ﾛ㇁入乙 ・｜ﾛ尸入乙 ⊥x入乙 ！ㆆ尸入乙	・亽川 立 ーX /川㇁ \刀		・ㇳ ｜ㇳ朩 ーㆆ下 /X \ヶ		・尸 ∴X ｜X ーX \X		・m ∴xm ーX	・｜x入m ｜x入m ⊥尸入m 丁㇁入m
・亽 ∴x亽 ∴ナ亽 \x亽	・/x亽 ・/川亽 ∴\x亽 \・亽	・ﾚ亽 :X ∴x亽 ｜x亽 ーx亽 /㇌ハ \x亽	下X ⅰX	・十 :x十 ∴下 ｜ㆆ十 ー乃 /x十 \X	｜・ㆆ立 下x立 ⅰ白㇁ ！X	:X ∴x㇉ ｜x㇉ ーX \x㇉	｜・X ・｜X 下x㇉ \x㇉ ⅰx㇉	・｜ ∴x｜ ∴ナ｜ /x｜	\ㇳ七｜ \x｜ \x｜ /x｜

3.2. 주본 『화엄경』 권제34의 점토구결

3.2.1. 한 점토에 두 개 이상의 자토가 대응되는 점토

3.2.1.1. 24(·) ㅎ/ㅊ

24(·)은 일반적으로 'ㅎ'에 대응하지만 어떤 경우에는 'ㅊ'에 대응하는 경우도 있다.

(1) 가. 善哉[12(-),33(\)]善哉金剛藏[11(·)]乃[=43(·)]能[24(·)]入是[33(·)]菩薩[44(·)]大智慧光明三昧[53(·)],24(/)] (善{哉}ㅁㄹㅓ 善{哉}(ㅅㄱ)ㅓ) 金剛藏ㆍ 乃(ㅅ)ㅓ 能ㅎ 是ㄱ 菩薩ㄹ 大智慧光明三昧ㅓ 入(ㅅ)ㅗ // 훌륭하구나, 훌륭하구나, 金剛藏이여. 이에 능히 이 菩薩의 大智慧光明三昧에 들어갔구나.) <주본화엄34, 02:20-22>

나. 如實[24(·)]說菩薩十地[25(·)]差別相[41(·),34(·),25(··),45(:)]故[51(·)?] (實 如ㅎ 菩薩(ㄹ) 十地ㄴ 差別相ㄹ 說ㅁㅌㄱㅆ{故}(ㅣ)ㅓ // 實相대로 菩薩 十地의 差別相을 말하게 하고자 하기 때문이며) <주본화엄34, 03:06-07>

다. 則[24(·)]得百[33(·)]三昧[41(·),51(·)]及[25(·)]見百[33(·)]諸[33(·)]佛[41(·),34(-),51(·)] (則ㅎ 百ㄱ 三昧ㄹ 得ㅁ 及ㄴ 百ㄱ 諸ㄱ 佛ㄹ 見白ㅁ // 곧 백 삼매를 얻으며 백 모든 부처를 뵈오며) <주본화엄34, 20:17>

(2) 樂法[25(·)]眞實利[41(·),24(\),22(·)]不愛受諸[33(·)]欲[14(·.),41(··),44(·),24(·),51(·.)] (法ㄴ 眞實利ㄹ 樂ㅁㅎ 諸ㄱ 欲(ㄹ) 受ㅁㄹㅅㅇㄹ 愛ㄹ 不ㅊ(ㅅ)ㅎxㅁ // 法의 眞實利를 좋아하고 모든 欲을 받는 것을 좋아하지 않고 하며) <주본화엄34, 19:16>

(1가~다)를 보면 24(·)은 각각 '能, 如, 則'에 대응하므로 각각 '能ㅎ, 如ㅎ, 則ㅎ'임이 분명하다. 그러다 (2)의 경우 24(·)은 '不'에 대응하는데 이 경우 자토의 예를 살펴보면 'ㅊ'로 해석하여야 한다. 즉 24(·)은 대부분의 경우 'ㅎ'로 해석되지만 '不'에 대응할 경우에는 '不ㅊ'로 해석하여야 하기 때문에, 하나의 점토에 두 개 이상의 자토가 대응되는 예라고 할 수 있다.

3.2.1.2. 21(·|)의 ㅁ와 X의 문제

21(·|)은 몇 가지의 용례로 미루어 보면 'ㅁ'일 가능성이 크다. 아래는 'ㅁ'로 읽을 수 있는 21(·|)의 용례이다.

(3) 가. 是中[53(·),33(·)?]皆[25(·)]空[24(|),21(·|)]離我[24(|)]我所[53(·.)]無知[14(··),22(·)]無覺[44(·)?,22(·)]無作[14(··)?#14(·)?,22(·)?]無受[14(··),22(·)?,35(·-)]如草木{34(·)}石壁[24(·),22(·)?]亦[33(·)]如影像[24(·),22(·),52(|)#52(:)#52(·)] (是 中十ㄱ 皆ヒ 空ㅣㅁ 我ㅣ 我所(乙) 離(攴)下 知ㄹ尸 無ㅎ 覺尸 無ㅎ 作ノ尸 無ㅎ 受ㄹ尸 無ㅎ(ㄴ)ㄱ 矢 草木石壁 如攴(ㄴ)ㅎ 亦(ㄴ)ㄱ 影像 如攴(ㄴ)ㅎxゲ // 이 가운데에는 모두 空이라서 나와 내 것을 여의어, 아는 것 없고 깨닫는 것 없고 짓는 것 없고 받는 것 없고 한 것이 草木石壁과 같고 또 影像과 같고 하며, <주본화엄34, 14:22-24>)

나. 非念[23(|),13(ㅜ),35(·),21(·|)]離諸[33(·)]念[24(·)?,51(··)?]求見[41(·|),53(-)]不可得[34(|)?,24(\),25(·),35(·),45(-),21(·|)] (念ㅗろx쇼 非矢ㅁ 諸ㄱ 念(乙) 離攴xゲ 見ㄹ尸ㅅ乙 求(ㄴ)ろ 得ろ ㄹ(ㆆ){可}ヒ(ㄴㄱ) 不矢XX // 생각할 것 아니라서 모든 생각을 여의며, 볼 것을 구하나 얻을 수 없으며, <주본화엄34, 08:09>)

다. 是故[45(·)]無有大衆威德[25(·)]畏[24(·),14(··),25(·),31(:),21(·|)] (是 故灬 大衆 威德ヒ 畏 攴ノ尸 無有ヒxアㅁ // 이러한 까닭으로 大衆 威德의 두려워함이 없을 것이라 <주본화엄34, 10:12-13>)

라. 若[25(·)]以菩薩[44(·)]殊勝願力[41(·),52(/)]自在[23(\)]示現[14(·),53(··)#53(-),33(·)]{35(·)}過於是數[23(-),41(·),23(\),31(:),21(·|)#21(:)] (若ヒ 菩薩尸 殊勝 願力乙 以ろ八 自在ゞ 示現(ㄴ)尸十ㄱ {於}是 數ㅗ乙 過ゞxアㅁ // 만일 보살의 殊勝 願力으로써 自在히 시현하면 이 數를 넘도록 하는 것이라서) <주본화엄34, 18:19-20>

(3가~다)는 모두 21(·|)이 'ㅣ'에 후행하고 있어 이 점토가 'ㅁ'임을 알 수 있다. (3가)는 21(·|)이 24(|)<ㅣ>에 연결된 것이고, (3나)와 (3다,라)는 각각 35(·)<矢>와 31(:)<xア>에 연결된 것인데, '矢'와 'ア'는 'ㅣ'가 후행 요소인 형태임은 물론이다. 그러나 아래의 (4)에서 21(·|)이 'ㅁ'인지 판단하기가 어렵다. 이런 이유로 역주문에서는 'X'로 처리하였다. 아래에서 그 예들을 제시한다.

(4) 가. 如空中[25(··)#25(··)]彩畫[24(·),52(·)]如空中[25(··)]風相[24(·),52(·),12(-),21(·|)] (空中ろヒ 彩畫 如攴ㄴゲ 空中ろヒ 風相 如攴ㄴゲ(ㄴ)ナㄱ X // 공중의 彩畫 같으며 공중의 風相 같으며 한 것이라서 <주본화엄34, 05:13>)

나. 智[42(\)]起佛境界[53(·),12(-),21(·|)]非念[35(·)#35(··),22(·)]離心道[24(·),22(·),52(·)] (智刀

佛境界+ 起ナㄱX 念 非矢ぅ 心道 離支ぅゝ分 // 지혜도 부처의 경계에 일어나는 것
이라서 念 아니고 마음의 도를 여의고 하며, <주본화엄34, 08:14>)

다. 非念[23(|),13(丁),35(·),21(·|)]離諸[33(·)]念[24(·)?,51(·)?]求見[41(·|),53(-)]不可得
[34(|)?,24(\),25(·),35(·),45(-),21(·|)] (念ゝ3x今 非矢四 諸ㄱ 念(乙) 離支x分 見ロアㅅ乙
求(ゝ)乃 得3 口{可}七(ゝㄱ) 不矢XX // 생각할 것 아니라서 모든 생각을 여의며,
볼 것을 구하나 얻을 수 없으며, <주본화엄34, 08:09>)

라. 辯才[45(·)?]分別義[41(·),52(·)?,31(·|),21(·|)]說此最勝地[41(·),23(/)?,53(|·)?] (辯才ゝゝ 義乙
分別ゝ分XX 此 最勝地乙 說ロハぅ효 // 辯才로 義를 분별하며 한 것이라서 이 最勝
地를 말씀하소서.) <주본화엄34, 07:05>

마. 何以故[31(·.),15(·)]此菩薩[33(·)]離我想[41(·),24(·),12(:),45(··)]故[24(·)]尙[24(|)]不愛自
[23(-)]身[41(·),44(·),21(·|),55(/)]何[11(·)]況[51(·)]資財[53(·),31(··),33(·)#33(·.),33(\),52
(丁)] (何以故(ゝゝ)ナ乎(尸)ㅅㄱ 此 菩薩ㄱ 我想乙 離支ゝㄱㅅㅡ 故支 尙丨 自ぅ 身
乙 愛尸 不Xxㅣ 何(七)ゝ 況分 資財+ㄴ乎ㅣX // 무슨 까닭인가 하면, '이 보살은
我想을 여의었기 때문에 오히려 자기의 몸을 아끼지 않는다. 어찌 하물며 재물에 있
어서랴' 함이다.) <주본화엄34, 10:07-08>

(4)의 예문 가운데 (4가,나)는 21(·|)에 선행하는 요소가 12(-)<ナㄱ>인 점이 공통점인데, 이
점토의 사이에 'ㅣㅣ'를 보충하고 이 경우의 21(·|)도 'ㅍ'로 볼 가능성이 있다.

3.2.2. 하나의 자토가 두 개 이상의 점토에 대응하는 경우

14(i)와 14(!)는 주본 『화엄경』에서는 고대 한어의 피동문 형식인 '爲A所B' 구문이나 '되다'
구문에 현토되는 특징이 있다.

(5) 가. 悉能[24(·)?]往詣一切如來[44(·)]道場[25(·)]衆會[53(·),43(-)?]爲衆[25(··)]上首[14(i),41(··)#
41(·)#41(-·),23(|)]請佛[35(·)?,41(·)]說法[23(/)#23(|),53(|·)#53(·),51(··)] (悉(ぅ) 能支 一切
如來尸 道場七 衆會+ 往詣(ゝ)ぅ下 衆3七 上首ㅣ尸{爲}ㅅ乙ゝぅ 佛ㅆ乙 說法(ゝ)
ロハぅ효 請x分 // 다 능히 一切 如來의 道場의 衆會에 往詣하시어 大衆의 上首가 되
어 부처께 說法하소서 請하며) <주본화엄34, 01:16-17>

나. 如是等[12(··)]無數[11(·)]無量[11(·)]無邊[11(·)]無等[11(·)]不可數[11(·)?]不可稱[11(·)]不可思[11(·)]不可量[11(·)]不可說[11(·)?]諸[33(·)]菩薩摩訶薩[44(·)]衆[53(·),33(·)]金剛藏菩薩[24(|)?]而[45(·)]爲上首[14(i)#14(:),41(·)#41(··)?,53(\)#43~53(\)] (是 如(支ㆍ尸) 等xㄱ 無數ㆍ 無量ㆍ 無邊ㆍ 無等ㆍ 不可數ㆍ 不可稱ㆍ 不可思ㆍ 不可量ㆍ 不可說ㆍ 諸ㄱ 菩薩摩訶薩尸 衆十ㄱ 金剛藏菩薩ㅣㅣ 而灬 上首ㅣㅣ尸{爲}(入)乙X // 이와 같은 등의 無數이니 無量이니 無邊이니 無等이니 不可數이니 不可稱이니 不可思이니 不可量이니 不可說이니 하는 모든 菩薩摩訶薩의 무리에서는 金剛藏菩薩이 上首가 되었다.) <주본화엄34, 02:14-16>

다. 上[14(i)#14(:),41(··),43(|)]妙[52(·)]無垢[52(·),25(··)]智[41(·),22(·)]無邊[44(·),33(·)?]分別[25(|)]辯[41(·),22(·)] (上ㅣ尸入乙(ㄴ)ㅣㅎ 妙ㄴㅎ 垢 無ㅣ(ㄴ)ㅌㄴ 智乙(ㄴ)ㅎ 邊尸 無ㄱ 分別(ㄴ)ㅅㄴ 辯乙(ㄴ)ㅎ// 최상이 되어서 妙하며 때 없으며 한 智를 하고 끝없는 分別하는 辯을 하고) <주본화엄34, 07:04>

(6) 가. 若[25(·)]爲善逝[44(·)]力[45(·)]所加[14(|),14(!)#14(i),41(··),12(|·)#12(|),33(·)]當[23(:)]得法寶[41(·)]入其心[53(·),24(|)#24(·),41(··),51(·)]{45(··)} (若ㅌ 善逝尸 力灬 加(ㄴ)x尸 所ㅣㅣ尸{爲}入乙xㄱㄱ 當ㅅ 法寶乙 其 心十 入ㅣㅣ(ㅁ尸)入乙 得ㅎ // 만약 선서(善逝)의 신력으로 加被하시는 바가 되면, 반드시 法寶로 하여금 그 마음에 들게 하는 것을 얻으며,) <주본화엄34, 08:01>

나. 若[25(·)]爲善逝[44(·)]力[45(·)]所加[14(|),14(!)#14(i),41(··),12(|·)#12(|),33(·)]當[23(:)]得法寶[41(·)]入其心[53(·),24(|)#24(·),41(··),51(·)]{45(··)} (若ㅌ 善逝尸 力灬 加(ㄴ)x尸 所ㅣㅣ尸{爲}入乙xㄱㄱ 當ㅅ 法寶乙 其 心十 入ㅣㅣ(ㅁ尸)入乙 得ㅎ // 만약 선서(善逝)의 신력으로 加被하시는 바가 되면, 반드시 法寶로 하여금 그 마음에 들게 하는 것을 얻으며,) <주본화엄34, 08:01>

다. 爲一切諸[33(·)]佛[35(·)]所護[14(!)#14(|),41(··),23(|)]入過去[11(·)]未來[11(·)?]現在[11(·),13(/),32(/)]諸[33(·)]佛[=35(·)]智地[53(·)?,55(/)]{32(/)#32(-)} (一切 諸ㄱ 佛ㅅ 護(ㄴㅎ尸) 所ㅣㅣ尸{爲}入乙ㄴㅎ 過去ㆍ 未來ㆍ 現在ㆍㄴㅅX 諸ㄱ 佛ㅅ 智地十 入xㅣ // 一切 모든 부처의 호념하시는 바가 되어, 過去니 未來니 現在니 하는 것의 모든 부처의 智地에 들어간다.) <주본화엄34, 04:08-09>

그런데 점토구결 주본『화엄경』에서는 'ㅣ尸'이 (5가~다)와 같이 14(i)로 현토되는 경우가 일반적이지만 주본 『화엄경』 권제34에서는 14(!)로 현토되는 경우도 세 개의 예가 있다. 14(!)로 읽은 예들이 선명하지 않는 점이 있어서 원본 확인이 필요한 부분이지만 만약 이 세 개의 예가 모두 14(!)가 맞다면 동일한 자토 'ㅣㄹ'에 대응하는 점토가 14(i)와 14(!) 두 개가 되는 셈이다.

3.2.3. 기타

주본 『화엄경』 권제34에서 세부적으로는 거론해야 할 많은 점토들이 있지만 여기서는 몇 가지만 거론하기로 한다. 첫째 33(|)이다. 이 점토는 기존의 강독에서 ㄱ에 해당하는 것으로 보아 온 것이다. 권제34에서는 한 단락에서만 출현하는데 그 예를 보이면 아래와 같다.

(7) 亦[33(·)]應如是[24(·),23(|)]推求請問第三[25(·),33(|),11(·)]第四[25(·),33(|),11(·)]第五第六第七第八第九第十[25(·),33(|)#33(·),11(·),25(|)]地[25(·)]中[25(·.)]相[11(·)]及[25(·)]得果[11(·),41(:),22(·)-중복선,13(··)]無有厭足[24(|),32(|),42(|),44(|)#44(:),25(·),55(··)] (亦ᄂㄱ 是如支ᄂ3 三 第七Xᄌ 四 第七Xᄌ 五 第(七Xᄌ) 六 第(七Xᄌ) 七 第(七Xᄌ) 八 第(七Xᄌ) 九 第(七Xᄌ) 十 第七Xᄌ(ᄂ)ᄉ七 地七 中3七 相ᄌ 及七 得果ᄌノᄉ乙 推求(ᄂ)ᄒ 請問(ᄂ)ᄒノㄹᅀ 厭足(ㄹ) 無有ㅣX거{應}Xㄷ(ᄂ)ナㅣ // 또한 이와 같이 셋째 것이니 넷째 것이니 다섯째 것이니 여섯째 것이니 일곱째 것이니 여덟째 것이니 아홉째 것이니 열째 것이니 하는 地位의 중의 相이니 및 得果이니 하는 것을 推求하고 請問하고 하되 싫증 냄 없이 해야 한다.) <주본화엄34, 17:01-03>

예문 (7)에서 33(|)은 세 차례 나오지만 점토석독구결의 생략 패턴을 고려하면 (7)에는 8개의 33(|)이 쓰인 것으로 볼 수 있다. (7)은 十地 중 第三地부터 第十地까지 각각의 地의 相과 得果를 推求하고 請問하는 것을 말하고 있기 때문이다. 그런데 33(|)이 쓰인 부분을 살펴보면 '三 第七Xᄌ', '四 第七Xᄌ' 즉 '제3지의 그것', '제4지의 그것' 등 33(|)에 해당하는 부분은 의미적으로도, 또 분포상으로도 의존명사일 가능성이 높다. 단지 석독구결에 등장하는 의존명사 가운데 반드시 'ㄱ'라는 보장은 없다. 석독구결에 나오는 의존명사의 분포와 특성을 좀 더 면밀히 살펴보아야 할 것이다.

그런데 (7)의 33(|)이 구체적으로 무엇을 가리키는 지는 예문 (7) 자체에서도 알 수 있지만 선행하는 부분에서 확실한 근거를 찾을 수 있다.

(8) 가. 推求請問於此地[25(·)?]中[25(··)]相[11(·)]及[25(·)]得果[11(·),41(:),22(·)-중복선,13(··)]無有
厭足[44(·),24(|),32(|),42(|),44(|),25(·),55(··)] ({於}此 地ㄴ 中ᢹㄴ 相ᢹ 及ㄴ 得果ᢹノ
소乙 推求(ヽ)ㅎ 請問(ヽ)ㅎノアム 厭足尸 無有りXㅎ{應}Xㄴ(ヽ)ナㅣ // 이 地 중의
相이니 및 得果이니 하는 것을 推求하고 請問하고 하되 싫증냄 없이 해야 한다.)
<주본화엄34, 16:22-23>

나. 推求請問第二[25(·)]地[25(·)]中[25(··)#25(··)]相[11(·)]及[25(·)]得果[11(·),41(:),22(·)-중복
선,13(··)?#13(··)#13(··)]無有厭足[44(·),24(|),32(|),42(|),44(|),25(·),55(··)] (二 第ㄴ 地ㄴ
中ᢹㄴ 相ᢹ 及ㄴ 得果ᢹノ소乙 推求(ヽ)ㅎ 請問(ヽ)ㅎノアム 厭足尸 無有りXㅎ
{應}Xㄴ(ヽ)ナㅣ // 둘째의 地 중의 相이니 및 得果이니 하는 것을 推求하고 請問하
고 하되 싫증냄 없이 해야 한다.) <주본화엄34, 16:24-17:01>

(8가,나)는 (7)의 앞 부분에서 初地와 第二地에 대해 서술한 부분인데, 여기서 '此地[25(·)?]中
[25(··)]相[11(·)]及[25(·)]得果[11(·),41(:),22(·)-중복선,13(··)]<{於}此 地ㄴ 中ᢹㄴ 相ᢹ 及ㄴ 得果
ᢹノ소乙 推求(ヽ)ㅎ 請問(ヽ)ㅎノアム // 이 地 중의 相이니 및 得果이니 하는 것을 推求하고
請問하고 하되>'와 '第二[25(·)]地[25(·)]中[25(··)#25(··)]相[11(·)]及[25(·)]得果[11(·),41(:),22(·)-중
복선,13(··)?#13(··)#13(··)](二 第ㄴ 地ㄴ 中ᢹㄴ 相ᢹ 及ㄴ 得果ᢹノ소乙 推求(ヽ)ㅎ 請問(ヽ)ㅎ
ノアム // 둘째의 地 중의 相이니 및 得果이니 하는 것을 推求하고 請問하고 하되)'는 (7)의 33(|)
이 '相'과 '得果'를 가리키는 것을 알 수 있다. 즉 권제34를 통해서 점토구결의 33(|)은 추상적인
것을 지시할 수 있는 의존명사임을 알 수 있는 것이다.

두 번째로 고려할 점토로 22(\)을 들 수 있다. 22(\)은 일반적으로 X로 처리하고 있으나 아래
의 예를 보면 'ハ'일 가능성이 있다.

(9) 此人[33(·)?]必[23(:)]爲如來[44(·)]所護[14(|),41(·),22(\),31(ㅗ)#31(÷)?,21(·|)?]令其[41(·)]信受
[24(|),52(/),45(·|),55(··)] (此 人ㄱ 必ハ 如來尸 護(ヽ)ㅎㄹ尸 所乙 爲Xxㅎ罒 其乙 信受 令
りᢹハX入ᴖ(り)ナㅣ // 이 사람들은 반드시 여래의 호념하시는 바를 입어 그들로 하여금
信受하게 할 것이기 때문입니다.) <주본화엄34, 06:19-20>

강독문의 주에서도 언급되었듯이 (9)의 예를 포함하는 주본『화엄경』점토구결에 등장하는
22(\)은 모두 전형적인 피동문인 '爲A所B' 구문에 쓰이고 있다. 그런데 일반적으로 화엄경 계열

석독구결에서는 '爲A所B' 구문이 '所ㅣ尸{爲}入乙ゾ-' 구문으로 쓰이고, 유가사지론 계열 석독 구결에서는 '所乙 爲ハ-' 구문으로 쓰이나(김성주 2006) 이 구문들을 보면 주본화엄경 계열의 구결에서도 '爲A所B' 구문이 '所乙 爲ハ-' 구문으로도 현토된 것으로 보인다. 즉 이 때의 22(\)은 'ハ'를 반영하는 점토일 가능성이 높은 것이다.

아래에서는 점토구결의 '爲A所B' 구문에 등장하는 22(\)의 예들이다.

(10) 가. 百萬億菩薩爲十方[25(·)]諸[33(·)]佛[35(·)]法光[45(·)]所照[14(|)#14(i),41(ㅗ)#41(··)#41(·),22(\),51(·)?] <주본화엄22, 07:07-08>

나. 常[24(|)]爲諸[33(·)]佛[35(·)]之所護念[14(|),41(·),22(\)]入諸[33(·)]菩薩[44(·)]深妙[25(··)]法門[53(·),52(·)] <주본화엄31, 11:13>

다. 爲一切如來[44(·)]神力[45(·)]{25(\)}所持[22(\)#=12(\),14(i)#14(|),41(·),51(·)] <주본화엄57, 08:21-22>

세 번째로 강독에서 해석하였던 부분에 대해서 달리 해석할 수 있는 부분을 하나 제시한다.

(11) 人間[53(·),43(-)]{22(·)}世[25(·)]中[25(··)]{45(·)}上[14(i),41(··),51(··)]{12(|)}釋師子[14(i),41(··)]法[14(:),42(/)]{11(·),22(·)#22(\)}加於彼[53(|),55(´)]{22(·)} (人間+ 最勝ゾ (ゾ)ぁ下 世七 中ろ七 上ㅣ尸入乙xぅ 釋師子ㅣ尸入乙 法ゾ尸ㅣㄱ {於}彼ㅋㅓ 加xㅣ // 인간 세상에서 最勝하며 하시어 세상 중의 으뜸이 되며 釋師子 되는 법이니 그에게 가피한다.) <주본화엄34, 07:22>

이 부분은 '세상 중의 으뜸이 되며, 또 釋師子가 되는 법을 금강장보살에게 가피한다'는 내용임이 분명하다. 따라서 '釋師子[14(i),41(··)]法[14(:),42(/)]{11(·),22(·)#22(\)}'는 분명히 이 해석과 다르게 해석되어야 할 것 같다. (11)은 강독안을 그대로 옮긴 것으로 '釋師子ㅣ尸入乙 法ゾ尸ㅣㄱ'으로 해석된 부분은 '釋師子ㅣ尸入乙ゾ尸 法ㅣㄱ'로 해석하면 자연스럽다. 단지 이렇게 해석할 경우 法에 현토된 14(:)을 釋師子에 연결시켜 해석해야 하는 부담이 있다. 중괄호로 처리한 부분 즉 '{11(·),22(·)#22(\)}'을 해석에 고려하여야 할 것인지도 모르겠다.

참고문헌

1. 資料

동국대역경원(1986), 『한글대장경 華嚴經(80권본) 1,2,3』, 東國譯經院

『大方廣佛華嚴經』 80卷, 高麗大藏經 8.

『大方廣佛華嚴經』 80卷, 新修大藏經 10.

2. 論著

김성주(2006), 「釋讀口訣의 被動 表現」, 『口訣硏究』 16, 口訣學會.

남풍현(2000), 「高麗時代의 點吐口訣에 대하여」, 『書誌學報』 24, 韓國書誌學會.

무비(1994), 『화엄경』 제2권, 민족사.

박진호(2006), 「진본화엄경 권제20 점토 해독」, 『구결연구』 16, 구결학회.

李丞宰 外(2006가), 『角筆口訣의 解讀과 飜譯 2 -周本 華嚴經 卷第三十六-』, 太學社.

李丞宰 外(2006나), 『角筆口訣의 解讀과 飜譯 3 -周本 華嚴經 卷第六·卷第五十七-』, 太學社.

이효걸(1990), 「화엄경의 성립배경과 구조체계」, 고려대 박사학위논문.

鄭在永 外(2003), 『韓國 角筆 符號口訣 資料와 日本 訓點資料 硏究 -華嚴經 資料를 中心으로-』, 太學社.

海住(1998), 『화엄의 세계』, 민족사.

第二部　判讀과 解讀 및 翻譯

▶ 일러두기

1. 다음의 판독, 해독 및 번역안은 호림박물관 소장 주본『화엄경』권제31과 권제34에 각필로 기입된 각종 점토와 부호를 판독하고 해독한 다음 현대국어로 번역한 것이다.

2. 판독, 해독 및 번역안은 다음의 다섯 단계로 제시하였다.
   A: 한문 원문에 기입된 점토와 부호를 판독한 결과
   B: 판독안에 기록된 점토를 그에 대응하는 자토로 옮긴 결과
   C: 자토석독구결문의 형식으로 재구한 해독 결과
   D: 해독안을 현대국어로 축자 번역한 결과
   E: 해당 부분에 대한 동국대 역경원의 번역

3. 각각의 단계에서는 다음과 같은 기호를 사용하였다.
   (1) 'A'의 단계에서 사용한 기호
       가. '[ ]' ············ 그 안에 판독한 점토와 부호를 기록함
       나. '( )' ············ 그 안에 점토나 부호의 구체적인 형태를 표시함
       다. '~' ············ 점토의 위치가 두 위치의 사이에 있거나 두 위치에 걸쳐 있음
       라. '=' ············ 점토의 위치가 위치 변이를 고려하지 않을 경우 다른 위치로 혼동될 염려가 있음
       마. '+' ············ 한자의 바깥쪽에 있는 점토가 한자의 자획에서 멀리 떨어져 있음
       바. '#' ············ 점토의 위치나 형태가 둘 이상의 해석 가능성이 있음
       사. '?' ············ 영인본의 관찰로는 점토인지의 여부가 분명치 않음
       아. '{ }' ············ 관찰된 점토가 해독에 반영하기 어려운 것으로 판단됨
   (2) 'B'의 단계에서 사용한 기호
       가. '?' ············ 아직 판단 근거가 충분치 않음
       나. 'X' ············ 어떤 자토에 대응되는지 전혀 파악하지 못했음
       다. 'x' ············ 대응 자토의 일부가 분명치 않음
       라. '#' ············ 둘 이상의 해석 가능성이 있음(좀더 가능성이 높은 것으로 판단된 것을 앞세움)
   (3) 'C'의 단계에서 사용한 기호
       가. '{ }' ············ 부독자(전훈독 표기의 대상이 된 한자 포함)의 표시
       나. '( )' ············ 해독 과정에서 보충해 넣은 자토임

4. 이상에 소개한 기호에 대한 자세한 해설이나 판독한 점토의 위치를 기록한 원칙에 대해서는『각필구결의 해독과 번역 1』에 실린 '점토구결 자료의 판독 및 해독 결과 기록 방안'을 참고하기 바란다.

周本『華嚴經』卷第三十一

<주본화엄34, 01:01>

大方廣佛華嚴經卷第三十一

<주본화엄34, 01:02>

于闐國三藏實叉難陀奉 制譯

<주본화엄34, 01:03>

十地品第二十六之一

11. 第九無着無縛解脫廻向

    (1) 廻向할 善根 <01:04-12>

<주본화엄31, 01:04-05>

A: 佛子[34(|)]云何[41(·.)]爲菩薩摩訶薩[44(·)?]無著無縛解脫廻向[11(·)?,13(/),34(·),31(:)#31(·.)?,15(·)]

B: 佛子[ㅎ]云何[ㄱ乙]爲菩薩摩訶薩[尸]無著無縛解脫廻向[ㅁ,ㅁ소,ㅁ,ナ禾,入ㄱ]

C: 佛子ㅎ 云何(ㄷㅄ)ㄱ乙 菩薩摩訶薩尸 無著無縛解脫廻向ㅁ ノ소ㅁ{爲}(ㅄ)ナ禾(尸)入ㄱ [1)]

D: 佛子야, 어떠한 것을 菩薩摩訶薩의 無著無縛解脫廻向이라고 하는가 하면

E: "불자들이여, 무엇을 보살마하살의 집착도 없고 속박도 없는 해탈[無著無縛解脫]의 회향이라 하는가.

---

1) 다음을 참조할 수 있다.
   佛子ㅎ 何ㅿ{等}|ㅄㄱ乙 菩薩摩訶薩尸 聞藏ㅗノ소ㅁ{爲}ㅄナ禾尸入ㄱ <화소01:03>

<주본화엄31, 01:05-06>

A: 佛子[34(|)]是[24(|)?]菩薩摩訶薩[33(·)?]於一切善根[53(·)]心[53(·)]生尊重[41(·|)?,24(|)?,55(/)?]

B: 佛子[ㅣ]是[ㅣㅣ]菩薩摩訶薩[ㄱ]於一切善根[十]心[十]生尊重[ㅁ尸入乙,ㅣㅣ,xㅣ]

C: 佛子ㅣ {是}ㅣㅣ 菩薩摩訶薩ㄱ {於}一切 善根十 心十 尊重ノ尸入乙 生ㅣㅣxㅣ

D: 佛子야, 이 菩薩摩訶薩은 一切 善根에 대해 마음에 尊重하는 것을 낸다.

E: 불자들이여, 이 보살마하살이 일체 선근에 존중하는 마음을 내나니,

<주본화엄31, 01:06>

A: 所謂[12(·)?,33(·)?]於出生死[41(·),13(/)?#13(.·)?,53(|)]心[53(·)]生尊重[41(·|)?,51(·)]

B: 所謂[ㄱ,ㄱ]於出生死[乙,ㅁ今,ㅋ十]心[十]生尊重[ㅁ尸入乙,分]

C: 謂(ノ)ㄱ 所ㄱ {於}生死乙 出ノ今ㅋ十 心十 尊重ノ尸入乙 生(ㅣㅣ)分

D: 즉, ①生死를 벗어나는 것에 대해 마음에 尊重하는 것을 내며,

E: 이른바 생사에서 뛰어나는 데 존중하는 마음을 내고,

<주본화엄31, 01:06-07>

A: 於攝取一切善根[41(·)?,13(/)?,53(|)?]心生尊重

B: 於攝取一切善根[乙,ㅁ今,ㅋ十]心生尊重

C: {於}一切 善根乙 攝取ノ今ㅋ十 心(十) 尊重(ノ尸入乙) 生(ㅣㅣ分)

D: ②一切 善根을 攝取하는 것에 대해 마음에 尊重하는 것을 내며,

E: 일체 선근을 포섭하는 데 존중하는 마음을 내고,

<주본화엄31, 01:07>

A: 於希求一切善根[41(·),13(/)#13(.·)?,53(|)?]心生尊重

B: 於希求一切善根[乙,ㅁ今,ㅋ十]心生尊重

C: {於}一切 善根乙 希求ノ今ㅋ十 心(十) 尊重(ノ尸入乙) 生(ㅣㅣ分)

D: ③一切 善根을 希求하는 것에 대해 마음에 尊重하는 것을 내며,

E: 일체 선근을 희망하여 구하는 데 존중하는 마음을 내고,

<주본화엄31, 01:07-08>
A: 於悔諸[33(·)]過[25(·)]業[41(·),13(/),53(|)?]心生尊重
B: 於悔諸[ㄱ]過[ㄷ]業[乙,ロ亽,ㅋ十]心生尊重
C: {於}諸ㄱ 過ㄷ 業乙 悔ノ亽ㅋ十 心(十) 尊重(ノ尸入乙) 生(ㅣ分)
D: ④모든 過去의 業을 懺悔하는 것에 대해 마음에 尊重하는 것을 내며,
E: 모든 허물을 뉘우치는 데 존중하는 마음을 내고,

<주본화엄31, 01:08>
A: 於隨喜善根[41(·)?,13(/)?,53(|)?]心生尊重
B: 於隨喜善根[乙,ロ亽,ㅋ十]心生尊重
C: {於}善根乙 隨喜ノ亽ㅋ十 心(十) 尊重(ノ尸入乙) 生(ㅣ分)
D: ⑤善根을 隨喜하는 것에 대해 마음에 尊重하는 것을 내며,
E: 선근을 따라서 기뻐하는 데 존중하는 마음을 내고,

<주본화엄31, 01:09>
A: 於禮敬諸[33(·)]佛[41(·),34(-),13(丁),53(|)]心生尊重
B: 於禮敬諸[ㄱ]佛[乙,白亽,ㅋ十]心生尊重
C: {於}諸ㄱ 佛乙 禮敬(ᴗ)白x亽ㅋ十 心(十) 尊重(ノ尸入乙) 生(ㅣ分)
D: ⑥모든 佛을 禮敬하는 것에 대해 마음에 尊重하는 것을 내며,
E: 부처님들께 예경하는 데 존중하는 마음을 내고,

<주본화엄31, 01:09-10>
A: 於合掌[22(·)?]恭敬[13(/),53(|)?]心生尊重
B: 於合掌[ㅎ]恭敬[ロ亽,ㅋ十]心生尊重
C: {於}合掌(ᴗ)ㅎ 恭敬(ᴗㅎ)ノ亽ㅋ十 心(十) 尊重(ノ尸入乙) 生(ㅣ分)
D: ⑦合掌하고 恭敬하고 하는 것에 대해 마음에 尊重하는 것을 내며,
E: 합장하고 공경하는 데 존중하는 마음을 내고,

<주본화엄31, 01:10>
A: 於頂禮塔廟[41(·),13(/),53(|)?]心生尊重
B: 於頂禮塔廟[乙,ロ令,ラ十]心生尊重
C: {於}塔廟乙 頂禮ノ令ラ十 心(十) 尊重(ノ尸入乙) 生(リ㫆)
D: ⑧塔廟를 頂禮하는 것에 대해 마음에 尊重하는 것을 내며,
E: 탑에 정례하는 데 존중하는 마음을 내고,

<주본화엄31, 01:10-11>
A: 於說法[23(/),53(|·)?,13(/),53(|)]心[53(·)]生尊重[41(·|)?,24(|)?,51(·)]
B: 於勸佛[乙,ㄅ,ホ]說法[ロハ,ㆆ立,ロ令,ラ十]心[十]生尊重[ロ尸入乙,リ,㫆]
C: {於}佛乙 勸(ヽ)ㄅホ 說法(ヽ)ロハㆆ立ノ令ラ十 心十 尊重ノ尸入乙 生リ㫆
D: ⑨佛을 勸하여서 '說法하소서' 하는 것에 대해 마음에 尊重하는 것을 내며,
E: 부처님께 법문 말씀하심을 청하는 데 존중하는 마음을 내는 것이니,

<주본화엄31, 01:11-12>
A: 於如是[14(:)]等[12(:)]種種[25(·)?]善根[53(·)?]皆[25(·)]生尊重[41(·|)?,24(|)?,22(·)]隨順[25(·),22(·)]忍可[22(·),55(/)?]
B: 於如是[ノ尸]等[ㄴㄱ]種種セ善根[十]皆[セ]生尊重[ロ尸入乙,リ,ㅎ]隨順[セ,ㅎ]忍可[ㅎ,x丨]
C: {於}是 如(支)ノ尸 等ノㄱ²⁾ 種種セ 善根十 皆セ 尊重ノ尸入乙 生リㅎ 隨(ㄷ) 順セ(ヽ)ㅎ 忍可(ヽ)ㅎx丨
D: 이와 같은 등의 갖가지 善根에 대해 모두 尊重하는 것을 내고 隨順하고 忍可하고 한다.
E: 이러한 여러 가지 선근에 모두 존중하는 마음을 내어 순종하고 인가합니다.

---

2) 다음을 참조할 수 있다.
　　菩薩ㄱ {是}リ {如}支ノ尸 {等}ノㄱ 量リ 無セㄱ 慧藏乙 成就ノナㅎ 少セヽㄱ 方便乙 以ㅎ 一切 法乙 了ノ尸ㅿ 自然 明達ノナ令； 他乙 由三ㅎ 悟尸 不ノナ令 <화소35, 19:09-11>

(2) 修行 <01:12-15>

<주본화엄31, 01:12-13>
A: 佛子[34(|)]菩薩摩訶薩[33(·)]於彼善根[53(·)?]皆[25(·)]生尊重[41(·|)?,24(|)?,22(·)]隨順[25(·),22(·)]忍可[22(·),25(ㅗ)#25(÷)]時[11(·),53(·),33(·)]

B: 佛子[ㆍ]菩薩摩訶薩[ㄱ]於彼善根[十]皆[ㄴ]生尊重[ㅁア入乙,丨,ㆆ]隨順[ㄴ,ㆆ]忍可[ㆆ,xㄴ]時[ㆍ,十,ㄱ]

C: 佛子ㆍ 菩薩摩訶薩ㄱ {於}彼 善根十 皆ㄴ 尊重ノアㅅ乙 生丨ㆆ 隨(ㅁ) 順ㄴ(ㆍ)ㆆ 忍可(ㆍ)ㆆxㄴ 時ㆍ十ㄱ

D: 佛子야, 菩薩摩訶薩은 그 善根에 대해 모두 尊重하는 것을 내고 隨順하고 忍可하고 할 때에는

E: 불자들이여, 보살 마하살이 그러한 선근에 존중하는 마음을 내어 순종하고 인가할 때에

<주본화엄31, 01:13>
A: 究竟欣樂[13(·.)?]堅固[25(·)]信解[41(·),52(·)]

B: 究竟欣樂[xㅅ]堅固[ㄴ]信解[乙,ㆍ분]

C: 究竟 欣樂xㅅ 堅固ㄴ 信解乙ㆍ분

D: 究竟토록 欣樂하되 堅固한 信解를 하며,

E: 끝까지 기뻐하며 견고하게 믿고 이해하여

<주본화엄31, 01:13-14>
A: 自[45(·)?]得[43(|)]安住[52(·)]令他[41(·)]安住[24(|),51(·),23(|)]勤修[13(··)]無著[44(·)?,52(·)]#51~52(·)]

B: 自[ㅡ]得[ㅊㅅ]安住[ㆍ분]令他[乙]安住[丨,분,ㆍㅊ]勤修[ㅁアㅅ]無著[ア,ㆍ분]

C: 自ㅡ 得ㅊㅅ 安住ㆍ분 他乙 安住 令丨분ㆍㅊ 勤修ノアㅅ 著ア 無분

D: 스스로 능히 安住하며 他人으로 하여금 安住하게 하며 하여 勤修하되 執著함이 없으며,

E: 자신이 편안히 머물고 다른 이도 편안히 머물게 하며 부지런히 닦아 집착이 없으며,

<주본화엄31, 01:14>
A: 自在[23(\)]積集[52(·)]

B: 自在[ᅙ]積集[ﾉㅅ]
C: 自在ᅙ 積集ﾉㅅ
D: 自在하게 積集하며,
E: 자재하게 모으고

<주본화엄31, 01:14>
A: 成勝志樂[41(·)?,24(│),=51(·)]³⁾
B: 成勝志樂[乙,ㅣㅣ,ㅅ]
C: 勝志樂乙 成ㅣㅅ
D: 勝志樂을 이루며,
E: 훌륭한 뜻을 이루며,

<주본화엄31, 01:14-15>
A: 住如來[44(·)]境[53(·),52(·)]⁴⁾
B: 住如來[尸]境[十,ﾉㅅ]
C: 如來尸 境十 住ﾉㅅ
D: 如來의 境界에 머물며,
E: 여래의 경계에 머무르면서

<주본화엄31, 01:15>
A: 勢力增長[52(·)]
B: 勢力增長[ﾉㅅ]
C: 勢力 增長ﾉㅅ
D: 勢力 增長하며,
E: 세력이 증장하고

---

3) 23 위치에 사선이 보이는 듯도 하다.
4) 24 위치에 수직선이 보이는 듯도 하다.

<주본화엄31, 01:15>

A: 悉得[43(|)?]知見[52(·/)#52(·)]

B: 悉得[ㄱ 如]知見[x分]

C: 悉 得 ㄱ 如 知見x分

D: 다 능히 知見하며,

E: 모두 알고 봅니다.

　　　　(3) 普賢의 三業과 精進 四門 <01:15-19>

<주본화엄31, 01:15-16>

A: 以諸善根[41(·),34(|)]如是[24(·)]迴⁵⁾向[55(/)]

B: 以諸善根[乙, ㄱ]如是[支]迴向[x l]

C: 諸(ㄱ) 善根乙 以ㄱ 是 如支 迴向xl

D: 모든 善根으로써 이와 같이 迴向한다.

E: 여러 선근으로 이렇게 회향하나니,

<주본화엄31, 01:16>

A: 所謂[12(·),33(·)]以無著無縛解脫心[41(·),34(|)#34(\)]成就普賢[23(-)]身業[41(·)?,51(·.)]

B: 所謂[ㄱ,ㄱ]以無著無縛解脫心[乙, ㄱ]成就普賢[ㅎ]身業[乙,x分]

C: 謂(ノ)ㄱ 所ㄱ 無著無縛解脫心乙 以ㄱ 普賢ㅎ 身業乙 成就x分

D: 즉, ①無著無縛解脫心으로써 普賢菩薩의 身業을 成就하며,

E: 이른바 집착이 없고 속박이 없이 해탈한 마음으로써 보현의 몸으로 짓는 업을 성취합니다.

<주본화엄31, 01:17>

A: 以無著無縛解脫心[41(·),34(|)?]清淨普賢[23(-)?]語業[41(·)?,51(·.)#51(·)?]

B: 以無著無縛解脫心[乙, ㄱ]清淨普賢[ㅎ]語業[乙,x分]

C: 無著無縛解脫心乙 以ㄱ 普賢ㅎ 語業乙 清淨x分

---

5) '迴'자 부분이 많이 훼손되어 있다.

50   第二部   判讀과 解讀 및 飜譯

D: ②無著無縛解脫心으로써 普賢菩薩의 語業을 淸淨하게 하며,
E: 집착이 없고 속박이 없이 해탈한 마음으로써 보현의 말로 짓는 업을 청정케 합니다.

<주본화엄31, 01:17-18>
A: 以無著無縛解脫心圓滿普賢[23(-)]意業[41(·),51(·.)?]
B: 以無著無縛解脫心圓滿普賢[⇒]意業[乙,x分]
C: 無著無縛解脫心(乙) 以(3) 普賢⇒ 意業乙 圓滿x分
D: ③無著無縛解脫心으로써 普賢菩薩의 意業을 圓滿하게 하며,
E: 집착이 없고 속박이 없이 해탈한 마음으로써 보현의 뜻으로 짓는 업을 원만히 합니다.

<주본화엄31, 01:18-19>
A: 以無著無縛解脫心發起普賢[23(-)]廣大精進[41(·)#41(/),51(·.)?]
B: 以無著無縛解脫心發起普賢[⇒]廣大精進[乙,x分]
C: 無著無縛解脫心(乙) 以(3) 普賢⇒ 廣大 精進乙 發起x分
D: ④無著無縛解脫心으로써 普賢菩薩의 廣大 精進을 發起하며,
E: 집착이 없고 속박이 없이 해탈한 마음으로 보현의 광대한 정진[廣大精進]을 일으킵니다.

　　(4) 普賢의 總持德 四門 <01:19-02:02>

<주본화엄31, 01:19-21>
A: 以無著無縛解脫心具足普賢[23(-)]無礙音聲陀羅尼{15(·)}門[41(·),13(··)]其聲廣大[23(|)#23(:)]普[24(|)?]徧十方[53(·),55(·),52(·)]
B: 以無著無縛解脫心具足普賢[⇒]無礙音聲陀羅尼門[乙,ノアム]其聲廣大[ヽ 3]普[||]徧十方[十, | ,ヽ分]
C: 無著無縛解脫心(乙) 以(3) 普賢⇒ 無礙音聲陀羅尼門乙 具足ノアム 其 聲 廣大ヽ 3 普||十方十 徧 | ヽ分
D: ①無著無縛解脫心으로써 普賢菩薩의 無礙音聲陀羅尼門을 具足하되 그 음성이 廣大하여 널리 十方에 두루하며,
E: 집착이 없고 속박이 없이 해탈한 마음으로 보현의 걸림이 없는 음성 다라니문[普賢無礙音

聲陀羅尼門]을 구족하나니, 그 음성이 광대하여 시방에 두루합니다.

<주본화엄31, 01:21-22>
A: 以無著無縛解脫心具足{35(·)}普賢[23(-)]見一切佛[41(·),34(-),24(\),25(!)#25(|)]陀羅尼門[41(·),23(|)#23(:)]恒{24(·)}見十方一切諸[33(·)#33(:)]佛[41(·)?,34(-),52(·)?]
B: 以無著無縛解脫心具足普賢[彡]見一切佛[乙,白,ㄡ,x七]陀羅尼門[乙,ᴧ彡]恒見十方一切諸[ㄱ]佛[乙,白,ᴧ分]
C: 無著無縛解脫心(乙) 以(彡) 普賢彡 一切 佛乙 見白ㄡ七 陀羅尼門乙 具足ᴧ彡 恒(ᅵᅵ) 十方 一切 諸ㄱ 佛乙 見白分
D: ②無著無縛解脫心으로써 普賢菩薩의 一切 佛을 뵙는 陀羅尼門을 具足하여 항상 十方 一切 모든 佛을 뵈오며,
E: 집착이 없고 속박이 없이 해탈한 마음으로 보현의 모든 부처님을 보는[普賢見一切佛] 다라니문을 구족하여 시방의 부처님들을 항상 봅니다.

<주본화엄31, 01:22-24>
A: 以無著無縛解脫心成就解了一切音聲[41(·),33(·)?]陀羅尼門[41(·),23(|)#23(:)?]同一切[44(·)]音[53(·),43(|)]說無量[33(·)]法[41(·),51(·)]
B: 以無著無縛解脫心成就解了一切音聲[乙,ㄱ]陀羅尼門[乙,ᴧ彡]同一切[尸]音[十,彡ホ]說無量[ㄱ]法[乙,分]
C: 無著無縛解脫心(乙) 以(彡) 一切 音聲乙 解了(ᴧ)ㄱ 陀羅尼門乙 成就ᴧ彡 一切尸 音十 同(ᴧ)彡ホ 量 無ㄱ 法乙 說(ᴧ)分
D: ③無著無縛解脫心으로써 一切 音聲을 解了하는 陀羅尼門을 成就하여 一切 音과 같게 하여서 한량없는 法을 演說하며,
E: 집착이 없고 속박이 없이 해탈한 마음으로 일체 음성을 아는[解了一切音聲] 다라니문을 성취하여 일체 중생과 같은 음성으로 한량없는 법을 연설합니다.

52 第二部 判讀과 解讀 및 翻譯

<주본화엄31, 01:24-02:02>[6]

A: 以無著無縛解脫心成就普賢[23(-)]一切劫[53(·)]住[25(|)#25(·)?]陀羅尼門[41(·)?,43(|)]普[24(|)?]於十方[53(·),23(|)#23(:)?]修菩薩行[41(·),51(·)]

B: 以無著無縛解脫心成就普賢[⇒]一切劫[十]住[ㅅ七]陀羅尼門[乙,ぅ]ホ普[刂]於十方[十,ヽぅ]修菩薩行[乙,ぅ]

C: 無著無縛解脫心(乙) 以(ぅ) 普賢⇒ 一切 劫十 住(ヽ)ㅅ七 陀羅尼門乙 成就(ヽ)ぅホ 普刂 {於}十方十ヽぅ 菩薩行乙 修ぅ

D: ④無著無縛解脫心으로써 普賢菩薩의 一切 劫에 머무는 陀羅尼門을 成就하여서 널리 十方에서 菩薩行을 닦으며,

E: 집착이 없고 속박이 없이 해탈한 마음으로 보현의 모든 겁에 머무는[普賢一切劫住] 다라니문을 성취하고 시방세계에서 널리 보살의 행을 닦습니다.

　　(5) 普賢의 自在力 十二門
　　　　(5-가) 一多自在의 九願 <02:02-23>

<주본화엄31, 02:02-04>

A: 以無著無縛解脫心成就普賢[23(-)]自在力[41(·),43(|)]於一[33(·)]衆生[23(-)]身[25(·)]中[53(·),23(|)]示修一切菩薩[44(·)?]行[41(·)?,13(·.)?]盡未來[25(·)]劫[41(·),34(|)?]常[24(|)]無間斷[44(·),24(|),41(!),51(/·)]

B: 以無著無縛解脫心成就普賢[⇒]自在力[乙,ぅ]ホ於一[ㄱ]衆生[⇒]身[七]中[十,ヽぅ]示修一切菩薩[尸]行[乙,xㅅ]盡未來[七]劫[乙,ぅ]常[刂]無間斷[尸,刂,xㅅ乙,刂]ぅ

C: 無著無縛解脫心(乙) 以(ぅ) 普賢⇒ 自在力乙 成就(ヽ)ぅホ {於}一ㄱ 衆生⇒ 身七 中十ヽぅ 一切 菩薩尸 行乙 修xㅅ 未來七 劫乙 盡ぅ 常刂 間斷尸 無刂x入乙 示刂ぅ

D: ⑤無著無縛解脫心으로써 普賢菩薩의 自在力을 成就하여서 한 衆生의 몸 가운데서 一切 菩薩의 行을 닦되 未來의 劫을 다하도록 항상 間斷함 없이 하는 것을 보이며,

E: 집착이 없고 속박이 없이 해탈한 마음으로 보현의 자재한 힘을 성취하여 한 중생의 몸에서 일체 보살의 행을 닦되, 미래의 겁이 다하도록 끊어지지 아니하며,

---

6) 板首題로 "周三十一"이 있으나 절반 부분이 卷子本 제본 시에 1幅에 밀려들어가 잘 보이지 않는다.

<주본화엄31, 02:04-05>

A: 如一[33(·)]衆生[23(-)]身[53(·),34(\)]⁷⁾一切衆生[23(-)]身[53(·)?]{52(·)?}悉[34(|)?]如是[24(·),52(·)?]

B: 如一[ㄱ]衆生⊅身[+,X]一切衆生⊅身[+]悉[3]如是[攴,ㄴ分]

C: 一ㄱ 衆生⊅ 身+X 如(攴) 一切 衆生⊅ 身+ 悉 3 是 如攴ㄴ分

D: 한 衆生의 몸에 대해 한 것 같이 一切 衆生의 몸에 대해 다 이와 같이 하며,

E: 일체 중생의 몸에서도 역시 그러합니다.

<주본화엄31, 02:05-06>

A: 以無著無縛解脫心成就普賢[23(-)]自在力[43(|)?]普[24(|)?]⁸⁾入一切衆[33(·)]道場[53(·),23(|)]普[24(|)]現一切諸[33(·)]{42(·)}佛前[53(·),43(|)]修菩薩行⁹⁾

B: 以無著無縛解脫心成就普賢[⊅]自在力[3 ホ]普[ㅣ]入一切衆[ㄱ]道場[+,ㄴ 3]普[ㅣ]現一切諸[ㄱ]佛前[+, 3 ホ]修菩薩行

C: 無著無縛解脫心(乙) 以(3) 普賢⊅ 自在力(乙) 成就(ㄴ) 3 ホ 普ㅣ 一切 衆ㄱ 道場+ 入ㄴ 3 普ㅣ 一切 諸ㄱ 佛 前+ 現(ㄴ) 3 ホ 菩薩行(乙) 修(分)

D: ⑥無著無縛解脫心으로써 普賢菩薩의 自在力을 成就하여서 널리 一切 많은 道場에 들어가 널리 一切 모든 부처 앞에 나타나서 菩薩行을 닦으며,

E: 집착이 없고 속박이 없이 해탈한 마음으로 보현의 자재한 힘[普賢自在力]을 성취하여 일체 대중의 도량에 들어가서 일체 부처님의 앞에서 보살의 행을 닦습니다.

<주본화엄31, 02:07-09>

A: 以無著無縛解脫心成就普賢[23(-)]佛自在力[41(·)]於一[33(·)]門[25(·)]中[53(·)]示現經不可說不可說[25(·)]劫[41(·),34(|)]無有窮盡[23(|)?]令一切¹⁰⁾衆生[41(·)]皆[25(·)]得[43(|)]悟入

---

7) 다음의 예를 참고할 수 있다.
　一ㄱ 法門+X 如攴 一切 法門+ 皆ㄷ 亦刀 是 如攴ノアム <주본화엄31, 03:16-19>
　一ㄱ 毛端ㄷ 量ㄷ 處+X 如攴 法界 虛空界+ {徧}ケㅣㄴ ㄱ 一一ㄱ 毛端ㄷ 量ㄷ 處+刀 悉 3 亦刀 是 如攴(ㄴ)分 <주본화엄31, 05:20-21>

8) 2장 5행에서 8행까지의 끝부분의 '普'(5行), '薩行'(6行), '力於'(7行), '盡'(8行)字 등이 위치한 부분의 섬유질이 상당히 피어 있어 판독이 곤란하다.

9) 섬유질이 부풀어져 있어 보이지 않음.

10) '切'의 23~33 위치에 수평 묵선이 있다.

[24(|),41(!),52(·)]^(11)

B: 以無著無縛解脫心成就普賢⇒佛自在力[乙]於一[ㄱ]門[ㅅ]中[十]示現經不可說不可說[ㅅ]劫[乙,ᄒ]無有窮盡[ᄂ,]令一切衆生[乙]皆[ㅅ]得ᄒᄒ悟入[ㅣ,x入乙,ᄂ分]

C: 無著無縛解脫心(乙) 以(ᄒ) 普賢⇒ 佛 自在力乙 成就(ᄂᄒᄒ) {於}一ㄱ 門ㅅ 中十 不可說不可說ㅅ 劫乙 經ᄒ 窮盡尸 無有(ㅣ)ᄂ 一切 衆生乙 皆ㅅ 得ᄒᄒ 悟入 令ㅣx入乙 示現ᄂ分

D: ⑦無著無縛解脫心으로써 普賢菩薩의 佛 自在力을 成就하여서, 한 門 中에서 不可說不可說의 劫을 지나도록 다함없이 하여 一切 衆生으로 하여금 다 능히 悟入하게 하는 것을 示現하며,

E: 집착이 없고 속박이 없이 해탈한 마음으로 보현의 부처님 자재한 힘[普賢佛自在力]을 성취하여 한 문(門)에서 말할 수 없이 말할 수 없는 겁을 지내어도 다함이 없음을 보여서, 일체 중생으로 하여금 깨달아 들어가게 합니다.

<주본화엄31, 02:09-12>

A: 以無著無縛解脫心成就普賢[23(-)]佛自在力[41(·),43(|)?]於種種[25(·)]門[25(·)]中[53(·),23(|)]示現經不可說不可說[25(·)]劫[41(·),34(|)]無有窮盡[44(·),24(|),43(|)]令一切衆生[41(·)?]皆[25(·)]得[43(|)]悟入[=23(|)?]其身[41(·)]普[24(|)]現一切佛前[53(·),24(\),24(|),41(!),52(·)]

B: 以無著無縛解脫心成就普賢[⇒]佛自在力[乙,ᄒ]於種種[ㅅ]門[ㅅ]中[十,ᄂ]示現經不可說不可說[ㅅ]劫[乙,ᄒ]無有窮盡[尸,ㅣ,ᄒ]令一切衆生[乙]皆[ㅅ]得ᄒᄒ悟入[ᄂ]其身[乙]普[ㅣ]現一切佛前[十,ᄀ,ㅣ,x入乙,ᄂ分]

C: 無著無縛解脫心(乙) 以(ᄒ) 普賢⇒ 佛 自在力乙 成就(ᄂ)ᄒᄒ {於}種種ㅅ 門ㅅ 中十ᄂ 不 可說不可說ㅅ 劫乙 經ᄒ 窮盡尸 無有ㅣ(ᄂ)ᄒ 一切 衆生乙 皆ㅅ 得ᄒᄒ 悟入ᄂᄒ 其 身 乙 普ㅣ 一切 佛 前十 現ᄀ{令}ㅣx入乙 示現ᄂ分

D: ⑧無著無縛解脫心으로써 普賢菩薩의 佛 自在力을 成就하여서, 갖가지 門 中에서 不可說 不可說의 劫을 지나도록 다함없이 하여서 一切 衆生으로 하여금 다 능히 悟入하여 그 몸 을 널리 一切 부처님 앞에 나타내게 하는 것을 示現하며,

E: 집착이 없고 속박이 없이 해탈한 마음으로 보현의 부처님으로의 자재한 힘을 성취하여, 가지가지 문 가운데서 말할 수 없이 말할 수 없는 겁을 지나도 다함이 없음을 보여서, 일

---

11) 24(|)에서 우상 방면으로 선이 있으나 각필선인지 분명치 않다.

周本『華嚴經』卷第三十一 55

체 중생으로 하여금 깨달아 들어가서 그 몸이 모든 부처님 앞에 두루 나타나게 합니다.

<주본화엄31, 02:12-14>

A: 以無著無縛解脫心成就普賢[23(-)]自在力[41(·)]念念[25(·)]中[53(·),=43(\),51(·)]令不可說不可說[25(·)]衆生[41(·)]住十力[25(·)]智[24(|),13(.·)]{25(·)?}心[42(|)]無疲倦[44(·),24(|),52(·)]

B: 以無著無縛解脫心成就普賢[ᄒ]自在力[乙]念念[ㄷ]中[十,ケ,丨]令不可說不可說[ㄷ]衆生[乙]住十力[ㄷ]智[丨,xᄉ]心[ᄒ]無疲倦[尸,丨,ﾚ分]

C: 無著無縛解脫心(乙) 以(ᄒ) 普賢ᄒ 自在力乙 成就(ﾚ)ᄒᄎ 念念ㄷ 中十ケ丨 不可說不可說 ㄷ 衆生乙 十力ㄷ 智十 住 令丨xᄉ 心ᄒ 疲倦尸 無丨ﾚ分[12)]

D: ⑨無著無縛解脫心으로써 普賢菩薩의 自在力을 成就하여서 念念 中에마다 不可說不可說의 衆生으로 하여금 十力의 智慧에 머무르게 하되 마음에 疲倦함 없이 하며,

E: 집착이 없고 속박이 없이 해탈한 마음으로 보현의 자재한 힘을 성취하여, 잠깐잠깐 동안에 말할 수 없이 말할 수 없는 중생으로 하여금 십력(十力)의 지혜에 머무르되 마음에 고달픔이 없게 합니다.

<주본화엄31, 02:14-16>

A: 以無著無縛解脫心成就普賢[23(-)]自在力[41(·),43(|)?]於一切衆生[23(-)]身[25(·)]中[53(·),23(|)]現一切佛{35(|)}自在神通[41(·),24(\)?,43(|)?]令一切衆生[41(·)]住普賢[=23(-)]行[53(·),51(/·)]

B: 以無著無縛解脫心成就普賢[ᄒ]自在力[乙,ᄒᄎ]於一切衆生[ᄒ]身[ㄷ]中[十,ﾚᄒ]現一切佛自在神通[乙,ᄒ,ᄒᄎ]令一切衆生[乙]住普賢[ᄒ]行[十,丨分]

C: 無著無縛解脫心(乙) 以(ᄒ) 普賢ᄒ 自在力乙 成就(ﾚ)ᄒᄎ {於}一切 衆生ᄒ 身ㄷ 中十ﾚᄒ 一切 佛 自在 神通乙 現ᄒᄒᄎ 一切 衆生乙 普賢ᄒ 行十 住 令丨分

D: ⑩無著無縛解脫心으로써 普賢菩薩의 自在力을 成就하여서, 一切 衆生의 몸의 가운데서 一切 부처의 自在한 神通을 나타내어서 一切 衆生으로 하여금 普賢의 行에 머무르게 하며,

E: 집착이 없고 속박이 없이 해탈한 마음으로 보현의 자재한 힘을 성취하여 일체 중생의 몸 속에서 모든 부처님의 자재한 신통을 나타내어 중생들로 하여금 보현의 행에 머물게 합니다.

---

12) '住(ᄉ)丨xᄉ 心ᄒ 疲倦尸 無(丨) 令丨分'로 보는 견해도 있다.

<주본화엄31, 02:17-19>

A: 以無著無縛解脫心成就普賢[23(-)]自在力[41(·),43(|)?]於一一[33(·)]衆生[23(-)]語言[25(·)]中[53(·),43(\),51(·)]作一切衆生[23(-)?]語言[23(|)?]令一切衆生[41(·)]一一[33(·),55(·),43(-)#53(-)]皆[25(·)?]住一切智[25(·)?]地[53(·)?,24(|),51(·)?,경계선]

B: 以無著無縛解脫心成就普賢[ㄋ]自在力[乙,ぅ㐎]於一一[ㄱ]衆生[ㄋ]語言[七中十,ヶ,丨]作一切衆生[ㄋ]語言[(ヽ)ぅ]令一切衆生[乙]一一[ㄱ,丨,ㆆ下]皆[七]住一切智[七]地[十,刂,ㄣ]

C: 無著無縛解脫心[乙] 以(ぅ) 普賢ㄋ 自在力乙 成就(ヽ)ぅ㐎 {於}一一ㄱ 衆生ㄋ 語言七 中十 ヶ丨 一切 衆生ㄋ 語言(乙) 作ヽぅ 一切 衆生乙 一一ㄱ(ヶ)丨(ヽ)ㆆ下 皆七 一切智七 地十 住 令刂ㄣ

D: ⑪無著無縛解脫心으로써 普賢菩薩의 自在力을 成就하여서, 하나하나의 衆生의 말마다 一切 衆生의 말을 지어서 一切 衆生 하나하나마다로 하여금 다 一切智의 境地에 머무르게 하며,

E: 집착이 없고 속박이 없이 해탈한 마음으로 보현의 자재한 힘을 성취하여 일체 중생의 말하는 소리 가운데서 일체 중생의 말을 하여서 일체 중생으로 하여금 낱낱이 온갖 지혜의 자리[一切智地]에 머물게 합니다.

<주본화엄31, 02:19-21>

A: 以無著無縛解脫心成就普賢[23(-)]自在力[41(·),43(|)#43(:)]於一[13)][33(·)]衆生[23(-)]身[25(·)]中[53(·),43(\),55(·)]普[24(|)]容納一切衆生[23(-)]身[41(·),23(|)?]令皆[25(·)]自[45(·)]謂[14(i)?]成就佛身[41(·),32(-),45(·|)?#45(..)?#45(..)?,51(/·)]

B: 以無著無縛解脫心成就普賢[ㄋ]自在力[乙,ぅ㐎]於一一[ㄱ]衆生[ㄋ]身[七]中[十,ヶ,丨]普[刂]容納一切衆生[ㄋ]身[乙,ヽぅ]令皆[七]自[灬]謂[刂尸]成就佛身[乙,ㅅ,X,刂ㄣ]

C: 無著無縛解脫心[乙] 以(ぅ) 普賢ㄋ 自在力乙 成就(ヽ)ぅ㐎 {於}一一ㄱ 衆生ㄋ 身七 中十ヶ丨 普刂 一切 衆生ㄋ 身乙 容納ヽぅ 皆七 自灬 謂刂尸 佛身乙 成就(ヽ)ㅅX 令刂ㄣ

D: ⑫無著無縛解脫心으로써 普賢菩薩의 自在力을 成就하여서, 하나하나의 衆生의 몸에마다 널리 一切 衆生의 몸을 容納하여 다 스스로 생각하기를 '佛身을 成就하고자 한다.' 하게 하며,

---

13) '一'의 15위치에 'ㄱ'자 모양의 묵선이 있다. 경계선으로 쓰였을 가능성이 있다.

E: 집착이 없고 속박이 없이 해탈한 마음으로 보현의 자재한 힘을 성취하여 낱낱 중생의 몸 가운데 일체 중생의 몸을 두루 용납하되 모두 스스로 생각하기를 '부처님 몸을 성취하였노라' 하게 합니다.

<주본화엄31, 02:21-23>

A: 以無著無縛解脫心成就普賢[23(-)]自在力[41(·),43(|)?]能[24(·)]以一[33(·)?]華[41(·),=34(|)]莊嚴一切十方[25(·)]世界[41(·),52(·)]

B: 以無著無縛解脫心成就普賢[ㄣ]自在力[乙, ㄣ ホ]能[攴]以一[ㄱ]華[乙, ㄣ]莊嚴一切十方[七]世界[乙, ㅅ分]

C: 無著無縛解脫心(乙) 以(ㄣ) 普賢ㄣ 自在力乙 成就(ㅅ) ㄣ ホ 能攴 一ㄱ 華乙 以 ㄣ 一切 十方 七 世界乙 莊嚴ㅅ分

D: ⑬無著無縛解脫心으로써 普賢菩薩의 自在力을 成就하여서, 能히 한 꽃으로써 一切 十方 世界를 莊嚴하며,

E: 집착이 없고 속박이 없이 해탈한 마음으로 보현의 자재한 힘을 성취하여 능히 한 꽃으로 모든 시방세계를 장엄케 합니다.

(5-나) 廣大自在의 三願 <02:23-03:06>

<주본화엄31, 02:23-03:01>[14]

A: 以無著無縛解脫心成就普賢[23(-)]自在力[41(·),43(|)?]出大音聲[41(·),13(:)]普[24(|)]徧法界[55(·),53(!)?]周[25(·)]聞一切諸[33(·)]佛國土[53(·),24(|)?,53(·.)]攝受調伏一切衆生[41(·),52(·)?]

B: 以無著無縛解脫心成就普賢[ㄣ]自在力[乙, ㄣ ホ]出大音聲[乙,xㅿ]普[ㅣ]徧法界[X,ㅣ]周[七]聞一切諸[ㄱ]佛國土[十,ㅣㅣ,下]攝受調伏一切衆生[乙, ㅅ分]

C: 無著無縛解脫心(乙) 以(ㄣ) 普賢ㄣ 自在力乙 成就(ㅅ) ㄣ ホ 大音聲乙 出xㅿ 普ㅣ 法界(十) 徧 ㅣX[15] 周七 一切 諸ㄱ 佛國土十 聞ㅣㅣ 下 一切 衆生乙 攝受 調伏ㅅ分

---

14) 3장 첫머리에 '周三十一'과 조금 떨어져 밑부분에 장차 표시인 '三'의 일부분이 보이나 卷子本 제본 시에 앞장에 물려 들어가 있다.

15) 이점본에 따라서 '53(!)'로 파악하였으며, 잠정적으로 연결어미와 관련 있는 것으로 보았다. '53(!)'를 'x+'로 볼 가능성도 있다.

D: ⑭無著無縛解脫心으로써 普賢菩薩의 自在力을 成就하여서, 큰 音聲을 내되 널리 法界에 두루 하여 一切 모든 佛國土에 두루 들려주어 一切 衆生을 攝受 調伏하며,

E: 집착이 없고 속박이 없이 해탈한 마음으로 보현의 자재한 힘을 성취하여, 법계에 두루하는 큰 음성을 내되 모든 부처님 국토에 들려서 일체 중생을 거두어 조복합니다.

<주본화엄31, 03:01-04>

A: 以無著無縛解脫心成就普賢自在力[41(·),43(|)]盡未來際[25(·)]不可說不可說[25(·)]劫[41(·),34(|)]於念念[25(·)]中[53(·),55(·)]悉[34(|)]能[24(·)]徧[55(·)]入一切世界[53(·),23(|)]以佛[35(·)]神力[41(·),43(|)]隨念[41(·),24(\)]莊嚴[52(·)]

B: 以無著無縛解脫心成就普賢自在力[乙,氵]盡未來際[七]不可說不可說[乙]劫[乙,氵]於念念[七]中[十,丨]悉[氵]能[支]徧[丨]入一切世界[十,ㇳ氵]以佛[ㇱ]神力[乙,氵]隨念[乙,ㇰ]莊嚴[ㇴ]

C: 無著無縛解脫心(乙) 以(氵) 普賢(ㇰ) 自在力乙 成就(ㇴ)氵 禾 未來際七 不可說不可說七 劫乙 盡氵 {於}念念七 中十(ケ)丨 悉氵 能支 徧丨 一切 世界十 入ㇴ氵 佛ㇱ 神力乙 以氵禾 念乙 隨ㇰ 莊嚴ㇴ分

D: ⑮無著無縛解脫心으로써 普賢의 自在力을 成就하여서 未來際의 不可說不可說의 劫을 다하도록 念念 中에마다 다 能히 두루 一切 世界에 들어 부처의 神力으로써 念을 따라 莊嚴하며,

E: 집착이 없고 속박이 없이 해탈한 마음으로 보현의 자재한 힘을 성취하여, 말할 수 없이 말할 수 없는 미래의 겁이 다하도록, 잠깐잠깐 동안에 일체 세계에 두루 들어가서 부처님의 신통력으로 마음대로 장엄합니다.

<주본화엄31, 03:04-06>

A: 以無著無縛解脫心成就普賢自在力盡未來際[41(·),34(|)]所住[12(·),25(·)]之劫[53(·)]常[24(|)]能[24(·)]徧[55(·)]入一切世界[53(·),23(|)]示現成佛[43(|)]{41(·)}[16]出興於世[53(·),24(|),41(!),52(·)?]

B: 以無著無縛解脫心成就普賢自在力盡未來際[乙,氵]所住[ㄱ,七]之劫[十]常[丨]能[支]徧[丨]入一切世界[十,ㇴ氵]示現成佛[氵禾]出興於世[十,丨,x入乙,ㇴ分]

---

16) 이점본에 41(·)이 있어서 1차 강독 때는 '佛乙 成(ㅣ)氵禾'으로 해독하였다. 그러나 주본『화엄경』의 다른 곳과 자토석독구결에 '成佛ㇴ-'의 예만 있고 '佛乙 成ㅣ-'의 예는 없으므로 해독에 반영하지 않았다.

C: 無著無縛解脫心(乙) 以(ぅ) 普賢(ラ) 自在力(乙) 成就(ッぅホ) 未來際乙 盡ぅ 住(ノ)ㄱ 所セ {之} 劫十 常リ 能支 徧ㅣ 一切 世界十 入ッぅ 成佛(ッ)ぅホ {於}世十 出興(ㅅ)ㅣxㅅ乙 示現ッゕ

D: ⑯無著無縛解脫心으로써 普賢菩薩의 自在力을 成就하여서 未來際를 다하도록 머문 바의 劫에 항상 能히 두루 一切 世界에 들어 成佛하여서 세상에 出興하게 함을 示現하며,

E: 집착이 없고 속박이 없이 해탈한 마음으로 보현의 자재한 힘을 성취하여, 오는 세월이 끝나도록 머무는 겁에서 항상 일체 세계에 들어가서 성불함을 나타내어 세상에 출현합니다.

(6) 普賢行의 七願
(6-가) 神通의 四願

<주본화엄31, 03:06-07>

A: 以無著無縛解脫心成普賢[23(-)]行[41(·),24(|),43(|)]一[33(·)]光[45(·)]普[24(|)]照盡虛空界[25(·)]一切世界[41(·),51(/·)]

B: 以無著無縛解脫心成普賢(ラ)行[乙,ㅣぅホ]一[ㄱ]光[ㅡ]普[ㅣ]照盡虛空界[七]一切世界[乙,ㅣゕ]

C: 無著無縛解脫心(乙) 以(ぅ) 普賢ラ 行乙 成ㅣぅホ 一ㄱ 光ㅡ 普ㅣ 盡虛空界七 一切 世界乙 照ㅣゕ

D: ⑰無著無縛解脫心으로써 普賢菩薩의 行을 이루어서 한 빛으로 널리 盡虛空界의 一切 世界를 비추며,

E: 집착이 없고 속박이 없이 해탈한 마음으로 보현의 행을 이루어서, 한 광명이 온 허공의 일체 세계에 두루 비춥니다.

<주본화엄31, 03:08-09>

A: 以無著無縛解脫心成普賢[23(-)]行[41(·)?,24(|)?,43(|)?]{23(|)?}[17)]得無量[33(·)]智慧[41(·),51(·)]具一切神通[41(·),24(\),34(|)]說種種[25(·)]法[41(·),51(·)]

---

17) 이점본에는 43(|)은 없고 23(|)만 표시되어 있다. 43(|)을 23(|)으로 잘못 이점하였을 가능성이 있으므로 원본 확인이 필요하다.

B: 以無著無縛解脫心成普賢[⺢]行[乙,刂,⺀ 亦]得無量[丁]智慧[乙,⺈]具一切神通[乙,ㅎ,⺀]說種種[七}法[乙,⺈]

C: 無著無縛解脫心(乙) 以(⺀) 普賢⺢ 行乙 成刂⺀亦 量 無丁 智慧乙 得⺈ 一切 神通乙 具ㅎ ⺀ 種種七 法乙 說⺈

D: ⑱無著無縛解脫心으로써 普賢菩薩의 行을 이루어서 한량없는 智慧를 얻으며 一切 神通을 갖추어 갖가지 법을 이르며,

E: 집착이 없고 속박이 없이 해탈한 마음으로 보현의 행을 이루어서, 한량없는 지혜를 얻고 모든 신통을 갖추어 가지가지 법을 연설합니다.

<주본화엄31, 03:09-11>

A: 以無著無縛解脫心成普賢行[41(·),24(|),43(|)]入於如來[44(·)]盡一切劫[41(·),34(|),53(-)]不可測量[23(|),24(\),25(·),12(:),35(·),25(/)][18)]神通智慧[53(·),52(·)]

B: 以無著無縛解脫心成普賢行[乙,刂,⺀ 亦]入於如來[尸]盡一切劫[乙,⺀,x乃]不可測量[丷⺀,ㅎ,七,丷丁,矢,x七]神通智慧[十,丷⺈]

C: 無著無縛解脫心(乙) 以(⺀) 普賢(⺢) 行乙 成刂⺀亦 {於}如來尸 一切 劫乙 盡⺀x乃 測量丷⺀ㅎ(ㅎ){可}七丷丁 不矢x七 神通 智慧十 入丷⺈

D: ⑲無著無縛解脫心으로써 普賢菩薩의 行을 이루어서 一切 劫을 다하더라도 測量할 수 없는 如來의 神通 智慧에 들며,

E: 집착이 없고 속박이 없이 해탈한 마음으로 보현의 행을 이루어서, 일체 겁이 다하여도 측량할 수 없는 여래의 신통과 지혜에 들어갑니다.

<주본화엄31, 03:11-13>

A: 以無著無縛解脫心成普賢[23(-)]行[41(·),24(|),53(·.)]住盡法界[25(·)]諸[33(·)]如來[44(·)]所[53(·),43(|)]以佛[35(·)]神力[41(·),34(|)]修習一切諸[33(·)]菩薩[44(·)]行[41(·),13(··)]身口意業[53(·)]曾[42(\)]無懈倦[44(·),24(|),52(·)]

B: 以無著無縛解脫心成普賢[⺢]行[乙,刂,下]住盡法界[七]諸[丁]如來[尸]所[十,⺀ 亦]以佛[ㄷ]神力[乙,⺀]修習一切諸[丁]菩薩[尸]行[乙,ㅎ尸厶]身口意業[十]曾[刀]無懈倦[尸,刂,丷⺈]

---

18) 이점본에는 23~33(|)#23~33(/)이 표시되어 있다.

C: 無著無縛解脫心(乙) 以(ぅ) 普賢ぅ 行乙 成リ下 盡法界ㄴ 諸ㄱ 如來尸 所十 住(ヽ)ぅホ 佛
    ㄴ 神力乙 以ぅ 一切 諸ㄱ 菩薩尸 行乙 修習ノ尸ム 身口意業十 曾(ハㄢ)刀 懈倦尸 無リヽぅ

D: ⑳無著無縛解脫心으로써 普賢菩薩의 行을 이루어 盡法界의 모든 如來의 處所에 住하여
    서 부처의 神力으로써 一切 모든 菩薩의 行을 修習하되 身·口·意業에 조금도 게을리
    함 없이 하며,

E: 집착이 없고 속박이 없이 해탈한 마음으로 보현의 행을 이루어서, 온 법계의 부처님 처소
    에 머무르면서 부처님의 신통력으로 모든 보살의 행을 닦되 몸이나 입이나 뜻으로 짓는
    업에 조금도 게으름이 없습니다.

(6-나) 四辯의 三願 <03:13-22>

<주본화엄31, 03:13-16>

A: 以無著無縛解脫心成普賢行[24(|),43(|)]不違於義[53(·),25(·),52(·)]不壞於法[53(·),44(·),52(·)]言
    辭淸淨[52(·)]樂說無盡[44(·),51(·),23(|)]敎化調伏一切衆生[41(·),43(|)]令其[41(·)]當
    [23(:)]{24(·)}¹⁹⁾得一切諸[33(·)]佛[35(·)]無上菩提[41(·),24(|)²⁰⁾,51(·)]

B: 以無著無縛解脫心成普賢行[リ,ぅホ]不違於義[十,ヒ,ヽぅ]不壞於法[十,尸,ヽぅ]言辭淸淨[ヽ
    ぅ]樂說無盡[尸,ぅ,ヽぅ]敎化調伏一切衆生[乙,ぅホ]令其[乙]當[ハ]得一切諸[ㄱ]佛[ㄴ]無上
    菩提[乙,リ,ぅ]

C: 無著無縛解脫心(乙) 以(ぅ) 普賢(ぅ) 行(乙) 成リぅホ {於}義十 違ヒ 不(ヽ)ぅ²¹⁾ {於}法十 壞
    尸 不(ヽ)ぅ 言辭 淸淨(ヽ)ぅ 樂說 盡尸 無ぅヽぅ 一切 衆生乙 敎化 調伏(ヽ)ぅホ 其乙 當
    ハ 一切 諸ㄱ 佛ㄴ 無上菩提乙 得(リ) 令リぅ

D: ㉑無著無縛解脫心으로써 普賢菩薩의 行을 이루어서 義에 어긋나지 않으며 法에 무너지
    지 않으며 言辭가 淸淨하며 樂說이 다함없으며 하여 一切 衆生을 敎化 調伏하여서 그들
    로 하여금 반드시 一切 모든 부처의 無上菩提를 얻게 하며,

---

19) 주본 『화엄경』 권제6과 권제22에 '當'에 24(·)이 현토된 예가 있으나, 대체적으로는 23(:)이 현토되므로
    23(:)만 인정하고 24(·)은 해독에 반영하지 않았다.
20) 24(|)의 오른쪽 위에 호 모양의 각필선이 있다. 새눈알 모양의 중복선일 가능성이 있다.
21) 다음을 참조할 수 있다.
    一切 諸ㄱ 佛ㄴ 經典ぅ十 違ヒ 不ヽナ令ㅣ; <화소24:20-25:01>

E: 집착이 없고 속박이 없이 해탈한 마음으로 보현의 행을 이루어서 뜻에도 어기지 않고 법에도 어기지 않으며, 말이 청정하고 말하기를 좋아하는 변재가 다하지 아니하여 일체 중생을 교화하고 조복하여, 그들로 하여금 모든 부처님의 위없는 보리를 얻게 합니다.

<주본화엄31, 03:16-19>

A: 以無著無縛解脫心修普賢行[41(·),43(|)]入一[33(·)]法門[53(·),25(··)]時[11(·),53(·)]放無量[33(·)]光[41(·),23(|)]照不思議[25(·)]一切法門[41(·),51(/)#51(··)]如一[33(·)]法門[53(·),34(\),24(·)]一切法門[53(·)?]皆[25(·)]亦[42(\)]如是[24(·),13(··)]{14(:)#14(··)#14(|·)}通達無礙[44(·)?,43(|)]究竟當[23(:)]得一切智[25(·)]地[41(·),51(·)]

B: 以無著無縛解脫心修普賢行[乙,ろ아]入一[ㄱ]法門[十,ㅌㅌ]時[氵,十]放無量[ㄱ]光[乙,ゝろ]照不思議[ㄷ]一切法門[乙,ㅣ슈]如一[ㄱ]法門[十,X,ㅎ]一切法門[十]皆[ㄷ]亦[刀]如是[ㅎ,ㄷ尸ㅅ]通達無礙[尸,ろ아]究竟當[ㅅ]得一切智[ㄷ]地[乙,슈]

C: 無著無縛解脫心(乙) 以(ろ) 普賢(ㅅ) 行乙 修ろ아 一ㄱ 法門十 入(ヽ)ㅌㅌ 時氵十 量 無ㄱ 光乙 放ゝろ 不思議ㄷ 一切 法門乙 照ㅣ슈 一ㄱ 法門十X[22] 如ㅎ 一切 法門十 皆ㄷ 亦刀 是 如ㅎノ尸ㅅ 通達 礙尸 無ろ아 究竟 當ㅅ 一切智ㄷ 地乙 得슈

D: ㉒無著無縛解脫心으로써 普賢菩薩의 行을 닦아서 하나의 法門에 드는 때에 한량없는 광명을 놓아 不思議한 一切 法門을 비추며 하나의 法門에 대해 하는 것과 같이 一切 法門에 대해 모두 또 이와 같이 하되 通達 無礙하여서 필경 반드시 一切智의 地位를 얻으며,

E: 집착이 없고 속박이 없이 해탈한 마음으로 보현의 행을 닦아 한 법문에 들어갈 적에 무량한 광명을 놓아 부사의한 일체 법문에 비추며, 한 법문에서와 같이 일체 법문에서도 그러하여 통달하고 걸림이 없어 필경에 온갖 지혜의 지위를 얻습니다.

<주본화엄31, 03:19-20>

A: 以無著無縛解脫心住菩薩[44(·)]行[53(·),23(|)]於法[53(·)]自在[43(|)#53(!)]到於普賢[23(-)]莊嚴[25(··)]彼岸[53(·),43(|)]於一一[33(·)]境界[53(·),43(\),55(·)]皆[25(·)]以一切智[41(·),34(|)]觀察悟入[11(/)]而[33(·)]一切智[33(·)]亦[12(:)]不窮盡[44(·),52(·)]

B: 以無著無縛解脫心住菩薩[尸]行[十,ゝろ]於法[十]自在[ろ아]到於普賢[ㅅ]莊嚴[ㅌㅌ]彼岸[十,

---

22) 주본 『화엄경』 권제22, 권제31, 권제34, 권제36의 '如' 구문에 34(\)이 여러 차례 나타난다.

周本『華嚴經』卷第三十一　63

ㅊ]於一一[ㄱ]境界[十,ヶ,丨]皆[セ]以一切智[乙,ㅊ]觀察悟入[ナ今ㅁ]而[ㄱ]一切智[ㄱ]亦
[ᆢㄱ]不窮盡[尸,ᆢ分]

C: 無著無縛解脫心(乙) 以(ㅊ) 菩薩尸 行十 住ᆢㅊ {於}法十 自在(ᆢ)ㅊ {於}普賢ᆢ 莊嚴(ᆢ)ㅌセ 彼岸十 到ㅊ {於}一一ㄱ 境界十ヶ丨 皆セ 一切智乙 以ㅊ 觀察 悟入(ᆢ)ナ今ㅁ 而ㄱ 一切智ㄱ 亦ᆢㄱ 窮盡尸 不ᆢ分

D: ㉓無著無縛解脫心으로써 普賢菩薩의 行에 住하여 法에 自在하여서 普賢이 莊嚴한 彼岸에 이르러서 하나하나의 境界에마다 모두 一切智로써 觀察 悟入하나 一切智는 또한 다하지 않으며,

E: 집착이 없고 속박이 없이 해탈한 마음으로 보살의 행에 머물러서, 법에 자재하여 장엄한 저 언덕에 이르며, 낱낱 경계에서 온갖 지혜로 관찰하여 깨닫지만 온갖 지혜는 다하지 아니합니다.

(7) 攝法의 廣大自在德
　　(7-가) 智慧의 三願 <03:22-04:07>

<주본화엄31, 03:22-24>

A: 以無著無縛解脫心始[24(\)]從此生[41(·),25(·)]盡未來際[41(·),34(|)]住普賢[23(-)]行[53(·),13(··)]常[24(|)]不休息[44(·)]得一切智[41(·),43(|)]悟不可說不可[25(·)]眞實法[41(·),13(··)]於法[53(·)]究竟無有迷惑[44(·),24(|),52(·)]

B: 以無著無縛解脫心始[ㅁ]從此生[乙,セ]盡未來際[乙,ㅊ]住普賢ᆢ行[十,ᆢ尸ム]常[リ]不休息[尸]得一切智[乙,ㅊ]悟不可說不可說[セ]眞實法[乙,ᆢ尸ム]於法[十]究竟無有迷惑[尸,リ,ᆢ分]

C: 無著無縛解脫心(乙) 以(ㅊ) 始ㅁ 此 生乙 從セ 未來際乙 盡ㅊ 普賢ᆢ 行十 住ノ尸ム 常リ 休息尸 不(ᆢ分) 一切智乙 得ㅊㅊ 不可說不可說セ 眞實法乙 悟ノ尸ム {於}法十 究竟 迷惑尸 無有リᆢ分

D: ㉔無著無縛解脫心으로써 처음 이 生으로부터 未來際를 다하도록 普賢菩薩의 行에 住하되 항상 쉬지 않으며 一切智를 얻어서 不可說不可說의 眞實法을 깨닫되 法에 필경 迷惑함 없이 하며,

E: 집착이 없고 속박이 없이 해탈한 마음으로써 이 생[此生]으로부터 오는 세상이 끝나도록 보현의 행에 머물러서 항상 쉬지 아니하여 온갖 지혜를 얻고, 말할 수 없이 말할 수 없는

진실한 법을 깨달으며, 모든 법에 필경까지 미혹함이 없습니다.

<주본화엄31, 03:24-04:02>

A: 以無著無縛解脫心修普賢[23(-)]業[41(·),43(|)]方便自在[23(|)]得法[25(·)]光明[41(·),43(|)?]於諸[33(·)]菩薩[44(·)]所行[25(·)]之行[53(·)]#53(..)]照了[13(..)]無礙[52(·)]

B: 以無著無縛解脫心修普賢[⇒]業[乙,ㆍ\]方便自在[ゝㆍ]得法[七]光明[乙,ㆍ\]於諸[ㄱ]菩薩[尸]所行[七]之行[十]照了[⇨尸厶]無礙[ゝ分]

C: 無著無縛解脫心(乙) 以(ㆍ) 普賢⇒ 業乙 修ㆍ\ 方便 自在ゝㆍ 法七 光明乙 得ㆍ\ {於}諸 ㄱ 菩薩尸 所行七{之} 行十 照了ノ尸厶 無礙ゝ分

D: ㉕無著無縛解脫心으로써 普賢菩薩의 業을 닦아서 方便이 自在하여 法의 光明을 얻어서 모든 菩薩의 所行의 行에 照了하되 막힘 없으며,

E: 집착이 없고 속박이 없이 해탈한 마음으로 보현의 업을 닦아, 방편에 자재하고 법의 광명을 얻어 모든 보살의 수행하는 행을 비추되 장애가 없습니다.

<주본화엄31, 04:02-04>

A: 以無著無縛解脫心修普賢[23(-)]行[41(·),13(..)]得一切方便智[41(·),43(|)][23)]知一切方便[41(·),55(/)]

B: 以無著無縛解脫心修普賢[⇒]行[乙,xㅿ]得一切方便智[乙,ㆍ\]知一切方便[乙,x丨]

C: 無著無縛解脫心(乙) 以(ㆍ) 普賢⇒ 行乙 修xㅿ 一切 方便智乙 得ㆍ\ 一切 方便乙 知x丨

D: ㉖無著無縛解脫心으로써 普賢菩薩의 行을 닦되 一切 方便智를 얻어서 一切 方便을 안다.

E: 집착이 없고 속박이 없이 해탈한 마음으로 보현의 행을 닦고, 모든 방편의 지혜를 얻어 일체 방편을 아나니,

<주본화엄31, 04:04-07>

A: 所謂[12(·),33(·)]無量[33(·)]方便[11(·)]不思議[25(·)?]方便[11(·)]菩薩[44(·)]方便[11(·)]一切智[25(·)]方便[11(·)]一切菩薩[44(·)]調伏[25(i)#25(|)]方便[11(·)]轉無量[33(·)]法輪[41(·),25(|)?]方便[11(·)]不可說時[25(·)]方便說種種[25(·)]法[41(·),24(\),25(!)]方便無邊際[33(·)]無畏藏[25(·)]方便[11(·)]說一切法[41(·),13(..)]無餘[12(:),24(|),25(i)]方便[11(·),31(··),55(..)]

---

23) '智'자 아래에 각필로 그은 듯한 선이 있다.

B: 所謂[㇆,㇆]無量[㇆]方便[㇇]不思議[七]方便[㇇]菩薩[尸]方便[㇇]一切智[七]方便[㇇]一切菩薩[尸]調伏[X]方便[㇇]轉無量[㇆]法輪[乙,今七]方便[㇇]不可說時[七]方便說種種[七]法[乙,丆,x七]方便無邊際[㇆]無畏藏[七]方便[㇇]說一切法[乙,xㅿ]無餘[ソ㇆,刂,x七]方便[㇇,ノ禾,ナ丨]

C: 謂(ノ)㇆ 所㇆ 量 無㇆ 方便㇇ 不思議七 方便㇇ 菩薩尸 方便㇇ 一切智七 方便㇇ 一切 菩薩尸 調伏x七 方便㇇ 量 無㇆ 法輪乙 轉(ソ)今七 方便㇇ 不可說時七 方便(㇇) 種種七 法乙 說丆x七 方便(㇇) 邊際 無㇆ 無畏藏七 方便㇇ 一切 法乙 說xㅿ 餘ソ㇆ 無刂x七 方便㇇ノ禾ナ丨

D: 즉 한량없는 方便이니 不思議의 方便이니 菩薩의 方便이니 一切 智慧의 方便이니 一切 菩薩의 調伏하는 方便이니 한량없는 法輪을 굴리는 方便이니 不可說時의 方便이니 갖가지의 法을 說하는 方便이니 邊際 없는 無畏藏의 方便이니 一切 法을 說하되 남음 없이 하는 方便이니 하는 것이다.

E; 이른바 한량없는 방편・부사의한 방편・보살의 방편・온갖 지혜의 방편・일체 보살의 조복하는 방편・무량한 법륜을 굴리는 방편・말할 수 없는 시간의 방편・가지가지 법을 말하는 방편・그지없이 두려움이 없는 장(藏)의 방편・일체 법을 말하여 남음이 없는 방편입니다.

(7-나) 利益의 二願<04:07-12>

<주본화엄31, 04:07-10>

A: 以無著無縛解脫心住普賢[23(-)]行[53(·),43(|)?]成就身業[41(·),53(!)]令一切衆生[24(|)?]見[45(·—),15(·/)][24]者歡喜[43(|)]不生誹謗[41(·),14(!),52(·)]{44(·)}發菩提心[41(·),43(|)?]永[24(/)]不退轉[44(·),51(·)?,23(|)]究竟淸淨[24(|),51(·)]

24) 6장 9행의 '聞'字의 점토와 아래 자토구결의 예를 참조할 수 있다.
凡㇇ 受丆尸 所七 物七火七八尸入㇆ 悉㇌ 亦刀 {是}刂 如支ソロヒ㇇ <화소09:11-12>
意解乙 觀ソロ 與七 同事ソナ㇌ 示刂丆㇆ 所七 苦行火七八尸入㇆ 世刂十 堪刂矢ソ㇌今 靡七刂ソ㇌ホ <화엄20:04-05>
見聞ソ㇇ 聽受ソ㇇ 若七 供養ソ㇇ソロヒ火七八尸入㇆ 皆七 安樂乙 獲刂 令刂尸 不ソ尸丁ノ尸 靡刂七ソヒ禾㇇ <화엄14:10>

B: 以無著無縛解脫心住普賢[ㅎ]行[十,ㅎ㫋]成就身業[乙,X]令一切衆生[ㅣ]見[X,xㅅㄱ]者歡喜[ㅎ㫋]不生誹謗[乙,xア,ㅅ分]發菩提心[乙,ㅎ㫋]永[去]不退轉[ア,分,ㅅㅎ]究竟淸淨[ㅣ,分]

C: 無著無縛解脫心[乙] 以(ㅎ) 普賢ㅎ 行十 住(ㅅ)ㅎ㫋 身業乙 成就X²⁵⁾ 一切 衆生ㅣ 見Xxㅅㄱ {者} 歡喜(ㅅ)ㅎ㫋 誹謗乙 生xア 不(多ㅅ)分 菩提心乙 發(ㅅ)ㅎ㫋 永去 退轉ア 不(多ㅅ)分ㅅ ㅎ 究竟 淸淨 令ㅣ分

D: ㉗無著無縛解脫心으로써 普賢菩薩의 行에 머물러서 身業을 成就하여 一切 衆生이 보는 이라면 歡喜하여서 誹謗을 내지 않으며 菩提心을 내어서 영원히 退轉하지 않으며 하여 究竟 淸淨하게 하며,

E: 집착이 없고 속박이 없이 해탈한 마음으로 보현의 행에 머물러서 몸으로 하는 업을 성취하고, 일체 중생의 보는 이로 하여금 환희하여 비방하지 않게 하며, 보리심을 내어 영원히 퇴전하지 아니하고 필경에 청정케 합니다.

<주본화엄31, 04:10-12>

A: 以無著無縛解脫心修普賢[25(·)]行[41(·),43(|)]得了一切衆生[23(-)]語言[41(·),25(:)#25(|)]淸淨智[41(·),53(!)]一切言辭[45(·)]具足莊嚴[43(|)]普[24(|)]應衆生[53(|),23(|)]皆[25(·)]令歡喜[24(|),51(·)]

B: 以無著無縛解脫心修普賢[七]行[乙,ㅎ㫋]得了一切衆生[ㅎ]語言[乙,xㄴ]淸淨智[乙,X]一切言辭[灬]具足莊嚴[ㅎ㫋]普[ㅣ]應衆生[ㅎ十,ㅅㅎ]皆[七]令歡喜[ㅣ,分]

C: 無著無縛解脫心[乙] 以(ㅎ) 普賢七 行乙 修ㅎ㫋 一切 衆生ㅎ 語言乙 了xㄴ 淸淨智乙 得X 一切 言辭灬 具足 莊嚴(ㅅ)ㅎ㫋 普ㅣ 衆生ㅎ十 應ㅅㅎ 皆七 歡喜 令ㅣ分

D: ㉘無著無縛解脫心으로써 普賢菩薩의 行을 닦아서 一切 衆生의 言語를 了解하는 淸淨智를 얻어 一切 言辭로 具足 莊嚴하여서 널리 衆生에게 應하여 모두 歡喜하게 하며,

E: 집착이 없고 속박이 없이 해탈한 마음으로 보현의 행을 닦아, 일체 중생의 말과 청정한 지혜를 얻고, 구족하게 장엄한 모든 말로써 중생에게 널리 응하여 모두 환희케 합니다.

---

25) '53(!)'을 'x+'로 볼 가능성도 있다.

(7-다) 廣大한 三業의 一願 <04:12-16>

<주본화엄31, 04:12-16>
A: 以無著無縛解脫心住普賢[23(-)]行[53(·),43(|)?]立殊勝志[41(·),51(/·)]具淸淨心[41(·),24(\),51(·)]得廣大神通[11(·)]廣大智慧[11(·),41(:),53(!)#53(|)]普[24(|)]詣一切廣大世間[11(·)]廣大國土[11(·)]廣大衆生所[11(·),13(/),53(|),43(|)]說一切如來[44(·)]不可說[25(·)]廣大法[11(·)]廣大莊嚴[12(:)]圓滿藏[11(·),41(:),51(·)]

B: 以無著無縛解脫心住普賢[ᅩ]行[十,ᄒ셔]立殊勝志[乙,ㅣ슈]具淸淨心[乙,ᄀ슈,ㅅ]得廣大神通[ᄾ]廣大智慧[ᄾ,ᄀ슈乙,X]普[ㅣ]詣一切廣大世間[ᄾ]廣大國土[ᄾ]廣大衆生所[ᄾ,ᄀ슈,ᄒ十,ᄒ셔]說一切如來[尸]不可說[七]廣大法[ᄾ]廣大莊嚴[ᄂㄱ]圓滿藏[ᄾ,ᄀ슈乙,ㅅ]

C: 無著無縛解脫心(乙) 以(ᄒ) 普賢ᄒ 行十 住(ᄂ)ᄒ셔 殊勝志乙 立 ㅣ슈 淸淨心乙 具ᄀ슈 廣大神通ᄾ 廣大智慧ᄾ ノ슈乙 得X 普ㅣ 一切 廣大世間ᄾ 廣大國土ᄾ 廣大衆生所ᄾ ノ슈ᄒ十 詣(ᄂ)ᄒ셔 一切 如來尸 不可說七 廣大法ᄾ 廣大莊嚴ᄂㄱ 圓滿藏ᄾ ノ슈乙 說ㅅ

D: ㉙無著無縛解脫心으로써 普賢菩薩의 行에 머물러서 殊勝志를 세우며 淸淨心을 갖추며 廣大神通이니 廣大智慧이니 하는 것을 얻어 널리 一切 廣大世間이니 廣大國土이니 廣大衆生所이니 하는 곳에 나아가서 一切 如來의 不可說의 廣大法이니 廣大莊嚴한 圓滿藏이니 하는 것을 말하며,

E: 집착이 없고 속박이 없이 해탈한 마음으로 보현의 행에 머물러서, 수승한 뜻을 세우고 청정한 마음을 구족하여 광대한 신통과 광대한 지혜를 얻고, 모든 광대한 세간과 광대한 국토와 광대한 중생의 처소에 나아가서 일체 여래의 말할 수 없는 광대한 법과 광대하게 장엄한 원만장(圓滿藏)을 말합니다.

(7-라) 淸淨한 三業의 一願 <04:16-20>

<주본화엄31, 04:16-20>
A: 以無著無縛解脫心[41(·),34(|)]成滿普賢[23(-)]迴向[25(·)]行願[41(·),43(|)]得一切佛[35(·)]淸淨身[11(·)]淸淨心[11(·)]淸淨解[11(·),41(:),52(·)]攝佛功德[41(·),43(|)]住佛境界[53(·),52(·)]智印[45(·)]普[24(|)]照[43(|)]示現菩薩[44(·)]淸淨[25(··)]之業[41(·),52(·)]善[24(·)]入一切差別句義[53(·),52(·)]示諸[33(·)]佛[35(·),24(|)?]²⁶⁾菩薩[44(·)]廣大自在[41(·),51(/·)]爲一切衆生[23(-),43(·)]

68 第二部 判讀과 解讀 및 翻譯

現成正覺[41(|),24(\),51(·)]

B: 以無著無縛解脫心[乙,氵]成滿普賢[ᄅ]迴向[七]行願[乙,氵亦]得一切佛[ᄂ]清淨身[氵]清淨心[氵]清淨解[氵,口令乙,ᆺ分]攝佛功德[乙,氵亦]住佛境界[十,ᆺ分]智印[灬]普[リ]照[氵亦]示現菩薩[尸]清淨[ヒ七]之業[乙,ᆺ分]善[攴]入一切差別句義[十,ᆺ分]示諸[ᄀ]佛[心,リ]菩薩[尸]廣大自在[乙,リ分]爲一切衆生[ᄅ,氵]現成正覺[x入乙,口分]

C: 無著無縛解脫心乙 以 氵 普賢ᄅ 迴向七 行願乙 成滿(ᆺ)氵亦 一切 佛心 清淨身氵 清淨心氵 清淨解氵 ノ令乙 得分 佛功德乙 攝(ᆺ)氵亦 佛境界十 住ᆺ分 智印灬 普リ 照(ᆺ)氵亦 菩薩尸 清淨(ᆺ)ヒ七{之} 業乙 示現ᆺ分 善攴 一切 差別 句義十 入ᆺ分 諸ᄀ 佛心リ 菩薩尸 廣大自在乙 示リ分 一切 衆生ᄅ 爲氵 正覺 成x入乙 現口分

D: ㉚無著無縛解脫心으로써 普賢菩薩의 迴向의 行願을 成滿하여서 一切 부처 清淨身이니 清淨心이니 清淨解이니 하는 것을 얻으며 佛功德을 攝하여서 佛境界에 머무르며 智印으로 널리 비추어서 菩薩의 清淨한 業을 示現하며 一切 差別 句義에 잘 들며 모든 부처와 菩薩의 廣大自在를 보이며 一切 衆生을 위하여 正覺을 이루는 것을 나타내며,

E: 집착이 없고 속박이 없이 해탈한 마음으로 보현의 회향하는 행과 소원을 이루어, 일체 부처님의 청정한 몸과 청정한 이해를 얻으며, 부처님의 공덕을 거두어 가지고 부처님의 경계에 머무르며, 지혜의 인(印)으로 널리 비치어 보살의 청정한 업을 나타내며, 모든 차별한 글귀와 뜻에 들어가서 부처님과 보살들의 광대한 자재함을 보이며, 일체 중생을 위하여 현재에 정각을 이룹니다.

(7-마). 諸根三業의 一願 <04:20-05:03>

<주본화엄31, 04:20-05:03>

A: 以無著無縛解脫心勤[25(·)]修普賢[23(-)]諸[33(·)]根[25(·)]行願[41(·),43(|)]得聰利根[11(·)]調順根[11(·)]一切法[25(·)]自在根[11(·)]無盡根[11(·)]勤[25(·)]修一切善根[41(·),24(\),25(!)]根[11(·)]一切佛境界[25(·)]平等根[11(·)]授一切菩薩[44(·)]不退轉[25(·)]記[41(·),24(|),24(\),25(!)]大精進根[11(·)]了知一切佛法[41(·),25(|)]金剛界根[11(·)]一切如來[44(·)]智慧[25(·)]光[45(·)]照[24(|),24(\),25(!)]金剛燄根[11(·)]分別一切諸[33(·)]根[41(·),25(|)]自在根[11(·)]安立無量[33(·)]

---

26) 이점본에는 '42(\)'이 있으나 화면상으로는 잘 보이지 않는다.

衆生[41(·)]²⁷⁾於一切智[53(·),25(|)]根[11(·)]無邊[44(·),33(·)]²⁸⁾廣大根[11(·)]一切圓滿根[11(·)]清淨²⁹⁾無礙根[11(·),41(:),52(·)]

B: 以無著無縛解脫心勤[七]修普賢[ㅋ]諸[ㄱ]根[七]行願[乙,ㅎ]か得聰利根ㅎ;調順根ㅎ;一切法[七]自在根ㅎ;無盡根ㅎ;勤[七]修一切善根[乙,ㄷ,x七]根ㅎ;一切佛境界[七]平等根ㅎ;授一切菩薩[尸]不退轉[七]記[乙,ㅣ,ㄷ,x七]大精進根ㅎ;了知一切佛法[乙,ㅅ七]金剛界根ㅎ;一切如來[尸]智慧[七]光[ㅡ]照[ㅣ,ㄷ,x七]金剛燄根ㅎ;分別一切諸[ㄱ]根[乙,ㅅ七]自在根ㅎ;安立無量[ㄱ]衆生[乙]於一切智[十,ㅅ七]根ㅎ;無邊[尸,ㄱ]廣大根ㅎ;一切圓滿根ㅎ;清淨無礙根[ㅎ,ㄷㅅ乙,ㅇ分]

C: 無著無縛解脫心(乙) 以(ㅎ) 勤ㅅ 普賢ㅋ 諸ㄱ 根ㅅ 行願乙 修ㅎ か 聰利根ㅎ; 調順根ㅎ; 一切法ㅅ 自在根ㅎ; 無盡根ㅎ; 勤ㅅ 一切 善根乙 修ㄷx七 根ㅎ; 一切 佛境界ㅅ 平等根ㅎ; 一切 菩薩尸 不退轉ㅅ 記乙 授ㅣㄷx七 大精進根ㅎ; 一切 佛法乙 了知(ㅅ)ㅅ七 金剛界根ㅎ; 一切 如來尸 智慧ㅅ 光ㅡ 照ㅣㄷx七 金剛燄根ㅎ; 一切 諸ㄱ 根乙 分別(ㅅ)ㅅ七 自在根ㅎ; 量 無ㄱ 衆生乙 {於}一切智十 安立(ㅅ)ㅅ七 根ㅎ; 邊尸 無ㄱ 廣大根ㅎ; 一切 圓滿根ㅎ; 清淨無礙根ㅎ; ノㅅ乙 得分

D: ㉛無著無縛解脫心으로써 普賢菩薩의 모든 根의 行願을 부지런히 닦아서 聰利根이니 調順根이니 一切法의 自在根이니 無盡根이니 부지런히 一切 善根을 닦는 根이니 一切 佛境界의 平等根이니 一切 菩薩의 不退轉의 授記를 받는 大精進根이니 一切 佛法을 了知하는 金剛界根이니 一切 如來의 智慧의 光으로 비추는 金剛燄根이니 一切 모든 根을 分別하는 自在根이니 한량없는 衆生을 一切智에 安立하는 根이니 가없는 廣大根이니 一切 圓滿根이니 淸淨無礙根이니 하는 것을 얻으며,

E: 집착이 없고 속박이 없이 해탈한 마음으로 보현의 여러 근(根)의 행과 소원을 닦아, 총명한 근과 조화할 근과 일체 법에 자재한 근과 다함이 없는 근과 일체 선근을 부지런히 닦는 근과 일체 부처님의 경계가 평등한 근과 일체 보살이 퇴전치 않는다는 수기를 받는 크게 정진하는 근과 일체 불법을 잘 아는 금강계(金剛界)의 근과 일체 여래의 지혜 광명으로 비치는 금강염(燄) 근과 모든 근기를 분별하는 자재한 근과 무량한 중생을 온갖 지혜에 안립시키는 근과 끝이 없는 광대한 근과 모든 원만한 근과 청정하여 걸림이 없는 근을

---

27) '生'자 밑에 수평 방향의 긴 각필선이 있다.
28) '邊'자에서부터 오른쪽 위로 이어지는 긴 각필선이 있다.
29) '淨'자에서부터 오른쪽 위로 이어지는 긴 각필선이 있다.

얻습니다.

(7-바) 神通力三業의 一願 <05:03-11>

<주본화엄31, 05:03-04>
A: 以無著無縛解脫心修普賢[23(-)]行[41(·),=43(|)]得一切菩薩[44(·)]神力[41(·),55(/)]{33(-)}
B: 以無著無縛解脫心修普賢[ː]行[乙, ʓ 㫆]得一切菩薩[尸]神力[乙,x丨]
C: 無著無縛解脫心(乙) 以(ʓ) 普賢ː 行乙 修 ʓ 㫆 一切 菩薩尸 神力乙 得x丨
D: ㉜無著無縛解脫心으로써 普賢菩薩의 行을 닦아서 一切 菩薩의 神力을 얻는다.
E: 집착이 없고 속박이 없이 해탈한 마음으로 보현의 행을 닦아 일체 보살의 신통력을 얻나니,

<주본화엄31, 05:04-05>
A: 所謂[12(·),33(·)]無量[33(·)]廣大力[25(·)]神力[11(·)]
B: 所謂[ㄱ,ㄱ]無量[ㄱ]廣大力[七]神力[ː]
C: 謂(ノ)ㄱ 所ㄱ 量 無ㄱ 廣大力七 神力ː
D: 즉 한량없는 廣大力의 神力이니
E: 이른바 한량없이 광대한 힘의 신통력·

<주본화엄31, 05:05>
A: 無量[33(·)]自在智[25(·)]神力[11(·)]
B: 無量[ㄱ]自在智[七]神力[ː]
C: 量 無ㄱ 自在智七 神力ː
D: 한량없는 自在智의 神力이니
E: 한량없이 자재한 지혜의 신통력·

<주본화엄31, 05:05-06>
A: 不動其身[42(|),44(·),11(/)]普[24(|)]現一切佛刹[53(·),24(\),25(i)]神力[11(·)]
B: 不動其身[ㆆ,尸,ナ솗ː]普[リ]現一切佛刹[十,ㅋ,x七]神力[ː]
C: 其 身ㆆ 動尸 不(ノ)ナ솗ː 普リ 一切 佛刹十 現ㅋx七 神力ː

D: 그 몸 움직이지 않고서도 널리 一切 佛刹에 (자신의 몸을) 나타내는 神力이니
E: 몸을 동하지 않고 모든 부처님 세계에 나타나는 신통력·

<주본화엄31, 05:06>
A: 無礙[44(·),51(·)]不斷[44(·),25(|)]自在神力[11(·)]
B: 無礙[尸,⼅]不斷[尸,亽七]自在神力[氵]
C: 礙尸 無⼅ 斷尸 不(ソ)亽七 自在 神力氵
D: 막힘 없으며 끊어지지 않는 自在한 神力이니
E: 걸림없고 끊임없이 자재한 신통력·

<주본화엄31, 05:06-07>
A: 普[24(|)]攝一切佛刹[41(·),43(|)]置於一[33(·)]處[53(·),25(|)]神力[11(·)]
B: 普[ㅣ]攝一切佛刹[乙,ⅰ尒]置於一[ㄱ]處[十,亽七]神力[氵]
C: 普ㅣ 一切 佛刹乙 攝(ソ)ⅰ尒 {於}一ㄱ 處十 置(ソ)亽七 神力氵
D: 널리 一切 佛刹을 포섭하여서 한 곳에 두는 神力이니
E: 모든 부처님 세계를 두루 거두어 한 곳에 두는 신통력·

<주본화엄31, 05:07-08>
A: 一[33(·)]身[24(|)]徧滿一切佛刹[53(·),25(|)]神力[11(·)]
B: 一[ㄱ]身[ㅣ]徧滿一切佛刹[十,亽七]神力[氵]
C: 一ㄱ 身ㅣ 一切 佛刹十 徧滿(ソ)亽七 神力氵
D: 한 몸이 一切 佛刹에 가득 차는 神力이니
E: 한 몸이 모든 부처님 세계에 가득 차는 신통력·

<주본화엄31, 05:08>
A: 無礙解脫[45(·)]遊戲[25(|)]神力[11(·)]
B: 無礙解脫[灬]遊戲[亽七]神力[氵]
C: 無礙解脫灬 遊戲(ソ)亽七 神力氵
D: 無礙解脫로 遊戲하는 神力이니

E: 걸림없는 해탈로 유희하는 신통력·

<주본화엄31, 05:08-09>
A: 無所作[14(·),25(·),33(·),11(·)]{11(·\)#11(\)³⁰⁾}一[33(·)]念[53(·)]自在[23(\),25(|)]神力[11(·)]
B: 無所作[尸,七,ㄱ,ㅋ]一[ㄱ]念[十]自在[ᅙ,亽七]神力[ㅋ]
C: 作(ノ)尸 所 無七ㄱㅋ 一ㄱ 念十 自在ᅙ(ノ)亽七 神力ㅋ
D: 하는 바 없으나 한 念 사이에 自在히 하는 神力이니
E: 짓는 일이 없이 한 생각에 자재한 신통력·

<주본화엄31, 05:09>
A: 住無性[51(·)]無依[14(·),33(·),53(|),25(|)]神力[11(·)]
B: 住無性[㫆]無依[尸,ㄱ,ᅩ十,亽七]神力[ㅋ]
C: 性 無㫆 依尸 無ㄱ ᅩ十 住(ノ)亽七 神力ㅋ
D: 性 없으며 의지함 없는 데에 住하는 神力이니
E: 성품이 없고 의지할 데 없는 데 머무는 신통력·

<주본화엄31, 05:09-11>
A: 一[33(·)]毛孔[25(·)]中[53(·)]次第[45(·)]安立不可說[25(·)]世界[41(·),34(·)]徧[55(·)?]遊法界[25(·)]諸[33(·)]佛[35(·)]道場[53(·),43(|)]示諸[33(·)]衆生[53(|),24(|),=53(·.),경계선]皆[25(·)]令得[43(|)]入大智慧門[53(·),24(|),=12(丁)]神力[11(·),31(··),55(.·)]
B: 一[ㄱ]毛孔[七]中[十]次第[灬]安立不可說[七]世界[乙,口]徧[ㅣ]遊法界[七]諸[ㄱ]佛[ㅆ]道場[十,ㅗ]示諸[ㄱ]衆生[ᅩ十,ㅣㅣ,下]皆[七]令得[ㅗ]入大智慧門[十,ㅣㅣ,xㄱ]神力[ㅋ,ᄭᅮ,ナㅣ]
C: 一ㄱ 毛孔七 中十 次第灬 不可說七 世界乙 安立(ノ)口 徧ㅣ 法界七 諸ㄱ 佛ㅆ 道場十 遊(ノ)ㅗ 諸ㄱ 衆生ᅩ十 示ㅣㅣ下 皆七 得ㅗ 大智慧門十 入 令ㅣㅣxㄱ 神力ㅋノ ᅔナㅣ
D: 하나의 털구멍 가운데 차례로 不可說의 世界를 安立하고, 法界의 모든 부처 道場에 두루 돌아다녀서, 모든 衆生에게 (不可說의 世界를) 보이어, 모두 능히 大智慧門에 들어가게 하는 神力이니 하는 것이다.

---

30) 이것을 둘러싼 타원형의 각필선이 있다. 잘못 기입된 점토를 삭제하라는 표시일 가능성이 있다.

周本『華嚴經』卷第三十一 73

E: 한 털구멍에 말할 수 없는 세계를 차례로 정돈하여 두고, 법계의 여러 부처님 도량에 두루 다니면서 중생에게 보이어 큰 지혜의 문에 들어가게 하는 신통력입니다.

    (8) 相卽相入의 重重德 <05:11-08:16>
      (8-가) 入普賢門의 三願 <05:11-22>

<주본화엄31, 05:11-12>
A: 以無著無縛解脫心入普賢[25(·)]門[53(·),43(|)]生菩薩[44(·)]行[41(·),52(·)]
B: 以無著無縛解脫心入普賢[七]門[十, ㆍ ホ]生菩薩[尸]行[乙, ㆍ ケ]
C: 無著無縛解脫心(乙) 以(ㆍ) 普賢七 門十 入(ㆍ)ㆍ ホ 菩薩尸 行乙 生ㆍ ケ
D: ㉝無著無縛解脫心으로써 普賢菩薩의 門에 들어가서 菩薩의 行을 내며,
E: 집착이 없고 속박이 없이 해탈한 마음으로 보현의 문에 들어가서 보살의 행을 내어

<주본화엄31, 05:12-13>
A: 以自在智[41(·),34(|)]於一[33(·)]念[25(·)]頃[53(·)]普[24(|)]入無量[33(·)]諸[33(·)]佛國土[53(·),52(·)]
B: 以自在智[乙, ㆍ]於一[ㄱ]念[七]頃[十]普[川]入無量[ㄱ]諸[ㄱ]佛國土[十, ㆍ ケ]
C: 自在智乙 以ㆍ {於}一ㄱ 念七 頃十 普川 量 無ㄱ 諸ㄱ 佛國土十 入ㆍ ケ
D: 自在한 지혜로써 한 念 동안에 널리 한량없는 여러 佛國土에 들어가며,
E: 자재한 지혜로 잠깐 동안에 한량없는 부처님의 국토에 들어가고,

<주본화엄31, 05:13>
A: 一[33(·)?]身[53(·)]容受無量[33(·)]佛刹[41(·),52(·)]
B: 一[ㄱ]身[十]容受無量[ㄱ]佛刹[乙, ㆍ ケ]
C: 一ㄱ 身十 量 無ㄱ 佛刹乙 容受ㆍ ケ
D: 한 몸에 한량없는 佛刹을 受容하며,
E: 한 몸에 한량없는 부처님의 세계를 용납하여 들이며,

<주본화엄31, 05:13-14>
A: 獲能[24(·)]嚴淨佛國土[41(·),25(|)]智[41(·),51(·)]

B: 獲能[攴]嚴淨佛國土[乙,今七]智[乙,3]

C: 能攴 佛國土乙 嚴淨(ソ)今七 智乙 獲3

D: 능히 佛國土를 嚴淨하는 지혜를 얻으며,

E: 부처님의 국토를 깨끗이 장엄하는 지혜를 얻고

<주본화엄31, 05:14-15>

A: 恒[24(|)]以智慧[41(·),34(|)]觀見無邊[44(·),33(·)]諸[33(·)]佛國土[41(·),52(·)]

B: 恒[リ]以智慧[乙,3]觀見無邊[尸,ㄱ]諸[ㄱ]佛國土[乙,ソ分]

C: 恒リ 智慧乙 以3 邊尸 無ㄱ 諸ㄱ 佛國土乙 觀見ソ分

D: 항상 智慧로써 끝없는 모든 佛國土를 觀見하며,

E: 항상 지혜로써 그지없는 부처님의 국토를 관찰하며,

<주본화엄31, 05:15>

A: 永[24(/)]不發起二乘[25(·)]之心[41(·),44(·),52(·)]

B: 永[ㅿ]不發起二乘[七]之心[乙,尸,ソ分]

C: 永ㅿ 二乘七{之} 心乙 發起尸 不ソ分

D: 영원히 二乘의 마음을 일으키지 않으며,

E: 영원히 이승(二乘)의 마음을 내지 아니 합니다.

<주본화엄31, 05:15-16>

A: 以無著無縛解脫心修普賢[23(-)]方便[25(·)]行[41(·),43(|)]入智慧[25(·)]境界[53(·),52(·)]

B: 以無著無縛解脫心修普賢[⇒]方便[七]行[乙,3㫆]入智慧[七]境界[十,ソ分]

C: 無著無縛解脫心(乙) 以(3) 普賢⇒ 方便七 行乙 修3㫆 智慧七 境界十 入ソ分

D: ㉞無著無縛解脫心으로써 普賢菩薩의 方便의 行을 닦아서 智慧의 境界에 들어가며,

E: 집착이 없고 속박이 없이 해탈한 마음으로 보현의 방편행(方便行)을 닦아 지혜의 경계에 들어가고

<주본화엄31, 05:16-17>

A: 生如來[44(·)?]家[53(·),43(|)]住菩薩道[53(·),52(·)]

B: 生如來[尸]家[十,氵ホ]住菩薩道[十,ﾉ分]

C: 如來尸 家十 生(ﾉ)氵ホ 菩薩道十 住ﾉ分

D: 如來의 家門에 나서 菩薩道에 住하며,

E: 여래의 가문에 나서 보살의 도에 머물며,

<주본화엄31, 05:17-18>[31]

A: 具足不可說不可說[25(・)]無量[33(・)]不思議[25(・)]殊勝心[41(・),52(・)]

B: 具足不可說不可說[セ]無量[ﾉ]不思議[セ]殊勝心[乙,ﾉ分]

C: 不可說不可說セ 量 無ﾉ 不思議セ 殊勝心乙 具足ﾉ分

D: 不可說不可說의 한량없는 不思議의 殊勝心을 具足하며,

E: 말할 수 없이 말할 수 없는 무량하고 부사의한 훌륭한 마음을 구족하며,

<주본화엄31, 05:18-19>

A: 行無量[33(・)]願[41(・),13(・・)]未[32]曾[42(\)]休[33]息[44(・),43(│)]?]了知三世[25(・)]一切法界[41(・),52(・)]

B: 行無量[ﾉ]願[乙,ﾁﾌﾑ]未曾[刀]休息[尸,氵ホ]了知三世[セ]一切法界[乙,ﾉ分]

C: 量 無ﾉ 願乙 行ノﾌﾑ 曾(ハㇰ)刀 休息尸 未(刂ﾉ)氵ホ 三世セ 一切 法界乙 了知ﾉ分

D: 한량없는 願을 行함에 있어 조금도 쉬지 않고서 三世의 一切 法界를 了知하며,

E: 한량없는 서원을 행하여 잠깐도 쉬지 아니하고 삼세의 일체 법계를 완전히 압니다.

<주본화엄31, 05:19>

A: 以無著無縛解脫心成就普賢[23(-)]淸淨[34]法[35]門[41(・),43(│)]

B: 以無著無縛解脫心成就普賢[ㄱ]淸淨法門[乙,氵ホ]

C: 無著無縛解脫心(乙) 以(氵) 普賢ㄱ 淸淨 法門乙 成就(ﾉ)氵ホ

D: ㉟無著無縛解脫心으로써 普賢菩薩의 淸淨 法門을 成就하여서

---

31) 제18행의 난상에 紺色의 不審紙가 붙어 있다.
32) '未'의 왼쪽에서 '曾'을 거쳐 '休'까지 긴 각필선이 있다.
33) '木'의 아래에 '一'이 있고 오른쪽 어깨에 점이 있는 이체자이다.
34) 12(:)이 있는 듯도 하지만 확실하지 않다.
35) '法'의 왼쪽 부분에서 위로 올라간 선이 보이는데 각필선인지는 분명치 않다.

E: 집착이 없고 속박이 없이 해탈한 마음으로 보현의 청정한 법문을 성취하여

<주본화엄31, 05:20-21>

A: 於一[33(·)]毛端[25(·)]量[25(·)]處[53(·),23(|)]悉[34(|)]包容盡虛空徧法界[25(·)]不可說不可說[25(·)]一切國土[41(·),43(|)?]皆[25(·)]使明見[24(|),51(·)]

B: 於一[ㄱ]毛端[ㄷ]量[ㄷ]處[十,ㄨ 3]悉[3]包容盡虛空徧法界[ㄷ]不可說不可說[ㄷ]一切國土[乙, 3 ㅺ]皆[ㄷ]使明見[ㅣ,ㅅ]

C: {於}一ㄱ 毛端ㄷ 量ㄷ 處十ㄨ 3 悉 3 盡虛空 徧法界ㄷ 不可說不可說ㄷ 一切 國土乙 包容(ㄨ) 3 ㅺ 皆ㄷ 明見 使ㅣㅅ

D: 한 털끝만 한 곳에 모두 盡虛空 徧法界의 不可說不可說의 一切 國土를 包容하여서 다 분명히 보게 하며,

E: 한 털끝만한 곳에 온 허공과 법계에 있는 말할 수 없이 말할 수 없는 국토를 용납하여 모두 분명히 보게 하며,

<주본화엄31, 05:21-22>

A: 如一[33(·)]毛端[25(·)]量[25(·)]處[53(·),34(\),24(·)]徧法界虛空界[53(·),43(\),55(·),12(:)#12(:·)]一一[33(·)]毛端[25(·)]量[25(·)]處[53(·)?,42(\)]悉[34(|)?]亦[42(\)]如是[24(·),52(·)]

B: 如一[ㄱ]毛端[ㄷ]量[ㄷ]處[十,X,ㅎ]徧法界虛空界[十,ケ,ㅣ,ㅄㄱ]一一[ㄱ]毛端[ㄷ]量[ㄷ]處[十,ㄲ]悉[3]亦[ㄲ]如是[ㅎ,ㅄ]

C: 一ㄱ 毛端ㄷ 量ㄷ 處十X 如ㅎ 法界 虛空界十 {徧}ケㅣㅄㄱ 一一ㄱ 毛端ㄷ 量ㄷ 處十ㄲ 悉 3 亦ㄲ 是 如ㅎㅄ

D: 한 털끝만한 곳에 한 것과 같이 法界 虛空界에 두루 있는 하나하나의 털끝만 한 곳에도 모두 또 이와 같이 하며,

E: 한 털끝만한 곳에서와 같이 온 법계 허공계의 털끝만한 곳에서도 역시 그러합니다.

(8-나) 普賢方便의 三願 <05:22-06:10>

<주본화엄31, 05:23>

A: 以無著無縛解脫心成就普賢[23(-)?]深心[25(·)]方便[41(·)?,43(|)]{11(/)}

周本『華嚴經』卷第三十一   77

B: 以無著無縛解脫心成就普賢[ㅻ]深心[ㄷ]方便[乙,ㅣ,ㅊ]
C: 無著無縛解脫心(乙) 以(ㅣ) 普賢ㅻ 深心ㄷ 方便乙 成就(ヽノ)ㅣㅊ
D :㊱無著無縛解脫心으로써 普賢菩薩의 深心의 方便을 成就하여서
E: 집착이 없고 속박이 없이 해탈한 마음으로 보현의 깊은 마음의 방편을 성취하여

<주본화엄31, 05:23-24>
A: 於一[33(·)]念[25(·)]心[25(·)]中[53(·)]現一[33(·)]衆生[23(-)]不可說不可說[25(·)?]劫[25(·)]{41(·), 44(·),24(\)}念心[41(·),24(\),51(·)]
B: 於一[ㄱ]念[ㄷ]心[ㄷ]中[十]現一[ㄱ]衆生ㅻ不可說不可說[ㄷ]劫[ㄷ]念心[乙,ヽ,ㅊ]
C: {於}一ㄱ 念ㄷ 心ㄷ 中十 一ㄱ 衆生ㅻ 不可說不可說ㄷ 劫ㄷ 念³⁶⁾心乙 現ヽㅊ
D: 한 念의 마음 가운데 한 衆生의 不可說不可說 劫의 念心을 나타내며,
E: 잠깐 생각하는 마음에 한 중생으로 하여금 말할 수 없이 말할 수 없는 겁에 생각하는 마음을 나타내며,

<주본화엄31, 06:01>
A: 如是[24(·),23(ㅣ)]³⁷⁾乃[43(·)]至[24(ㅣ)]現一切衆生[23(-)]爾[25(·)]許[43(\),25(·)#25(·.)]劫[25(·)?]念心[41(·),24(\),51(·)]
B: 如是[ㅊ,ヽㅣ]乃[ㅣ]至[ㅣㅣ]現一切衆生ㅻ爾[ㄷ]許[ケ,ㄷ]劫[ㄷ]念心[乙,ヽ,ㅊ]
C: 是 如ㅊヽㅣ 乃(ヽ)ㅣ 至ㅣㅣ 一切 衆生ㅻ 爾ㄷ {許}ケㄷ³⁸⁾ 劫ㄷ 念心乙 現ヽㅊ
D: 이와 같이 하여, 내지 一切 衆生의 그만큼의 劫의 念心을 나타내며,

---

36) '一念心'과 '不可說不可說劫念心'이 대비되어 있으므로 이 두 군데의 '念'을 동일하게 처리해야 할 듯한데, 현토자는 다르게 처리한 듯하다.
37) 24(ㅣ)으로 볼 가능성이 있는 것이 있으나 분명치 않다.
38) 자토구결의 다음 예들을 고려하면, 'ケ'가 의존명사로서 여기서의 '許'는 전훈독자일 가능성이 있다.
  (1) 曾ハㅁㄱ 得ㅣㅊ 毫末許ケ 如ㅊヽヒㄱ 衆生乙 饒益ヽㅣ 而ㅡ 獲ロヒㄷ 善利乙 {有}ㄴ尸 未ㅣノㄱㅣ ㅣㄷ <화소10:09-10>
  (2) 過去ㅣ十 幾ㄷケㄷ 如來 {有}ナㅣ下 般涅槃ヽㅣㅊ 幾ㄷケㄷ 聲聞辟支佛ㅣ 般涅槃ヽㅣㅊ 未來ㅣ十ㄱ 幾ㄷケㄷ 如來ㅣ 幾ㄷケㄷ 聲聞辟支佛ㅣ 幾ㄷケㄷ 衆生ㅣㅿ 有ㅊ 現在ㅣ十ㄱ 幾ㄷケㄷ 佛ㄷ {有}ナㅣ下 住ヽㅣㅊ 幾ㄷケㄷ 聲聞辟支佛ㅣ 住ヽㅊ 幾ㄷケㄷ 衆生ㅣ 住ヽㄱㅣㅣㅣ セロノ尸ㅅ <화소07:16-19>
  (3) 諸 有智ヽㄱ 同梵行者ㅣ 見聞疑乙 由ㅣ 或 其 罪乙 擧ヽㅣ 或 憶念ヽ{令}ㅣㅣㅣ 或 隨學ヽ{令}ㅣㅣヽㅣㄱ {於}尒所ケㄷ 時ㅡ十 譏論乙 堪忍ヽㅣㅣㅊ <유가06:19-07:02>

78 第二部 判讀과 解讀 및 翻譯

E: 그와 같이 일체 중생으로 하여금 그러한 겁에 생각하는 마음도 나타냅니다.

<주본화엄31, 06:01-02>

A: 以無著無縛解脫心入普賢[23(-)]迴向行[25(·)]方便地[53(·),43(|)]
B: 以無著無縛解脫心入普賢[ㅎ]迴向行[ㄴ]方便地[十,ㅎ 氺]
C: 無著無縛解脫心(乙) 以(ㅎ) 普賢ㅎ 迴向行ㄴ 方便地十 入(ㅆ)ㅎ 氺
D: ㉧無著無縛解脫心으로써 普賢菩薩의 迴向行의 方便地에 들어가서,
E: 집착이 없고 속박이 없이 해탈한 마음으로 보현의 회향하는 행의 방편에 들어가서,

<주본화엄31, 06:02-04>

A: 於一[33(·)]身[25(·)]中[53(·)]悉[34(|)]能[24(·)]包納盡法界[25(·)]不可說不可說[25(·)]身[41(·),11(/)]而[33(·)]衆生界[53(·),33(·)]無所增減[14(·),51(·)]
B: 於一[ㄱ]身[ㄴ]中[十]悉[ㅎ]能[支]包納盡法界[ㄴ]不可說不可說[ㄴ]身[乙,ナㅅㅎ]而[ㄱ]衆生界[十,ㄱ]無所增減[尸,分]
C: {於}一ㄱ 身ㄴ 中十 悉ㅎ 能支 盡法界ㄴ 不可說不可說ㄴ 身乙 包納(ㅆ)ナㅅㅎ 而ㄱ 衆生界十ㄱ 增減(丿)尸 所 無分
D: 한 몸 속에 다 능히 盡法界의 不可說不可說의 몸을 包納하나, 衆生界에는 增減하는 바 없으며,
E: 한 몸 속에 온 법계의 말할 수 없이 말할 수 없는 몸을 용납하여도 중생계는 증감이 없으며,

<주본화엄31, 06:04-05>

A: 如一[33(·)]身[53(·),34(\),24(·)]乃至[24(|)]周徧法界[53(·),12(:)]一切身[53(·)]悉[34(|)]亦[42(\)]如是[24(·),52(·)]
B: 如一[ㄱ]身[十,X,支]乃至[丨]周徧法界[十,ㅅㄱ]一切身[十]悉[ㅎ]亦[刀]如是[支,ㅆ分]
C: 一ㄱ 身十X 如支 乃(ㅆㅎ)至丨 法界十 周徧ㅅㄱ 一切 身十 悉ㅎ 亦刀 是 如支ㅆ分
D: 한 몸에 한 것과 같이, 내지 法界에 가득한 一切 몸에 다 또 이와 같이 하며,
E: 한 몸과 같이, 내지 법계에 가득한 모든 몸도 역시 그러합니다.

<주본화엄31, 06:05-06>
A: 以無著無縛解脫心成就普賢[23(-)]大願[25(·)]方便[41(·),23(|)]
B: 以無著無縛解脫心成就普賢[ㅎ]大願[ㄷ]方便[乙,ㅅㅎ]
C: 無著無縛解脫心(乙) 以(ㅎ) 普賢ㅎ 大願ㄷ 方便乙 成就ㅅㅎ
D: ㊳無著無縛解脫心으로써 普賢菩薩의 大願의 方便을 成就하여,
E: 집착이 없고 속박이 없이 해탈한 마음으로 보현의 큰 서원의 방편을 성취하여

<주본화엄31, 06:06>
A: 捨離一切想倒[11(·)]心倒[11(·)]見倒[11(·),41(:),34(·)]
B: 捨離一切想倒[ㅎ]心倒[ㅎ]見倒[ㅎ,ㅁ솓乙,ㅁ]
C: 一切 想倒ㅎ 心倒ㅎ 見倒ㅎ ノ솓乙 捨離(ㅅ)ㅁ
D: 一切 想倒이니 心倒이니 見倒이니 하는 것을 捨離하고,
E: 모든 생각의 뒤바뀜을 버리고

<주본화엄31, 06:06-07>
A: 普[24(|)]入一切諸[33(·)]佛境界[53(·),43(|)]
B: 普[ㅣㅣ]入一切諸[ㄱ]佛境界[十,ㅎ ホ]
C: 普ㅣㅣ 一切 諸ㄱ 佛 境界十 入(ㅅ)ㅎ ホ
D: 널리 一切 모든 부처의 境界에 들어가서,
E: 일체 부처님의 경계에 들어가서

<주본화엄31, 06:07-08>
A: 常[24(|)]見諸[33(·)]佛[35(·)]虛空界[53(·)]等[25(·|)]淸淨法身[24(|)]相好[45(·)]莊嚴[22(·)]神力自在[22(·),43(-)]
B: 常[ㅣㅣ]見諸[ㄱ]佛[ㅅ]虛空界[十]等[xㄷ]淸淨法身[ㅣㅣ]相好[ㅅ]莊嚴[ㅎ]神力自在[ㅎ,ㅎ下]
C: 常ㅣㅣ 諸ㄱ 佛ㅅ 虛空界十 等xㄷ 淸淨 法身ㅣㅣ 相好ㅅ 莊嚴(ㅅ)ㅎ 神力 自在(ㅅ)ㅎ(ㅅ)ㅎ下
D: 항상 모든 부처의 虛空界와 같은 淸淨 法身이 相好로 莊嚴하고 神力 自在하고 하시어,
E: 허공계와 같은 청정한 법신에 잘 생긴 몸매로 장엄하고 신력이 자재하며,

<주본화엄31, 06:08-09>

A: 常[24(丨)]以妙音[41(·),34(丨)?]開示演說[13(丨)]無礙[44(·),51(·)]無斷[44(·),24(丨),43(丨)]

B: 常[丨]以妙音[乙, 氵]開示演說[xㅿ]無礙[尸,分]無斷[尸,丨,氵ホ]

C: 常丨 妙音乙 以 氵 開示 演說xㅿ 礙尸 無分 斷尸 無丨(ㆍ)氵ホ

D: 항상 妙音으로써 開示 演說하되 막힘 없으며 끊어짐 없이 하여서,

E: 묘한 음성으로 법을 열어 연설하되 걸림도 없고 끊임도 없어

<주본화엄31, 06:09-10>[39]

A: 令其聞[45(··),15(·/)]者如說[12(··),53(丨),24(-)]受持[24(丨)?,41(i),11(/)]於如來[44(·)?]身[53(·),33(·)]了無所得[14(·),12(·),41(··),52(·)]

B: 令其聞[Xxㅅㄱ]者如說[ㄷㄱ,ㅕ十,恒]受持[丨,X,ナ숛氵]於如來[尸]身[十,ㄱ]了無所得[ㄷ尸,ㄷㄱ,ㅅ乙,ㆍ氵分]

C: 其 聞Xxㅅㄱ{者} 說ㄷㄱ ㅕ十 {如}恒 受持 令丨Xナ숛氵 {於}如來尸 身十ㄱ 了[40] 得ㄷ尸 所 無ㄷㄱ ㅅ乙 見[41] ㆍ氵分

D: 그 듣는 이라면 說한 것과 같이 受持하게 하나, 여래의 몸에는 조금도 얻는 바가 없는 것을 보며,

E: 듣는 이로 하여금 말한 것 그대로 받아 지니게 하지만 여래의 몸에는 조금도 얻음이 없습니다.

(8-다) 普賢地位의 二願 < 06:10-07:10>

<주본화엄31, 06:10-11>

A: 以無著無縛解脫心修普賢[25(·)]行[41(·),43(丨)]

B: 以無著無縛解脫心修普賢[七]行[乙, 氵ホ]

C: 無著無縛解脫心(乙) 以(氵) 普賢七 行乙 修氵ホ

D: ㊾無著無縛解脫心으로써 普賢菩薩의 行을 닦아서

---

39) 9행과 10행 사이의 欄上에 紺色의 不審紙가 붙어 있다.
40) '了'를 동사로 볼 가능성도 있다.
41) 7행에 있던 동사이다.

E: 집착이 없고 속박이 없이 해탈한 마음으로 보현의 행을 닦아

<주본화엄31, 06:11>

A: 住菩薩[44(·)]地[53(·),23(|)]於一[33(·)]念[25(·)]中[53(·)]入一切世界[53(·),55(/)]
B: 住菩薩ㄹ地[十,ᄂ3]於一[ㄱ]念[ㄴ]中[十]入一切世界[十,xㅣ]
C: 菩薩ㄹ 地十 住ᄂ3 {於}一ㄱ 念ㄴ 中十 一切 世界十 入xㅣ
D: 菩薩의 地位에 住하여 한 念 사이에 一切 世界에 들어간다.
E: 보살의 지위에 머물러 있으면서, 잠깐 동안에 일체 세계에 들어가나니,

<주본화엄31, 06:11-13>[42]

A: 所謂[12(·),33(·)]入仰世界[11(·)]覆世界[11(·)]不可說不可說[25(·)]十方網[25(·)]一切處[25(·)]廣大世界[11(·),13(/),53(|),43(|)]
B: 所謂[ㄱ,ㄱ]入仰世界[ᄉ]覆世界[ᄉ]不可說不可說[ㄴ]十方網[ㄴ]一切處[ㄴ]廣大世界[ᄉ,ᄆ쇼,ᄏ十,3 ホ]
C: 謂(ノ)ㄱ 所ㄱ 仰世界ᄉ 覆世界ᄉ 不可說不可說ㄴ 十方網ㄴ 一切處ㄴ 廣大 世界ᄉ ノ쇼ᄏ十 入(ᄂ)3 ホ
D: 즉 仰世界이니 覆世界이니 不可說不可說의 十方網의 一切處의 廣大 世界이니 하는 곳에 들어가서,
E: 이른바 잦혀진 세계, 엎어진 세계와 말할 수 없이 말할 수 없는 시방의 모든 곳에 있는 광대한 세계에 들어가는 것이며,

<주본화엄31, 06:13>

A: 以因陀羅網[24(·),12(:)]分別方便[41(·),34(|)]普[24(|),경계선?]分別一切法界[41(·),13(··)]
B: 以因陀羅網[攴,ᄂㄱ]分別方便[乙,3]普[॥]分別一切法界[乙,ᄆ厶]
C: 因陀羅網 (如)攴ᄂㄱ[43] 分別 方便乙 以3 普॥ 一切 法界乙 分別ノ厶
D: 因陀羅網과 같은 分別 方便으로써 널리 一切 法界를 分別하되,

---

42) 13행의 欄上에 紺色의 不審紙가 붙어 있다.
43) 원문에 '如'자가 있는 것처럼 해석하고 토를 단 것으로 보인다.

E: 인다라(因陀羅)의 그물처럼 분별하는 방편으로 일체 법계를 두루 분별하되,

<주본화엄31, 06:14>

A: 以種種[25(·)]世界[41(·),34(|)]入一[33(·)]世界[53(·),24(|),51(·)]{52(·)}
B: 以種種[ヒ]世界[乙, 3]入一[ㄱ]世界[十, ㅣ, 소]
C: 種種ヒ 世界乙 以 3 一ㄱ 世界十 入ㅣ소
D: 갖가지 世界로써 하나의 世界에 들어가게 하며,
E: 가지가지 세계를 한 세계에 들어가게 하며,

<주본화엄31, 06:14-15>

A: 以不可說不可說[25(·)]無量[33(·)]世界[41(·),34(|)]入一[33(·)]世界[53(·),24(|),51(·)]
B: 以不可說不可說[ヒ]無量[ㄱ]世界[乙, 3]入一[ㄱ]世界[十, ㅣ, 소]
C: 不可說不可說ヒ 量 無ㄱ 世界乙 以 3 一ㄱ 世界十 入ㅣ소
D: 不可說不可說의 한량없는 世界로써 하나의 世界에 들어가게 하며,
E: 말할 수 없이 말할 수 없는 무량한 세계를 한 세계에 들어가게 하며,

<주본화엄31, 06:15-16>

A: 以一切法界[53(·)]所安立[12(:),25(·)]無量[33(·)]世界[41(·),34(|)]入一[33(·)]世界[53(·),24(|),51(·)]
B: 以一切法界[十]所安立[ンㄱ,ヒ]無量[ㄱ]世界[乙, 3]入一[ㄱ]世界[十, ㅣ, 소]
C: 一切 法界十 安立ンㄱ 所ヒ 量 無ㄱ 世界乙 以 3 一ㄱ 世界十 入ㅣ소
D: 一切 法界에 安立한 바의 한량없는 世界로써 하나의 世界에 들어가게 하며,
E: 일체 법계에 나란히 벌여 있는 무량한 세계를 한 세계에 들어가게 하며,

<주본화엄31, 06:16-17>

A: 以一切虛空界[53(·)]所安立[12(:),25(·)]無量[33(·)]世界[41(·),34(|)]入一世界[53(·),24(|),11(/)]而[33(·)]
B: 以一切虛空界[十]所安立[ンㄱ,ヒ]無量[ㄱ]世界[乙, 3]入一世界[十, ㅣ, ナ 소 ミ]而[ㄱ]
C: 一切 虛空界十 安立ンㄱ 所ヒ 量 無ㄱ 世界乙 以 3 一(ㄱ) 世界十 入ㅣナ소ミ 而ㄱ
D: 一切 虛空界에 安立한 바의 한량없는 世界로써 하나의 世界에 들어가게 하나,

E: 일체 허공계에 나란히 벌여 있는 무량한 세계를 한 세계에 들어가게 하되

<주본화엄31, 06:17-18>

A: 亦[12(:)]不壞安立[25(·)]之相[41(·),44(·),23(|)]悉[34(|)?]令明見[51(/·)]
B: 亦[ﾉㄱ]不壞安立[ㄴ]之相[乙,尸,ﾉ ʒ]悉[ʒ]令明見[ㅣ令]
C: 亦ﾉㄱ 安立ㄴ{之} 相乙 壞尸 不ﾉ ʒ 悉ʒ 明見 令ㅣ令
D: 또한 安立의 相을 무너뜨리지 않아 다 분명히 보게 하며,
E: 나란히 정돈되어 있는 모양을 무너뜨리지 않고 모두 분명히 보게 합니다.

<주본화엄31, 06:18>

A: 以無著無縛解脫心修習普賢菩薩[44(·)]行願[41(·),43(|)?]
B: 以無著無縛解脫心修習普賢菩薩[尸]行願[乙, ʒ 尒]
C: 無著無縛解脫心(乙) 以(ʒ) 普賢菩薩尸 行願乙 修習(ﾉ) ʒ 尒
D: ㊵無著無縛解脫心으로써 普賢菩薩의 行願을 修習하여서,
E: 집착이 없고 속박이 없이 해탈한 마음으로 보현보살의 행과 원을 닦아

<주본화엄31, 06:19>

A: 得佛[35(·)]灌頂[41(|),53(i)#53(!)]於一[33(·)]念[25(·)]中[53(·)]入方便地[53(·),52(·)]
B: 得佛[ﾆ]灌頂[x入乙,白 ʒ]於一[ㄱ]念[ㄴ]中[十]入方便地[十,ﾉ令]
C: 佛ﾆ 灌頂x入乙⁴⁴⁾ 得白 ʒ {於}一ㄱ 念ㄴ 中十 方便地十 入ﾉ令
D: 부처의 灌頂하심을 얻어 한 念 사이에 方便地에 들어가며,
E: 부처님의 관정(灌頂)하심을 얻고, 잠깐 동안에 방편지에 들어가서

<주본화엄31, 06:19-20>

A: 成滿安住衆[33(·)]行[53(·),25(|)?]智寶[41(·),23(|),경계선]
B: 成滿安住衆[ㄱ]行[十,令ㄴ]智寶[乙,ﾉ ʒ]

---

44) 다음을 참조할 수 있다.
　　得佛[35(·)]灌頂[41(|),24(|),22(·),31(·),51(·/)]<주본화엄22, 14:17>

C: 衆ㄱ 行十 安住(ᆞ)ㅅㄷ 智寶乙 成滿ᆢㅅ

D: 여러 行에 安住하는 智寶를 成滿하여,

E: 편안하게 여러 행에 머무는 지혜의 보배를 성취하고

<주본화엄31, 06:20>

A: 悉[34(|)]能[24(·)]了知一切諸[33(·)]想[41(·),55(/)]

B: 悉[ㅈ]能[ㅈ]了知一切諸[ㄱ]想[乙,x |]

C: 悉ㅈ 能ㅈ 一切 諸ㄱ 想乙 了知x |

D: 다 능히 一切 모든 想을 了知한다.

E: 모든 생각을 분명히 아나니,

<주본화엄31, 06:20-07:05>

A: 所謂[12(·),33(·)]衆生想[11(·)]法想[=11(·)?]刹想方想佛想世想業想行想界想解想根想時想持想煩惱想淸淨想成熟想見佛[41(·),34(-),24(\),25(!)]想轉法輪[41(·),25(|)]想聞法[41(·),34(|)]解了[25(|)]想調伏[25(|)]想無量[33(·)]想出離想種種[25(·)]地[25(·)]想[11(·)]無量[33(·)]地[25(·)]想菩薩[44(·)]了知想菩薩[44(·)]修習想菩薩三昧想菩薩[44(·)?]三昧[41(·)?]起[25(|)]想菩薩[44(·)]成想[11(·)]菩薩壞想菩薩歿想菩薩生想菩薩解脫想菩薩自在想菩薩住持想菩薩境界想劫[25(·)]成壞想明想闇想晝想夜想[11(·)]半月[11(·)]一月一時[11(·)]一歲[11(·),25(|)]變異想去想來想住想坐想睡想覺想[11(·),14(·)]

B: 所謂[ㄱ,ㄱ]衆生想[ㅈ]法想[ㅈ]刹想方想佛想世想業想行想界想解想根想時想持想煩惱想淸淨想成熟想見佛[乙,白,ᅭ,xㄷ]想轉法輪[乙,ᆢㄷ]想聞法[乙,ㅈ]解了[ᆢㄷ]想調伏[ᆢㄷ]想無量[ㄱ]想出離想種種[ㄷ]地[ㄷ]想[ㅈ]無量[ㄱ]地[ㄷ]想菩薩[ㄷ]了知想菩薩[ㄷ]修習想菩薩三昧想菩薩[ㄷ]三昧[乙]起[ᆢㄷ]想菩薩[ㄷ]成想[ㅈ]菩薩壞想菩薩歿想菩薩生想菩薩解脫想菩薩自在想菩薩住持想菩薩境界想劫[ㄷ]成壞想明想闇想晝想夜想[ㅈ]半月[ㅈ]一月一時[ㅈ]一歲[ㅈ,ᆢㄷ]變異想去想來想住想坐想睡想覺想[ㅈ,ㄷ]

C: 謂(ᆢ)ㄱ 所ㄱ 衆生想ㅈ 法想ㅈ 刹想(ㅈ) 方想(ㅈ) 佛想(ㅈ) 世想(ㅈ) 業想(ㅈ) 行想(ㅈ) 界想(ㅈ) 解想(ㅈ) 根想(ㅈ) 時想(ㅈ) 持想(ㅈ) 煩惱想(ㅈ) 淸淨想(ㅈ) 成熟想(ㅈ) 佛乙 見白ᅭxㄷ 想(ㅈ) 法輪乙 轉(ᆢ)ᆢㄷ 想(ㅈ) 法乙 聞ㅈ 解了(ᆢ)ᆢㄷ 想(ㅈ) 調伏(ᆢ)ᆢㄷ 想(ㅈ) 量 無ㄱ 想(ㅈ) 出離想(ㅈ) 種種ㄷ 地ㄷ 想ㅈ 量 無ㄱ 地ㄷ 想(ㅈ) 菩薩ㄷ 了知想(ㅈ) 菩薩ㄷ 修

習想(ㅅ) 菩薩(尸) 三昧想(ㅅ) 菩薩尸 三昧乙 起(ㄴ)ㅎㄴ 想(ㅅ) 菩薩尸 成想ㆎ 菩薩(尸) 壞想(ㅅ) 菩薩(尸) 歿想(ㅅ) 菩薩(尸) 生想(ㅅ) 菩薩(尸) 解脫想(ㅅ) 菩薩(尸) 自在想(ㅅ) 菩薩(尸) 住持想(ㅅ) 菩薩(尸) 境界想(ㅅ) 劫ㄷ 成壞想(ㅅ) 明想(ㅅ) 闇想(ㅅ) 晝想(ㅅ) 夜想ㆎ 半月ㆎ 一月(ㅅ) 一時ㆎ 一歲ㆎ(ㄴ)ㅎㄴ 變異想(ㅅ) 去想(ㅅ) 來想(ㅅ) 住想(ㅅ) 坐想(ㅅ) 睡想(ㅅ) 覺想ㆎ(ㄴ)尸

D: 즉 ①衆生想이니 ②法想이니 ③刹想이니 ④方想이니 ⑤佛想이니 ⑥世想이니 ⑦業想이니 ⑧行想이니 ⑨界想이니 ⑩解想이니 ⑪根想이니 ⑫時想이니 ⑬持想이니 ⑭煩惱想이니 ⑮淸淨想이니 ⑯成熟想이니 ⑰부처를 뵈올 想이니 ⑱法輪을 轉할 想이니 ⑲法을 듣고 解了하는 想이니 ⑳調伏하는 想이니 ㉑한량없는 想이니 ㉒出離想이니 ㉓갖가지 地의 想이니 ㉔無量地想이니 ㉕菩薩의 了知想이니 ㉖菩薩의 修習想이니 ㉗菩薩의 三昧想이니 ㉘菩薩의 三昧를 일으키는 想이니 ㉙菩薩의 成想이니 ㉚菩薩의 壞想이니 ㉛菩薩의 歿想이니 ㉜菩薩의 生想이니 ㉝菩薩의 解脫想이니 ㉞菩薩의 自在想이니 ㉟菩薩의 住持想이니 ㊱菩薩의 境界想이니 ㊲劫成壞想이니 ㊳明想闇想이니 ㊴晝想夜想이니 ㊵半月이니 一月이니 一時니 一歲니 하는 變異想이니 ㊶去想이니 ㊷來想이니 ㊸住想이니 ㊹坐想이니 ㊺睡想이니 ㊻覺想이니 하는

E: 이른바 중생으로 하여금 중생이란 생각[衆生想], 법이란 생각[法想], 세계란 생각[刹想], 방위란 생각[方想], 부처라는 생각[佛想], 세상이란 생각[世想], 업이란 생각[業想], 행이란 생각[行想], 계(界)라는 생각[界想], 이해한다는 생각[解想], 근기란 생각[根想], 시간이란 생각[時想], 가진다는 생각[持想], 번뇌란 생각[煩惱想], 청정한 생각[淸淨想], 성숙하는 생각[成熟想], 부처님을 보는 생각[見佛想], 법륜을 굴리는 생각[轉法輪想], 법을 듣고 이해하는 생각[聞法解了想], 조복하는 생각[調伏想], 한량없다는 생각[無量想], 뛰어나는 생각[出離想], 가지가지 지위란 생각[種種地想], 한량없는 지위란 생각[無量地想], 보살의 아는 생각[菩薩了知想], 보살의 닦는 생각[菩薩修習想], 보살의 삼매란 생각[菩薩三昧想], 보살이 삼매에서 일어나는 생각[菩薩三昧起想], 보살의 성취하는 생각[菩薩成想], 보살의 파괴하는 생각[菩薩壞想], 보살의 죽는 생각[菩薩歿想], 보살의 나는 생각[菩薩生想], 보살의 해탈하는 생각[菩薩解脫想], 보살의 자재한 생각[菩薩自在想], 보살의 머물러 지니는 생각[菩薩住持想], 보살의 경계란 생각[菩薩境界想], 겁이란 생각[劫想], 이루어지고 무너진다는 생각[成壞想], 밝은 생각[明想], 어두운 생각[闇想], 낮이란 생각[晝想], 밤이란 생각[夜想], 보름·한 달·한 시간·한 해가 변천하는 생각[半月一月一時一歲變異想], 가는 생각[去

想], 오는 생각[來想], 머무는 생각[住想], 앉는 생각[坐想], 자는 생각[睡想], 깨는 생각[覺想]입니다.

<주본화엄31, 07:06>

A: 如是[14(:)]等[12(:)]想[41(·)]於一[33(·)]念[25(·)]中[53(·)]悉能[24(·)]了{14(丁)}知[11(/)]而[33(·)]
B: 如是[ゝ尸]等[ゝㄱ]想[乙]於一[ㄱ]念[七]中[十]悉能[攴]了知[ナ令氵]而[ㄱ]
C: 是 如(攴)ゝ尸 等ゝㄱ 想乙 {於}一ㄱ 念七 中十 悉(氵) 能攴 了知(ゝ)ナ令氵 而ㄱ
D: 이와 같은 등의 생각을 한 생각 사이에 다 능히 了知하나
E: 이러한 생각들을 잠깐 동안에 모두 분명히 알면서도

<주본화엄31, 07:06-07>

A: 離一切想[41(·),43(|)]無所分別[14(·),51(·)]
B: 離一切想[乙,氵ホ]無所分別[尸,分]
C: 一切 想乙 離(攴)氵ホ 分別(丿)尸 所 無分
D: 一切 생각을 여의어서 分別하는 바 없으며,
E: 일체 생각을 여의어 분별함이 없으며,

<주본화엄31, 07:07>

A: 斷一切障[41(·),43(|)]無所執著[14(·),51(·)]
B: 斷一切障[乙,氵ホ]無所執著[尸,分]
C: 一切 障乙 斷(ゝ)氵ホ 執著(丿)尸 所 無分
D: 一切 장애를 끊어서 執著하는 바 없으며,
E: 일체 장애를 끊어서 집착함이 없으며,

<주본화엄31, 07:07-08>

A: 一切佛智[41(·)]充滿其心[53(·),52(·)]
B: 一切佛智[乙]充滿其心[十,ゝ分]
C: 一切 佛智乙 其 心十 充滿ゝ分
D: 一切 佛智를 그 마음에 充滿하게 하며,

E: 일체 부처님의 지혜가 마음에 충만하고,

<주본화엄31, 07:08>

A: 一切佛{45(·)}法[45(·)]⁴⁵⁾長其善根[41(·),52(·)]

B: 一切佛法[氵]長其善根[乙,ゝ分]

C: 一切 佛法氵 其 善根乙 長ゝ分

D: 一切 佛法으로 그 善根을 늘이며,

E: 일체 부처님의 법은 선근이 증장하여

<주본화엄31, 07:08-09>

A: 與諸[33(·)]如來[41(·),25(·)]等[34(|),43(|)]同[24(|)?]一[33(·)]身[51(/)]

B: 與諸[ㄱ]如來[乙,七]等[氵, 氵 朩]同[丨]一[ㄱ]身[丨分]

C: 諸ㄱ 如來乙 與七 等 氵(ゝ) 氵 朩 同丨 一ㄱ 身丨分

D: 모든 如來와 더불어 동등하여서⁴⁶⁾ 같이 한 몸이며,

E: 여래들과 더불어 한 몸이 평등하여

<주본화엄31, 07:09>

A: 一切諸[33(·)]佛[35(·)]{45(·)}之所攝取[14(|),14(!),41(··),52(·)]

B: 一切諸[ㄱ]佛[心]之所攝取[ㅎ 尸,丨尸,入乙,ゝ分]

C: 一切 諸ㄱ 佛心{之} 攝取(ゝ)ㅎ 尸 所丨尸 入乙ゝ分

D: 一切 모든 부처가 攝取하시는 바가 되며,

E: 여러 부처님의 거두어 주시는 것이며,

<주본화엄31, 07:09-10>

A: 離垢淸淨[23(|)]{12(:)}⁴⁷⁾一切佛法[41(·)]皆[25(·)]隨[24(\)]修學[43(|)]到於彼岸[53(·)#53(:),24(|), 52(·)]

---

45) '法'의 오른쪽 상단을 가로지르는 긴 역사선이 보인다.
46) '等 氵(ゝ) 氵 朩'을 동사적으로 해석할 수 있다.
47) 12(:)로 점토 표기를 하고 이 주위에 동그라미 표시를 하였다.

B: 離垢淸淨[ﾝ ﾖ]一切佛法[乙]皆[ヒ]隨[ﾄ]修學[ﾖ ﾑ]到於彼岸[十, ﾘ, ﾝ 々]
C: 離垢 淸淨ﾝ ﾖ ⁴⁸⁾ 一切 佛法乙 皆ヒ 隨ﾄ 修學(ﾝ)ﾖ ﾑ {於}彼岸十 到ﾘﾝ々
D: 離垢 淸淨하여 一切 佛法을 모두 좇아 修學하여서 彼岸에 이르기까지 하며,
E: 때가 없이 청정한 모든 불법을 다 따라 배워서 저 언덕에 이릅니다.

(8-라) 普賢大智의 四願 <07:10-23>

<주본화엄31, 07:10-11>
A: 以無著無縛解脫心爲一切衆生[23(-),43(·)]修普賢[23(-)]行[41(·),13(··)]生大智寶[41(·),43(丨)?]
B: 以無著無縛解脫心爲一切衆生ﾄ, ﾖ 修普賢ﾄ行[乙,ﾁﾑ]生大智寶[乙, ﾖ ﾑ]
C: 無著無縛解脫心(乙) 以(ﾖ) 一切 衆生ﾄ {爲}ﾖ 普賢ﾄ 行乙 修ﾄﾁﾑ 大智寶乙 生(ﾘ)ﾖ ﾑ
D: ㊶無著無縛解脫心으로써 一切 衆生을 위하여 普賢菩薩의 行을 닦되 大智寶를 내어서
E: 집착이 없고 속박이 없이 해탈한 마음으로 일체 중생을 위하여 보현의 행을 닦아 큰 지혜를 내고

<주본화엄31, 07:11-12>
A: 於一一[33(·)]心[25(·)]中[53(·),55(·)]知無量[33(·)]心[41(·),43(丨)]
B: 於一一[ㄱ]心[ヒ]中[十, 丨]知無量[ㄱ]心[乙, ﾖ ﾑ]
C: {於}一(ㄱ) 一ㄱ⁴⁹⁾ 心ヒ 中十(ケ)丨 量 無ㄱ 心乙 知ﾖ ﾑ
D: 하나하나의 마음 속에마다 한량없는 마음을 알아서
E: 낱낱 마음 속에서 한량없는 마음을 알며,

<주본화엄31, 07:12-14>
A: 隨其依止[41(·),24(\)]隨其分別[41(·),24(\)]隨其種性隨其所作隨其業用隨其相狀隨其思覺[41(·),24(\)]種種[25(·)]不[24(·)]同[42(/),41(·)]靡不明見[44(·),33(⊥),25(·),51(·)]

---

48) 12(:)를 반영하면, '離垢 淸淨ﾝ ﾖ ﾝ ㄱ'이다.
49) 8쪽 14~15행의 '於一一根中'에서 '一[33(·)]一[33(·)]'로 표기된 것이 확인된다. 그리고 뒤에 '-ケ丨'가 오는 것을 고려하면 '一一[33(·)]'으로 나타나는 부분은 '一(ㄱ) 一ㄱ'처럼 'ㄱ'를 보충할 필요가 있다고 볼 수 있다.

B: 隨其依止[乙,⼍]隨其分別[乙,⼍]隨其種性隨其所作隨其業用隨其相狀隨其思覺[乙,⼍]種種[七]不[多]同[丨丁,乙]靡不明見[尸,ソ尸丁ノ尸,七,分]

C: 其 依止乙 隨⼍ 其 分別乙 隨⼍ 其 種性(乙) 隨(⼍) 其 所作(乙) 隨(⼍) 其 業用(乙) 隨(⼍) 其 相狀(乙) 隨(⼍) 其 思覺乙 隨⼍ 種種七 不多 同丨丁乙 明見尸 不ソ尸丁ノ尸 靡七分

D: 그 依止를 따라 그 分別을 따라 그 種性을 따라 그 所作을 따라 그 業用을 따라 그 相狀을 따라 그 思覺을 따라 갖가지로 같지 않거늘 밝게 보지 않는 것이 없으며,

E: 그 의지함을 따르고 그 분별을 따르고 그 종성(種性)을 따르고 그 짓는 바를 따르고 그 업의 작용을 따르고 그 형상을 따르고 그 깨달음을 따라서 가지가지로 같지 아니한 것을 모두 다 분명히 봅니다.

<주본화엄31, 07:14-15>

A: 以無著無縛解脫心成就普賢[23(-)]大願智寶[41(·),43(|)]

B: 以無著無縛解脫心成就普賢[⼍]大願智寶[乙,ぅ亦]

C: 無著無縛解脫心(乙) 以(ぅ) 普賢⼍ 大願智寶乙 成就(ソ)ぅ亦

D: ㊷無著無縛解脫心으로써 普賢菩薩의 大願智寶를 成就하여서

E: 집착이 없고 속박이 없이 해탈한 마음으로 보현의 큰 서원과 지혜의 보배를 성취하고,

<주본화엄31, 07:15-16>[50)]

A: 於一[33(·)]處[25(·)]中[53(·),23(|)]知於無量[33(·)]不可說[25(·)]處[41(·),51(·)]

B: 於一[丨]處[七]中[十,ソぅ]知於無量[丨]不可說[七]處[乙,分]

C: {於}一丨 處七 中十ソぅ {於} 量 無丨 不可說七 處乙 知分

D: 한 곳에서 한량없는 不可說의 곳을 알며,

E: 한 곳에서 한량없고 말할 수 없는 곳을 알며,

<주본화엄31, 07:16>

A: 如於一[33(·)]處[53(·),34(\),24(·)]於一切處[53(·)]悉[34(|)]亦[42(\)]如是[24(·),52(·)]

B: 如於一[丨]處[十,X,支]於一切處[十]悉[ぅ]亦[刀]如是[支,ソ分]

---

50) 16행 欄上에 마름모꼴의 작은 黃色 不審紙가 있다.

C: {於}一ㄱ 處+X[51] 如支 {於}一切 處十 悉 ɜ 亦刀 是 如支ソ か
D: 한 곳에서 하는 것같이 모든 곳에서 다 또 이같이 하며,
E: 한 곳에서와 같이 모든 곳에서도 또한 그러합니다.

<주본화엄31, 07:16-17>
A: 以無著無縛解脫心修習普賢[23(-)]行業[25(·)]智地[41(·),23(|)]
B: 以無著無縛解脫心修習普賢[ɜ]行業[t]智地[乙,ソɜ]
C: 無著無縛解脫心(乙) 以(ɜ) 普賢ɜ 行業t 智地乙 修習ソɜ
D: ㊸無著無縛解脫心으로써 普賢菩薩의 行業의 智地를 修習하여
E: 집착이 없고 속박이 없이 해탈한 마음으로 보현의 행하는 업과 지혜를 닦고,

<주본화엄31, 07:17-18>
A: 於一[33(·)]業[25(·)]中[53(·)]能[24(·)]知無量[33(·)]不可說不可說[25(·)]業[41(·),13(·)]
B: 於一[ㄱ]業[t]中[十]能[支]知無量[ㄱ]不可說不可說[t]業[乙,ᄋㄱ ㅿ]
C: {於}一ㄱ 業t 中十 能支 量 無ㄱ 不可說不可說t 業乙 知ᄋㄱ ㅿ
D: 한 業 중에서 능히 한량없는 不可說不可說의 業을 알되
E: 한 업에서 한량없고 말할 수 없이 말할 수 없는 업을 알되,

<주본화엄31, 07:18-19>
A: 其業[33(·)]#33(/)]各[43(|)]以種種[25(·)]緣[41(·),34(|)]造[12(·.),42(/),41(·)]明了[23(\)]知見[52(·)]
B: 其業[ㄱ]各[ɜ 亦]以種種[t]緣[乙,ɜ]造[ᄋㄱ,ㅣㄱ,乙]明了[ㅸ]知見[ソか]
C: 其 業ㄱ 各ɜ亦 種種t 緣乙 以ɜ 造ノㄱㅣ乙 明了ㅸ 知見ソか
D: 그 業은 각각 갖가지 因緣으로써 만든 것이거늘 明了히 知見하며,
E: 그 업이 제각기 가지가지 인연으로 된 것을 분명히 알고 보며,

---

51) 다음 예를 참조하면 34(\)을 'ノア入乙ソㄱ'으로 해독할 가능성이 있다.
　　{於}衣服ɜ 十ノア入乙ソㄱ 如支 {於}餘 飲食ᅩ 臥具ᅩ 等ソㄱɜ十 喜足ノア 當ハ 知ᄋㅣ 亦 尒ソㄱㅣㄱ丁 <유가19:12-13>
　　又 无嫉ノア入乙 依ɜノアㅿ {於}自ɜ 身ɜ十ノア入乙ソㄱ 如支 {於}他ᅩノア 亦 尒ᅩᅩか <유가 28:15-16>

<주본화엄31, 07:19>
A: 如於一[33(·)]業[53(·),34(\),24(·)#24(|)]於一切業[53(·)]悉[34(|)?]亦[42(\)]如是[24(·),52(·)]
B: 如於一[ㄱ]業[+,X,攴]於一切業[+]悉[ㅎ]亦[刀]如是[攴,ㄴ分]
C: {於}一ㄱ 業+X 如攴 {於}一切 業+ 悉ㅎ 亦刀 是 如攴ㄴ分
D: 한 業에서 하는 것같이 一切 業에서 다 또 이같이 하며,
E: 한 업에서와 같이 일체 업에서도 또한 그러합니다.

<주본화엄31, 07:20>
A: 以無著無縛解脫心修習普賢[23(-)]知諸[33(·)]法[41(·),24(\),25(!)#25(|)]智[41(·),43(|)]
B: 以無著無縛解脫心修習普賢[ㅎ]知諸[ㄱ]法[乙,ㅁ,X令七]智[乙,ㅎ於]
C: 無著無縛解脫心(乙) 以(ㅎ) 普賢ㅎ 諸ㄱ 法乙 知ㅁX令七 智乙 修習(ㄴ)ㅎ於
D: ㊹無著無縛解脫心으로써 普賢菩薩의, 모든 法을 아는 지혜를 修習하여서
E: 집착이 없고 속박이 없이 해탈한 마음으로 보현의 모든 법을 아는 지혜를 닦아 익히고,

<주본화엄31, 07:20-21>
A: 於一[33(·)]法[25(·)]中[53(·)]知不可說不可說[25(·)]法[41(·),51(·)]
B: 於一[ㄱ]法[七]中[+]知不可說不可說[七]法[乙,分]
C: {於}一ㄱ 法七 中+ 不可說不可說七 法乙 知分
D: 한 法 중에서 不可說不可說의 法을 알며,
E: 한 법에서 말할 수 없이 말할 수 없는 법을 알며,

<주본화엄31, 07:21-22>
A: 於一切法[25(·)]中[53(·)]而[45(·)]知一[33(·)]法[41(·),51(·),13(··)]
B: 於一切法[七]中[+]而[灬]知一[ㄱ]法[乙,分,ㅁ尸厶]
C: {於}一切 法七 中+ 而灬 一ㄱ 法乙 知分ノ尸厶
D: 一切 法 중에서 한 法을 알며 하되
E: 일체 법 가운데서 한 법을 아나니,

92 第二部 判讀과 解讀 및 飜譯

<주본화엄31, 07:22-23>

A: 如是[24(·),12(:)]諸[33(·)]法[33(·)]各各[43(|)]差別[41(··)]無有障礙[44(·),51(·)]無違[25(·),51(·)]無著[44(·),24(|),52(·),경계선]
B: 如是[ㅅ,ㆍㄱ]諸[ㄱ]法[ㄱ]各各[3 ホ]差別[ㄱ 乙]無有障礙[尸,ㅅ]無違[ㄴ,ㅅ]無著[尸,ㅣ,ㆍㅅ]
C: 是 如ㅅㆍㄱ 諸ㄱ 法ㄱ 各各 3 ホ 差別(ㆍ)ㄱ乙 障礙尸 無有ㅅ 違ㄴ⁵²⁾ 無ㅅ 著尸 無ㅣㆍㅅ
D: 이같은 모든 法은 각각 差別 있거늘, 걸림 없으며 어김 없으며 집착함 없이 하며,
E: 이러한 모든 법이 제각기 차별하여 장애되지도 않고 어기지도 않고 집착함도 없습니다.

(8-마) 普賢聞說의 二願 <07:23-08:13>

<주본화엄31, 07:23-24>

A: 以無著無縛解脫心住菩薩[44(·)]行[53(·),23(|)]得[43(|)]具普賢[23(-)]無礙耳根[41(·),24(\),53(·)]
B: 以無著無縛解脫心住菩薩[尸]行[十,ㆍ3]得[3 ホ]具普賢[ᆗ]無礙耳根[乙,ㄱ,下]
C: 無著無縛解脫心(乙) 以(3) 菩薩尸 行十 住ㆍ3 得 3 ホ 普賢ᆗ 無礙耳根乙 具ㄱ下⁵³⁾
D: ㊽無著無縛解脫心으로써 菩薩의 行에 住하여 능히 普賢菩薩의 無礙耳根을 갖추어
E: 집착이 없고 속박이 없이 해탈한 마음으로 보현의 행에 머물러서 보현의 걸림없는 귀를 구족하고,

<주본화엄31, 07:24-08:01>

A: 於一[33(·)]言音[25(·)]中[53(·)]知不可說不可說[25(·)]言音[23(-)]無量[51(·)]無邊[44(·),34(|)]種種[45(·)]差別[41(|·)?#41(··)?,11(/)]而[33(·)]無所著[14(·),51(·)]
B: 於一[ㄱ]言音[ㄴ]中[十]知不可說不可說[ㄴ]言音[ᆗ]無量[ㅅ]無邊[尸,3]種種[ᆢ]差別[ㄱㅅ乙,ナㅅ3]而[ㄱ]無所著[尸,ㅅ]
C: {於}一ㄱ 言音ㄴ 中十 不可說不可說ㄴ 言音ᆗ 量 無ㅅ 邊尸 無3 種種ᆢ 差別ㄱ乙 知ナㅅ3 而ㄱ 著(ㆍ)尸 所 無ㅅ

---

52) 다음 예를 참조할 수 있다.
　　廣ㅣㅣ 衆生ᆗ {爲}ᆖ 諸ㄱ 法乙 演說ㆍㅁㅿ 一切 諸ㄱ 佛ᴗ 經典 3 十 違ㄴ 不ㆍナㅅ 3 <화소24:18-19>
53) 자토석독구결에서는 '下'가 사동의 'ㅣ'나 'ᆖ/ᇂ' 뒤에서만 나타나고, 사동의 'ㄱ' 뒤에서는 '下'는 나타나지 않고 ' 3 '만 나타난다.

D: 한 言音 중에서 不可說不可說의 言音이 한량없으며 끝없어 갖가지로 差別 있는 것을 알지만 집착하는 바 없으며,
E: 한 마디 음성 속에서 말할 수 없이 말할 수 없는 말을 알며, 한량없고 끝이 없어 가지가지로 차별하더라도 집착함이 없고,

<주본화엄31, 08:01-02>
A: 如於一[33(·)]言音[53(·),34(\),24(·)]於一切言音[53(·)]悉[34(|)]亦[42(\)]如是[24(·),52(·)]
B: 如於一[ㄱ]言音[十,X,支]於一切言音[十]悉[ᇂ]亦[刀]如是[支,ㅗ分]
C: {於}一ㄱ 言音十X 如支 {於}一切 言音十 悉ᇂ 亦刀 是 如支ㅗ分
D: 한 言音에서 하는 것같이 一切 言音에서 다 또 이같이 하며,
E: 한 음성에서와 같이 일체 음성에서도 역시 그러합니다.

<주본화엄31, 08:02-03>
A: 以無著無縛解脫心修普賢[25(·)]智[41(·),51(·)]起普賢[25(·)]行[41(·)?,52(·)]住普賢[25(·)]地[53(·),52(·)?,23(|)]
B: 以無著無縛解脫心修普賢[七]智[乙,ㅗ分]起普賢[七]行[乙,ㅗ分]住普賢[七]地[十,ㅗ分,ㅗ3]
C: 無著無縛解脫心(乙) 以(3) 普賢七 智乙 修分 普賢七 行乙 起ㅗ分 普賢七 地十 住ㅗ分3
D: ㊻無著無縛解脫心으로써 普賢菩薩의 지혜를 닦으며 普賢菩薩의 行을 일으키며 普賢菩薩의 地에 머무르며 하여
E: 집착이 없고 속박이 없이 해탈한 마음으로 보현의 지혜를 닦고 보현의 행을 일으키어 보현의 지위에 머물고,

<주본화엄31, 08:03-04>[54]
A: 於一一[33(·)]法[25(·)]中[53(·),43(\),55(·)]演說不可說不可說[25(·)]法[41(·),13(··)]
B: 於一一[ㄱ]法[七]中[十,ヶ,丨]演說不可說不可說[七]法[乙,ㅁアム]
C: {於}一一ㄱ 法七 中十ヶ丨 不可說不可說七 法乙 演說ノアム
D: 하나하나의 法의 中에마다 不可說不可說의 法을 演說하되

---

54) 제4행의 欄上에 긴 역사선 모양의 紺色 不審紙가 붙어 있다.

E: 낱낱 법 가운데서 말할 수 없이 말할 수 없는 법을 연설하거든,

<주본화엄31, 08:04-05>
A: 其法[33(·)]{23(·)}廣大[23(|)]種種[45(·)]差別[41(··),53(!),보충선55)]
B: 其法[ㄱ]廣大[ゝㆍ]種種[灬]差別[ㄱ乙,X]
C: 其法ㄱ 廣大ゝㆍ 種種灬 差別(ゝ)ㄱ乙X
D: 그 法은 廣大하여 갖가지로 差別한 것을 (演說)하여
E: 그 법이 광대하여 가지가지로 차별하며,

<주본화엄31, 08:05>
A: 敎化[22(·)]攝受[22(·),13(··)]
B: 敎化[ㆆ]攝受[ㆆ,口尸厶]
C: 敎化(ゝ)ㆆ 攝受(ゝ)ㆆノ尸厶
D: 敎化하고 攝受하고 하되
E: 교화하고 거두어주는 것이

<주본화엄31, 08:05>
A: 不可思議[25(·)]方便相應[23(\),52(·)]
B: 不可思議[ㄴ]方便相應[ㆁ,ゝ分]
C: 不可思議ㄴ 方便 相應ㆁゝ分
D: 不可思議의 方便과 相應하게 하며,
E: 부사의한 방편과 서로 응하며,

<주본화엄31, 08:05-07>
A: 於無量[33(·)]時[11(·),53(·),22(·)]於一切時[11(·),53(·),22(·),23(|)]隨諸[33(·)]衆生[23(-)]所有[33(/),=33(·),25(·)]欲解[41(·),24(\)]隨根[41(·)?,24(\)]隨時[41(·)?,24(\)]以佛音聲[41(·),34(|)]而[45(·)]爲[24(\)]說法[13(··)]

---

55) 앞에 나온 '演說ゝ-'를 보충하여 읽으라는 표시이다.

B: 於無量[ㄱ]時[ﾐ,十,ᄒ]於一切時[ﾐ,十,ᄒ,ㆍ3]隨諸[ㄱ]眾生ᄒ所有[ﾑ,ㄱ,匕]欲解[乙,ᄀ]隨根[乙,ᄀ]隨時[乙,ᄀ]以佛音聲[乙,3]而[灬]爲[ᄀ]說法[ᄀㄕㅿ]

C: {於}量無ㄱ時ﾐ十(ヽ)ᄒ {於}一切時ﾐ十(ヽ)ᄒ3 諸ㄱ 眾生ᄒ {有}ﾑㄱ 所匕 欲解乙 隨ᄀ 根乙 隨ᄀ 時乙 隨ᄀ 佛音聲乙 以3 而灬 爲ᄀ 說法ノㄕㅿ

D: 한량없는 時에 하고 一切 時에 하고 하여 모든 衆生이 가지고 있는 바의 欲解를 따라 根을 따라 時를 따라 佛音聲으로써 (중생들을) 위하여 說法하되

E: 한량없는 시간과 모든 시간에서 중생들이 가진 욕망과 지혜를 따르며 근성을 따르고 시기를 따라서 부처님의 음성으로 법을 말하되,

<주본화엄31, 08:07-08>[56)]

A: 以一[33(·)]妙音[41(·),34(|)]令不可說[25(·)]道場眾會[25(·)]無量[33(·)]眾生[41(·)]皆悉[34(|)]歡喜[51(/·)]

B: 以一[ㄱ]妙音[乙,3]令不可說[匕]道場眾會[匕]無量[ㄱ]眾生[乙]皆悉[3]歡喜[ㅣ分]

C: 一ㄱ 妙音乙 以3 不可說匕 道場 眾會匕 量 無ㄱ 眾生乙 皆 悉3 歡喜 令ㅣ分

D: 한 妙音으로써 不可說의 道場 眾會의 한량없는 眾生으로 하여금 모두 다 歡喜하게 하며,

E: 한 마디 묘한 음성으로써 말할 수 없는 도량의 대중과 한량없는 중생을 모두 환희케 하며,

<주본화엄31, 08:08-10>

A: 一[33(·)]如來[44(·)]所[25(·)]無量[33(·)]菩薩[24(|)]充滿法界[53(·),53(!)]立殊勝志[41(·),51(·.)]#51(/·)][57)]生廣大見[41(·)#41(/·),51(·.),23(|)]究竟了知一切諸[33(·)]行[41(·),43(|)]住普賢[23(-)]地[53(·),12(-),41(·)]

B: 一[ㄱ]如來[ㄕ]所[匕]無量[ㄱ]菩薩[ㅣ]充滿法界[十,X]立殊勝志[乙,x分]生廣大見[乙,ㅣ分,ㆍ3]究竟了知一切諸[ㄱ]行[乙,3 ホ]住普賢[ᄒ]地[十,ナㄱ,乙]

C: 一ㄱ 如來ㄕ 所匕 量 無ㄱ 菩薩ㅣ 法界十 充滿X 殊勝志乙 立x分 廣大見乙 生ㅣ分ㆍ3 究竟 一切 諸ㄱ 行乙 了知(ヽ)3 ホ 普賢ᄒ 地十 住(ヽ)ナㄱ乙

---

56) 제8행의 欄上에 \(역사선) 직사각형 형태의 紺色 不審紙가 붙어 있다. 이점본에는 제13행 欄上에 紺色 不審紙가 붙어 있는 것으로 기록되어 있다.

57) 점토석독구결에서는 立이 타동사로 쓰일 때 'ㅣ'가 후행한다. 따라서 51(·.)를 'ㅣ'가 포함된 '51(/·)'으로 파악할 가능성이 있다.

D: 한 如來의 처소의 한량없는 菩薩이 法界에 充滿하여 殊勝志를 세우며 廣大見을 내며 하여 끝까지 一切 모든 行을 了知하여서 普賢의 地에 머무르거늘

E: 모든 여래의 처소에 있는 한량없는 보살이 법계에 가득하여 수승한 뜻을 세우고 광대한 소견을 내어 필경에 모든 행을 알며, 보현의 지위에 있으면서

<주본화엄31, 08:10-12>

A: 隨所說[12(:),25(·)]法[41(·),24(\)]於念念[25(·)]中[=53(·),43(\),55(·)]悉能[24(·)]證入[23(|)]

B: 隨所說[ㅅㄱ,ㅌ]法[乙,ㄷ]於念念[ㅌ]中[十,ケ,ㅣ]悉能[ㅊ]證入[ㅅㅜ]

C: 說法ㅅㄱ 所ㅌ 法乙 隨ㄷ {於}念念ㅌ 中十ケㅣ 悉 能ㅊ 證入ㅅㅜ

D: 說法한 바의 법에 따라 念念 中에마다 다 능히 證入하여

E: 말하는 법을 따라 잠깐잠깐 동안에 능히 증득하며,

<주본화엄31, 08:11-12>

A: 一[33(·)]刹那[25(·)]頃[53(·)]增長無量[33(·)]不可說不可說[25(·)]大智慧聚[41(·),52(·)]

B: 一[ㄱ]刹那[ㅌ]頃[十]增長無量[ㄱ]不可說不可說[ㅌ]大智慧聚[乙,ㅅㅜ]

C: 一ㄱ 刹那ㅌ 頃十 量 無ㄱ 不可說不可說ㅌ 大智慧聚乙 增長ㅅㅜ

D: 한 刹那의 사이에 한량없는 不可說不可說의 大智慧聚를 增長하며,

E: 한 찰나 동안에 한량없고 말할 수 없이 말할 수 없는 큰 지혜를 증장하되,

<주본화엄31, 08:12>

A: 盡未來[25(·)]劫[41(·),34(|)]如是[24(·)]演說[34(\),41(·),33(··)]

B: 盡未來[ㅌ]劫[乙,ㅜ]如是[ㅊ]演說[X,乙,X]

C: 未來ㅌ 劫乙 盡ㅜ 是 如ㅊ 演說X乙X

D: 未來의 劫을 다하도록 이 같이 演說하는 것을 하며,

E: 미래의 겁이 끝나도록 이렇게 연설하며,

<주본화엄31, 08:12-13>

A: 於一切刹[53(·),23(|)]修習廣大[43(|)]虛空[53(·)]等[34(|),25(··)]行[41(·),23(|)]成就圓滿[52(·)]

B: 於一切刹[十,ㅅㅜ]修習廣大[ㅅㅜ弁]虛空[十]等[ㅜ,ㅌㅌ]行[乙,ㅅㅜ]成就圓滿[ㅅㅜ]

C: {於}一切 刹十ゝ 3 廣大ゝ 3 於 虛空十 等 3 (ゝ)ヒ七 行乙 修習ゝ 3 成就 圓滿ゝ ホ

D: 一切 刹에서, 廣大하여서 虛空과 동등한 行을 修習하여 成就 圓滿하며,

E: 일체 세계에서 허공과 같이 광대한 행을 닦아서 원만하게 성취합니다.

    (8-바) 普賢의 了知諸根의 一願 <08:13-08:16>

<주본화엄31, 08:13-14>

A: 以無著無縛解脫心修習普賢[23(-)]諸[33(·)]根[25(·)]行門[41(·),43(|)]成大行王[53(!)]

B: 以無著無縛解脫心修習普賢[う]諸[ヿ]根[七]行門[乙, 3 於]成大行王[X]

C: 無著無縛解脫心(乙) 以(3) 普賢う 諸ヿ 根七 行門乙 修習(ゝ) 3 於 大行王 成X

D: ㊼無著無縛解脫心으로써 普賢菩薩의 모든 根의 行門을 修習하여서 大行王이 되어

E: 집착이 없고 속박이 없이 해탈한 마음으로 보현의 여러 근을 아는 행을 닦아서 큰 행의 왕[大行王]을 이루고,

<주본화엄31, 08:14-16>

A: 於一[33(·)]一[33(·)]根[25(·)]中[53(·),43(\),55(·)]悉[34(|)]能[24(·)]了知無量[33(·)]諸[33(·)]根[11(·)]無量[33(·)]心樂[11(·)]不思議[25(·)]境界[45(·)]所生[12(:),25(·)]妙行[11(·),41(:),52(·)]

B: 於一[ヿ]一[ヿ]根[七]中[十,ヶ,|]悉[3]能[ㅎ]了知無量[ヿ]諸[ヿ]根[ミ]無量[ヿ]心樂[ミ]不思議[七]境界[灬]所生[ゝヿ,七]妙行[ミ ,ロ令乙,ゝ ホ]

C: {於}一ヿ 一ヿ 根七 中十ヶ | 悉 3 能ㅎ 量無ヿ 諸ヿ 根 ミ 量無ヿ 心樂 ミ 不思議七 境界 灬 生ゝヿ 所七 妙行 ミ ノ令乙 了知ゝ ホ

D: 하나하나의 根의 中에마다 다 능히 한량없는 모든 根이니 한량없는 心樂이니 不思議한 境界로 生한 바의 妙行이니 하는 것을 了知하며,

E: 낱낱 근에서 한량없는 근과 한량없는 마음으로 좋아함과 부사의한 경계로 생기는 묘한 행을 모두 압니다.

98 第二部 判讀과 解讀 및 飜譯

(9) 普賢의 微細知法德
(9-가) 知世間法의 微細智慧 <08:16-08:23>

<주본화엄31, 08:16-17>
A: 以無著無縛解脫心[41(·),34(|)]住普賢[23(-)]行[25(·)]大迴向心[53(·),43(|)]
B: 以無著無縛解脫心[乙, ㅎ]住普賢[ㅎ]行[七]大迴向心[十, ㅎ ホ]
C: 無著無縛解脫心乙 以ㅎ 普賢ㅎ 行七 大迴向心十 住(ㅅ)ㅎ ホ
D: ㊽無著無縛解脫心으로써 普賢根의 行의 大迴向心에 머물러서
E: 집착이 없고 속박이 없이 해탈한 마음으로써 보현의 행으로 크게 회향하는 마음에 머물러서,

<주본화엄31, 08:17-20>
A: 得色甚微細智[11(·)]身甚微細智[11(·)]刹甚微細智劫甚微細智世甚微細智方甚微細智時甚微細智數甚微細智業報甚微細智淸淨甚微細智[11(·),41(:),53(!)#53(|)]
B: 得色甚微細智[ㅎ]身甚微細智[ㅎ]刹甚微細智劫甚微細智世甚微細智方甚微細智時甚微細智數甚微細智業報甚微細智淸淨甚微細智[ㅎ,ノ令乙,X]
C: 色甚微細智ㅎ 身甚微細智ㅎ 刹甚微細智(ㅎ) 劫甚微細智(ㅎ) 世甚微細智(ㅎ) 方甚微細智(ㅎ) 時甚微細智(ㅎ) 數甚微細智(ㅎ) 業報甚微細智(ㅎ) 淸淨甚微細智ㅎ ノ令乙 得X
D: 色甚微細智이니 身甚微細智이니 刹甚微細智이니 劫甚微細智이니 世甚微細智이니 方甚微細智이니 時甚微細智이니 數甚微細智이니 業報甚微細智이니 淸淨甚微細智이니 하는 것을 얻어
E: 색(色)에 매우 미세한 지혜와, 몸에 매우 미세한 지혜와, 세계에 매우 미세한 지혜와, 겁에 매우 미세한 지혜와, 세상에 매우 미세한 지혜와, 방위에 매우 미세한 지혜와, 시간에 매우 미세한 지혜와, 수(數)에 매우 미세한 지혜와, 청정한 데 매우 미세한 지혜를 얻나니,

<주본화엄31, 08:20-21>
A: 如是[24(·)]等[12(:)]一切甚微細[41(·)]於一[33(·)]念[25(·)]中[53(·)]悉能[24(·)]了知[13(··)]
B: 如是[支]等[ㅅㄱ]一切甚微細[乙]於一[ㄱ]念[七]中[十]悉能[支]了知[ノアム]
C: 是 如支 等ㅅㄱ 一切 甚微細乙 {於}一ㄱ 念七 中十 悉 能支 了知ノアム

D: 이와 같은 등의 일체 甚微細를 한 念 중에 다 능히 了知하되
E: 이렇게 일체 미세한 것을 잠깐 동안에 모두 알지만,

<주본화엄31, 08:21-23>[58)]
A: 而[45(·)]心[42(|)]不恐怖[44(·),52(·)][59)]心[42(|)]不迷惑[44(·),52(·)]不亂[44(·),22(·),52(·)]不散[44(·),22(·),52(·)]不濁[44(·),22(·)]不劣[44(·),22(·),52(·)]其心[53(·)]一緣[52(·)]心[42(|)]善[24(·)]寂定[52(·)]心[42(|)]善[24(·)]分別[52(·)]心[42(|)]善[24(·)]安住[52(·)]
B: 而[ᅟ]心[㐬]不恐怖[尸,ヽ分]心[㐬]不迷惑[尸,ヽ分]不亂[尸,ᄒ]不散[尸,ᄒ,ヽ分]不濁[尸,ᄒ]不劣[尸,ᄒ,ヽ分]其心[十]一緣[ヽ分]心[㐬]善[攴]寂定[ヽ分]心[㐬]善[攴]分別[ヽ分]心[㐬]善[攴]安住[ヽ分]
C: 而ᅟ 心㐬 恐怖尸 不ヽ分 心㐬 迷惑尸 不ヽ分 亂尸 不(ヽ)ᄒ 散尸 不(ヽ)ᄒヽ分 濁尸 不(ヽ)ᄒ 劣尸 不(ヽ)ᄒヽ分 其心十 一 緣ヽ分 心㐬 善攴 寂定ヽ分 心㐬 善攴 分別ヽ分 心㐬 善攴 安住ヽ分
D: 마음이 恐怖하지 않으며 마음이 迷惑하지 않으며 錯亂하지 않고 散亂하지 않고 하며 濁하지 않고 庸劣하지 않고 하며 그 마음에 한 가지로 緣하며 마음이 잘 寂定하며 마음이 잘 分別하며 마음이 잘 安住하며,
E: 마음이 공포하지도 않고 미혹하지도 않고 착란하지도 않고 산란하지도 않고 흐리지도 않고 용렬하지도 아니하며, 마음이 한 가지를 반연하고 마음이 잘 고요하고 마음이 잘 분별하고 마음이 잘 머뭅니다.

(9-나) 知衆生趣의 微細智慧 <08:23-09:05>

<주본화엄31, 08:23-24>
A: 以無著無縛解脫心[41(·),34(|)]住菩薩[44(·)]智[53(·),43(|)]修普賢[23(-)]行[41(·),13(··)]無有懈倦[44(·),24(|),23(|)]
B: 以無著無縛解脫心[乙,ㆁ]住菩薩[尸]智[十,ㆁ ホ]修普賢[⇒]行[乙,xム]無有懈倦[尸,リ,ヽㆁ]

---

58) 제22행의 난상에 不審紙가 붙어 있다.
59) '怖'의 44위치 정도에서 각필선 같은 선이 보인다.

100　第二部　判讀과 解讀 및 翻譯

C: 無著無縛解脫心乙 以ᄉ 菩薩尸 智十 住(ﾉ)ᄂ 朩 普賢ᄀ 行乙 修xᴧ 懈倦尸 無有刂ﾉᄂ

D: ㊾無著無縛解脫心으로써 菩薩 지혜에 머물러서 普賢根의 行을 닦는 데 있어 懈倦함 없이 하여

E: 집착이 없고 속박이 없이 해탈한 마음으로 보현의 지혜에 머물러 보현의 행을 닦으면서 게으르지 아니하면

<주본화엄31, 08:24-09:01>

A: 能[24(·)]知一切衆生[23(-)?]趣甚微細[12(·)?,21(··)#21(·)]

B: 能[ᄒ]知一切衆生[ᄉ]趣甚微細[ᄀ,x丁]

C: 能ᄒ 一切 衆生ᄉ 趣 甚 微細(ﾉ)ᄀ x丁

D: ①능히 一切 衆生의 趣가 매우 미세한 것이니

E: 일체 중생의 갈래가 매우 미세함과,

<주본화엄31, 09:01>

A: 衆生[23(-)]死甚微細[12(·),21(··)?#21(·)?]

B: 衆生[ᄉ]死甚微細[ᄀ,x丁]

C: 衆生ᄉ 死 甚 微細(ﾉ)ᄀ x丁

D: ②衆生의 死가 매우 미세한 것이니

E: 중생의 죽는 것이 매우 미세함과,

<주본화엄31, 09:01>

A: 衆生生甚微細

B: 衆生生甚微細

C: 衆生(ᄉ) 生 甚 微細(ﾉ)ᄀx丁)

D: ③衆生의 生이 매우 미세한 것이니

E: 중생의 나는 것이 매우 미세함과,

<주본화엄31, 09:01-02>

A: 衆生住甚微細

B: 衆生住甚微細

C: 衆生(->) 住 甚 微細(ノㄱx丁)

D: ④衆生의 住가 매우 미세한 것이니

E: 중생의 머무름이 매우 미세함과,

<주본화엄31, 09:02>

A: 衆生處甚微細

B: 衆生處甚微細

C: 衆生(->) 處 甚 微細(ノㄱx丁)

D: ⑤衆生의 處가 매우 미세한 것이니

E: 중생의 처소가 매우 미세함과,

<주본화엄31, 09:02>

A: 衆生品類甚微細

B: 衆生品類甚微細

C: 衆生(->) 品類 甚 微細(ノㄱx丁)

D: ⑥衆生의 品類가 매우 미세한 것이니

E: 중생의 종류[品類]가 매우 미세함과,

<주본화엄31, 09:02-03>

A: 衆生境界甚微細

B: 衆生境界甚微細

C: 衆生(->) 境界 甚 微細(ノㄱx丁)

D: ⑦衆生의 境界가 매우 미세한 것이니

E: 중생의 경계가 매우 미세함과,

<주본화엄31, 09:03>

A: 衆生行甚微細

B: 衆生行甚微細

C: 衆生(ᅌ) 行 甚 微細(ノ)ㄱxT)
D: ⑧衆生의 行이 매우 미세한 것이니
E: 중생의 행이 매우 미세함과,

<주본화엄31, 09:03-04>

A: 衆生取甚微細

B: 衆生取甚微細

C: 衆生(ᅌ) 取 甚 微細(ノ)ㄱxT)

D: ⑨衆生의 取가 매우 미세한 것이니

E: 중생의 취함[取]이 매우 미세함과

<주본화엄31, 09:04>

A: 衆生攀緣甚微細[12(·),21(·)?#21(·),41(:),43(|)]

B: 衆生攀緣甚微細[ㄱ,xT,罒亽乙,氵尒]

C: 衆生(ᅌ) 攀緣 甚 微細(ノ)ㄱxTノ亽乙 知⁶⁰⁾ 氵尒

D: ⑩衆生의 攀緣이 매우 미세한 것이니 하는 것을 알아서

E: 중생의 반연함이 매우 미세함을 능히 아나니

<주본화엄31, 09:04-05>

A: 如是[14(:)]等[12(:)]一切甚微細[41(·)]於一[33(·)]念[25(·)]中[53(·)]悉能[24(·)]了知[52(·)]

B: 如是[ᄼ尸]等[ᄼㄱ]一切甚微細[乙]於一[ㄱ]念[七]中[十]悉能[支]了知[ᄼ分]

C: 是 如(支)ᄼ尸 等ᄼㄱ 一切 甚 微細乙 {於}一ㄱ 念七 中十 悉(氵) 能支 了知ᄼ分

D: 이와 같은 등의 一切 甚 微細를 한 생각의 사이에 다 능히 了知하며,

E: 이러한 여러 가지 매우 미세한 것을 잠깐 동안에 능히 압니다.

---

60) 8폭 24행에 있는 자이다.

周本 『華嚴經』 卷第三十一   103

(9-다) 知菩薩行德의 微細智慧 <09:06-09:23>

<주본화엄31, 09:05-06>

A: 以無著無縛解脫心[41(·),34(|)?]立深志樂[41(·),24(|),43(|)?]修普賢[23(-)]行[41(·),13(·)]

B: 以無著無縛解脫心[乙, 氵]立深志樂[乙,丨, 氵]尔修普賢[氵]行[乙,ᄭᆷ]

C: 無著無縛解脫心乙 以氵 深 志樂乙 立丨氵尔 普賢氵 行乙 修ᄭᆷ

D: ㊿無著無縛解脫心으로써 深 志樂을 세워서 普賢菩薩의 行을 닦되,

E: 집착이 없고 속박이 없이 해탈한 마음으로 깊은 서원을 세우고 보현의 행을 닦으면,

<주본화엄31, 09:06-07>

A: 能[24(·)]知一切菩薩[44(·)]從初[25(·),24(\)]發心[41(··),25(·)]爲一切衆生[23(-),43(·)]修菩薩[44(·)]行[41(·),14(·.)]甚微細[12(·),21(·)?#21(·)?]

B: 能[支]知一切菩薩[尸]從初[七,ᄭ]發心[丁乙,七]爲一切衆生[氵, 氵]修菩薩[尸]行[乙,ᄭ尸]甚微細[丁,x丁]

C: 能支 一切 菩薩尸 初七ᄭ 發心(ᄼ)丁乙 從七⁶¹⁾ 一切 衆生氵 {爲}氵 菩薩尸 行乙 修ᄭ尸 甚 微細(ᄼ)丁x丁

D: ①능히 一切 菩薩이 처음 發心함으로부터 一切 衆生을 위하여 菩薩의 行을 닦음이 매우 미세한 것이니

E: 일체 보살이 처음 발심한 때부터 일체 중생을 위하여 보살의 수행이 매우 미세함과,

<주본화엄31, 09:07-08>

A: 菩薩[44(·)?]住處甚微細[12(·),21(·)?#21(·)]

B: 菩薩[尸]住處甚微細[丁,x丁]

C: 菩薩尸 住處 甚 微細(ᄼ)丁x丁

D: ②菩薩의 住處가 매우 미세한 것이니

E: 보살의 있는 곳이 매우 미세함과,

---

61) 다음을 참조할 수 있다.
    亦ᄭ 心氵十一丁 念七 悔惜ᄼ尸ヶヵ 生リ尸 不ᄼナ氵 但ハ 自氵灬 身氵 初七ᄭ 入胎ᄼ丁乙 從七 不 淨ᄼヒ七 微形リ四 胞段七 諸丁 根リ 生老病死ᄼト☐丁 入乙 觀ᄼナヶ <화소35, 16:03-05>

<주본화엄31, 09:08>
A: 菩薩神通甚微細
B: 菩薩神通甚微細
C: 菩薩(尸) 神通 甚 微細(ノㄱxT)
D: ③菩薩의 神通이 매우 미세한 것이니
E: 보살의 신통이 매우 미세함과,

<주본화엄31, 09:08-09>
A: 菩薩遊行無量[33(·)]佛刹[53(·)?,14(·)?]甚微細
B: 菩薩遊行無量[ㄱ]佛刹[十,尸]甚微細
C: 菩薩(尸) 量 無ㄱ 佛刹十 遊行(ノ)尸 甚 微細(ノㄱxT)
D: ④菩薩이 한량없는 佛刹에 遊行함이 매우 미세한 것이니
E: 보살이 무량한 부처님 세계에 노니는 것이 매우 미세함과,

<주본화엄31, 09:09>
A: 菩薩法光明甚微細
B: 菩薩法光明甚微細
C: 菩薩(尸) 法光明 甚 微細(ノㄱxT)
D: ⑤菩薩의 法光明이 매우 미세한 것이니
E: 보살의 법의 광명이 매우 미세함과,

<주본화엄31, 09:09-10>
A: 菩薩淸淨眼甚微細
B: 菩薩淸淨眼甚微細
C: 菩薩(尸) 淸淨眼 甚 微細(ノㄱxT)
D: ⑥菩薩의 淸淨眼이 매우 미세한 것이니
E: 보살의 청정한 눈이 매우 미세함과,

<주본화엄31, 09:10>

A: 菩薩成就殊勝心[41(·),14(·)]甚微細
B: 菩薩成就殊勝心[乙,尸]甚微細
C: 菩薩(尸) 殊勝心乙 成就(ノ)尸 甚 微細(ノ1x丁)
D: ⑦菩薩이 殊勝心을 成就함이 매우 미세한 것이니
E: 보살이 훌륭한 마음을 성취함이 매우 미세함과,

<주본화엄31, 09:10-11>

A: 菩薩往詣一切如來[44(·)]道場衆會[53(·),14(·)]甚微細
B: 菩薩往詣一切如來[尸]道場衆會[十,尸]甚微細
C: 菩薩(尸) 一切 如來尸 道場 衆會十 往詣(ノ)尸 甚 微細(ノ1x丁)
D: ⑧菩薩이 一切 如來의 道場 衆會에 往詣함이 매우 미세한 것이니
E: 보살이 일체 여래의 대중이 모인 도량에 나아감이 매우 미세함과,

<주본화엄31, 09:11-12>

A: 菩薩陀羅尼門[25(·)]智[41(·)?,14(·)]甚微細
B: 菩薩陀羅尼門[七]智[乙,尸]甚微細
C: 菩薩(尸) 陀羅尼門七 智乙(ノ)尸 甚 微細(ノ1x丁)
D: ⑨菩薩이 陀羅尼門의 지혜를 함이 매우 미세한 것이니
E: 보살의 다라니문의 지혜가 매우 미세함과,

<주본화엄31, 09:12-13>[62)]

A: 菩薩無量[33(·)]無畏地[25(·)]一切辯才藏[45(·)?]演說[14(·)]甚微細
B: 菩薩無量[ㄱ]無畏地[七]一切辯才藏[灬]演說[尸]甚微細
C: 菩薩(尸) 量 無ㄱ 無畏地七 一切 辯才藏灬 演說(ノ)尸 甚 微細(ノ1x丁)
D: ⑩菩薩이 한량없는 無畏地의 一切 辯才藏으로 演說함이 매우 미세한 것이니
E: 보살이 한량없이 두려움이 없는 자리에서 일체 변재로 연설함이 매우 미세함을 능히 압

---

62) 12행과 13행 사이의 欄上에 紺色 不審紙가 있다.

니다.

<주본화엄31, 09:13>
A: 菩薩無量[33(·)]三昧相[41(·),14(·),구분선]甚微細
B: 菩薩無量[ㄱ]三昧相[乙,尸]甚微細
C: 菩薩(尸) 量 無ㄱ 三昧相乙(ノ)尸 甚 微細(ノㄱxT)
D: ⑪菩薩이 한량없는 三昧相을 함이 매우 미세한 것이니
E: 또 보살의 한량없는 삼매가 매우 미세함과,

<주본화엄31, 09:13-14>
A: 菩薩見一切佛[41(·),34(-),14(··)#14(·)]三昧[41(·),25(|)?#25(:)?]智甚微細
B: 菩薩見一切佛[乙,白,ヒ尸]三昧[乙,ヒㄴ]智甚微細
C: 菩薩(尸) 一切 佛乙 見白ヒ尸 三昧乙(ノ)ヒㄴ 智 甚 微細(ノㄱxT)
D: ⑫菩薩이 一切 佛을 뵙는 三昧를 하는 지혜가 매우 미세한 것이니
E: 보살이 모든 부처님을 보는 삼매의 지혜가 매우 미세함과,

<주본화엄31, 09:14>
A: 菩薩甚深三昧[41(·),25(|)?]智甚微細
B: 菩薩甚深三昧[乙,ㅅㄴ]智甚微細
C: 菩薩(尸) 甚深 三昧乙(ノ)ㅅㄴ 智 甚 微細(ノㄱxT)
D: ⑬菩薩이 甚深 三昧를 하는 지혜가 매우 미세한 것이니
E: 보살의 매우 깊은 삼매의 지혜가 매우 미세함과,

<주본화엄31, 09:15>
A: 菩薩大莊嚴三昧[41(·),25(|)?]智甚微細
B: 菩薩大莊嚴三昧[乙,ㅅㄴ]智甚微細
C: 菩薩(尸) 大莊嚴 三昧乙(ノ)ㅅㄴ 智 甚 微細(ノㄱxT)
D: ⑭菩薩이 大莊嚴 三昧를 하는 지혜가 매우 미세한 것이니
E: 보살의 대장엄삼매(大莊嚴三昧)의 지혜가 매우 미세함과,

<주본화엄31, 09:15-16>

A: 菩薩法界三昧[41(·),25(|)?]智甚微細
B: 菩薩法界三昧[乙,ㅅㄴ]智甚微細
C: 菩薩(尸) 法界 三昧乙(ᄉ)ㅅㄴ 智 甚 微細(ᄂㄱxㄷ)
D: ⑮菩薩이 法界 三昧를 하는 지혜가 매우 미세한 것이니
E: 보살의 법계삼매의 지혜가 매우 미세함과,

<주본화엄31, 09:16>

A: 菩薩大自在神通三昧[41(·),25(|)?]智甚微細
B: 菩薩大自在神通三昧[乙,ㅅㄴ]智甚微細
C: 菩薩(尸) 大自在神通 三昧乙(ᄉ)ㅅㄴ 智 甚 微細(ᄂㄱxㄷ)
D: ⑯菩薩이 大自在神通 三昧를 하는 지혜가 매우 미세한 것이니
E: 보살의 대자재신통삼매의 지혜가 매우 미세함과,

<주본화엄31, 09:17>

A: 菩薩[44(·)]盡未來際[41(·),34(|)?#34(·)#34(\)]廣大行[41(·),13(··)]住持三昧[41(·),25(|)]智甚微細
B: 菩薩[尸]盡未來際[乙, ᢳ]廣大行[乙,ᅩᄂᆷ]住持三昧[乙,ㅅㄴ]智甚微細
C: 菩薩尸 未來際乙 盡ᢳ 廣大行乙ᄂᄋᆷ 三昧乙 住持(ᄉ)ㅅㄴ 智 甚 微細(ᄂㄱxㄷ)
D: ⑰菩薩이 未來際를 다하도록 廣大行을 함에 있어 三昧를 住持하는 지혜가 매우 미세한 것이니
E: 보살이 오는 세상이 끝나도록 광대한 행에 머물러 유지하는 삼매의 지혜가 매우 미세함과,

<주본화엄31, 09:18>

A: 菩薩出生無量[33(·)?]差別三昧[41(·),25(|)]智甚微細
B: 菩薩出生無量[ㄱ]差別三昧[乙,ㅅㄴ]智甚微細
C: 菩薩(尸) 量 無ㄱ 差別 三昧乙 出生(ᄉ)ㅅㄴ 智 甚 微細(ᄂㄱxㄷ)
D: ⑱菩薩이 한량없는 差別 三昧를 出生하는 지혜가 매우 미세한 것이니
E: 보살의 무량한 차별 삼매를 내는 지혜가 매우 미세함과,

<주본화엄31, 09:18-20>

A: 菩薩出生一切諸[33(·)]佛前[53(·),23(|)]勤[25(·)]修供養[41(·),43(|)]恒[24(|)?]不捨離三昧[41(·),25(|)?]智甚微細

B: 菩薩出生一切諸[ㄱ]佛前[十,ㅅɜ]勤[七]修供養[乙,ɜホ]恒[ㅣ]不捨離三昧[乙,亠七]智甚微細

C: 菩薩(尸) 一切 諸ㄱ 佛前十 出生ㅅɜ 勤七 供養乙 修ɜホ 恒ㅣ 三昧乙 捨離(尸) 不(ㅅ)亠七 智 甚 微細(ノㄱxT)

D: ⑲菩薩이 一切 모든 佛前에 出生하여 부지런히 供養을 닦아서 항상 三昧를 捨離하지 않는 지혜가 매우 미세한 것이니

E: 보살이 모든 부처님 앞에 나서 부지런히 공양을 차리어 항상 버리지 않는 삼매의 지혜가 매우 미세함과,

<주본화엄31, 09:20-21>

A: 菩薩[44(·)]修行一切甚深[22(·)?]廣博[22(·),25(··)]無障無礙三昧[41(·),25(|)?]智甚微細

B: 菩薩[尸]修行一切甚深[ㅎ]廣博[ㅎ,ㅌ七]無障無礙三昧[乙,亠七]智甚微細

C: 菩薩尸 一切 甚深(ㅅ)ㅎ 廣博(ㅅ)ㅎ(ㅅ)ㅌ七 無障無礙 三昧乙 修行(ㅅ)亠七 智 甚 微細(ノㄱxT)

D: ⑳菩薩이 一切 甚深하고 廣博하고 한 無障無礙 三昧를 修行하는 지혜가 매우 미세한 것이니

E: 보살이 모든 깊고 넓고 장애가 없는 삼매를 수행하는 지혜가 매우 미세함과,

<주본화엄31, 09:21-23>[63)]

A: 菩薩[44(·)]究竟一切智地[11(·)]住持行[25(·)]智地[11(·)]大神通地[11(·)]決定義地[11(·),41(:),23(|)]離翳三昧[41(·),25(|)?][64)]智甚微細[12(·),21(..)?,41(:),43(|)]

B: 菩薩[尸]究竟一切智地[ɜ]住持行[七]智地[ɜ]大神通地[ɜ]決定義地[ɜ,ㄇ亠乙,ㅅɜ]離翳三昧[乙,亠七]智甚微細[ㄱ,xT,ㄇ亠乙,ɜホ]

C: 菩薩尸 一切智地ɜ 住持行七 智地ɜ 大神通地ɜ 決定義地ɜノ亠乙 究竟ㅅɜ 離翳三昧乙

---

63) 23행의 欄上에 紺色 不審紙가 있다.
64) '離翳三昧'에 각필선이 죽 이어져 있는 것처럼 보이기도 한다.

(ㆍ)ᅀᅳᆫ 智 甚 微細(丿)ᆨxㅜ丿ᅀᄅ 知ᅌᅡᆞ[65]

D: ㉑菩薩이 一切智地이니 住持行의 智地이니 大神通地이니 決定義地이니 하는 것을 究竟하여 離翳 三昧를 하는 지혜가 매우 미세한 것이니 하는 것을 알아서

E: 보살이 온갖 지혜의 자리[一切智地]와 행에 머물러 유지하는 지혜의 자리[住持行智地]와 큰 신통의 자리[大神通地]와 결정한 이치의 자리[決定義地]에 끝까지 이르러 장애를 여의는 삼매의 지혜가 매우 미세함을 아는 것이니,

<주본화엄31, 09:23>

A: 如是[14(:)]等[12(:)]一切甚微細[41(·)?]悉能[24(·)]了知[52(·)]

B: 如是[ㆍ尸]等[ㆍㄱ]一切甚微細[乙]悉能[ㅊ]了知[ㆍ亠]

C: 是 如(ㅊ)ㆍ尸 等ㆍㄱ 一切 甚 微細乙 悉(ᅌ) 能ㅊ 了知ㆍ亠

D: 이와 같은 등의 一切 甚 微細를 다 능히 了知하며,

E: 이런 여러 가지 매우 미세한 것을 모두 다 압니다.

(9-라) 知菩薩地位德의 微細智慧 <09:23-11:20>

<주본화엄31, 09:23-24>

A: 以無著無縛解脫心[41(·),34(|)?]修普賢[23(-)]行[41(·)?,13(··)]

B: 以無著無縛解脫心[乙,ᅌ]修普賢[ᅩ]行[乙,xㅿ]

C: 無著無縛解脫心乙 以ᅌ 普賢ᅩ 行乙 修xㅿ

D: ㊶無著無縛解脫心으로써 普賢菩薩의 行을 닦되,

E: 집착이 없고 속박이 없이 해탈한 마음으로 보현의 행을 닦아서,

<주본화엄31, 09:24-10:01>

A: 悉[34(|)?]知一切菩薩[44(·)]安立智甚微細[12(·),21(·.)]

B: 悉[ᅌ]知一切菩薩[尸]安立智甚微細[ㄱ,xㅜ]

C: 悉ᅌ 一切 菩薩尸 安立(ㆍㅅㅌ) 智 甚 微細(丿)ᄀxㅜ

---

65) 9쪽 6행에 달려 있는 자이다.

D: ①다 一切 菩薩의 安立하는 智가 매우 미세한 것이니,
E: 일체 보살의 나란히 정돈하는 지혜가 매우 미세함과,

<주본화엄31, 10:01>
A: 菩薩[44(·)]地甚微細[12(·),21(.·)?#21(·)][66]
B: 菩薩[尸]地甚微細[ㄱ,x丁]
C: 菩薩尸 地 甚 微細(丿)ㄱx丁
D: ②菩薩의 地位가 매우 미세한 것이니,
E: 보살의 지위가 매우 미세함과,

<주본화엄31, 10:01>
A: 菩薩[44(·)]無量[33(·)]行[41(·),14(·)?]甚微細
B: 菩薩[尸]無量[ㄱ]行[乙,尸]甚微細
C: 菩薩尸 量 無ㄱ 行乙(丿)尸 甚 微細(丿ㄱx丁)
D: ③菩薩이 한량없는 行을 함이 매우 미세한 것이니,
E: 보살의 한량없는 행이 매우 미세함과,

<주본화엄31, 10:02>
A: 菩薩出生迴向[41(·),14(·)]甚微細
B: 菩薩出生迴向[乙,尸]甚微細
C: 菩薩(尸) 迴向乙 出生(丿)尸 甚 微細(丿ㄱx丁)
D: ④菩薩이 迴向을 냄이 매우 미세한 것이니,
E: 보살이 회향함을 내는 것이 매우 미세함과,

<주본화엄31, 10:02-03>
A: 菩薩得一切佛藏[41(·),14(·.)?#14(·)]甚微細
B: 菩薩得一切佛藏[乙,ᄆ尸]甚微細

---

66) 각필점 외에 12(·)과 21(·)이 먹으로 기입된 듯이 보인다.

C: 菩薩(尸) 一切 佛 藏乙 得ㄥ尸 甚 微細(ノㄱx丁)
D: ⑤菩薩이 一切 佛 藏을 얻음이 매우 미세한 것이니,
E: 보살이 일체 부처님의 장(藏)을 얻음이 매우 미세함과,

<주본화엄31, 10:03>

A: 菩薩[44(·)]觀察[67)]智甚微細[21(·)]
B: 菩薩[尸]觀察智甚微細[x丁]
C: 菩薩尸 觀察(ソ今ヒ) 智 甚 微細(ノㄱ)x丁
D: ⑥菩薩의 觀察하는 智가 매우 미세한 것이니,
E: 보살의 관찰하는 지혜가 매우 미세함과,

<주본화엄31, 10:03-04>

A: 菩薩神通願力[41(·),14(·)]甚微細
B: 菩薩神通願力[乙,尸]甚微細
C: 菩薩(尸) 神通 願力乙(ノ)尸 甚 微細(ノㄱxㄒ)
D: ⑦菩薩이 神通 願力을 함이 매우 미세한 것이니,
E: 보살의 신통과 원력(願力)이 매우 미세함과,

<주본화엄31, 10:04>

A: 菩薩演說三昧[68)][41(·),14(·)]甚微細
B: 菩薩演說三昧[乙,尸]甚微細
C: 菩薩(尸) 演說三昧乙(ノ)尸[69)] 甚 微細(ノㄱxㄒ)
D: ⑧菩薩이 演說三昧를 함이 매우 미세한 것이니,
E: 보살의 연설하는 삼매가 매우 미세함과,

---

67) 25 위치에 단점으로 볼 수 있는 흔적이 있다.
68) 44 위치에서 위로 삐쳐 올라가서 '演'자까지 이어지는 것으로 보인다. 이 선의 기능은 '演說三昧'를 하나의 단위로 묶는 합부일 가능성도 있고, 역독선일 가능성도 있다.
69) "三昧乙 演說(ノ)尸"로 볼 가능성도 있다.

<주본화엄31, 10:04-05>[70]

A: 菩薩自在方便[41(·),14(·)]甚微細

B: 菩薩自在方便[乙,尸]甚微細

C: 菩薩(尸) 自在 方便乙(丿)尸 甚 微細(丿ㄱxT)

D: ⑨菩薩이 自在 方便을 함이 매우 미세한 것이니,

E: 보살의 자재한 방편이 매우 미세함과,

<주본화엄31, 10:05>

A: 菩薩[44(·)]印甚微細

B: 菩薩[尸]印甚微細

C: 菩薩尸 印 甚 微細(丿ㄱxT)

D: ⑩菩薩의 印이 매우 미세한 것이니,

E: 보살의 인(印)이 매우 미세함과,

<주본화엄31, 10:05-06>

A: 菩薩[44(·)]一生補處[24(|),41(··),12(·)]甚微細

B: 菩薩[尸]一生補處[ㅣ,ㅅ乙,ㄱ]甚微細

C: 菩薩尸 一生補處ㅣ(尸)ㅅ乙(ㅄ)ㄱ 甚 微細(丿ㄱxT)

D: ⑪菩薩이 一生補處[71]가 된 것이 매우 미세한 것이니,

E: 보살의 일생보처(一生補處)가 매우 미세함을 다 압니다.

<주본화엄31, 10:06>

A: 菩薩[44(·)]生兜率天[53(·),14(·)]甚微細

B: 菩薩[尸]生兜率天[十,尸]甚微細

C: 菩薩尸 兜率天十 生(丿)尸 甚 微細(丿ㄱxT)

D: ⑫菩薩이 兜率天에 生함이 매우 미세한 것이니,

---

70) 5행과 6행 사이의 欄上에 마름모꼴 형태의 작고 희미한 黃色 不審紙가 있다.
71) 一生補處: 일생만 마치면 부처의 지위에 오를 수 있는, 보살의 가장 높은 지위.

E: 또 보살이 도솔천(兜率天)에 나는 것이 매우 미세함과,

<주본화엄31, 10:06-07>

A: 菩薩住止天宮[53(·),14(·)]甚微細
B: 菩薩住止天宮[十,尸]甚微細
C: 菩薩(尸) 天宮十 住止(ノ)尸 甚 微細(ノ１xT)
D: ⑬菩薩이 天宮에 住止함이 매우 미세한 것이니,
E: 보살이 천궁에 머무름이 매우 미세함과,

<주본화엄31, 10:07>

A: 菩薩嚴淨佛國[41(·),14(·)]甚微細
B: 菩薩嚴淨佛國[乙,尸]甚微細
C: 菩薩(尸) 佛國乙 嚴淨(ノ)尸 甚 微細(ノ１xT)
D: ⑭菩薩이 佛國을 嚴淨함이 매우 미세한 것이니,
E: 보살이 국토를 장엄함이 매우 미세함과,

<주본화엄31, 10:07-08>

A: 菩薩觀察人中[41(·),14(·)]甚微細
B: 菩薩觀察人中[乙,尸]甚微細
C: 菩薩(尸) 人中乙 觀察(ノ)尸 甚 微細(ノ１xT)
D: ⑮菩薩이 人中을 觀察함이 매우 미세한 것이니,
E: 보살이 인간 세상을 관찰함이 매우 미세함과,

<주본화엄31, 10:08>

A: 菩薩放大光明[41(·)?,14(·)]甚微細
B: 菩薩放大光明[乙,尸]甚微細
C: 菩薩(尸) 大光明乙 放(ノ)尸 甚 微細(ノ１xT)
D: ⑯菩薩이 大光明을 放함이 매우 미세한 것이니,
E: 보살이 큰 광명을 놓는 것이 매우 미세함과,

<주본화엄31, 10:08-09>

A: 菩薩種族殊勝[12(·)]甚微細

B: 菩薩種族殊勝[ㄱ]甚微細

C: 菩薩(尸) 種族 殊勝(ノ)ㄱ 甚 微細(ノㄱxT)

D: ⑰菩薩의 種族이 殊勝한 것이 매우 미세한 것이니,

E: 보살의 종족이 훌륭함이 매우 미세함과,

<주본화엄31, 10:09>

A: 菩薩道場衆會甚微細

B: 菩薩道場衆會甚微細

C: 菩薩(尸) 道場 衆會 甚 微細(ノㄱxT)

D: ⑱菩薩의 道場 衆會가 매우 미세한 것이니,

E: 보살의 도량에 모인 대중이 매우 미세함과,

<주본화엄31, 10:09-10>

A: 菩薩徧一切世界[53(·),55(·),23(|)]受生[14(·)]甚微細

B: 菩薩徧一切世界[十,丨,ㆍ3]受生[尸]甚微細

C: 菩薩(尸) 一切 世界十 徧丨ㆍ3 受生(ノ)尸 甚 微細(ノㄱxT)

D: ⑲菩薩이 一切 世界에 두루하여 受生함이 매우 미세한 것이니,

E: 보살이 일체 세계에 태어남이 매우 미세함과,

<주본화엄31, 10:10-11>

A: 菩薩於一[33(·)]身[53(·),23(|)]示現一切身[24(|),경계선]命終[72)][41(!)#41(|),14(·)]甚微細

B: 菩薩於一[ㄱ]身[十,ㆍ3]示現一切身[丨丨]命終[x入乙,尸]甚微細

C: 菩薩(尸) {於}一ㄱ 身十ㆍ3 一切 身丨丨 命終x入乙 示現(ノ)尸 甚 微細(ノㄱxT)

D: ⑳菩薩이 한 몸에서 一切 몸이 命終함을 示現함이 매우 미세한 것이니,

E: 보살이 한 몸에 모든 몸을 나타내어 목숨을 마침이 매우 미세함을 다 압니다.

---

72) '終'의 변이 '糸'가 아니라 '歹'로 되어 있는 이체자이다.

<주본화엄31, 10:11>

A: 菩薩[73)]入母胎[53(·),14(·)]甚微細

B: 菩薩入母胎[十,尸]甚微細

C: 菩薩(尸) 母胎十 入(丿)尸 甚 微細(丿ㄱxㄒ)

D: ㉑菩薩이 母胎에 듦이 매우 미세한 것이니,

E: 또 보살이 어머니 태에 드는 것이 매우 미세함과,

<주본화엄31, 10:11-12>

A: 菩薩住母胎[53(·),14(·)]甚微細

B: 菩薩住母胎[十,尸]甚微細

C: 菩薩(尸) 母胎十 住(丿)尸 甚 微細(丿ㄱxㄒ)

D: ㉒菩薩이 母胎에 머무름이 매우 미세한 것이니,

E: 보살이 어머니 태에 머무는 것이 매우 미세함과,

<주본화엄31, 10:12-13>

A: 菩薩在母胎[25(·)]中[53(·),43(|)]自在[=23(\)]示現一切法界[25(·)]道場衆會[41(·),14(·)]甚微細

B: 菩薩在母胎[七]中[十,氵ㅊ]自在[ㆆ]示現一切法界[七]道場衆會[乙,尸]甚微細

C: 菩薩(尸) 母胎七 中十 在(丷)氵ㅊ 自在ㆆ 一切 法界七 道場 衆會乙 示現(丿)尸 甚 微細(丿ㄱxㄒ)

D: ㉓菩薩이 母胎의 中에 있으면서 自在히 一切 法界의 道場 衆會를 示現함이 매우 미세한 것이니,

E: 보살이 어머니 태 속에서 모든 법계의 도량에 모인 대중을 자재하게 나타내는 것이 매우 미세함과

<주본화엄31, 10:13-14>

A: 菩薩在母胎[25(·)]中[53(·),43(|)]示現一切佛[35(·)]神力[41(·),14(·)]甚微細

B: 菩薩在母胎[七]中[十,氵ㅊ]示現一切佛[ㄴ]神力[乙,尸]甚微細

---

73) 45 위치에서 오른쪽 위 '사선' 방향으로 각필선이 보인다.

C: 菩薩(尸) 母胎ヒ 中十 在(ᶜ)ᵃ ホ 一切 佛ᴸ 神力乙 示現(ノ)尸 甚 微細(ノヿxᎢ)
D: ㉔菩薩이 母胎의 中에 있으면서 一切 佛 神力을 示現함이 매우 미세한 것이니,
E: 보살이 어머니 태 속에서 모든 부처님의 신통력을 보이는 것이 매우 미세함과,

<주본화엄31, 10:14-15>

A: 菩薩示現誕生[25(·)]事[41(·),14(·)]甚微細
B: 菩薩示現誕生[ヒ]事[乙,尸]甚微細
C: 菩薩(尸) 誕生ヒ 事乙 示現(ノ)尸 甚 微細(ノヿxᎢ)
D: ㉕菩薩이 誕生의 事를 示現함이 매우 미세한 것이니,
E: 보살이 탄생하는 일을 보이는 것이 매우 미세함과,

<주본화엄31, 10:15>

A: 菩薩師子[24(·)⁷⁴⁾,23(|)]{55(·)⁷⁵⁾}遊行[술목선]七步[41(·),14(·)⁷⁶⁾]智甚微細
B: 菩薩師子[攴,ᶜ ᵃ]遊行七步[乙,尸]智甚微細
C: 菩薩(尸) 師子 (如)攴ᶜ ᵃ 七步乙 遊行(ノ)尸 智 甚 微細(ノヿxᎢ)
D: ㉖菩薩이 師子같이 七步를 遊行하는 智가 매우 미세한 것이니,
E: 보살이 사자처럼 일곱 걸음을 다니는 지혜가 매우 미세함과,

<주본화엄31, 10:15-16>⁷⁷⁾

A: 菩薩示處王宮[53(·),41(|·),24(|),24(\),25(!)]巧方便[41(·),25(|)?]智甚微細
B: 菩薩示處王宮[十,ᚑᎢ 入乙,ᛁᛁ,ᚑ,xᒣ]巧方便[乙,ᛀᒣ]智甚微細
C: 菩薩(尸) 王宮十 處ノᎢ 入乙 示ᛁᛁᚑxᒣ 巧 方便乙(ᶜ)ᛀᒣ 智 甚 微細(ノヿxᎢ)
D: ㉗菩薩이 王宮에 居處함을 보이는 工巧 方便을 하는 智가 매우 미세한 것이니,
E: 보살이 왕궁에 거처하는 공교한 방편의 지혜가 매우 미세함과,

---

74) 한문 원문에 '如'가 없으나 24(·)이 현토되어 있다.
75) 이 55(·)을 의미 있는 점토로 볼 가능성도 있다.
76) 14(·)을 둘러싼 원이 있는 듯하다.
77) 15행과 16행 사이의 欄上에 紺色 不審紙가 있다.

<주본화엄31, 10:16-17>
A: 菩薩出家[23(|)]修調伏[25(·)]行[41(·),14(·)]甚微細
B: 菩薩出家[ソ ३]修調伏[セ]行[乙,尸]甚微細
C: 菩薩(尸) 出家ソ ३ 調伏セ 行乙 修(ロ)尸 甚 微細(ノ ๅ xT)
D: ㉘菩薩이 出家하여 調伏의 行을 닦음이 매우 미세한 것이니,
E: 보살이 출가하여 조복하는 행이 매우 미세함과,

<주본화엄31, 10:17>
A: 菩薩菩提樹下[53(·)?,23(|)?]坐道場[53(·),14(·)]甚微細
B: 菩薩菩提樹下[ナ, ソ ३]坐道場[ナ, 尸]甚微細
C: 菩薩(尸) 菩提樹 下 ナ ソ ३ 道場 ナ 坐(ノ)尸 甚 微細(ノ ๅ xT)
D: ㉙菩薩이 菩提樹 아래에서 道場에 坐함이 매우 미세한 것이니,
E: 보살이 보리수 아래 도량에 앉으심이 매우 미세함과,

<주본화엄31, 10:17-18>
A: 菩薩破魔軍[25(·)?]衆[41(·),34(·)#34(|)[78)]成阿耨多羅三藐三菩提[41(·),24(|),14(·.)]甚微細
B: 菩薩破魔軍[セ]衆[乙,ロ]成阿耨多羅三藐三菩提[乙,ㅣㅣ,ロ尸]甚微細
C: 菩薩(尸) 魔軍セ 衆乙 破(ソ)ロ 阿耨多羅三藐三菩提乙 成ㅣㅣロ尸 甚 微細(ノ ๅ xT)
D: ㉚菩薩이 魔軍의 무리를 깨뜨리고 阿耨多羅三藐三菩提를 이룸이 매우 미세한 것이니,
E: 보살이 마군의 무리를 깨뜨리고 아뇩다라삼먁삼보리(阿耨多羅三藐三菩提)를 이루심이 매우 미세함을 다 압니다.

<주본화엄31, 10:19>
A: 如來[44(·)]坐菩提座[53(·),43(-)]放大光明[41(·),43(|)]照十方界[41(·),24(|)?,14(|)]甚微細
B: 如來[尸]坐菩提座[ナ, ゝ 下]放大光明[乙, ३ ホ]照十方界[乙,ㅣㅣ, ゝ ロ 尸]甚微細
C: 如來尸 菩提座 ナ 坐(ソ) ゝ 下 大光明乙 放(ソ) ३ ホ 十方界乙 照ㅣㅣ ゝ ロ尸 甚 微細(ノ ๅ xT)
D: ㉛如來께서 菩提座에 坐하시어 大光明을 놓아서 十方界를 비추심이 매우 미세한 것이니,

---

78) 이점본에 34(|)이 기록되어 있으나 사진상 34(·)이 더 확실해 보여 34(·)을 앞세웠다.

118　第二部　判讀과 解讀 및 翻譯

　　E: 또 여래께서 보리좌에 앉아서 큰 광명을 놓아 시방세계를 비추는 일이 매우 미세함과,

<주본화엄31, 10:20>

　　A: 如來[44(·)]示現無量[33(·)]神變[41(·),14(|)]甚微細
　　B: 如來[尸]示現無量[ㄱ]神變[乙,ㆆ亽尸]甚微細
　　C: 如來尸 量 無ㄱ 神變乙 示現(ㆍㆍ)ㆆ亽尸 甚 微細(ノㄱxT)
　　D: ㉜如來께서 한량없는 神變을 示現하심이 매우 미세한 것이니,
　　E: 여래께서 무량한 신통 변화를 나타내심이 매우 미세함과,

<주본화엄31, 10:20-21>

　　A: 如來[44(·)]師子吼[술목선]大涅槃[79)][41(·),14(|)?]甚微細
　　B: 如來[尸]師子吼大涅槃[乙,ㆆ亽尸]甚微細
　　C: 如來尸 大涅槃乙 師子吼(ㆍㆍ)ㆆ亽尸 甚 微細(ノㄱxT)
　　D: ㉝如來께서 大涅槃을 師子吼하심이 매우 미세한 것이니,
　　E: 여래께서 사자후로 크게 열반하심이 매우 미세함과,

<주본화엄31, 10:21-22>⁸⁰⁾

　　A: 如來調伏一切衆生[41(·),13(|)]而[45(·)]無所礙[14(·),12(|)#12(!)]甚微細
　　B: 如來調伏一切衆生[乙,xㅿ]而[灬]無所礙[尸,ㆆ亽]甚微細
　　C: 如來(尸) 一切 衆生乙 調伏xㅿ 而灬 礙尸 所 無ㆆ亽ㄱ 甚 微細(ノㄱxT)
　　D: ㉞如來께서 一切 衆生을 調伏함에 있어 걸리는 바 없으심이 매우 미세한 것이니,
　　E: 여래께서 일체 중생을 조복하는 데 장애가 없음이 매우 미세함과,

<주본화엄31, 10:22-23>

　　A: 如來[44(·)]不思議[25(·)]自在力[42(/)]如金剛[24(·)?,12(:)]菩提心[41(·),14(|)]甚微細
　　B: 如來[尸]不思議[七]自在力[刂ㄱ]如金剛[攴,ㆍㆍㄱ]菩提心[乙,ㆆ亽尸]甚微細

───────────────
79) '涅'자와 '槃'자 사이에 각필로 그은 듯한 긴 사선이 보인다.
80) 21행과 22행 사이의 欄上에 紺色 不審紙가 있다.

C: 如來尸 不思議ㄴ 自在力丨ㄱ 金剛 如支ᶹㄱ 菩提心乙(ᶺ)ᔒ尸 甚 微細(ノㄱxㅜ)
D: ㉟如來께서 不思議의 自在力인 金剛 같은 菩提心을 하심이 매우 미세한 것이니,
E: 여래의 부사의하게 자재한 힘과 금강 같은 보리심이 매우 미세함과,

<주본화엄31, 10:23>

A: 如來[44(·)]普[24(|)]護念一切世間[25(·)]境界[=41(·)?,14(|)?]甚微細
B: 如來[尸]普[丨]護念一切世間[ㄴ]境界[乙,ᔒ尸]甚微細
C: 如來尸 普丨 一切 世間ㄴ 境界乙 護念(ᶺ)ᔒ尸 甚 微細(ノㄱxㅜ)
D: ㊱如來께서 널리 一切 世間의 境界를 護念하심이 매우 미세한 것이니,
E: 여래께서 일체 세간의 경계를 두루 호념하심이 매우 미세함과

<주본화엄31, 10:24-11:01>

A: 如來[44(·)]普[24(|)]於一切世界[53(·)]施作佛事[41(·),13(-)]盡未來[25(·)?]劫[41(·),34(|)]而[45(·)]無休息[44(·),24(|),14(|)]甚微細
B: 如來[尸]普[丨]於一切世界[十]施作佛事[乙,xㅿ]盡未來[ㄴ]劫[乙,ᔒ]而[ᠬ]無休息[尸,丨,ᔒ尸]甚微細
C: 如來尸 普丨 {於}一切 世界十 佛事乙 施作xㅿ 未來ㄴ 劫乙 盡ᔒ 而ᠬ 休息尸 無丨(ᶺ)ᔒ尸 甚 微細(ノㄱxㅜ)
D: ㊲如來께서 널리 一切 世界에서 佛事를 施作함에 있어 未來의 劫을 다하도록 쉼 없이 하심이 매우 미세한 것이니,
E: 여래께서 일체 세계에서 불사를 지으며 오는 세월이 끝나도록 쉬지 않으심이 매우 미세함과,

<주본화엄31, 11:01-02>

A: 如來[44(·)]無礙神力[45(·)]周徧法界[53(·),14(|)?#14(·)]甚微細
B: 如來[尸]無礙神力[ᠬ]周徧法界[十,ᔒ尸]甚微細
C: 如來尸 無礙 神力ᠬ 法界十 周徧(ᶺ)ᔒ尸 甚 微細(ノㄱxㅜ)
D: ㊳如來께서 無礙 神力으로 法界에 周徧하심이 매우 미세한 것이니,
E: 여래의 걸림없는 신통력으로 법계에 두루하심이 매우 미세함과,

120 第二部 判讀과 解讀 및 翻譯

<주본화엄31, 11:02-03>

A: 如來[44(·)]於盡虛空界[25(·)]一切世界[53(·)]普[24(|)]現成佛[43(|)]調伏衆生[41(·),41(!)#41(|),24(\),14(|)?]甚微細

B: 如來[尸]於盡虛空界[セ]一切世界[十]普[刂]現成佛[ᄒ ㇑]調伏衆生[乙,xㅅ乙,ロ,ㆆロ尸]甚微細

C: 如來尸 {於}盡虛空界セ 一切 世界十 普刂 成佛(ㄴ)ᄒ ㇑ 衆生乙 調伏xㅅ乙 現ロᆞロ尸 甚 微細(ノㄱxㄐ)

D: ㊴如來께서 盡虛空界의 一切 世界에서, 成佛하여서 衆生을 調伏함을 널리 나타내심이 매우 미세한 것이니,

E: 여래께서 온 허공의 일체 세계에서 성불함을 나타내어 중생을 조복함이 매우 미세함과,

<주본화엄31, 11:03-04>

A: 如來[44(·)]於一[33(·)]佛身[53(·)]現無量[33(·)]佛身[41(·),24(\),14(|)][81)]甚微細

B: 如來[尸]於一[ㄱ]佛身[十]現無量[ㄱ]佛身[乙,ロ,ㆆロ尸]甚微細

C: 如來尸 {於}一ㄱ 佛身十 量 無ㄱ 佛身乙 現ロᆞロ尸 甚 微細(ノㄱxㄐ)

D: ㊵如來께서 한 佛身에 한량없는 佛身을 나타내심이 매우 미세한 것이니,

E: 여래께서 한 몸에 한량없는 부처님의 몸을 나타내심이 매우 미세함과,

<주본화엄31, 11:04-05>[82)]

A: 如來[44(·)?]於去來今[25(·)?]三世[25(·)]中[53(·)]皆[25(·)?]處道場[53(·),43(|)?]自在智[41(·),14(|)]甚微細[12(·),21(..)?#21(·),41(:)#41(·),43(|)]

B: 如來[尸]於去來今[セ]三世[セ]中[十]皆[セ]處道場[十,ᄒ ㇑]自在智[乙,ㆆロ尸]甚微細[ㄱ,xㄐ,ロᄼ乙,ᄒ ㇑]

C: 如來尸 {於}去 來 今セ 三世セ 中十 皆セ 道場十 處(ㄴ)ᄒ ㇑ 自在智乙(ㄴ)ㆆロ尸 甚 微細(ノㄱxㄐノᄼ乙 知[83)] ᄒ ㇑

D: ㊶如來께서 과거·미래·현재의 三世의 中에 모두 道場에 處하여서 自在智를 하심이 매우 미세한 것이니 하는 것을 알아서

---

81) 欄上에 현토되어 있다.
82) 11폭 5행의 欄上에 紺色 不審紙가 있다.
83) 9폭 24행에 있는 자이다.

E: 여래께서 과거·미래·현재의 삼세에서 모두 도량에 계시어서 자재한 지혜가 매우 미세함을 다 압니다.

<주본화엄31, 11:05-06>

A: 如是[14(:)]等[12(:)]一切微細[41(·)]悉[34(|)]能[24(·)]了知[22(·)]⁸⁴⁾成就淸淨[41(·)?,22(·),23(|)]普[24(|)]能[24(·)]示現一切世間[53(·),52(·)]

B: 如是[ゝ尸]等[ゝコ]一切微細[乙]悉[氵]能[支]了知[ヲ]成就淸淨[乙,ヲ,ゝ氵]普[リ]能[支]示現一切世間[十,ゝ分]

C: 是 如(支)ゝ尸 等ゝコ 一切 微細乙 悉氵 能支 了知(ゝ)ヲ 淸淨乙 成就(ゝ)ヲゝ氵 普リ 能支 一切 世間十 示現ゝ分

D: 이와 같은 등의 一切 微細를 다 능히 了知하고 淸淨을 成就하고 하여 널리 능히 一切 世間에 示現하며,

E: 이와 같이 일체 미세한 것을 다 분명히 알고 청정함을 성취하여 일체 세간에 두루 나타내며,

<화엄31, 11:06-07>

A: 於念念[25(·)]中[53(·),43(\),=55(·)]增長智慧[41(·),52(·)]

B: 於念念[七]中[十,ヶ,丨]增長智慧[乙,ゝ分]

C: {於}念念七 中十ヶ丨 智慧乙 增長ゝ分

D: 念念 사이에마다 智慧를 增長하며,

E: 잠깐잠깐 동안에 지혜를 증장하고

<화엄31, 11:07>

A: 圓滿不退善巧方便[41(·),52(·)]⁸⁵⁾

B: 圓滿不退善巧方便[乙,ゝ分]

C: 不退善巧方便乙 圓滿ゝ分

D: 不退善巧方便을 圓滿히 하며,

---

84) '知'자에 각필로 그은 듯한 긴 사선이 보인다.
85) '不退善巧方便'에 걸쳐서 합부가 있는 듯하다.

E: 원만히 하여 물러가지 아니하며, 교묘한 방편으로

<화엄31, 11:07-08>

A: 修菩薩[44(·)]行[41(·),13(·)]無有休息[44(·),24(|),52(·)]

B: 修菩薩[尸]行[乙,xム]無有休息[尸,リ,ヽ分]

C: 菩薩尸 行乙 修xム 休息尸 無有リヽ分

D: 보살의 행을 닦되 휴식함 없이 하며,

E: 보살의 행을 닦으매 쉬는 일이 없어

<화엄31, 11:08>

A: 成就普賢[23(-)]迴向[25(·)]之地[41(·),52(·)]

B: 成就普賢[ㅋ]迴向[七]之地[乙ヽ分]

C: 普賢ㅋ 迴向七{之} 地乙 成就ヽ分

D: 보현의 廻向의 地를 성취하며,

E: 보현의 회향하는 자리를 성취하며,

<화엄31, 11:08-09>

A: 具足一切如來[44(·)]功德[41(·),52(·)]

B: 具足一切如來[尸]功德[乙ヽ分]

C: 一切 如來尸 功德乙 具足ヽ分

D: 一切 여래의 공덕을 具足하며,

E: 일체 여래의 공덕을 구족하였으되

<화엄31, 11:09>

A: 永[24(/)]不厭捨菩薩[44(·)]所行[41(·),44(·),52(·)]

B: 永[㔫]不厭捨菩薩[尸]所行[乙,尸ヽ分]

C: 永㔫 菩薩尸 所行乙 厭捨尸 不ヽ分

D: 영원히 보살의 所行을 버리지 않으며,

E: 보살의 행할 것을 영원히 버리지 아니하며,

<화엄31, 11:09>
A: 出生菩薩[44(·)]現前[25(|)]境界[41(·),52(·)]
B: 出生菩薩[尸]現前[ㅅㅌ]境界[乙ゝ分]
C: 菩薩尸 現前(ゝ)ㅅㅌ 境界乙 出生ゝ分
D: 보살의 現前하는 경계를 出生하며,
E: 보살의 눈앞의 경계를 내어

<화엄31, 11:10>
A: 無量[33(·)]方便[41(·)]皆悉[34(|)]清淨[52(·)]
B: 無量[ㄱ]方便[乙]皆悉[氵]清淨[ゝ分]
C: 量 無ㄱ 方便乙 皆(ㅌ) 悉氵 清淨ゝ分
D: 한량없는 방편을 모두 다 清淨히 하며,
E: 한량없는 방편을 모두 청정히 하며,

<화엄31, 11:10-11>
A: 普[24(|)]欲安隱一切衆生[41(·),32(-)]{42(·)}[86)]修菩薩[44(·)]行[41(·),43(|)]成就菩薩[44(·)]大威德[25(·)]地[41(·),52(·)]
B: 普[ㅣ]欲安隱一切衆生[乙,人]修菩薩[尸]行[乙,氵ホ]成就菩薩[尸]大威德[ㅌ]地[乙,ゝ分]
C: 普ㅣ 一切 衆生乙 安隱(ゝ){欲}人 菩薩尸 行乙 修氵ホ 菩薩尸 大威德ㅌ 地乙 成就ゝ分
D: 널리 一切 중생을 安隱하고자 보살의 행을 닦아서 보살의 大威德의 地를 성취하며,
E: 일체 중생을 모두 편안케 하려고 보살의 행을 닦으며, 보살의 큰 위덕을 성취하여

<화엄31, 11:11-12>
A: 得諸[33(·)]菩薩[44(·)]心[42(|),25(·)?]之樂[51(·)]欲[24(\),41(·|),51(·)]
B: 得諸[ㄱ]菩薩[尸]心[ㅎ,ㅌ]之樂[分]欲[ㅁ,ㅁ尸入乙,分]
C: 諸ㄱ 菩薩尸 心ㅎㅌ {之} 樂分 欲ㅁ尸入乙 得分
D: 모든 보살의 마음의 좋아하며 바라는 것을 얻으며,

---

86) 42(·)을 사동으로 볼 가능성도 있다.

E: 보살들의 마음으로 좋아함을 얻으며,

<화엄31, 11:12>

A: 獲金剛幢迴向[25(·)]之門[41(·),51(·)]

B: 獲金剛幢迴向[ㄴ]之門[乙,ゝ亦]

C: 金剛幢迴向ㄴ{之} 門乙 獲ゝ亦

D: 金剛幢 迴向의 문을 얻으며,

E: 금강당의 회향하는 문을 얻고

<화엄31, 11:12-13>

A: 出生法界[25(·)]諸[33(·)]功德藏[41(·),52(·)]

B: 出生法界ㄴ諸[ㄱ]功德藏[乙,ゝ亦]

C: 法界ㄴ 諸ㄱ 功德藏乙 出生ゝ亦

D: 法界의 모든 功德藏을 出生하며,

E: 법계의 모든 공덕장을 내어,

<화엄31, 11:13>

A: 常[24(|)]爲諸[33(·)]佛[35(·)]之所護念[14(|),41(·),22(\),경계선]入諸[33(·)]菩薩[44(·)]深妙[25(··)]法門[53(·),52(·)]

B: 常[ㅣ]爲諸[ㄱ]佛[心]之所護念[ぁア尸,乙,X]入諸[ㄱ]菩薩[尸]深妙[ヒㄴ]法門[十,ゝ亦]

C: 常ㅣ 諸ㄱ 佛心{之} 護念(ゝ)ぁア尸 所乙 爲X 諸ㄱ 菩薩尸 深妙(ゝ)ヒㄴ 法門十 入ゝ亦

D: 항상 모든 부처의 護念하심을 입어 모든 보살의 深妙한 法門에 들어가며,

E: 항상 부처님이 호념하는 바가 됩니다. 보살들의 깊고 묘한 법문에 들어가서

<화엄31, 11:14>

A: 演說一切眞實[25(··)]之義[41(·),52(·)]

B: 演說一切眞實[ヒㄴ]之義[乙,ゝ亦]

C: 一切 眞實(ゝ)ヒㄴ{之} 義乙 演說ゝ亦

D: 一切 眞實한 義를 演說하며,

E: 모든 진실한 뜻을 연설하며,

<화엄31, 11:14>

A: 於法[53(·)]善巧[43(|)]無所違失[12(·),51(·)]

B: 於法[+]善巧[3 亦]無所違失[ㄱ,ㅅ分]

C: {於}法+ 善巧(ヽ) 3 亦 違失(ノ)ㄱ 所 無分

D: 법에 善巧하여서 違失한 바 없으며,

E: 법에 매우 교묘하여 어기는 일이 없으며,

<화엄31, 11:14-15>

A: 起大誓願[41(·),43(|)]不捨衆生[41(·),44(·),52(·)]

B: 起大誓願[乙, 3 亦]不捨衆生[乙,尸,ヽ分]

C: 大誓願乙 起(ヽ) 3 亦 衆生乙 捨尸 不ヽ分

D: 大誓願을 일으켜서 衆生을 버리지 아니하며,

E: 큰 서원을 내어 중생을 버리지 아니하며,

<화엄31, 11:15-16>

A: 於一[33(·)]念[25(·)]中[53(·)]盡[34(|)]知一切心[87]非心地[25(·)]境界[25(·)]之藏[41(·),51(·)]

B: 於一[ㄱ]念[ㅌ]中[+]盡[3]知一切心非心地[ㅌ]境界[ㅌ]之藏[乙ヽ分]

C: 一ㄱ 念ㅌ {於}中+ 盡 3 一切 心非心地ㅌ 境界ㅌ {之} 藏乙 知分

D: 한 念 사이에 다 一切 心地·非心地의 境界의 藏을 알며,

E: 한 생각 동안에 모든 마음의 처지[心地]와 마음이 아닌 처지[非心地]의 경계의 장(藏)을 다 알고,

<화엄31, 11:16-17>

A: 於非心處[53(·)]示生於心[41(!)#41(|),24(|)?,13(··)#13(:)]遠離語言[41(·),34(·)#34(|)]安住智慧[53(·),52(·)]

B: 於非心處[+]示生於心[x入乙,ㅖ,xム]遠離語言[乙,口]安住智慧[+,ヽ分]

---

87) 접속조사 'ㅣ'를 나타내는 24(|)이 있을 가능성이 있다.

126 第二部 判讀과 解讀 및 翻譯

C: {於}非心處十 {於}心(乙) 生ㄨ入乙⁸⁸⁾ 示ㅣㅣㄨㅅ 語言乙 遠離(ソ)ロ 智慧十 安住ソㄣ
D: 非心處에서 마음을 내는 것을 보이되 語言을 遠離하고 智慧에 安住하며,
E: 마음이 아닌 곳에 마음을 일부러 내되 말하는 것을 멀리 여의고 지혜에 편안히 머물며,

<화엄31, 11:17-18>⁸⁹⁾
A: 同諸[33(·)]菩薩[44(·)]所行[25(·)]之行[53(·),43(ㅣ)]以自在力[41(·),34(ㅣ)]示成佛道[41(!),24(ㅣ),13(·)] 盡未來[25(·)]際[41(·),34(ㅣ)]常[24(ㅣ)]無休息[44(·),24(ㅣ),52(·),경계선]
B: 同諸[ㄱ]菩薩[ㄕ]所行[ㅌ]之行[十,ㄣ亦]以自在力[乙,ㄣ]示成佛道[ㄨ入乙,ㅣㅣ,ㄨㅅ]盡未來[ㅌ]際[乙,ㄣ]常[ㅣㅣ]無休息[ㄕ,ㅣㅣソㄣ]
C: 諸ㄱ 菩薩ㄕ 所行ㅌ{之} 行十 同(ソ)ㄣ亦 自在力乙 以ㄣ 佛道 成ㄨ入乙 示ㅣㅣㄨㅅ 未來ㅌ 際乙 盡ㄣ 常ㅣㅣ 休息ㄕ 無ㅣㅣソㄣ
D: 모든 보살의 所行의 行과 같아서 自在力으로써 佛道가 이루어지는 것을 보이되 未來의 際를 다하도록 항상 休息함 없이 하며,
E: 보살의 행하는 수행과 같이 하여 자재한 힘으로 불도를 이룸을 보이되 오는 세월이 끝나도록 쉬지 아니하며,

<화엄31, 11:18-20>
A: 一切世間[11(·)?]衆生[11(·)]劫數[11(·),13(/),33(·)]妄想言說[45(·)]之所建立[12(:),42(/),41(·)]神通願力[45(·)]悉能[24(·)]示現[52(·)]
B: 一切世間[ㄣ]衆生[ㄣ]劫數[ㄣ,ㅁ令,ㄱ]妄想言說[灬]之所建立[ソㄱ,ㅣㄱ,乙]神通願力[灬]悉能[ㅎ]示現[ㄣ]
C: 一切 世間ㄣ 衆生ㄣ 劫數ㄣㄱ令ㄱ 妄想言說灬{之} 建立ソㄱ 所ㅣㄱ乙 神通願力灬 悉(ㄣ) 能ㅎ 示現ソㄣ
D: 一切 世間이니 衆生이니 劫數이니 하는 것은 妄想言說로 建立한 바이거늘⁹⁰⁾ 神通願力으로 다 능히 示現하며,
E: 일체 세간과 중생과 겁 따위의 망상과 말로써 건립(建立)하는 것을 신통과 원력으로 모두

---

88) 술목구조가 아니라 주술구조로 볼 가능성이 있다.
89) 17행과 18행 사이의 欄上에 紺色 不審紙가 있다.
90) '所ㅣㄱ乙'을 목적어로 보아 "바인 것을"으로 해석할 수도 있다.

나타내어 보입니다.

(9- 마) 知衆生世界의 微細智慧 <11:20-12:07>

<화엄31, 11:20-21>
A: 以無著無縛解脫心[41(·),34(|)]修普賢[23(-)]行[41(·),43(|)]得一切衆生界[25(·)]甚微細智[41(·),55(/)]
B: 以無著無縛解脫心[乙, 氵]修普賢[ㅋ]行[乙, 氵 ホ]得一切衆生界[七]甚微細智[乙,x丨]
C: 無著無縛解脫心乙 以 氵 普賢ㅋ 行乙 修 氵 ホ 一切 衆生界七 甚微細智乙 得x丨
D: ㉒無著無縛解脫心으로써 普賢의 行을 닦아서 一切 衆生界의 甚微細智를 얻는다.
E: 집착이 없고 속박이 없이 해탈한 마음으로 보현의 행을 닦아서 일체 중생계(界)의 매우 미세한 지혜를 얻나니,

<화엄31, 11:21-12:02>
A: 所謂[12(·),33(·)]衆生界[25(·)]分別[41(·),25(|)]甚微細智[11(·)]衆生界[25(·)]言說[41(·),25(|)]甚微細智[11(·)?]衆生界[25(·)]執著[41(·),25(|)]甚微細智[11(·)]衆生界異類[42(/)?,41(··),25(|)]甚微細智衆生界同類[42(/),41(··),25(|)]甚微細智衆生界無量[33(·)]趣[42(/),41(··)⁹¹⁾,25(|)]甚微細智衆生界不思議[25(·)]種種[25(·)]分別[45(·)]所作[12(·),42(/),41(··),25(|)]甚微細智衆生界無量[24(|)?]雜染[41(··),25(|)]甚微細智衆生界無量[24(|)]淸淨[41(··),25(|)?]甚微細智[11(·)?,31(··)?,55(·)]
B: 所謂[ㄱ,ㄱ]衆生界[七]分別[乙,卞七]甚微細智[氵]衆生界[七]言說[乙,卞七]甚微細智[氵]衆生界[七]執著[乙,卞七]甚微細智[氵]衆生界異類[丨ㄱ,入乙,卞七]甚微細智衆生界同類[丨ㄱ,入乙,卞七]甚微細智衆生界無量[ㄱ]趣[丨ㄱ,入乙,卞七]甚微細智衆生界不思議[七]種種[七]分別[亠]所作[ㄱ,丨ㄱ,入乙,卞七]甚微細智衆生界無量[丨]雜染[ㄱ乙,卞七]甚微細智衆生界無量[丨]淸淨[ㄱ乙,卞七]甚微細智[氵,ㄷ丅,ナ丨]
C: 謂(ノ)ㄱ 所ㄱ 衆生界七 分別乙(ㅄ)卞七 甚微細智氵 衆生界七 言說乙(ㅄ)卞七 甚微細智氵 衆生界七 執著乙(ㅄ)卞七 甚微細智氵 衆生界 異類丨ㄱ入乙(ㅄ)卞七 甚微細智(氵) 衆生界 同類丨ㄱ入乙(ㅄ)卞七 甚微細智(氵) 衆生界 量 無ㄱ 趣丨ㄱ入乙(ㅄ)卞七 甚微細智(氵) 衆生

---

91) 41(··)이 다음 폭에 있으니 제본한 뒤에 토를 단 것을 여실히 보여주는 예이다. 41(··)의 오른쪽 점에서 '趣'로 향하는 각필선이 있는데, 41(··)이 '趣'에 관련된 점토임을 알려주는 것일 가능성이 있다.

界 不思議セ 種種セ 分別ᄆ 作(ノ)ㄱ 所リㄱ入乙(ᄼ)ᅌセ 甚微細智(ᄉ) 衆生界 量 無リ 雜染(ᄼ)ㄱ乙(ᄼ)ᅌセ 甚微細智(ᄉ) 衆生界 量 無リ 淸淨(ᄼ)ㄱ乙(ᄼ)ᅌセ 甚微細智ᄉノチナ l

D: 즉 ①衆生界의 分別을 하는 甚微細智이니 ②衆生界의 言說을 하는 甚微細智이니 ③衆生界의 執著을 하는 甚微細智이니 ④衆生界가 異類인 것을 하는[92] 甚微細智이니 ⑤衆生界가 同類인 것을 하는 甚微細智이니 ⑥衆生界가 한량없는 趣인 것을 하는 甚微細智이니 ⑦衆生界가 不思議의 갖가지 分別로 지은 바인 것을 하는 甚微細智이니 ⑧衆生界가 한량없이 雜染한 것을 하는 甚微細智이니 ⑨衆生界가 한량없이 淸淨한 것을 하는 甚微細智이니 하는 것이다.

E: 이른바 중생계의 분별에 매우 미세한 지혜와, 중생계의 말에 매우 미세한 지혜와, 중생계의 집착에 매우 미세한 지혜와, 중생계의 다른 종류에 매우 미세한 지혜와, 중생계의 같은 종류에 매우 미세한 지혜와, 중생계의 한량없는 갈래에 매우 미세한 지혜와, 중생계의 부사의한 가지가지 분별하여 짓는 데 매우 미세한 지혜와, 중생계의 한량없이 더러운 데 매우 미세한 지혜와, 중생계의 한량없이 청정한 데 매우 미세한 지혜입니다.

<주본화엄31, 12:03-04>

A: 如是等[12(:)]一切衆生界[25(·)]境界[33(·)]甚微細[41(·.)]於一[33(·)]念[25(·)]中[53(·)]能[24(·)]以智慧[41(·),34(|)]皆[25(·)]如實[24(·)#24(·.),구결자(勿)][93]知[43(|)?]廣[24(|)]攝衆生[41(·),23(|)]而[45(·)]爲[24(\)]說法[52(·)]

B: 如是等[ᄼㄱ]一切衆生界[セ]境界[ㄱ]甚微細[ㄱ乙]於一[ㄱ]念[セ]中[十]能[支]以智慧[乙,ᄉ]皆[セ]如實[支,勿]知[ᄉᅟᆟ]廣[リ]攝衆生[乙,ᄼᄉ]而[ᄆ]爲[勿]說法[ᄼᄂ]

C: 是 如(支ᄼᄐ) 等ᄼㄱ 一切 衆生界セ 境界ㄱ 甚微細(ᄼ)ㄱ乙 {於}一ㄱ 念セ 中十 能支 智慧乙 以ᄉ 皆セ 實勿 如支 知ᄉᅟᆟ 廣リ 衆生乙 攝ᄼᄉ 而ᄆ 爲勿 說法ᄼᄂ

D: 이와 같은 등의 一切 衆生界의 境界는 매우 微細하거늘, 한 念 사이에 能히 智慧로써 모두 實相대로 알아서, 널리 중생을 攝하여 (중생들을) 위하여 說法하며,

E: 이러한 일체 중생계의 경계가 미세한 것을 잠깐 동안에 지혜로써 사실대로 알아서 중생

---

92) '知衆生世界 微細智慧'에 대한 부분이기 때문에 대동사 '하다'는 '알다'를 의미하는 것으로 이해할 수 있다.
93) 다음의 예를 참조할 수 있다.
　　{此}リ 菩薩ㄱ {於}色ᄉ十 實勿 如支 知ᄉ 色集乙 實勿 如支 知ᄉ 色滅乙 實勿 如支 知ᄉ 色滅道乙 實勿 如支 知ᄉ <화소17:05-06>

周本 『華嚴經』 卷第三十一 129

들을 널리 포섭하고 법을 말하여 가지가지 청정한 법문을 일러 주며,

<주본화엄31, 12:04-05>
A: 開示種種[25(·)]淸淨法門[41(·),43(|)]令修菩薩[44(·)]廣大智慧[41(·),24(|)-중복선,51(·),경계선]
B: 開示種種[ㄷ]淸淨法門[乙,ㅎ 亦]令修菩薩[尸]廣大智慧[乙,ㅣ중복,尔]
C: 種種ㄷ 淸淨 法門乙 開示(ソ)ㅎ 亦 菩薩尸 廣大 智慧乙 修ㅣ 令ㅣ尔
D: 갖가지 淸淨 法門을 開示하여서 菩薩의 광대한 智慧를 닦게 하며,
E: 보살의 광대한 지혜를 닦게 하고

<주본화엄31, 12:05-06>
A: 化身無量[24(|),43(|)]見[45(·-),15(·/)]{52(·)}者歡喜[31(··),51(·)]
B: 化身無量[ㅣ,ㅎ 亦]見[Xx入ㄱ]者歡喜[ヮ ㅋ,尔]
C: 化身 量ㅣ 無ㅎ 亦 見Xx入ㄱ{者} 歡喜ノ ㅋ尔
D: 化身이 한량없어서 보는 이라면 歡喜할 것이며,
E: 화신(化身)이 한량이 없어 보는 이들로 환희케 하며,

<주본화엄31, 12:06-07>
A: 以智日[25(·)?]光[41(·),34(|)]照菩薩[44(·)?]心[41(·)?,43(|)]令其開悟[23(|)]智慧自在[51(/·)]
B: 以智日[ㄷ]光[乙,ㅎ]照菩薩[尸]心[乙,ㅎ 亦]令其開悟[ソ ㅎ]智慧自在[ㅣ尔]
C: 智日ㄷ 光乙 以ㅎ 菩薩尸 心乙 照(ㅣ)ㅎ 亦 其(乙) 開悟ソ ㅎ 智慧 自在 令ㅣ尔
D: 智日의 光明으로써 菩薩의 마음을 비추어서 그들로 하여금 開悟하여 智慧가 自在하게 하며,
E: 지혜의 햇빛으로 보살의 마음을 비추어 그들을 깨닫게 하여 지혜가 자재하게 합니다.

　　(9-바) 知世界의 微細智慧 <12:07-13:05>

<주본화엄31, 12:07-08>[94]
A: 以無著無縛解脫心爲一切衆生[23(-),43(·)]於一切世界[53(·)?,23(|)]修普賢[23(-)]行[41(·),43(|)]

---

94) 8행의 欄上에 마름모꼴의 紺色 不審紙가 붙어 있다.

130 第二部 判讀과 解讀 및 翻譯

B: 以無著無縛解脫心爲一切衆生[ㅗ,氵]於一切世界[十,ㆍㆣ]修普賢[ㅗ]行[乙,氵㫆]
C: 無著無縛解脫心(乙) 以(氵) 一切 衆生ㅗ {爲}氵 {於}一切 世界十ㆍㆣ 普賢ㅗ 行乙 修氵㫆
D: ㊵無著無縛解脫心으로써 一切 衆生을 위하여 一切 世界에서 普賢菩薩의 行을 닦아서
E: 집착이 없고 속박이 없이 해탈한 마음으로 일체 중생을 위하여 모든 세계에서 보현의 행을 닦아,

<주본화엄31, 12:08-09>

A: 得盡虛空界[11(ㆍ)]法界[11(ㆍ)?,41(:),34(|),33(ㆍ)]一切世界[25(ㆍ)]甚微細智[41(ㆍ)?,55(/)]
B: 得盡虛空界[氵]法界[氵,ロ今乙,氵,ㄱ]一切世界[七]甚微細智[乙,x丨]
C: 虛空界氵 法界氵ノ今乙 盡ㄱ 一切 世界七 甚微細智乙 得x丨
D: 虛空界이니 法界이니 하는 것을 다한 一切 世界의 甚微細智를 얻는다.
E: 온 허공계와 법계의 일체 세계에 대하여 매우 미세한 지혜를 얻나니,

<주본화엄31, 12:09>

A: 所謂[12(ㆍ),33(ㆍ)]小世界[41(ㆍ),25(|)]甚微細智
B: 所謂[ㄱ,ㄱ]小世界[乙,今七]甚微細智
C: 謂(ノ)ㄱ 所ㄱ 小世界乙(ㆍㆣ)今七 甚微細智(氵)
D: 즉, ①小世界를 하는 甚微細智이니
E: E: 이른바 작은 세계의 매우 미세한 지혜,

<주본화엄31, 12:10>

A: 大世界[41(ㆍ),25(|)]甚微細智[11(ㆍ)]
B: 大世界甚微細智
C: 大世界乙(ㆍㆣ)今七 甚微細智氵
D: ②大世界를 하는 甚微細智이니
E: 큰 세계의 매우 미세한 지혜,

<주본화엄31, 12:10>

A: 雜染世界甚微細智

B: 雜染世界甚微細智

C: 雜染世界(乙ン今セ) 甚微細智(ミ)

D: ③雜染世界를 하는 甚微細智이니

E: 더러운 세계의 매우 미세한 지혜,

<주본화엄31, 12:10-11>

A: 淸淨世界甚微細智

B: 淸淨世界甚微細智

C: 淸淨世界(乙ン今セ) 甚微細智(ミ)

D: ④淸淨世界를 하는 甚微細智이니

E: 청정한 세계의 매우 미세한 지혜,

<주본화엄31, 12:11>

A: 無比世界甚微細智

B: 無比世界甚微細智

C: 無比世界(乙ン今セ) 甚微細智(ミ)

D: ⑤無比世界를 하는 甚微細智이니

E: 견줄 데 없는 세계의 매우 미세한 지혜,

<주본화엄31, 12:11-12>

A: 種種世界甚微細智

B: 種種世界甚微細智

C: 種種世界(乙ン今セ) 甚微細智(ミ)

D: ⑥種種世界를 하는 甚微細智이니

E: 가지가지 세계의 매우 미세한 지혜,

<주본화엄31, 12:12>

A: 廣世界甚微細智

B: 廣世界甚微細智

132 第二部 判讀과 解讀 및 翻譯

C: 廣世界(乙ゝ스ㄷ) 甚微細智(ミ)
D: ⑦廣世界를 하는 甚微細智이니
E: 넓은 세계의 매우 미세한 지혜,

<주본화엄31, 12:12-13>

A: 狹世界甚微細智
B: 狹世界甚微細智
C: 狹世界(乙ゝ스ㄷ) 甚微細智(ミ)
D: ⑧狹世界를 하는 甚微細智이니
E: 좁은 세계의 매우 미세한 지혜,

<주본화엄31, 12:13>

A: 無礙莊嚴世界甚微細智
B: 無礙莊嚴世界甚微細智
C: 無礙莊嚴世界(乙ゝ스ㄷ) 甚微細智(ミ)
D: ⑨無礙莊嚴世界를 하는 甚微細智이니
E: 걸림없이 장엄한 세계의 매우 미세한 지혜 들입니다.

<주본화엄31, 12:13-14>

A: 徧一切世界[53(·),55(·),43(|)]佛[35(·)]出現[41(-),25(|)]甚微細智
B: 徧一切世界[十,丨,氵ホ]佛[㇌]出現[x入乙,스ㄷ]甚微細智
C: 一切 世界十 徧丨(ゝ)氵ホ 佛㇌ 出現x入乙(ゝ)스ㄷ 甚微細智(ミ)
D: ⑩一切 世界에 두루하여서 부처가 出現하시는 것을 하는 甚微細智이니
E: 또 일체 세계에 두루하게 부처님이 출현하시는 데 매우 미세한 지혜,

<주본화엄31, 12:14-15>

A: 徧一切世界[53(·),55(·),43(|)]說正法[41(·),25(|)]甚微細智
B: 徧一切世界[十,ヶ,丨]說正法[乙,스ㄷ]甚微細智
C: 一切 世界十 徧丨(ゝ)氵ホ 正法乙 說스ㄷ 甚微細智(ミ)

D: ⑪一切 世界에 두루하여서 正法을 說하는 甚微細智이니

E: 일체 세계에 두루하여 바른 법을 연설하는 데 매우 미세한 지혜,

<주본화엄31, 12:15>

A: 徧一切世界[53(·),55(·)]普[24(|)]現身[41(·),24(\),25(|)?]甚微細智

B: 徧一切世界[十,丨]普[丨]現身[乙,亽ㄴ]甚微細智

C: 一切 世界十 徧丨(〜氵亦)⁹⁵⁾ 普丨 身乙 現〳亽ㄴ 甚微細智(氵)

D: ⑫一切 世界에 두루하여서 널리 몸을 나타내는 甚微細智이니

E: 일체 세계에 두루하여 몸을 나타내는 데 매우 미세한 지혜,

<주본화엄31, 12:15-16>

A: 徧一切世界[53(·),55(·)]放大光明[41(·),25(|)]甚微細智

B: 徧一切世界[十,丨]放大光明[乙,亽ㄴ]甚微細智

C: 一切 世界十 徧丨(〜氵亦) 大光明乙 放(〜)亽ㄴ 甚微細智(氵)

D: ⑬一切 世界에 두루하여서 大光明을 放하는 甚微細智이니

E: 일체 세계에 두루하여 큰 광명을 놓는 데 매우 미세한 지혜,

<주본화엄31, 12:16-17>

A: 盡一切世界[41(·),34(|)]示現諸[33(·)]佛[35(·)]自在神通[41(·),25(|)]甚微細智

B: 盡一切世界[乙,氵]示現諸[ㄱ]佛[ᄂ]自在神通[乙,亽ㄴ]甚微細智

C: 一切 世界乙 盡氵 諸ㄱ 佛ᄂ 自在 神通乙 示現(〜)亽ㄴ 甚微細智(氵)

D: ⑭一切 世界를 다하도록 모든 부처의 自在 神通을 示現하는 甚微細智이니

E: 일체 세계가 끝나는 데까지 부처님의 자재한 신통을 나타내는 매우 미세한 지혜,

<주본화엄31, 12:17-18>

A: 盡一切世界[41(·),34(|)?]以一[33(·)]音聲[41(·),43(|)]示一切音[41(·),24(|),24(\),25(!)]⁹⁶⁾甚微細智

---

95) ( ) 안의 〜氵亦을 넣지 않아도 될 가능성이 있다.
96) 이점본에는 25(·)이 있으나 사진 상에서는 확인하기 어려워 인정하지 않았다.

B: 盡一切世界[乙, 氵]以一[ㄱ]音聲[乙, 氵尒]示一切音[乙,ㅣ,ㄷ,x수七]甚微細智
C: 一切 世界乙 盡氵 一ㄱ 音聲乙 以氵尒 一切 音乙 示ㅣㄷx수七 甚微細智(氵)
D: ⑮一切 世界를 다하도록 한 音聲으로써 一切 音을 보이는 甚微細智이니
E: 일체 세계가 끝나는 데까지 한 음성으로 일체 음성을 보이는 매우 미세한 지혜,

<주본화엄31, 12:18-19>
A: 入一切世界[25(·)]一切佛刹[25(·)]道場衆會[53(·),25(|)]甚微細智
B: 入一切世界[七]一切佛刹[七]道場衆會[十,수七]甚微細智
C: 一切 世界七 一切 佛刹七 道場 衆會十 入(ㄴ)수七 甚微細智(氵)
D: ⑯一切 世界의 一切 佛刹의 道場 衆會에 들어가는 甚微細智이니
E: 일체 세계에 있는 모든 부처님 국토의 도량에 모인 대중 가운데 들어가는 매우 미세한 지혜,

<주본화엄31, 12:19-20>
A: 以一切法界[25(·)]佛刹[41(·),34(|)]作一[33(·)]佛刹[41(·),25(|)]甚微細智
B: 以一切法界佛刹[乙, 氵]作一[ㄱ]佛刹[乙,수七]甚微細智
C: 一切 法界七 佛刹乙 以氵 一ㄱ 佛刹乙 作(ㄴ)수七 甚微細智(氵)
D: ⑰一切 法界의 佛刹로써 한 佛刹을 만드는 甚微細智이니
E: 일체 법계의 부처님 세계로 한 부처님 세계를 만드는 매우 미세한 지혜,

<주본화엄31, 12:20-21>
A: 以一[33(·)]佛刹[41(·),34(|)]作一切法界[25(·)]佛刹[41(·),25(|)]甚微細智
B: 以一[ㄱ]佛刹[乙, 氵]作一切法界[七]佛刹[乙,수七]甚微細智
C: 一ㄱ 佛刹乙 以氵 一切 法界七 佛刹乙 作(ㄴ)수七 甚微細智(氵)
D: ⑱한 佛刹로써 一切 法界의 佛刹을 만드는 甚微細智이니
E: 한 부처님 세계로 일체 법계의 부처님 세계를 만드는 매우 미세한 지혜 들입니다.

<주본화엄31, 12:21-22>
A: 知一切世界[24(|)]如夢[24(·),41(·),24(\),25(!)][97]甚微細智
B: 知一切世界[ㅣ]如夢[攴,x入乙,ㄷ,x수七]甚微細智

C: 一切 世界ㅣ 夢 如ᄉxㅅ乙 知ㅇxᄉ七 甚微細智(ᄾ)
D: ⑲一切 世界가 꿈 같음을 아는 甚微細智이니
E: 또 일체 세계가 꿈과 같음을 아는 매우 미세한 지혜며,

<주본화엄31, 12:22>
A: 知一切世界[24(丨)]如像[24(·),41(·),24(\),25(!)]⁹⁸⁾甚微細智
B: 知一切世界[丨]如像[ᄉ,xㅅ乙,ㅇ,xᄉ七]甚微細智
C: 一切 世界ㅣ 像 如ᄉxㅅ乙 知ㅇxᄉ七 甚微細智(ᄾ)
D: ⑳一切 世界가 像 같음을 아는 甚微細智이니
E: 일체 세계가 영상과 같음을 아는 매우 미세한 지혜며,

<주본화엄31, 12:22-23>
A: 知一切世界[24(丨)]如幻[24(·),41(ㅜ)#41(·),24(\),25(!)]甚微細智[11(·)31(··),55(·)]
B: 知一切世界[丨]如幻[ᄉ,xㅅ乙,ㅇ,xᄉ七]甚微細智[ᄾ,ㅇ禾,ナ丨]
C: 一切 世界ㅣ 幻 如ᄉxㅅ乙 知ㅇxᄉ七 甚微細智ᄾノ禾ナ丨
D: ㉑一切 世界가 幻 같음을 아는 甚微細智이니 하는 것이다.
E: 일체 세계가 요술과 같음을 아는 매우 미세한 지혜 들입니다.

<주본화엄31, 12:23>
A: 如是[24(·)]了知[43(丨)?]出生一切菩薩[44(·)]之道[41(·),52(·)]
B: 如是[ᄉ]了知[ᄒ ホ]出生一切菩薩[尸]之道[乙,ㅅ分]
C: 是 如ᄉ 了知(ᄂᄂ)ᄒ ホ 一切 菩薩尸{之} 道乙 出生ㅅ分
D: 이같이 了知하여서 一切 菩薩의 道을 出生하며,
E: 이렇게 알고는 일체 보살의 도를 내며,

---

97) 이점본에는 25(·)이 있으나 사진 상에서는 확인하기 어려워 인정하지 않았다.
98) 이점본에는 25(·)이 있으나 사진 상에서는 확인하기 어려워 인정하지 않았다.

<주본화엄31, 12:23>

A: 入普賢[23(-)]行[25(·)]智慧神通[53(·),43(|)]具普賢[23(-)]觀[41(·)?,24(\),51(·)]

B: 入普賢[ㇹ]行[ㄥ]智慧神通[十,ㄱホ]具普賢[ㇹ]觀[乙,ㄥ,ㄅ]

C: 普賢ㇹ 行ㄥ 智慧 神通十 入(ㇷ)ㄱホ 普賢ㇹ 觀乙 具ㄥㄅ

D: 普賢의 行의 智慧 神通에 들어가서 普賢의 觀을 갖추며,

E: 보현의 행과 지혜와 신통에 들어가서 보현의 관찰을 갖추어

<주본화엄31, 12:24-13:01>

A: 修菩薩[44(·)]行[41(·),13(·)?]常[24(|)]無休[99]息[44(·),24(|),23(|)]得一切佛[35(·)]自在神變[41(·)]{25(|)?}

B: 修菩薩[尸]行[乙,xㅅ]常[ㅣ]無休息[尸,ㅣ,ㇴㄅ]得一切佛[ㅌ]自在神變[乙]

C: 菩薩尸 行乙 修xㅅ 常ㅣ 休息尸 無ㅣㇴㄅ 一切 佛ㅌ 自在 神變乙 得(ㄅ)

D: 菩薩의 行을 닦음에 있어서 항상 쉼 없이 하여 일체 부처의 自在 神變을 얻으며,

E: 보살의 행 닦기를 쉬지 아니하며, 모든 부처님의 자재한 신통 변화를 얻고

<주본화엄31, 13:01-02>

A: 具無礙身[41(·),24(\),43(|)?]住無依[25(·)]智[53(·),52(·)]

B: 具無礙身[乙,ㄥ,ㄅホ]住無依[ㄥ]智[十,ㇴㄅ]

C: 無礙身乙 具ㄥㄅホ 無依ㄥ 智十 住ㇴㄅ

D: 無礙身을 갖추어서 의지함 없는 지혜에 머물며,

E: 걸림없는 몸을 갖추어 의지함 없는 지혜에 머물며,

<주본화엄31, 13:02>

A: 於諸[33(·)]善法[53(·)]無所取著[14(·),51(·)]

B: 於諸[ㄱ]善法[十]無所取著[尸,ㅂ]

C: {於}諸ㄱ 善法十 取著(ノ)尸 所 無ㅂ

D: 모든 善法에 대해 執著하는 바 없으며,

E: 여러 선한 법에 집착함이 없고

---

99) '木'의 아래에 '一'이 있고 오른쪽 어깨에 점이 있는 이체자이다.

周本『華嚴經』卷第三十一   137

<주본화엄31, 13:02-03>

A: 心[25(·)]之所行[12(·),53(·),43(\)#43(·.),55(·)]悉[34(|)#34(:)]無所得[14(··),33(·),41(··),52(·),보충선]

B: 心[七]之所行[ㄱ,十,ケ,丨]悉[氵]無所得[ㅁ尸,ㄱ,入乙,ㅇ分]

C: 心七{之} 行(丿)ㄱ 所十ケ丨 悉氵 得ㅁ尸 所 無ㄱ入乙ㅇ分

D: 마음이 행한 바에마다 다 얻는 바 없는 것을 하며,

E: 마음이 행하는 대로 얻을 것이 없으며,

<주본화엄31, 13:03>

A: 於一切處[53(·)]起遠離想[41(·),52(·)]

B: 於一切處[十]起遠離想[乙,ㅇ分]

C: {於}一切 處十 遠離想乙 起ㅇ分

D: 一切 處에 대해 遠離想을 일으키며,

E: 모든 처소를 멀리 여의는 생각을 내고

<주본화엄31, 13:03>

A: 於菩薩[44(·)]行[53(·)]起淨修想[41(·),52(·)]

B: 於菩薩[尸]行[十]起淨修想[乙,ㅇ分]

C: {於}菩薩尸 行十 淨修想乙 起ㅇ分

D: 菩薩의 行에 대해 淨修想을 일으키며,

E: 보살의 행을 깨끗이 닦을 생각을 일으키고

<주본화엄31, 13:04>

A: 於一切智[53(·)]無取著想[51(·)]

B: 於一切智[十]無取著想[分]

C: {於}一切 智十 取著想 無分

D: 一切 지혜에 대해 取著想이 없으며,

E: 온갖 지혜를 취하려는 생각이 없으며,

138 第二部 判讀과 解讀 및 翻譯

<주본화엄31, 13:04-05>
A: 以諸[33(·)]三昧[41(·),34(|)]而[45(·)]自[23(-),41(·)]莊嚴智慧[45(·)]隨順一切法界[53(·),25(·),52(·)]
B: 以諸[ㄱ]三昧[乙,ᛑ]而[ᛜ]自[ᛖ,乙]莊嚴智慧[ᛜ]隨順一切法界[十,七,ᛌ分]
C: 諸ㄱ 三昧乙 以ᛑ 而ᛜ 自ᛖ乙¹⁰⁰ 莊嚴 智慧ᛜ 一切 法界十 隨(ᛡ) 順七ᛌ分
D: 여러 삼매로써 스스로를 장엄하고 지혜로 一切 法界를 隨順하며,
E: 여러 삼매로 스스로 장엄하고 지혜로 모든 법계에 따릅니다.

(9-사) 知法界의 微細智慧 <13:05-13:20>

<주본화엄31, 13:05-06>
A: 以無著無縛解脫心入普賢菩薩[44(·)]行門[53(·),43(|)]
B: 以無著無縛解脫心入普賢菩薩[尸]行門[十,ᛑ ᛕ]
C: 無著無縛解脫心(乙) 以(ᛑ) 普賢菩薩尸 行門十 入(ᛌ)ᛑ ᛕ
D: ㊹無著無縛解脫心으로써 普賢菩薩의 行門에 들어가서,
E: 집착이 없고 속박이 없이 해탈한 마음으로 보현보살의 수행하는 문에 들어가서,

<주본화엄31, 13:06>
A: 得¹⁰¹⁾無量[33(·)]法界[25(·)]甚微細智[11(·)]
B: 得無量[ㄱ]法界[七]甚微細智[ᛌ]
C: 量 無ㄱ 法界七 甚微細智ᛌ
D: ①한량없는 法界의 甚微細智이니,
E: 한량없는 법계의 매우 미세한 지혜와,

<주본화엄31, 13:06-07>
A: 演說一切法界[41(·),25(|)]甚微細智
B: 演說一切法界[乙,ᛜ七]甚微細智

---
100) 다음을 참조할 수 있다.
    當願衆生法乙 以ᛑ ᛕ 自ᛖ乙 娛川ᛡ尸ᛆ 歡愛ᛌᛑ ᛕ 捨尸 不ᛌᛕ효 <화엄06:02>
101) 13행에서 풀이한다.

C: 一切 法界乙 演說(ソ)今七 甚微細智(氵)

D: ②一切 法界를 演說하는 甚微細智이니,

E: 일체 법계를 연설하는 매우 미세한 지혜와,

<주본화엄31, 13:07>

A: 入廣大法界[53(·),25(|)]甚微細智

B: 入廣大法界[十,今七]甚微細智

C: 廣大 法界十 入(ソ)今七 甚微細智(氵)

D: ③광대한 法界에 들어가는 甚微細智이니,

E: 광대한 법계에 들어가는 매우 미세한 지혜와,

<주본화엄31, 13:07-08>

A: 分別不思議[25(·)]法界[41(·),25(|)]甚微細智

B: 分別不思議[七]法界[乙,今七]甚微細智

C: 不思議七 法界乙 分別(ソ)今七 甚微細智(氵)

D: ④不思議한 法界를 分別하는 甚微細智이니,

E: 부사의한 법계를 분별하는 매우 미세한 지혜와,

<주본화엄31, 13:08-09>

A: 分別一切法界[41(·),25(|)]甚微細智

B: 分別一切法界[乙,今七]甚微細智

C: 一切 法界乙 分別(ソ)今七 甚微細智(氵)

D: ⑤一切 法界를 分別하는 甚微細智이니,

E: 일체 법계를 분별하는 매우 미세한 지혜와,

<주본화엄31, 13:09>

A: 一念[53(·)]徧一切法界[53(·),25(|)]甚微細智

B: 一念[十]徧一切法界[十,今七]甚微細智

C: 一念十 一切 法界十 徧(ソ)今七 甚微細智(氵)

140　第二部　判讀과 解讀 및 飜譯

　　D: ⑥한 생각 사이에 一切 法界에 두루하는 甚微細智이니,
　　E: 잠깐 동안에 일체 법계에 들어가는 매우 미세한 지혜와,

<주본화엄31, 13:09-10>
　　A: 普[24(|)]入一切法界[53(·),25(|)]甚微細智
　　B: 普[ㅣ]入一切法界[十,ㅅㅌ]甚微細智
　　C: 普ㅣ 一切 法界十 入(ﾉ)ㅅㅌ 甚微細智(ﾐ)
　　D: ⑦널리 一切 法界에 들어가는 甚微細智이니,
　　E: 일체 법계에 두루 들어가는 매우 미세한 지혜와,

<주본화엄31, 13:10-11>
　　A: 知一切法界[24(|)?]無所得[14(·),12(·.),#12(/·)?,41(··),24(\),25(!)#25(:)]{25(-)}甚微細智
　　B: 知一切法界[ㅣ]無所得[ﾊ,ﾁﾞ1,入乙,ﾁﾞ,xㅅㅌ]甚微細智
　　C: 一切 法界ㅣ 得(ﾁﾞ)ﾊ 所 無ﾁﾞ1 入乙 知ﾁﾞxㅅㅌ 甚微細智(ﾐ)
　　D: ⑧一切 法界가 얻을 바 없는 것을 아는 甚微細智이니,
　　E: 일체 법계가 얻을 것 없음을 아는 매우 미세한 지혜와,

<주본화엄31, 13:11>
　　A: 觀一切法界[41(·),13(··)]無所礙[14(·),24(|)?,25(!)#25(|)?]甚微細智
　　B: 觀一切法界[乙,ﾁﾞﾊﾑ]無所礙[ﾊ,ㅣ,xㅅㅌ]甚微細智
　　C: 一切 法界乙 觀ﾉﾊﾑ 礙(ﾉ)ﾊ 所 無ㅣxㅅㅌ 甚微細智(ﾐ)
　　D: ⑨一切 法界를 觀하되 막힘 없이 하는 甚微細智이니,
　　E: 일체 법계가 걸릴 것 없음을 관찰하는 매우 미세한 지혜와,

<주본화엄31, 13:11-12>
　　A: 知一切法界[24(|)?]無有生[14(·),12(·.),41(··),24(\),25(!)]{25(-)}甚微細智
　　B: 知一切法界[ㅣ]無有生[ﾊ,ﾁﾞ1,入乙,ﾁﾞ,xㅅㅌ]甚微細智
　　C: 一切 法界ㅣ 生ﾊ 無有ﾁﾞ1 入乙 知ﾁﾞxㅅㅌ 甚微細智(ﾐ)
　　D: ⑩一切 法界가 나는 바 없는 것을 아는 甚微細智이니,

E: 일체 법계가 나는 것이 없음을 아는 매우 미세한 지혜와,

<주본화엄31, 13:12-13>

A: 於一切法界[53(·)]現神變[41(·),24(\),25(!)]甚微細智[11(·),41(:),53(!)]
B: 於一切法界[十]現神變[乙,ㄲx令ヒ]甚微細智[氵,ㄲ令乙,X]
C: {於}一切 法界十 神變乙 現ㄲx令ヒ 甚微細智氵ノ令乙 得X
D: ⑪一切 法界에 神變을 나타내는 甚微細智이니 하는 것을 얻어
E: 일체 법계에 신통 변화를 나타내는 매우 미세한 지혜를 얻습니다.

<주본화엄31, 13:13-14>

A: 如是等[12(:)]一切法界[25(·)]甚微細[41(·)]以廣大智[41(·),34(|)?]皆[25(·)]如實[24(·),구결자(勿)]知[43(|)]
B: 如是等[ﾚㄱ]一切法界[ヒ]甚微細[乙]以廣大智[乙,氵]皆[ヒ]如實[攴,勿]知[氵ホ]
C: 是 如(攴) 等ﾚㄱ 一切 法界ヒ 甚微細乙 廣大智乙 以氵 皆ヒ 實勿 如攴 知氵ホ
D: 이와 같은 등의 一切 법계의 甚微細를 廣大智로써 다 사실대로 알아서,
E: 이러한 一切 법계의 매우 미세한 것을 광대한 지혜로 다 사실과 같이 알고,

<주본화엄31, 13:14>

A: 於法[53(·)]自在[23(|)?#23(·)]示普賢[25(·)#25(\)]行[41(·),51(/·)]
B: 於法[十]自在[ﾚ氵]示普賢[ヒ]行[乙,ﾘ分]
C: {於}法十 自在ﾚ氵 普賢ヒ 行乙 示ﾘ分
D: 法에 自在하여 普賢의 行을 보이며,
E: 법에 자재하게 보현의 행을 보이어서

<주본화엄31, 13:14-15>

A: 令諸[33(·)?]衆生[41(·)]皆[25(·)]悉[34(|)?]滿足[51(/·)]
B: 令諸[ㄱ]衆生[乙]皆[ヒ]悉[氵]滿足[ﾘ分]
C: 諸ㄱ 衆生乙 皆ヒ 悉氵 滿足 令ﾘ分
D: 모든 衆生으로 하여금 모두 다 滿足하게 하며,

E: 중생들로 하여금 모두 만족케 하며,

<주본화엄31, 13:15>

A: 不捨於義[53(·),44(·)22(·)]不著於法[53(·),44(·)22(·),53(!)]
B: 不捨於義[十,尸,彡]不著於法[十,尸,彡,X]
C: {於}義十 捨尸 不(ゾ)彡 {於}法十 著尸 不(ゾ)彡X
D: 義를 버리지 않고 法에 執著하지 않고 하여
E: 이치를 버리지도 않아 ??

<주본화엄31, 13:15-16>

A: 出生平等無礙[25(··)]之智[41(·)?,43(|)]知無礙[25(·)]本[51(·)]
B: 出生平等無礙[ヒ七]之智[乙,彡,尓]知無礙[七]本[分]
C: 平等 無礙(ゾ)ヒ七{之} 智乙 出生(ゾ)彡尓 無礙七 本(乙) 知分
D: 平等 無礙한 지혜를 내어서 無礙의 根本을 알며,
E: 평등하고 걸림이 없는 지혜를 내어 걸림이 없는 근본을 알며,

<주본화엄31, 13:16>

A: 不住一切法不壞諸[33(·)]法性[41(·),44(·),23(|)#23(:)]
B: 不住一切法不壞諸[フ]法性[乙,尸,ゾ彡]
C: 一切 法(十) 住(尸) 不(ゾ分) 諸フ 法性乙 壞尸 不ゾ彡
D: 一切 法에 머무르지 않으며 모든 法性을 무너뜨리지 않아,
E: 일체 법에 머무르지도 않고 법의 성품을 깨뜨리지도 않으며,

<주본화엄31, 13:17>

A: 如實[24(·),43(|),구결자(勿)?]無染[44(·),33(·),35(·)]猶[15(·)]若虛空[24(·),52(·)]
B: 如實[攴,彡尓,勿]無染[尸,フ,矢]猶[入フ]若虛空[攴,ゾ分]
C: 實勿 如攴(ゾ)彡尓 染尸 無フ矢 猶入フ 虛空 若攴ゾ分
D: 實相과 같아서 물듦 없는 것이 비유하면 虛空 같으며,
E: 실상과 같이 물들지 않음이 허공과 같으며,

<주본화엄31, 13:17>

A: 隨順世間[53(·),25(·),43(|)]起於言說[102)][41(·)?,52(·)]

B: 隨順世間[十,七,ぅか]起於言說[乙,ヽ分]

C: 世間十 隨(ワ) 順七(ヽ)ぅか {於}言說乙 起ヽ分

D: 世間에 隨順하여서 言說을 일으키며,

E: 세간을 따라서 말을 일으키고

<주본화엄31, 13:17-18>

A: 開眞實義[41(·),43(|)]示寂滅性[41(·),51(/·)]

B: 開眞實義[乙,ぅか]示寂滅性[乙,ㅣ分]

C: 眞實義乙 開(ヽ)ぅか 寂滅性乙 示ㅣ分

D: 眞實義를 열어서 寂滅性을 보이며,

E: 진실한 이치를 펼쳐 놓아 적멸한 성품을 보이며,

<주본화엄31, 13:18-19>

A: 於一切境[53(·)]無依[14(·),51(·)]無住[14(·)?,51(·)]無有分別[51(·)]

B: 於一切境[十]無依[尸,分]無住[尸,分]無有分別[分]

C: {於}一切 境十 依尸 無分 住尸 無分 分別 無有分

D: 一切 境界에 의지함 없으며 머무름 없으며 分別 없으며,

E: 모든 경계에 의지함도 없고 머물지도 않고 분별도 없지만

<주본화엄31, 13:19>

A: 明見法界[24(|)]廣大安立[41(|·)#41(\·),52(·)]

B: 明見法界[ㅣ]廣大安立[ワヿ入乙,ヽ分]

C: 法界ㅣ 廣大 安立ノヿ入乙 明見ヽ分

D: 法界가 廣大 安立한 것을 분명히 보며,

E: 법계가 광대하게 나란히 건립된 것을 분명히 보며,

---

102) 왼쪽에 각필로 된 ≠ 모양이 보인다.

<주본화엄31, 13:19-20>

A: 了諸[33(·)?]世間[11(·)]及[25(·)]一切法[11(·),31(··)]平等[43(|)]#43(!)]無二[44(·),34(|)]離一切著[24(·),41(|·)?,52(·)]{21(··)}

B: 了諸[ㄱ]世間[ㆍ,]及[七]一切法[ㆍ,⌒ㅕ]平等[ㆍ]無二[尸,ㆍ]離一切著[攴,⌒ㄱ入乙,ㆍ分]

C: 諸ㄱ 世間ㆍ 及七 一切 法ㆍノㅕ 平等(ㆍ)ㆍㅏ 二尸 無ㆍ 一切 著(乙) 離攴⌒ㄱ入乙 了ㆍ分

D: 모든 世間이니 및 一切 法이니 하는 것이 平等하여서 둘 없어 一切 執著을 여읜 것을 알며,

E: 여러 세간과 모든 법이 평등하고 둘이 없는 줄을 알아서 모든 집착을 여의었습니다.

(9-아) 知劫의 微細智慧 <13:20-14:12>

<주본화엄31, 13:20-21>

A: 以無著無縛解脫心修普賢[23(-)]行[41(·),43(|)?]生諸[33(·)]劫[25(·)]甚微細智[41(·),55(/)]

B: 以無著無縛解脫心修普賢[ㆍ]行[乙,ㆍㅏ]生諸[ㄱ]劫[七]甚微細智[乙,xㅣ]

C: 無著無縛解脫心(乙) 以(ㆍ) 普賢ㆍ 行乙 修ㆍㅏ 諸ㄱ 劫七 甚微細智乙 生(ㅣ)xㅣ

D: ㉟無著無縛解脫心으로써 普賢菩薩의 行을 닦아서 모든 劫의 甚微細智를 낸다.

E: 집착이 없고 속박이 없이 해탈한 마음으로 보현의 행을 닦아 모든 겁에 매우 미세한 지혜를 내나니,

<주본화엄31, 13:21-22>

A: 所謂[12(·)]以不可說[25(·)]劫[41(·),34(|)?]爲一[33(·)]念[43(·),24(\),25(!)]甚微細智[11(·)]

B: 所謂[ㄱ]以不可說[七]劫[乙,ㆍ]爲一[ㄱ]念[ㆍ,⌒x令七]甚微細智[ㆍ]

C: 謂(ノ)ㄱ 所(ㄱ) 不可說七 劫乙 以ㆍ 一ㄱ 念 {爲}ㆍ⌒x令七 甚微細智ㆍ

D: 즉, ①不可說의 劫으로써 한 念 삼는 甚微細智이니,

E: 이른바 말할 수 없는 겁으로 한 생각을 삼는 매우 미세한 지혜,

<주본화엄31, 13:22-23>

A: 以一[33(·)]念[41(·)?,34(|)?]爲不可說[25(·)]劫[43(·),24(\),25(!)]甚微細智[11(·)]

B: 以一[ㄱ]念[乙,ㆍ]爲不可說[七]劫ㆍ,⌒x令七甚微細智[ㆍ]

C: 一ㄱ 念乙 以ㆍ 不可說七 劫 {爲}ㆍ⌒x令七 甚微細智ㆍ

D: ②한 念으로써 不可說의 劫 삼는 甚微細智이니,

E: 한 생각으로 말할 수 없는 겁을 삼는 매우 미세한 지혜·

<주본화엄31, 13:23>

A: 以阿僧祇[25(·)]劫[41(·),34(|)]入一[33(·)]劫[53(·),24(|),24(\)?,25(!)]{25(-)}甚微細智[11(·)?]

B: 以阿僧祇[七]劫[乙, 氵]入一[㇆]劫[十, 刂, ㅎ,x令七]甚微細智[氵]

C: 阿僧祇七 劫乙 以氵 一㇆ 劫十 入刂ㅎx令七 甚微細智氵

D: ③阿僧祇의 劫으로써 한 劫에 들이는 甚微細智이니,

E: 아승기겁을 한 겁에 넣는 매우 미세한 지혜

<주본화엄31, 13:23-24>

A: 以一[33(·)]劫[41(·),34(|)]入阿僧祇[25(·)]劫[53(·),24(|),24(\),25(!)]{25(-)}甚微細智

B: 以一[㇆]劫[乙, 氵]入阿僧祇[七]劫[十, 刂, ㅎ,x令七]甚微細智

C: 一㇆ 劫乙 以氵 阿僧祇七 劫十 入刂ㅎx令七 甚微細智(氵)

D: ④한 劫으로써 阿僧祇의 劫에 들이는 甚微細智이니,

E: 한 겁을 아승기겁에 넣는 매우 미세한 지혜

<주본화엄31, 13:24-14:01>

A: 以長劫[41(·),34(|)]入短劫[53(·),24(|),24(\)?,25(!)?]{25(-)?}甚微細智[11(·)]

B: 以長劫[乙, 氵]入短劫[十, 刂, ㅎ,x令七]甚微細智[氵]

C: 長劫乙 以氵 短劫十 入刂ㅎx令七 甚微細智氵

D: ⑤긴 劫으로써 짧은 劫에 들이는 甚微細智이니,

E: 긴 겁을 짧은 겁에 넣는 매우 미세한 지혜

<주본화엄31, 14:01>

A: 以短劫[41(·),34(|)]入長劫[53(·),24(|),24(\),25(!)]{25(-)?}甚微細智

B: 以短劫[乙, 氵]入長劫[十, 刂, ㅎ,x令七]甚微細智

C: 短劫乙 以氵 長劫十 入刂ㅎx令七 甚微細智(氵)

D: ⑥짧은 劫으로써 긴 劫에 들이는 甚微細智이니,

E: 짧은 겁을 긴 겁에 넣는 매우 미세한 지혜·

<주본화엄31, 14:01-02>

A: 入有佛劫[24(|)]{13(·)¹⁰³⁾}無佛劫[53(·),25(|)#25(!)]甚微細智
B: 入有佛劫[ㅣ]無佛劫[十,ㅅ슨七]甚微細智
C: 有佛劫ㅣ 無佛劫十 入(ㅅ)슨七 甚微細智(ミ)
D: ⑦有佛劫과 無佛劫에 들어가는 甚微細智이니,
E: 부처님 있는 겁을 부처님 없는 겁에 들이는 매우 미세한 지혜·

<주본화엄31, 14:02>

A: 知一切劫數[41(·),24(\),25(!)]{25(-)?}甚微細智
B: 知一切劫數[乙,ㅁ,x슨七]甚微細智
C: 一切 劫 數乙 知ㅁx슨七 甚微細智(ミ)
D: ⑧일체 劫의 수를 아는 甚微細智이니,
E: 일체 겁의 수효를 아는 매우 미세한 지혜·

<주본화엄31, 14:02-03>

A: 知一切劫[24(|)]非劫[41(·),24(\),25(!)]{25(-)?}甚微細智
B: 知一切劫[ㅣ]非劫[乙,ㅁ,x슨七]甚微細智
C: 一切 劫ㅣ 非劫乙 知ㅁx슨七 甚微細智(ミ)
D: ⑨일체 劫과 非劫을 아는 甚微細智이니,
E: 일체 겁과 겁이 아닌 것을 아는 매우 미세한 지혜·

<주본화엄31, 14:03-04>

A: 一[33(·)]念[25(·)]中[53(·),23(|)]見三世[25(·)]一切劫[41(·),24(\),25(!)]{25(-)?}甚微細智[11(·),31(··), 55(··)]

---

103) '佛'자와 '劫'자 사이에 길고 둥근 각필선이 그어져 있다. 그 옆의 2행의 '智'를 관통하는 선에 이어지는 듯도 하다. 이것이 혹 '13(··)'을 삭제하라는 표시일 가능성도 있다.

B: 一[ㄱ]念[セ]中[十,ㇴㅣ]見三世[セ]一切劫[乙,ㅁ,xぐセ]甚微細智[氵,ㅁチ,ナㅣ]

C: 一ㄱ 念セ 中十ㇴㅣ 三世セ 一切 劫乙 見ㅁxぐセ 甚微細智氵ノチナㅣ

D: ⑩한 생각 사이에 三世의 일체 劫을 보는 甚微細智이니 하는 것이다.

E: 한 생각 가운데 삼세의 모든 겁을 보는 매우 미세한 지혜 들입니다.

<주본화엄31, 14:04-05>

A: 如是[14(:)]等[12(:)]一切諸[33(·)]劫[33(·)]甚微細[41(·.)]以如來[44(·)]智[41(·),34(|)]於一[33(·)]念[25(·)]中[53(·)]皆[25(·)]如實[24(·),구결자(ㇺ)]知[43(|)]

B: 如是[ㇴ尸]等[ㇴㄱ]一切諸[ㄱ]劫[ㄱ]甚微細[ㄱ乙]以如來[尸]智[乙,氵]於一[ㄱ]念[セ]中[十]皆[セ]如實[支,ㇺ]知[氵ㅼ]

C: 是 如(支)ㇴ尸 等ㇴㄱ 一切 諸ㄱ 劫ㄱ 甚 微細(ㇴ)ㄱ乙 如來尸 智乙 以氵 {於}一ㄱ 念セ 中十 皆セ 實ㇺ 104) 如支 知氵ㅼ

D: 이와 같은 등의 일체 모든 劫은 심히 微細하거늘,105) 여래의 지혜로써 한 생각 사이에 다 실상대로 알아서

E: 이러한 모든 겁에 매우 미세한 것을 여래의 지혜로써 한 생각 동안에 다 실상과 같이 알고는,

<주본화엄31, 14:05-06>106)

A: 得諸[33(·)?]菩薩[44(·)]圓滿行王[14(i)#14(|)#14(!),41(··),25(|)]心[11(·)]

B: 得諸[ㄱ]菩薩[尸]圓滿行王[ㅣ尸,入乙,ぐセ]心[氵]

C: 諸ㄱ 菩薩尸 圓滿行王ㅣ尸入乙(ㇴ)ぐセ 心氵 107)

D: ①모든 菩薩이 圓滿行王이 되는 마음이니,

E: 모든 보살이 행을 원만하는 마음과

---

104) 瑜伽師地論에서는 기입된 구결자에 대응되는 점토가 있는 것과 달리, 이 문헌에 기입된 구결자는 그에 대응되는 점토가 보이지 않는다. 여기서는 이 점을 감안하여 기입된 구결자를 해독안에 보충하였다.

105) '심히 微細한 것을'로 해석될 가능성도 있다.

106) 6행 위의 欄上에 紺色 不審紙가 붙어 있다.

107) '得'은 '14장 12행'에서 해석된다.

148 第二部 判讀과 解讀 및 飜譯

<주본화엄31, 14:06>
A: 入普賢[23(-)]行[53(·),25(|)]心[11(·)]
B: 入普賢[ㅋ]行[十,今七]心[ㆍ]
C: 普賢ㅋ 行十 入(ㅅ)今七 心ㆍ
D: ②普賢의 行에 들어가는 마음이니,
E: 보현의 행에 들어가는 마음과,

<주본화엄31, 14:06>
A: 離一切分別[42(/)?]異道戲論[41(·),24(·),25(|)]心
B: 離一切分別[ㅣㄱ]異道戲論[乙,ㅊ,今七]心
C: 一切 分別ㅣㄱ 異道 戲論乙 離ㅊ今七 心(ㆍ)
D: ③일체 分別인 異道 戲論을 여의는 마음이니,
E: 일체를 분별하는 외도의 희롱거리 언론을 여의는 마음과,

<주본화엄31, 14:07>
A: 發大願[41(·),43(|)]無懈息[44(·),24(|),25(|),경계선]心
B: 發大願[乙,3 ホ]無懈息[尸,ㅣ,今七]心
C: 大願乙 發(ㅅ)3 ホ 懈息尸 無ㅣ(ㅅ)今七 心(ㆍ)
D: ④큰 願을 내어서 懈息함 없이 하는 마음이니,
E: 큰 원을 내고 쉬지 아니하는 마음과,

<주본화엄31, 14:07-8>
A: 普[24(|)]見無量[33(·)?]世界[25(·)]網[53(·)]無量[33(·)]諸[33(·)]佛[35(·),24(|)]充滿[41(-)?,34(-),24(\),25(!)]{25(-)?}心
B: 普[ㅣ]見無量[ㄱ]世界[七]網[十]無量[ㄱ]諸[ㄱ]佛[ㆆ,ㅣ]充滿[xㅅ乙,白,ㅁ,x今七]心
C: 普ㅣ 量 無ㄱ 世界七 網十 量 無ㄱ 諸ㄱ 佛ㆆㅣ 充滿xㅅ乙 見白ㅁx今七 心(ㆍ)
D: ⑤한량없는 世界의 그물에 한량없는 모든 부처가 充滿하신 것을 널리 보는 마음이니,
E: 한량없는 세계에 한량없는 부처님께서 충만함을 모두 보는 마음과,

周本『華嚴經』卷第三十一   149

<주본화엄31, 14:08>

A: 於諸[33(·)]佛[35(·)]善根[11(·)]諸[33(·)]菩薩[44(·)]行[11(·),13(/),53(|)]能[24(·)]聞持[25(|)]心

B: 於諸[ㄱ]佛[乊]善根ᐞ諸[ㄱ]菩薩[尸]行[ᐞ,ㄲㅅ,ㄱ+]能[支]聞持[ㅅㅌ]心

C: {於}諸ㄱ 佛乊 善根ᐞ 諸ㄱ 菩薩尸 行ᐞノㅅㅋ+ 能支 聞持(ノ)ㅅㅌ 心(ᐞ)

D: ⑥모든 부처의 善根이니 모든 菩薩의 行이니 하는 것에 대해 능히 聞持하는 마음이니,

E: 부처님의 선근과 보살의 행을 듣고 지니는 마음과,

<주본화엄31, 14:09>[108)]

A: 於安慰{25(·)}一切衆生[41(·),25(|)][109)]廣大行[53(·)]聞[44(·)]已[43(·),34(·)]不忘[44(·),25(|)]心

B: 於安慰一切衆生[乙,ㅅㅌ]廣大行[+]聞[尸]已[ᐞ,ㅁ]不忘[尸,ㅅㅌ]心

C: {於}一切 衆生乙 安慰(ノ)ㅅㅌ 廣大行+ 聞尸 已ᐞ(ノ)ㅁ 忘尸 不(ノ)ㅅㅌ 心(ᐞ)

D: ⑦일체 衆生을 安慰하는 廣大行에 대해 듣고 나서 잊지 않는 마음이니,

E: 일체 중생을 위로하는 광대한 행을 듣고 잊지 않는 마음과,

<주본화엄31, 14:09-10>

A: 能[24(·)?]於一切劫[53(·)]現佛[35(·),24(|)]出世[41(-),24(\),25(!)]{25(-)?}心

B: 能[支]於一切劫[+]現佛[乊,ㅣ]出世[xㅅ乙,ㄲ,xㅅㅌ]心

C: 能支 {於}一切 劫+ 佛乊ㅣ 出世xㅅ乙 現ㄲxㅅㅌ 心(ᐞ)

D: ⑧능히 일체 劫에 부처가 出世하시는 것을 나타내는 마음이니,

E: 일체 겁에 부처님께서 출세하심을 나타내는 마음과,

<주본화엄31, 14:10-11>

A: 於一一[33(·)]世界[53(·),55(·)]盡未來[25(·)]際[41(·),34(|)]行不動行[41(·),13(··)]無休息[44(·),24(|),25(|)]心

B: 於一一[ㄱ]世界[+,ㅣ]盡未來[ㅌ]際[乙,ᐞ]行不動行[乙,ㄲノㅿ]無休息[尸,ㅣ,ㅅㅌ]心

C: {於}一一ㄱ 世界+(ア)ㅣ 未來ㅌ 際乙 盡ᐞ 不動行乙 行ノㅅㅿ 休息尸 無ㅣ(ノ)ㅅㅌ 心(ᐞ)

---

108) 9행 위의 欄上에 紺色 不審紙가 붙어 있다.
109) 각필선이 '生'자의 42 위치에서 출발하여 글자의 아래쪽과 오른쪽의 여백을 지나 위의 '慰'자까지 이어진 것으로 보인다. 이 각필선은 '一切 衆生'이 '安慰'의 목적어임을 표시하는 듯하다.

D: ⑨하나하나의 世界에서마다 미래의 때를 다하도록 不動行을 행하되 쉼 없이 하는 마음이니,
E: 낱낱 세계에서 오는 세월이 끝나도록 동요하지 않는 행을 닦아 쉬지 않는 마음과,

<주본화엄31, 14:11-12>
A: 於一切世界[25(·)]中[53(·)?]以如來[44(·)]身業[41(·),34(|)]充滿菩薩[44(·)]身[53(·),25(|)]心[11(·),41(:),51(·)]
B: 於一切世界[七]中[十]以如來[尸]身業[乙,阝]充滿菩薩[尸]身[十,令七]心[氵,ᄒ令乙,分]
C: {於}一切 世界七 中十 如來尸 身業乙 以阝 菩薩尸 身十 充滿(丷)令七 心氵ノ令乙 得分[110)]
D: ⑩일체 세계 중에 如來의 身業으로써 菩薩의 몸에 가득 채우는 마음이니 하는 것을 얻으며,
E: 일체 세계에서 여래의 몸으로 짓는 업이 보살의 몸에 충만하는 마음을 얻습니다.

(9-자) 知法의 微細智慧 <14:12-15:03>

<주본화엄31, 14:12-13>
A: 以無著無縛解脫心修普賢[23(-)]行[41(·),43(|)]成不退轉[41(·),24(|),34(|),경계선]得一切法[25(·)]甚微細智[41(·),55(/)]
B: 以無著無縛解脫心修普賢[ㅋ]行[乙,阝尔]成不退轉[乙,刂,阝]得一切法[七]甚微細智[乙,x丨]
C: 無著無縛解脫心(乙) 以(阝) 普賢ㅋ 行乙 修阝尔 不退轉乙 成刂阝 一切 法七 甚微細智乙 得x丨
D: (55)無著無縛解脫心으로써 普賢菩薩의 行을 닦아서 不退轉을 이루어 일체 法의 甚微細智를 얻는다.
E: 집착이 없고 속박이 없이 해탈한 마음으로 보현의 행을 닦아 퇴전치 아니하면 일체 법에 매우 미세한 지혜를 얻나니,

<주본화엄31, 14:13-14>
A: 所謂[12(·),33(·)]甚深法[25(·)]甚微細智[11(·)]
B: 所謂[ㄱ,ㄱ]甚深法[七]甚微細智[氵]
C: 謂(ノ)ㄱ 所ㄱ 甚深法七 甚微細智氵

110) 이 '得'자는 앞의 14장 5행에 있는 것이다.

D: 즉, ①매우 깊은 法의 甚微細智이니,

E: 이른바 깊고 깊은 법에 매우 미세한 지혜와,

<주본화엄31, 14:14>

A: 廣大法[25(·)]甚微細智[11(·)]

B: 廣大法[ㄷ]甚微細智[ㄴ]

C: 廣大法ㄷ 甚微細智ㄴ

D: ②광대한 法의 甚微細智이니,

E: 광대한 법에 매우 미세한 지혜와,

<주본화엄31, 14:14-15>

A: 種種[25(·)]法[25(·)]甚微細智[11(·)]

B: 種種[ㄷ]法[ㄷ]甚微細智[ㄴ]

C: 種種ㄷ 法ㄷ 甚微細智ㄴ

D: ③갖가지 법의 甚微細智이니,

E: 가지가지 법에 매우 미세한 지혜와,

<주본화엄31, 14:15>

A: 莊嚴法[41(·),25(|)]甚微細智[11(·)]

B: 莊嚴法[乙,今ㄷ]甚微細智[ㄴ]

C: 法乙 莊嚴(ᄉ)今ㄷ 甚微細智ㄴ

D: ④法을 莊嚴하는 甚微細智이니,

E: 장엄한 법에 매우 미세한 지혜와,

<주본화엄31, 14:15-16>

A: 一切法[23(-)]無有量[33(·),41(··),25(|)]甚微細智

B: 一切法[ᄒ]無有量[ㄱ,入乙,今ㄷ]甚微細智

C: 一切 法ᄒ 量 無有ㄱ 入乙(ᄉ)今ㄷ 甚微細智(ㄴ)

D: ⑤一切 法이 한량없는 것을 하는 甚微細智이니,

E: 일체 법이 한량이 없는 데 매우 미세한 지혜와,

<주본화엄31, 14:16>
A: 一切法[41(·)]入一[33(·)]法[53(·),24(|),24(\)?,25(!)#25(:)]{25(-)}甚微細智
B: 一切法[乙]入一[ㄱ]法[十,刂,⌒,x今七]甚微細智
C: 一切 法乙 一ㄱ 法十 入刂⌒x今七 甚微細智(ㅉ)
D: ⑥ 一切 法을 한 法에 들이는 甚微細智이니,
E: 일체 법이 한 법에 들어가는 데 매우 미세한 지혜와,

<주본화엄31, 14:16-17>
A: 一[33(·)]法[41(·)]入一切法[53(·),24(|),24(\),25(!)]{25(-)}甚微細智[11(·)]
B: 一[ㄱ]法[乙]入一切法[十,刂,⌒,x今七]甚微細智[ㅉ]
C: 一ㄱ 法乙 一切 法十 入刂⌒x今七 甚微細智ㅉ
D: ⑦한 法을 일체 法에 들이는 甚微細智이니,
E: 한 법이 일체 법에 들어가는 데 매우 미세한 지혜와,

<주본화엄31, 14:17>
A: 一切法[41(·)]入非法[53(·),24(|),24(\),25(!)]{25(-)}甚微細智
B: 一切法[乙]入非法[十,刂,⌒,x今七]甚微細智
C: 一切 法乙 非法十 入刂⌒x今七 甚微細智(ㅉ)
D: ⑧ 一切 法을 非法에 들이는 甚微細智이니,
E: 일체 법이 법 아닌 데 들어가는 매우 미세한 지혜와,

<주본화엄31, 14:18>
A: 無法[25(·)]中[53(·)]安立一切法[41(·),11(/)]而[33(·)]不相違[32(·),35(·),22(|),25(|)]甚微細智
B: 無法[七]中[十]安立一切法[乙,ㅕ今ㅉ]而[ㄱ]不相違[ㅁㄱ,矢,X,今七]甚微細智
C: 無法七 中十 一切 法乙 安立(ᄂ)ㅕ今ㅉ 而ㄱ 相違(ᄂ)ㅁㄱ 不矢X今七 甚微細智(ㅉ)
D: ⑨無法의 가운데 一切 法을 安立하나 서로 어긋나지 않는 甚微細智이니,
E: 법이 없는 가운데 일체 법을 나란히 건립하되 어기지 않는 매우 미세한 지혜와,

<주본화엄31, 14:18-19>
A: 入一切佛法[25(·)]方便[53(·),13(··)]無有餘[12(:),24(|),25(|)]甚微細智[11(·),31(··),55(.·)]
B: 入一切佛法[七]方便[十,⊃尸厶]無有餘[ゝㄱ,リ]甚微細智[ミ,⊃ヰ,ナㅣ]
C: 一切 佛法七 方便十 入ノ尸厶 餘ゝㄱ 無有リ(ゝ)佘七 甚微細智ミノヰナㅣ
D: ⑩一切 佛法의 方便에 들어감에 있어 남음 없이 하는 甚微細智이니 하는 것이다.
E: 일체 불법의 방편에 들어가서 남김이 없는 매우 미세한 지혜 들입니다.

<주본화엄31, 14:19-21>
A: 如是等[12(:)]一切世界[25(·)]一切言說[45(·)]所安立[12(·),25(·)]法[41(·)]諸[33(·)]微細智[45(·)]與彼[41(·)?,25(·)]同等[23(\),13(··)]
B: 如是等[ゝㄱ]一切世界[七]一切言說[灬]所安立[ㄱ,七]法[乙]諸[ㄱ]微細智[灬]與彼[乙,七]同等[ぅ,⊃尸厶]
C: 是 如(支) 等ゝㄱ 一切 世界七 一切 言說灬 安立(ノ)ㄱ 所七 法乙 諸ㄱ 微細智灬 彼乙 與七 同等ぅノ尸厶
D: 이와 같은 등의 一切 世界의 一切 言說로 安立한 바의 법을, 모든 微細智로 그것과 동등히 하되,
E: 이러한 일체 세계에 모든 말로 건립한 법에 대한 미세한 지혜는 그것들과 동등하고

<주본화엄31, 14:21>
A: 其智無礙[44(·),43(|)]皆[25(·)?]如實[24(·),구결자(勿)?]知[51(·)]
B: 其智無礙[尸,ぅ 亦]皆[七]如實[支,勿]知[ㅜ]
C: 其 智 礙尸 無ぅ 亦 皆七 實勿 如支 知ㅜ
D: 그 智慧는 걸림이 없어서 다 實相대로 알며,
E: 그 지혜는 걸림이 없어 모두 사실과 같이 알며,

<주본화엄31, 14:21>
A: 得入無邊[44(·),25(·)?,33(·)]法界[53(|)#53(·),25(|)?]心[41(·),51(·)]
B: 得入無邊[尸,七,ㄱ]法界[ぅ十,佘七]心[乙,ㅜ]
C: 邊尸 無七ㄱ 法界ぅ十 入(ゝ)佘七 心乙 得ㅜ

D: 그지없는 法界에 들어가는 마음을 얻으며,

E: 그지없는 법계에 들어가는 마음을 얻고

<주본화엄31, 14:22>

A: 於一一[33(·)]法界[53(·),43(\),55(·)]深心堅住[43(|)]成無礙行[41(·),24(|),51(·)]

B: 於一一[ㄱ]法界[十,ケ,ㅣ]深心堅住[氵]成無礙行[乙,ㅣㅣ,分]

C: {於}一一ㄱ 法界十ケㅣ 深心 堅住(ㅅ) 氵 無礙行乙 成ㅣㅣ分

D: 하나하나의 法界에마다 깊은 마음으로 堅住하여서 無礙行을 이루며,

E: 낱낱 법계에 깊은 마음으로 굳게 머물러 걸림없는 행을 이루며,

<주본화엄31, 14:22-23>

A: 以一切智[41(·)?,34(|)]充滿諸[33(·)]根[53(·),52(·)]

B: 以一切智[乙, 氵]充滿諸[ㄱ]根[十,ㅅ分]

C: 一切 智乙 以 氵 諸ㄱ 根十 充滿ㅅ分

D: 一切 智로써 모든 根에 가득 채우며,

E: 온갖 지혜가 여러 근에 가득하고,

<주본화엄31, 14:23>

A: 入諸[33(·)]佛智[53(·),13(··)]正念方便[41(·),52(·)]

B: 入諸[ㄱ]佛智[十,ᄆㄹㅅ]正念方便[乙,ㅅ分]

C: 諸ㄱ 佛 智十 入ノㄹㅅ 方便乙 正念ㅅ分[111]

D: 모든 부처의 智慧에 들어가되 方便을 正念하며,

E: 부처님의 지혜에 들어가 바로 생각하는 방편으로

<주본화엄31, 14:23-24>

A: 成就諸[33(·)?]佛[35(·)]廣大功德[41(·),13(··)]徧滿法界[53(·)#53(:),23(\),52(·)]

---

111) '正念'을 역경원 번역에서는 '方便'의 수식어로 해석하였으나, 구결 기입자는 '方便'을 목적어로 하는 타동사로 해석하고 있다. 점토구결에서 '正念'이 동사로 쓰인 예를 더 들면 다음과 같다.

一切 諸ㄱ 佛㇐ 境界乙 正念(ㅅ) 氵 佛法(乙) 成就(ㅅ分) <주본화엄57, 02:06-07>

B: 成就諸[ㄱ]佛[乚]廣大功德[乙,ㄤㄹㅿ]徧滿法界[十,ㅎ,ㄴㅅ]
C: 諸ㄱ 佛乚 廣大 功德乙 成就ノㄹㅿ 法界十 徧滿ㅎㄴㅅ
D: 모든 부처의 廣大한 功德을 成就하되 法界에 가득히 하며,
E: 부처님의 광대한 공덕을 성취하며, 법계에 가득하게

<주본화엄31, 14:24-15:01>
A: 普[24(|)]入一切諸[33(·)]如來[44(·)]身[53(·)]現諸[33(·)]菩薩[44(·)]所有[33(/),33(·)]¹¹²⁾,25(·)]身業[41(·),24(\),51(·)?]
B: 普[ㅣ]入一切諸[ㄱ]如來[尸]身[十]現諸[ㄱ]菩薩[尸]所有[ㄴㄱㄴ]身業[乙,ㄤ分]
C: 普ㅣ 一切 諸ㄱ 如來尸 身十 入 諸ㄱ 菩薩尸 {有}ㄴ(ㄱ)ㄱ 所ㄴ 身業乙 現ㄤ分
D: 널리 一切 모든 如來의 몸에 들어가서 모든 菩薩이 가진 바의 身業을 나타내며,
E: 일체 여래의 몸에 들어가서 보살들의 몸으로 짓는 업을 나타내며,

<주본화엄31, 15:01-02>
A: 隨順一切世界[25(·)?]言辭[53(·)?,25(·),43(|)]演說於法[41(·),52(·)]
B: 隨順一切世界[ㄴ]言辭[十,ㄴ,ㅅ ㅈ]演說於法[乙,ㄴ分]
C: 一切 世界ㄴ 言辭十 隨(ㄤ) 順ㄴ(ㄴ)ㅅ ㅈ {於}法乙 演說ㄴ分
D: 一切 世界의 言辭에 따라서 法을 演說하며,
E: 모든 세계의 말을 따라서 법을 연설하며,

<주본화엄31, 15:02>
A: 得一切佛[35(·)?]神力[45(·)]所加[12(|)?#12(:)?,25(·)]智慧意業[41(·),52(·)]
B: 得一切佛[乚]神力[灬]所加[ㅎㄤㄱ,ㅅ]智慧意業[乙,ㄴ分]
C: 一切 佛乚 神力灬 加(ㄴ)ㅎㄱ 所ㄴ 智慧 意業乙 得ㄴ分
D: 一切 부처가 神力으로 加被하신 바의 智慧 意業을 얻으며,

---

112) 33(/)과 33(·)이 붙어 있어서 33(/)으로 볼 가능성도 있다. '有'자에 'ㄴ'와 'ㄱ'이 나타나는 경우에 'ㄱ'은 12(·)을 사용하는데, 여기서는 33(·)을 사용하는 점이 특이하다는 점 때문에 더욱 그렇다. 한편 같은 자리에 점토가 겹치는 경우 유가사지론에서는 지시선이 사용된다. 화엄경에서는 중복선이 쓰이기도 하지만, 같은 형태의 점토들이 위치가 겹칠 때 사용되므로, 이 예는 중복선이 쓰일 곳이 아니다.

156 第二部 判讀과 解讀 및 飜譯

E: 모든 부처님의 신통력으로 가피한 지혜의 업으로

<주본화엄31, 15:02-03>

A: 出生無量[33(·)]善巧方便[41(·),43(|)]分別諸[33(·)]法[25(·)]薩婆若智[41(·),52(·)]
B: 出生無量[ㄱ]善巧方便[乙,ㄢㅊ]分別諸[ㄱ]法[七]薩婆若智[乙,ㆍ小]
C: 量 無ㄱ 善巧 方便乙 出生(ㆍ)ㅊㅊ 諸ㄱ 法七 薩婆若智乙 分別ㆍ小
D: 한량없는 善巧 方便을 내어서 모든 法의 薩婆若智를 分別하며,
E: 한량없는 교묘한 방편을 내어 모든 법을 분별하는 살바야 지혜[薩婆若智]를 얻습니다.

(9-차) 知一切의 微細智慧 <15:03-15:15>

<주본화엄31, 15:03-04>

A: 以無著無縛解脫心修普賢[23(-)]行[41(·),43(|)]出生一切甚微細智[41(·),55(/)]
B: 以無著無縛解脫心修普賢[ㅎ]行[乙,ㄢㅊ]出生一切甚微細智[乙,xㅣ]
C: 無著無縛解脫心(乙) 以(ㄢ) 普賢ㅎ 行乙 修ㄢㅊ 一切 甚微細智乙 出生xㅣ
D: ㊼無著無縛解脫心으로써 普賢菩薩의 行을 닦아서 一切 甚微細智를 낸다.
E: 집착이 없고 속박이 없이 해탈한 마음으로 보현의 행을 닦아 매우 미세한 일체 지혜를 내 나니,

<주본화엄31, 15:04-05>

A: 所謂[12(·)?,33(·)]知一切刹[41(·),24(\),25(!)]{25(-)?}甚微細智[11(·)]
B: 所謂[ㄱ,ㄱ]知一切刹[乙,ㅁ,x亽七]甚微細智[ㅊ]
C: 謂(ノ)ㄱ 所ㄱ 一切 刹乙 知ㅁx亽七 甚微細智ㅊ
D: 즉, ①一切 刹을 아는 甚微細智이니
E: 이른바 일체 세계를 아는 매우 미세한 지혜·

<주본화엄31, 15:05>

A: 知一切衆生[41(·),24(\),25(!)]{25(-)}甚微細智[11(·)]
B: 知一切衆生[乙,ㅁ,x亽七]甚微細智[ㅊ]

周本『華嚴經』卷第三十一 157

C: 一切 衆生乙 知⼞x슨七 甚微細智氵
D: ②一切 衆生을 아는 甚微細智이니
E: 일체 중생을 아는 매우 미세한 지혜·

<주본화엄31, 15:06>

A: 知一切法[25(·)]果報[41(·)]甚微細智
B: 知一切法[七]果報[乙]甚微細智
C: 一切 法七 果報乙 知(⼞x슨七) 甚微細智(氵)
D: ③一切 法의 果報를 아는 甚微細智이니
E: 일체 법의 과보를 아는 매우 미세한 지혜·

<주본화엄31, 15:06-07>

A: 知一切衆生[23(-)]心[41(·)]{53~54(-)}甚微細智
B: 知一切衆生[⋺]心[乙]甚微細智
C: 一切 衆生⋺ 心乙 知(⼞x슨七) 甚微細智(氵)
D: ④一切 衆生의 마음을 아는 甚微細智이니
E: 일체 중생의 마음을 아는 매우 미세한 지혜·

<주본화엄31, 15:07>

A: 知一切說法時[41(·)]甚微細智
B: 知一切說法時[乙]甚微細智
C: 一切 說法時乙 知(⼞x슨七) 甚微細智(氵)
D: ⑤一切 說法時를 아는 甚微細智이니
E: 일체의 설법(說法)할 때를 아는 매우 미세한 지혜·

<주본화엄31, 15:07-08>

A: 知一切法界甚微細智
B: 知一切法界甚微細智
C: 一切 法界(乙) 知(⼞x슨七) 甚微細智(氵)

158 第二部 判讀과 解讀 및 翻譯

D: ⑥一切 法界를 아는 甚微細智이니
E: 일체 법계를 아는 매우 미세한 지혜·

<주본화엄31, 15:08-09>
A: 知一切盡虛空界[25(·)]三世[41(·)]甚微細智
B: 知一切盡虛空界[セ]三世[乙]甚微細智
C: 一切 盡虛空界セ 三世乙 知(ᄃxᅀᆞセ) 甚微細智(ᄎ)
D: ⑦一切 盡虛空界의 三世를 아는 甚微細智이니
E: 온 허공계의 모든 삼세를 아는 매우 미세한 지혜·

<주본화엄31, 15:09>
A: 知一切語言[25(·)]道[41(·)]甚微細智
B: 知一切語言[セ]道[乙]甚微細智
C: 一切 語言セ 道乙 知(ᄃxᅀᆞセ) 甚微細智(ᄎ)
D: ⑧一切 語言의 道를 아는 甚微細智이니
E: 모든 말하는 길[言語道]을 아는 매우 미세한 지혜·

<주본화엄31, 15:09-10>
A: 知一切世間[25(·)]行[41(·)]甚微細智
B: 知一切世間[セ]行[乙]甚微細智
C: 一切 世間セ 行乙 知(ᄃxᅀᆞセ) 甚微細智(ᄎ)
D: ⑨一切 世間의 行을 아는 甚微細智이니
E: 일체 세간의 행을 아는 매우 미세한 지혜·

<주본화엄31, 15:10>
A: 知一切出世[25(·)]行[41(·)?]甚微細智[11(·)]
B: 知一切出世[セ]行[乙]甚微細智[ᄎ]
C: 一切 出世セ 行乙 知(ᄃxᅀᆞセ) 甚微細智ᄎ
D: ⑩一切 出世間의 行을 아는 甚微細智이니

周本『華嚴經』卷第三十一   159

E: 일체 출세간의 행을 아는 매우 미세한 지혜입니다.

<주본화엄31, 15:10-12>

A: 乃至[24(|)]知一切如來[44(·)]道[11(·)]一切菩薩[44(·)]道[11(·)]一切衆生[23(-)]道[11(·)],41(:),24(\),25(!)]{25(-)}甚微細智[11(·),31(··),55(·)]

B: 乃至[刂]知一切如來[尸]道[ᄉ]一切菩薩[尸]道[ᄉ]一切衆生[ᅩ]道[ᄉ,ᄀ숫乙,ᄀx숫七]甚微細智[ᄉ,ᄀᄯ,ナ丨]

C: 乃(ᄉᄒ) 至刂 一切 如來尸 道ᄉ 一切 菩薩尸 道ᄉ 一切 衆生ᅩ 道ᄉノ숫乙 知ᄀx숫七 甚微細智ᄉノᄯナ丨

D: 내지 ⑪⑫⑬一切 如來의 道이니 一切 菩薩의 道이니 一切 衆生의 道이니 하는 것을 아는 甚微細智이니 하는 것이다.

E: 내지 일체 여래의 도와 일체 보살의 도와 일체 중생의 도를 아는 매우 미세한 지혜며,

<주본화엄31, 15:12-13>

A: 修菩薩[44(·)]行[41(·),43(|)]住普賢[25(·)]道[53(·),53(!)]¹¹³⁾若[25(·)]文[24(|),53(-)]若[25(·)?]義[24(|),53(-),41(:)?]皆[25(·)]如實[24(·)]知[43(|)]

B: 修菩薩[尸]行[乙,ᄒᅟᅟᄉᅚ]住普賢[七]道[十,X]若[七]文[刂,x乃]若[七]義[刂,x乃,ᄀ숫乙]皆[七]如實[攴]知[ᄒᅟᅟᄉᅚ]

C: 菩薩尸 行乙 修ᄒᅟᅟᄉᅚ 普賢七 道十 住X 若七 文刂x乃 若七 義刂x乃ノ숫乙 皆七 實(勿) 如攴 知ᄒᅟᅟᄉᅚ

D: 菩薩의 行을 닦아서 普賢菩薩의 道에 住하여서 글이나 뜻이나 하는 것을 다 實相대로 알아서

E: 보살의 행을 닦고 보현의 도에 머물러서 글이나 뜻을 모두 실제와 같이 알고는

<주본화엄31, 15:13-15>¹¹⁴⁾

A: 生如影智[41(·),52(·)]生如夢智[41(·),52(·)?]生如幻智生如響智生如化智生如空智生寂滅智生一

---

113) 53(!)는 53(·)의 아래에 기입하는 것이 원칙이나 여기서는 공간이 협소하여 왼쪽에 기입한 듯하다.
114) 15행 欄上에 수직으로 긴 직사각형의 紺色 不審紙가 있다.

切法界[25(·)]智[41(·)]生無所依[14(·),33(·)]智生一切佛法[25(·)?]智[41(·),55(/)]

B: 生如影智[乙,ㆍ分]生如夢智[乙,ㆍ分]生如幻智生如響智生如化智生如空智生寂滅智生一切法界[ㄴ]智[乙]生無所依[尸,ㄱ]智生一切佛法[ㄴ]智[乙,xㅣ]

C: 如影智乙 生ㆍ分 如夢智乙 生ㆍ分 如幻智(乙) 生(ㆍ分) 如響智(乙) 生(ㆍ分) 如化智(乙) 生(ㆍ分) 如空智(乙) 生(ㆍ分) 寂滅智(乙) 生(ㆍ分) 一切 法界ㄴ 智乙 生(ㆍ分) 依(ㄷ)尸 所 無ㄱ 智(乙) 生(ㆍ分) 一切 佛法ㄴ 智(乙) 生xㅣ

D: ①如影智를 내며 ②如夢智를 내며 ③如幻智를 내며 ④如響智를 내며 ⑤如化智를 내며 ⑥如空智를 내며 ⑦寂滅智를 내며 ⑧一切 法界의 智를 내며 ⑨의지할 바 없는 智를 내며 ⑩一切 佛法의 智를 낸다.

E: 그림자 같은 지혜를 내며, 꿈과 같은 지혜를 내며, 요술과 같은 지혜를 내며, 메아리와 같은 지혜를 내며, 변화와 같은 지혜를 내며, 허공과 같은 지혜를 내며, 적멸한 지혜를 내며, 일체 법계의 지혜를 내며, 의지한 데 없는 지혜를 내며, 일체 불법의 지혜를 냅니다.

(10) 實際廻向 <15:15-15:22>

<주본화엄31, 15:15-16>

A: 佛子[34(ㅣ)]菩薩摩訶薩[33(·)]

B: 佛子[ㆌ]菩薩摩訶薩[ㄱ]

C: 佛子ㆌ 菩薩摩訶薩ㄱ

D: 佛子여, 菩薩摩訶薩은

E: 불자들이여, 보살마하살이

<주본화엄31, 15:16>

A: 以無著無縛解脫心[41(·),34(ㅣ)]迴向[13(··)]

B: 以無著無縛解脫心[乙,ㆌ]迴向[ㄷ尸厶]

C: 無著無縛解脫心乙 以ㆌ 迴向ノ尸厶

D: ㊽無著無縛解脫心으로써 廻向하되,

E: 집착이 없고 속박이 없이 해탈한 마음으로 회향하되,

<주본화엄31, 15:16-17>

A: 不分別若[25(·)]世間[24(|),53(-)]若[25(·)]世間[25(·)]法[24(|),53(-),41(:),44(·),52(·),경계선]
B: 不分別若[七]世間[ㅣ,x乃]若[七]世間[七]法[ㅣ,x乃,亠令乙,尸,ㆍ分]
C: 若七 世間ㅣx乃 若七 世間七 法ㅣx乃ノ亠乙 分別尸 不ㆍ分
D: ①世間이나 世間의 법이나 하는 것을 分別하지 않으며,
E: 세간이나 세간법을 분별하지 않으며,

<주본화엄31, 15:17>

A: 不分別若[25(·)]菩提[24(|)?,53(-)]若[25(·)]菩提薩埵[24(|),53(-),41(:),44(·)?,52(·)?]
B: 不分別若[七]菩提[ㅣ,x乃]若[七]菩提薩埵[ㅣ,x乃,亠令乙,尸,ㆍ分]
C: 若七 菩提ㅣx乃 若七 菩提薩埵ㅣx乃ノ亠乙 分別尸 不ㆍ分
D: ②菩提나 菩提薩埵나 하는 것을 分別하지 않으며,
E: 보리나 보리살타(菩提薩)를 분별하지 않으며,

<주본화엄31, 15:17-18>

A: 不分別若[25(·)]菩薩[44(·)]行[24(|),53(-)]若[25(·)]出離[25(·)]道[24(|)?,53(-),41(:),44(·),52(·)?]
B: 不分別若[七]菩薩[尸]行[ㅣ,x乃]若[七]出離[七]道[ㅣ,x乃,亠令乙,尸,ㆍ分]
C: 若七 菩薩尸 行ㅣx乃 若七 出離七 道ㅣx乃ノ亠乙 分別尸 不ㆍ分
D: ③菩薩의 行이나 出離의 道나 하는 것을 分別하지 않으며,
E: 보살의 행[菩薩行]이나 뛰어나는 도[出離道]를 분별하지 않으며,

<주본화엄31, 15:18-19>

A: 不分別若[25(·)]佛[53(-)]若[25(·)]一切佛法[24(|),53(-),41(:)]
B: 不分別若[七]佛[x乃]若[七]一切佛法[ㅣ,x乃,亠令乙]
C: 若七 佛(ㅣ)x乃 若七 一切 佛法ㅣx乃ノ亠乙 分別(尸) 不(ㆍ分)
D: ④佛이나 一切 佛法이나 하는 것을 分別하지 않으며,
E: 부처님이나 모든 부처님의 법을 분별하지 않으며,

<주본화엄31, 15:19>

A: 不分別若[25(·)]調伏衆生[41(·),14(·),35(·),53(-)]若[25(·)]不調伏衆生[41(·),14(·),35(·)?,53(-),41(:)?,44(·)?]

B: 不分別若[七]調伏衆生[乙,尸,矢,x乃]若[七]不調伏衆生[乙,尸,矢,x乃,氵㫛乙,尸]

C: 若七 衆生乙 調伏(丷)尸矢x乃 若七 衆生乙 調伏(尸) 不(丷)尸矢x乃ノ㫛乙 分別尸 不(丷分)

D: ⑤衆生을 調伏하는 것이나 衆生을 調伏하지 않는 것이나 하는 것을 分別하지 않으며,

E: 중생을 조복하거나 중생을 조복하지 않음을 분별하지 않으며,

<주본화엄31, 15:20>

A: 不分別若[25(·)]善根[24(|),53(-)]若[25(·)]迴向[24(|),53(-),41(:)]

B: 不分別若[七]善根[丨,x乃]若[七]迴向[丨,x乃,氵㫛乙]

C: 若七 善根丨x乃 若七 迴向丨x乃ノ㫛乙 分別(尸) 不(丷分)

D: ⑥善根이나 迴向이나 하는 것을 分別하지 않으며,

E: 선근이나 회향함을 분별하지 않으며,

<주본화엄31, 15:20>

A: 不分別若[25(·)]自[23(-),53(-)]若[25(·)]他[24(|),53(-),41(:)]

B: 不分別若[七]自[ㅋ,x乃]若[七]他[丨,x乃,氵㫛乙]

C: 若七 自ㅋx乃 若七 他丨x乃ノ㫛乙 分別(尸) 不(丷分)

D: ⑦자기나 남이나 하는 것을 分別하지 않으며,

E: 자신이나 다른 이를 분별하지 않으며,

<주본화엄31, 15:20-21>

A: 不分別若[25(·)]施物[24(|)?,53(-)]若[25(·)]受施[25(|)]者[24(|)?,53(-),41(:)?]

B: 不分別若[七]施物[丨,x乃]若[七]受施[㫛七]者[丨,x乃,氵㫛乙]

C: 若七 施物丨x乃 若七 受施(丷)㫛七 者丨x乃ノ㫛乙 分別(尸) 不(丷分)

D: ⑧施物이나 受施하는 이나 하는 것을 分別하지 않으며,

E: 보시하는 물품이나 보시 받는 이를 분별하지 않으며,

周本『華嚴經』卷第三十一   163

<주본화엄31, 15:21-22>
A: 不分別若[25(·)]菩薩[44(·)]行[24(|),53(-)]若[25(·)]等正覺[24(|),53(-),41(:),52(·)]
B: 不分別若[七]菩薩[尸]行[刂,xフ]若[七]等正覺[刂,xフ,罒仒乙,ㄣ分]
C: 若セ 菩薩尸 行刂xフ 若セ 等正覺刂xフノ仒乙 分別(尸) 不ㄣ分
D: ⑨菩薩의 行이나 等正覺이나 하는 것을 分別하지 않으며,
E: 보살의 행이나 등정각(等正覺)을 분별하지 않으며,

<주본화엄31, 15:22>
A: 不分別若[25(·)]法[24(|)?,53(-)]若[25(·)]智[24(|)?,53(-),41(:),44(·),55(/)]
B: 不分別若[七]法[刂,xフ]若[七]智[刂,xフ,罒仒乙,尸,x丨]
C: 若セ 法刂xフ 若セ 智刂xフノ仒乙 分別尸 不x丨
D: ⑩法이나 智나 하는 것을 分別하지 않는다.
E: 법이나 지혜를 분별하지 않습니다.

　　(11) 結諸門 <15:22-16:03>

<주본화엄31, 15:22-23>
A: 佛子[34(|)]菩薩摩訶薩[33(·)]以彼善根[41(·),34(|)]如是[24(·)]迴向[55(/)]
B: 佛子[ɜ]菩薩摩訶薩[ㄱ]以彼善根[乙,ɜ]如是[攴]迴向[x丨]
C: 佛子ɜ 菩薩摩訶薩ㄱ 彼 善根乙 以ɜ 是 如攴 迴向x丨
D: 佛子여, 菩薩摩訶薩은 저 善根으로써 이 같이 迴向한다.
E: 불자들이여, 보살마하살이 저런 선근으로 이렇게 회향하나니,

<주본화엄31, 15:23>
A: 所謂[12(·),33(·)?]心[53(·)]無著[44(·),51(·)]無縛[44(·),43(|)]解脫[52(·)]
B: 所謂[ㄱ,ㄱ]心[十]無著[尸,分]無縛[尸,ɜ 㭱]解脫[ㄥ分]
C: 謂(ノ)ㄱ 所ㄱ 心十 著尸 無分 縛尸 無ɜ㭱 解脫ㄥ分
D: 즉, ①마음에 執著함 없으며 束縛됨 없어서 解脫하며,
E: 이른바 마음에 집착이 없고 속박 없이 해탈하며,

<주본화엄31, 15:24>

A: 身無著無縛解脫

B: 身無著無縛解脫

C: 身(十) 著(尸) 無(ゝ分) 縛(尸) 無(3ホ) 解脫(ヽ分)

D: ②몸에 執著함 없으며 束縛됨 없어서 解脫하며,

E: 몸에 집착 없고 속박 없이 해탈하며,

<주본화엄31, 15:24>

A: 口無著無縛解脫

B: 口無著無縛解脫

C: 口(十) 著(尸) 無(ゝ分) 縛(尸) 無(3ホ) 解脫(ヽ分)

D: ③입에 執著함 없으며 束縛됨 없어서 解脫하며,

E: 입에 집착 없고 속박 없이 해탈하며,

<주본화엄31, 15:24-16:01>

A: 業無著無縛解脫

B: 業無著無縛解脫

C: 業(十) 著(尸) 無(ゝ分) 縛(尸) 無(3ホ) 解脫(ヽ分)

D: ④業에 執著함 없으며 束縛됨 없어서 解脫하며,

E: 업에 집착 없고 속박 없이 해탈하며,

<주본화엄31, 16:01>

A: 報無著無縛解脫

B: 報無著無縛解脫

C: 報(十) 著(尸) 無(ゝ分) 縛(尸) 無(3ホ) 解脫(ヽ分)

D: ⑤報에 執著함 없으며 束縛됨 없어서 解脫하며,

E: 과보에 집착 없고 속박 없이 해탈하며,

<주본화엄31, 16:01-02>

A: 世間無著無縛解脫

B: 世間無著無縛解脫

C: 世間(十) 著(尸) 無(分) 縛(尸) 無(3斤) 解脫(ソ分)

D: ⑥世間에 執著함 없으며 束縛됨 없어서 解脫하며,

E: 세간에 집착 없고 속박 없이 해탈하며,

<주본화엄31, 16:02>

A: 佛刹無著無縛解脫

B: 佛刹無著無縛解脫

C: 佛刹(十) 著(尸) 無(分) 縛(尸) 無(3斤) 解脫(ソ分)

D: ⑦佛刹에 執著함 없으며 束縛됨 없어서 解脫하며,

E: 부처님 세계에 집착 없고 속박 없이 해탈하며,

<주본화엄31, 16:02-16:03>

A: 衆生[53(丨)]無著無縛解脫

B: 衆生[ㆍ十]無著無縛解脫

C: 衆生ㆍ十 著(尸) 無(分) 縛(尸) 無(3斤) 解脫(ソ分)

D: ⑧衆生에게 執著함 없으며 束縛됨 없어서 解脫하며,

E: 중생에 집착 없고 속박 없이 해탈하며,

<주본화엄31, 16:03>

A: 法[53(·)]無著無縛解脫

B: 法[十]無著無縛解脫

C: 法十 著(尸) 無(分) 縛(尸) 無(3斤) 解脫(ソ分)

D: ⑨法에 執著함 없으며 束縛됨 없어서 解脫하며,

E: 법에 집착 없고 속박 없이 해탈하며,

<주본화엄31, 16:03>

A: 智[53(·)]無著[44(·),51(·)?]無縛[44(·),43(|)]解脫[55(/)]
B: 智[十]無著[尸,分]無縛[尸,氵亦]解脫[xㅣ]
C: 智十 著尸 無分 縛尸 無氵亦 解脫xㅣ
D: ⑩智에 執著함 없으며 束縛됨 없어서 解脫하며,
E: 지혜에 집착 없고 속박 없이 해탈합니다.

    (12) 利益 <16:03-16:14>

<화엄31, 16:03-05>

A: 菩薩摩訶薩[33(·)]如是[24(·)]迴向[25(ㅗ)]時[11(·),53(·),33(·)]如三世諸[33(·)]佛[35(·)]爲菩薩[14(i)#14(|),41(··),12(··)]時[11(·)]所修[12(|),25(·)]迴向[41(·),24(-)]而[45(·)]行迴向[41(·),11(/)]
B: 菩薩摩訶薩[ㄱ]如是[攴]迴向[x七]時[氵,十,ㄱ]如三世諸[ㄱ]佛[ㄥ]爲菩薩[丨尸,入乙,ㅎㄱ]時[氵]所修[ㅎ乊,七]迴向[乙,恵]而[灬]行迴向[乙,ナ个氵]
C: 菩薩摩訶薩ㄱ 是 如攴 迴向x七 時氵十ㄱ 三世 諸ㄱ 佛ㄥ 菩薩丨尸{爲}入乙(丷)ㅎㄱ 時氵 (十) 修ㅎ乊ㄱ 所七 迴向乙 {如}恵 而灬 迴向乙 行(丷)ナ个氵
D: 菩薩摩訶薩이 이와 같이 廻向할 때에는, 三世 모든 부처가 菩薩이 되신 때에 닦으신 바의 廻向과 같이 廻向을 行하니,
E: 보살마하살이 이렇게 회향할 적에 삼세의 부처님들이 보살로 계실 때에 닦으시던 회향과 같이 회향하나니,

<화엄31, 16:05>

A: 學過去[25(·)]諸[33(·)]佛[35(·)]迴向[41(·),52(·)]
B: 學過去[七]諸[ㄱ]佛[ㄥ]迴向[乙,丷分]
C: 過去七 諸ㄱ 佛ㄥ 迴向乙 學丷分
D: ①-1 過去의 모든 부처의 廻向을 배우며,
E: 과거의 부처님들의 회향을 배우며,

<화엄31, 16:05-06>
A: 成未來[25(·)]諸[33(·)]佛[35(·)]迴向[41(·),24(|),51(·)]
B: 成未來[ㄟ]諸[ㄱ]佛[ㄥ]迴向[乙,リ,彡]
C: 未來ㄟ 諸ㄱ 佛ㄥ 迴向乙 成リ彡
D: ①-2 未來의 모든 부처의 迴向을 이루며,
E: 미래의 부처님들의 회향을 이루며,

<화엄31, 16:06>
A: 住現在[25(·)?]諸[33(·)]佛[35(·)]迴向[53(·),52(·)]
B: 住現在[ㄟ]諸[ㄱ]佛[ㄥ]迴向[十,ᄼ,彡]
C: 現在ㄟ 諸ㄱ 佛ㄥ 迴向十 住ᄼ彡
D: ①-3 現在의 모든 부처의 迴向에 머무르며,
E: 현재의 부처님들이 회향에 머물며,

<화엄31, 16:06-07>
A: 安住過去[25(·)]諸[33(·)]佛[35(·)]迴向[25(·)]道[53(·),52(·)]
B: 安住過去[ㄟ]諸[ㄱ]佛[ㄥ]迴向[ㄟ]道[十,ᄼ,彡]
C: 過去ㄟ 諸ㄱ 佛ㄥ 迴向ㄟ 道十 安住ᄼ彡
D: ②-1 過去의 모든 부처의 迴向의 道에 安住하며,
E: 과거 부처님들의 회향하던 길에 편안히 머물며,

<화엄31, 16:07>
A: 不捨未來[25(·)?]諸[33(·)]佛[35(·)]迴向[25(·)]道[41(·),44(·),52(·)]
B: 不捨未來[ㄟ]諸[ㄱ]佛[ㄥ]迴向[ㄟ]道[乙,尸,ᄼ,彡]
C: 未來ㄟ 諸ㄱ 佛ㄥ 迴向ㄟ 道乙 捨尸 不ᄼ彡
D: ②-2 未來의 모든 부처의 迴向의 道를 버리지 않으며,
E: 미래 부처님들의 회향할 길을 버리지 아니하며,

<화엄31, 16:07-08>

A: 隨順現在[25(·)]諸[33(·)]佛[35(·)]迴向[25(·)]道[53(·),25(·),52(·)]

B: 隨順現在[七]諸[𠃌]佛[𢒑]迴向[七]道[十,七,ソ㢱]

C: 現在七 諸𠃌 佛𢒑 迴向七 道十 隨(ヮ) 順七ソ㢱

D: ②-3 現在의 모든 부처의 廻向의 道에 隨順하며,

E: 현재 부처님들의 회향하는 길을 따르며,

<화엄31, 16:08>

A: 勤修過去[25(·)]諸[33(·)]佛敎[41(·),52(·)]

B: 勤修過去[七]諸[𠃌]佛敎[乙,ソ㢱]

C: 勤(七) 過去七 諸𠃌 佛(𢒑) 敎乙 修ソ㢱[115)]

D: ③-1 부지런히 過去의 모든 부처의 가르침을 닦으며,

E: 과거 부처님들의 가르침을 닦으며,

<화엄31, 16:08-09>

A: 成就未來[25(·)]諸[33(·)]佛敎[41(·),52(·)]

B: 成就未來[七]諸[𠃌]佛敎[乙,ソ㢱]

C: 未來七 諸𠃌 佛(𢒑) 敎乙 成就ソ㢱

D: ③-2 未來의 모든 부처의 가르침을 成就하며,

E: 미래 부처님들의 가르침을 성취하며,

<화엄31, 16:09>

A: 了知現在[25(·)]諸[33(·)]佛敎[41(·),52(·)]

B: 了知現在[七]諸[𠃌]佛敎[乙,ソ㢱]

C: 現在七 諸𠃌 佛(𢒑) 敎乙 了知ソ㢱

D: ③-3 現在의 모든 부처의 가르침을 了知하며,

---

115) '修'는 화엄경 계열에서 일반적으로 훈독하지만 아래와 같이 음독하는 경우도 있다.
若 能 勤火七 佛功德乙 修ソㅌ尸入𠃌 <화엄11:05>

현재 부처님들의 가르침을 알며,

<화엄31, 16:09>
A: 滿足過去[25(·)]諸[33(·)]佛[35(·)]平等[41(-),52(·)]
B: 滿足過去[ㄷ]諸[ㄱ]佛[ㄼ]平等[xㅅ乙,ヽ㣺]
C: 過去ㄷ 諸ㄱ 佛ㄼ 平等xㅅ乙 滿足ヽ㣺
D: ④-1 過去의 모든 부처의 平等하심을 滿足하며,
E: 과거 부처님들의 평등을 만족하며,

<화엄31, 16:10>
A: 成就未來[25(·)]諸[33(·)]佛[35(·)]平等[41(-),52(·)]
B: 成就未來[ㄷ]諸[ㄱ]佛[ㄼ]平等[xㅅ乙,ヽ㣺]
C: 未來ㄷ 諸ㄱ 佛ㄼ 平等xㅅ乙 成就ヽ㣺
D: ④-2 未來의 모든 부처의 平等하심을 成就하며,
E: 미래 부처님들의 평등을 성취하며,

<화엄31, 16:10>
A: 安住現在[25(·)?]諸[33(·)]佛[35(·)]平等[12(|),53(|)?,52(·)]
B: 安住現在[ㄷ]諸[ㄱ]佛[ㄼ]平等[ㆆㄷㄱ,ㅋ十,ヽ㣺]
C: 現在ㄷ 諸ㄱ 佛ㄼ 平等(ヽ)ㆆㄷㄱ ㅋ十 安住ヽ㣺
D: ④-3 現在의 모든 부처의 平等하심에 安住하며,
E: 현재 부처님들의 평등에 머물며,

<화엄31, 16:10-11>
A: 行過去[25(·)]諸[33(·)]佛[35(·)]境界[53(·),52(·)]
B: 行過去[ㄷ]諸[ㄱ]佛[ㄼ]境界[十,ヽ㣺]
C: 過去ㄷ 諸ㄱ 佛ㄼ 境界十 行ヽ㣺
D: ⑤-1 過去의 모든 부처의 境界를 行하며,[116)]
E: 과거 부처님들의 경계를 행하며,

<화엄31, 16:11>

A: 住未來[25(·)]諸[33(·)]佛[35(·)]境界[53(·),52(·)]

B: 住未來[ㄴ]諸[ㄱ]佛[ㅅ]境界[十,ゝ小]

C: 未來ㄴ 諸ㄱ 佛ㅅ 境界十 住ゝ小

D: ⑤-2 未來의 모든 부처의 境界에 머무르며,

E: 미래 부처님들의 경계에 머물며,

<화엄31, 16:11-12>

A: 等現在[25(·)]諸[33(·)]佛[35(·)]境界[53(·),34(|),52(·)]

B: 等現在[ㄴ]諸[ㄱ]佛[ㅅ]境界[十,氵,ゝ小]

C: 現在ㄴ 諸ㄱ 佛ㅅ 境界十 等氵ゝ小

D: ⑤-3 現在의 모든 부처의 境界에 대등하며,[117]

E: 현재 부처님들의 경계와 평등하며,

<화엄31, 16:12>

A: 得三世[25(·)]一切諸[33(·)]佛[35(·)?]善根[41(·),51(·)]

B: 得三世[ㄴ]一切諸[ㄱ]佛[ㅅ]善根[乙,小]

C: 三世ㄴ 一切 諸ㄱ 佛ㅅ 善根乙 得小

D: ⑥三世의 一切 모든 부처의 善根을 얻으며,

E: 삼세 부처님들의 선근을 얻으며,

<화엄31, 16:12-13>

A: 具三世[25(·)]一切諸[33(·)]佛[35(·)]種性[41(·),24(\),51(·)]

B: 具三世[ㄴ]一切諸[ㄱ]佛[ㅅ]種性[乙,ㄅ,小]

---

116) '부처의 境界에 가며'로 해석될 가능성도 있다.
117) '境界十 等氵(ゝ)小'는 '境界에 대등히 하며'로 해석할 수도 있다.
若ㄴ 水氵十 入ゝ古ㄱ 時十ㄱ 當願 衆生 一切智氵十 入ㅏ氵市 三世尸 等氵ノㄱ入乙 知ㄴ효 <화엄07:23>
彼ㆆ{之} 功德ㄱ 邊際 無口ナㆍㄴ효 稱量ゝ氵古可{可}ㄴㄱ 不矢分 與ㄴゝ氵市 等氵ゝ氵今 無ㄴナㅣ <화엄09:05>

C: 三世七 一切 諸ㄱ 佛ㄌ 種性乙 具ㄥ分
D: ⑦三世의 一切 모든 부처의 種性을 갖추며,
E: 삼세 부처님의 종성(種性)을 갖추며,

<화엄31, 16:13>
A: 住三世[25(·)]一切諸[33(·)]佛[35(·)]所行[53(·),52(·)]
B: 住三世[七]一切諸[ㄱ]佛[ㄌ]所行[十,ゝ分]
C: 三世七 一切 諸ㄱ 佛ㄌ 所行十 住ゝ分
D: ⑧三世의 一切 모든 부처의 所行에 머무르며,
E: 삼세 부처님들의 행하심에 머물며,

<화엄31, 16:13-14>
A: 順三世[25(·)]一切諸[33(·)]佛[35(·)]境界[53(·),25(·),55(/)]
B: 順三世[七]一切諸[ㄱ]佛[ㄌ]境界[十,七,xㅣ]
C: 三世七 一切 諸ㄱ 佛ㄌ 境界十 順七xㅣ
D: ⑨三世의 一切 모든 부처의 境界에 隨順한다.
E: 삼세 부처님들의 경계를 순종합니다.

　　(13) 果位 <16:14-16:24>

<화엄31, 16:14-15>
A: 佛子[34(|)]是[41(·)]爲[14(.·)]菩薩摩訶薩[44(·)]第九[25(·)]無著無縛解脫心迴向[11(·),31(··),55(.·)]
B: 佛子[3]是[乙]爲[ロア]菩薩摩訶薩[ア]第九[七]無著無縛解脫心迴向[ミ,ヮ禾,ナㅣ]
C: 佛子 3 是乙 爲(ゝ)ロア 菩薩摩訶薩ア 九 第七[118] 無著無縛解脫心 迴向ミノ禾ナㅣ
D: 佛子여 이것을 일컬어 菩薩摩訶薩의 아홉째의 無著無縛解脫心廻向이라고 한다.
E: 불자들이여, 이것이 보살마하살의 집착이 없고 속박이 없이 해탈하는 마음인 제구(第九)

---

118) 다음의 예를 참조할 수 있다.
　　{是}ㅣ乙 名下 菩薩摩訶薩ア 九 第七 持藏ミノ禾ナㅣ <화소 24:16>

172 第二部 判讀과 解讀 및 翻譯

회향입니다.

<화엄31, 16:15-16>

A: 菩薩摩訶薩[24(｜)]住此迴向[53(·),24(/)?,25(⊥)#25(丁)#25(÷)]時[11(·),53(·),33(·)]

B: 菩薩摩訶薩[刂]住此迴向[十,厽,x七]時[氵,十,ㄱ]

C: 菩薩摩訶薩刂 此 迴向十 住(丷)厽x七 時氵十ㄱ

D: 菩薩摩訶薩이 이 迴向에 머무른 때에는,

E: 보살마하살이 이 회향에 머물렀을 때에는

<화엄31, 16:16>

A: 一切金剛輪圍山[45(·)]所不能壞[44(·),=22(-),35(·),14(·),51(/)]

B: 一切金剛輪圍山[灬]所不能壞[尸,<ノ>,矢,尸,刂分]

C: 一切 金剛輪圍山灬 壞尸 不<ノ>能(刂)矢(ノ)尸 所刂分[119]

D: 一切 金剛輪圍山으로 무너뜨릴 수 없는 바이며,

E: 일체 금강륜위산(金剛輪圍山)이 깨뜨릴 수 없으며,

<화엄31, 16:16-17>

A: 於一切衆生[25(·)]中[53(·)]色相第一[21(·｜),경계선][120]無能[35(·)?]及[34(｜),13(｜)#13(!),25(·),51(·)][121], 경계선]者

B: 於一切衆生[七]中[十]色相第一[四]無能[矢]及[氵,x亽,七,分]者

C: {於}一切 衆生七 中十 色相 第一(刂)四 能矢 及 氵x亽{者} 無七分

D: 一切 衆生의 가운데에 色相이 第一이어서 能히 미칠 이 없으며,

E: 일체 중생 중에 몸매가 제일이어서 미칠 이가 없으며,

---

119) 다음의 예를 참조할 수 있다.

  衆ㄱ 魔氵 外道氵ノ亽ㆆ 壞尸 不能刂矢ノ尸 所刂分 轉身丷氵㐌 受生ノ尸ㅿ <화소23:13-14>

120) 이점본에 33(·)이 있으나 의심스럽다.

121) '51(·)' 둘레에 원형의 각필선이 있는 듯하다.

周本 『華嚴經』 卷第三十一   173

<화엄31, 16:17>

A: 悉[34(|)]能[24(·)]摧破諸[33(·)]魔[23(-)]邪業[41(·),52(·)]
B: 悉[ㄱ]能[叐]摧破諸[ㄱ]魔[ㄹ]邪業[乙,丷尒]
C: 悉ㄱ 能叐 諸ㄱ 魔ㄹ 邪業乙 摧破丷尒
D: 다 能히 모든 魔의 邪業을 摧破하며,
E: 여러 마군의 삿된 업을 꺾어 버리고

<화엄31, 16:18>

A: 普[24(|)]現十方[25(·)]一切世界[53(·),43(|)]修菩薩[44(·)]行[41(·),51(·)]
B: 普[ㅣ]現十方[ㄷ]一切世界[十,ㅣ尒]修菩薩[尸]行[乙,尒]
C: 普ㅣ 十方ㄷ 一切 世界十 現ㅣ尒 菩薩尸 行乙 修尒
D: 널리 十方의 一切 世界에 나타나서 菩薩의 行을 닦으며,
E: 시방세계에 나타나서 보살의 행을 닦으며,

<화엄31, 16:18-19>

A: 爲欲開悟一切衆生[41(·),32(-)]以善方便[41(·),34(|)]說諸[33(·)]佛法[41(·),51(·)]
B: 爲欲開悟一切衆生[乙,入]以善方便[乙,ㅣ]說諸[ㄱ]佛法[乙,尒]
C: 一切 衆生乙 開悟丷{爲欲}入 善方便乙 以ㅣ 諸ㄱ 佛法乙 說尒
D: 一切 衆生을 開悟하고자 善方便으로써 모든 佛法을 說하며,
E: 일체 중생을 깨우치기 위하여 좋은 방편으로 불법을 말하여

<화엄31, 16:19-20>

A: 得大智慧[41(·),43(|)]於諸[33(·)]佛法[53(·)]心[42(|)]無迷惑[44(·),51(·)]
B: 得大智慧[乙,ㅣ尒]於諸[ㄱ]佛法[十]心[ㆆ]無迷惑[尸,尒]
C: 大智慧乙 得ㅣ尒 {於}諸ㄱ 佛法十 心ㆆ 迷惑尸 無尒
D: 大智慧를 얻어서 모든 佛法에 마음이 迷惑함 없으며,
E: 큰 지혜를 얻게 하며, 여러 부처님의 법이 마음을 미혹하지 않게 합니다.

174 第二部 判讀과 解讀 및 飜譯

<화엄31, 16:20-21>

A: 在[12(·)]在[12(·)?]生處[53(·)]若[25(·)]行[53(-)]若[25(·)]住[53(-)]常[24(|)]得[43(|)]值遇不壞眷屬[41(·),52(·)]

B: 在[ㄱ]在[ㄱ]生處[十]若[ㄷ]行[xラ]若[ㄷ]住[xラ]常[ㅣ]得[氵ホ]值遇不壞眷屬[乙,ゝ分]

C: 在ㄱ 在ㄱ 生處十 若ㄷ 行xラ 若ㄷ 住xラ 常ㅣ 得氵ホ 不壞眷屬乙 值遇ゝ分

D: 있는 있는 生處[在在生處]에서 行하거나 住하거나 항상 능히 무너지지 않는 眷屬을 만나며,

E: 태어나는 곳마다 다니거나 있을 적에 무너지지 않는 권속을 항상 만나며,

<화엄31, 16:21-22>

A: 三世[25(·)]諸[33(·)]佛[35(·)]所說[12(|)?,25(·)]正法[41(·)]以淸淨念[41(·)?,34(|)]悉能[24(·)]受持[52(·)]

B: 三世[ㄷ]諸[ㄱ]佛[ㅅ]所說[ㅎㅁㄱ,ㄷ]正法[乙]以淸淨念[乙,氵]悉能[攴]受持[ゝ分]

C: 三世ㄷ 諸ㄱ 佛ㅅ 說ㅎㅁㄱ 所ㄷ 正法乙 淸淨念乙 以氵 悉(氵) 能攴 受持ゝ分

D: 三世의 모든 부처가 說하신 바의 正法을 淸淨念으로써 다 能히 受持하며,

E: 삼세 부처님들의 말씀한 법을 청정한 생각으로 다 받아 지니며,

<화엄31, 16:22-23>

A: 盡未來[25(·)]劫[41(·),34(|)]修菩薩[44(·)]行[41(·),13(..)]常[24(|)]不休息[44(·)?,52(·)?]無所依著[14(·)?,51(·)]

B: 盡未來[ㄷ]劫[乙,氵]修菩薩[尸]行[乙,xム]常[ㅣ]不休息[尸,分]無所依著[尸,分]

C: 未來ㄷ 劫乙 盡氵 菩薩尸 行乙 修xム 常ㅣ 休息尸 不(ゝ)分 依著(ノ)尸 所 無分

D: 未來의 劫을 다하도록 菩薩의 行을 닦되 항상 休息하지 않으며 依著하는 바 없으며,

E: 미래의 겁이 다하도록 보살의 행을 닦아 쉬지도 아니하고 의지하지도 아니하며,

<화엄31, 16:23>

A: 普賢[23(-)]行願增長具足[52(·)]

B: 普賢[ゥ]行願增長具足[ゝ分]

C: 普賢ゥ 行願 增長 具足ゝ分

D: 普賢의 行願을 增長 具足하며,

E: 보살의 행과 원을 구족하게 증장하여

<화엄31, 16:23-24>

A: 得一切智[41(·),43(|)]施{53(·)}作佛事[41(·),52(·)]

B: 得一切智[乙,ㄱ ㅊ]施作佛事[乙,ㅗㅅ]

C: 一切智乙 得ㅅㅊ 佛事乙 施作ㅗㅅ

D: 一切智를 얻어서 佛事를 지으며,

E: 온갖 지혜를 얻으며, 부처님의 일을 지어서

<화엄31, 16:24>

A: 成就菩薩[44(·)]自在{33(·)}神通[41(·),55(/)]

B: 成就菩薩[尸]自在神通[乙,xㅣ]

C: 菩薩尸 自在 神通乙 成就xㅣ

D: 菩薩의 自在 神通을 成就한다.

E: 보살의 자재한 신통을 성취합니다."

    (14) 金剛幢菩薩의 偈頌 <16:24-21:07>

<주본화엄31, 16:24-17:01>[122]

A: 爾時[53(·)]金剛幢菩薩[33(·)]承佛[35(·)]神力[41(·),53(i)]普[24(|)?]觀十方[34(·)]而[45(·)]說頌[41(·),34(|)]言[14(··)]

B: 爾時[+]金剛幢菩薩[ㄱ]承佛[ㄴ]神力[乙,白ㄱ]普[ㅣㅣ]觀十方[ㅁ]而[ㅅㅅ]說頌[乙,ㄱ]言[ㅎ尸]

C: 爾時+ 金剛幢菩薩ㄱ 佛ㄴ 神力乙 承(ㅣㅣ)白ㄱ 普ㅣㅣ 十方(乙) 觀(ㅗ)ㅁ 而ㅅㅅ 頌乙 說ㄱ 言ㅎ尸

D: 그때 金剛幢菩薩은 부처의 神力을 받들어 널리 十方을 觀하고 頌을 일러 말하기를,

E: 그 때 금강당보살이 부처님의 신력을 받들어 시방을 두루 살펴보고 게송으로 말하였다.

---

122) 金剛幢菩薩의 偈頌 中 廻向의 善根 <16:24-17:09>

<주본화엄31, 17:02>
A: 普[24(|)]於十方[25(·)]無等尊[53(|)?]未曾[23(:)]一[52(·|),43(\),42(\)#31~41(\)#41(\),경계선]^{123)}起輕慢心[41(·),44(·),52(·)]
B: 普[丨]於十方[セ]無等尊[ㅜ+]未曾[ハ]一[X,ケ,刀]起輕慢心[乙,尸,ㄴ分]
C: 普刀 {於}十方セ 無等尊ㅜ+ 曾ハ 一Xケ刀 輕慢心乙 起尸 未ㄴ分
D: 널리 十方의 無等尊께 일찍이 한 번도 輕慢心을 일으키지 않으며,
E: 시방의 평등할 이 없는 이에게 한 번도 소홀한 맘 안 일으키고

<주본화엄31, 17:03>
A: 隨其所修[12(·.),25(·)]功德[25(·)]業[41(·),24(\)]亦[33(·)]復[42(\)]恭敬[43(|)?]生尊重[41(·|),24(|),51(·.)]
B: 隨其所修[ㄱ,セ]功德[セ]業[乙,ㄷ]亦[ㄱ]復[刀]恭敬[氵ホ]生尊重[ㄷ尸入乙,刂,x分]
C: 其 修ㄷㄱ 所セ 功德セ 業乙 隨ㄷ 亦(ㄴ)ㄱ 復刀 恭敬(ㄴ)氵ホ 尊重ノ尸入乙 生刂x分
D: 그 닦은 바의 功德의 業을 따라 또한 또 恭敬하여서 尊重함을 내며,
E: 닦으신 그 공덕과 업을 따라서 공경하고 존중한 맘 다시 내도다.

<주본화엄31, 17:04>
A: 所修[12(·.),25(·)]一切諸[33(·)]功德[15(·/)]不爲自己[23(-),11(·)]及[25(·)]他人[11(·),41(:),33(·.),14(·),53(!)]
B: 所修[ㄷㄱ,セ]一切諸[ㄱ]功德[x入ㄱ]不爲自己[ㅜ,氵]及[セ]他人[氵,ㄷ亽乙,X,尸,X]
C: 修ㄷㄱ 所セ 一切 諸ㄱ 功德x入ㄱ 自己ㅜ氵 及セ 他人氵ノ亽乙 爲X尸 不X
D: 닦은 바의 一切 모든 功德이라면 自己이니 및 他人이니 하는 이를 위하지 않아
E: 수행한 여러 가지 있는 공덕을 자기나 다른 이를 위하지 않고

<주본화엄31, 17:05>
A: 恒[24(|)]以最上信解心[41(·),34(|)?]利益衆生[41(·),33(\)]{32(·)?}故[24(·)?]迴向[51(·.)]
B: 恒[刂]以最上信解心[乙,氵]利益衆生[乙,氵]故[攴]迴向[x分]

---

123) '一'의 왼쪽 아래 경계선 오른쪽에도 곡선으로 된 깊게 패인 듯한 자국이 있다.

C: 恒ﾘ 最上 信解心乙 以ﾖ 衆生乙 利益(ﾉﾋ)ｲ(ﾉﾌ入ｰ) 故支 迴向xﾝ
D: 항상 最上의 信解心으로써 衆生을 이롭게 하고 싶어하기 때문에 廻向하며,
E: 언제나 가장 높은 신심으로써 중생을 이익하려 회향합니다.

<주본화엄31, 17:06>
A: 未嘗[23(:)]暫[23(:),43(\),42(\)]起高慢心[41(·),44(·),52(·)]亦[33(·)]復[42(\)]不生下劣[25(··)]意[41(·),52(·),53(!)]
B: 未嘗[ﾊ]暫[ﾊ,ｹ,ﾌ]起高慢心[乙,ﾗ,ﾝ]亦[ｱ]復[ﾌ]不生下劣[ﾋﾋ]意[乙,ﾉﾝ,X]
C: 嘗ﾊ 暫ﾊｹﾌ 高慢心乙 起ﾀ 未(ﾉ)ﾝ 亦(ﾉ)ｱ 復ﾌ 下劣(ﾉ)ﾋﾋ 意乙 生(ﾘﾀ) 不ﾉﾝX
D: 일찍이 잠깐만큼도 高慢心을 일으키지 않으며 또한 또 下劣한 뜻을 내지 않으며 하여,
E: 잠깐도 교만한 맘 내지 않고 못난 생각들도 내지 않으며

<주본화엄31, 17:07>
A: 如來[44(·)]所有[33(/),12(|),25(·)]身等[25(··)]業[53(·)]彼[41(·)]悉[34(|)]請問[43(|)]勤[25(·)]修習[55(/)]
B: 如來[ﾀ]所有[ﾑ,ﾎｺﾞ,ﾋ]身等[ﾋﾋ]業[十]彼[乙]悉[ﾖ]請問[ﾖﾊ]勤[ﾋ]修習[x|]
C: 如來ﾀ {有}ﾑﾎｺﾞ 所ﾋ¹²⁴⁾ 身 等(ﾉ)ﾋﾋ 業十 彼乙 悉ﾖ 請問(ﾉ)ﾖﾊ 勤ﾋ 修習x|
D: 如來의 지니신 바의 몸 等의 業¹²⁵⁾에 대해 그것을 다 請問하여서 부지런히 修習한다.
E: 여래의 몸과 말로 하시는 업을 저가 모두 물어서 닦아 익히며,

<주본화엄31, 17:08>
A: 所修[12(··),25(·)]種種[25(·)]諸[33(·)]善根[15(/)]悉[34(|)]爲利益諸[33(·)]含識[41(·),32(-),53(!)]
B: 所修[ｺﾞ,ﾋ]種種[ﾋ]諸[ｱ]善根[x入ｱ]悉[ﾖ]爲利益諸[ｱ]含識[乙,ｽ,X]
C: 修ｺﾞ 所ﾋ 種種ﾋ 諸ｱ 善根x入ｱ 悉ﾖ 諸ｱ 含識乙 利益(ﾉ)ｽ{爲}X
D: 닦은 바의 갖가지 모든 善根이라면 다 모든 含識을 이롭게 하고자 하여
E: 가지가지 수행하는 여러 선근은 중생을 이익하기 위한 것이니

---

124) 다음을 참조할 수 있다.
　{此}ﾘ 菩薩ｱ 過去ﾋ 諸ｱ 佛ｺﾞﾘ 菩薩ﾀ {有}ﾑﾎｺﾞ 所ﾋ 功德乙 聞ﾅﾝ <화소13:01-02>
125) 身口意 三業을 말한다.

178 第二部 判讀과 解讀 및 翻譯

<주본화엄31, 17:09>[126]
A: 安住深心[11(·)]廣大解[11(·),13(/),53(|)?,43(|)]迴向人尊[23(-)]功德位[53(·),52(·.)]
B: 安住深心[氵]廣大解[氵,ロ수,ㅋ十,氵ホ]迴向人尊[ㅋ]功德位[十,x分]
C: 深心氵 廣大解氵ノ수ㅋ十 安住(ㅅ)氵ホ 人尊ㅋ 功德位十 迴向x分
D: 深心이니 廣大解이니 하는 것에 安住하여서 人尊의 功德位에 迴向하며,
E: 깊은 마음 광대한 이해(理解)에 있어 높은 어른 공덕에 회향합니다.

<주본화엄31, 17:10>
A: 世間[53(·)]所有[33(·)#33(\),25(·)]無量[24(|)-중복선][127]別[12(:)]種種[25(·)]善巧奇特事[33(·)]
B: 世間[十]所有[ㄱ,ㄴ]無量[刂중복]別[ㅆㄱ]種種[ㄴ]善巧奇特事[ㄱ]
C: 世間十 有ㄱ 所ㄴ 量刂 無刂 別ㅆㄱ 種種ㄴ 善巧 奇特事ㄱ
D: 世間에 있는 바의 한량없이 다른 갖가지 善巧 奇特事는
E: 세간에 한량없이 차별한 일과 가지가지 공교롭고 기특한 일에

<주본화엄31, 17:11>
A: 麤細[22(·)]廣大[22(·)]及[25(·)]甚深[22(·),41(·.)]靡不修行[43(|)?]皆[25(·)]了達[44(·),33(⊥),51(·.)]
B: 麤細[ㅎ]廣大[ㅎ]及[ㄴ]甚深[ㅎ,ㄱ乙]靡不修行[氵ホ]皆[ㄴ]了達[尸,ㅆ尸丁ノ尸,x分]
C: 麤細(ㅅ)ㅎ 廣大(ㅅ)ㅎ 及ㄴ 甚深(ㅅ)ㅎ(ㄴ)ㄱ乙 修行(ㅅ)氵ホ 皆ㄴ 了達尸 不ㅆ尸丁ノ尸 靡 x分
D: 麤細하고 廣大하고 甚深하고 하거늘 修行하여서 다 了達하지 않음이 없으며,
E: 크고 작고 광대하고 깊은 것들을 모두 다 수행하여 통달합니다.

<주본화엄31, 17:12>
A: 世間[53(·)]所有[33(·),25(·)]種種[25(·)]身[53(·)]以身[41(·),43(|)?]平等[23(\)]入其[25(·)]中[53(·),53(!)]
B: 世間[十]所有[ㄱ,ㄴ]種種[ㄴ]身[十]以身[乙,氵ホ]平等[ㅎ]入其[ㄴ]中[十,X]
C: 世間十 有ㄱ 所ㄴ 種種ㄴ 身十 身乙 以氵ホ 平等ㅎ 其ㄴ 中十 入X

---
126) 9行과 10行 사이의 欄上에 직사각형의 紺色 不審紙가 있다.
127) 24(|)을 둘러싼 둥근 각필선이 있는 형태의 중복선이다.

D: 世間에 있는 바의 갖가지 身에 身으로써 平等히 그 中에 들어가

E: 세간에 가지가지 있는 몸들에 이 몸으로 평등하게 다 들어가고

<주본화엄31, 17:13>

A: 於此[53(:)]修行[13(:)]得了悟[41(·|)?,34(|)],12(:)]慧門成就[43(|)]無退轉[44(·),52(·.)]{13(/)}

B: 於此[ㅣ+]修行[xㅿ]得了悟[ㅁア入乙, 氵,ㅡㄱ]慧門成就氵ホ無退轉ア,x分]

C: {於}此ㅣ+ 修行xㅿ 了悟ノア入乙 得氵ㅡㄱ 慧門 成就(ヽ)氵ホ 退轉ア 無x分

D: 여기서 修行하되 了悟함을 얻어서는 智慧門 成就하여서 退轉함 없으며,

E: 이렇게 수행하여 깨닫게 되면 지혜문 성취하여 퇴전치 않고,

<주본화엄31, 17:14>

A: 世間[25(·)]國土[33(·)]無量[25(·),33(·)]種[24(|),21(·|)]微細[22(·)]廣大[22(·)]仰[22(·)]覆[22(·),23(|)]別[41(·.)]

B: 世間[ㄴ]國土[ㄱ]無量[ㄴ,ㄱ]種[ㅣ,四]微細[ㅎ]廣大[ㅎ]仰[ㅎ]覆[ㅎ,ヽ氵]別[ㄱ乙]

C: 世間ㄴ 國土ㄱ 量 無ㄴㄱ 種ㅣ四 微細(ヽ)ㅎ 廣大(ヽ)ㅎ 仰(ヽ)ㅎ 覆(ヽ)ㅎ氵 別(ヽ)ㄱ乙

D: 世間의 國土는 한량없는 種이라 微細하고 廣大하고 仰하고 覆하고 하여 다르거늘

E: 세간의 국토들이 한량이 없어 작고 크고 잦혀지고 엎어진 것을

<주본화엄31, 17:15>

A: 菩薩[33(·)]能[24(·)]以智慧門[41(·),34(|)]一[33(·)]毛孔[25(·)]中[53(·)]無不見[44(·),33(ㅗ)[128)],51(·.)]

B: 菩薩[ㄱ]能[ㅎ]以智慧門[乙, 氵]一[ㄱ]毛孔[ㄴ]中[十]無不見[ア,ヽアㅜノア,x分]

C: 菩薩ㄱ 能ㅎ 智慧門乙 以氵 一ㄱ 毛孔ㄴ 中十 見ア 不ヽアㅜノア 無x分

D: 菩薩은 能히 智慧門으로써 한 毛孔 中에 보지 않음 없으며,

E: 보살들이 지혜의 밝은 문으로 한 털구멍 속에서 모두 다 보고

---

128) '見'에서 '33(ㅗ)' 파악한 점토의 점(·)과 수평선(-)이 한자의 획으로 나뉘어져 있고, 그 간격도 일반적인 'ㅗ'에 비해서 떨어져 있으나 문맥을 고려하면 二重否定에 출현하는 '33(ㅗ)'로 보는 것이 옳은 듯하다.

180 第二部 判讀과 解讀 및 飜譯

<주본화엄31, 17:16>

A: 衆生[23(-)]心行[33(·)]無有量[33(·),41(·)]能[24(·)]令平等[23(\)]入一[33(·)]心[53(·),24(|)]-중복선[129], 13(·)?]
B: 衆生[ㅋ]心行[ㄱ]無有量[ㄱ,乙]能[攴]令平等[ㅎ]入一[ㄱ]心[十,ㅣ중복,xㅿ]
C: 衆生ㅋ 心行ㄱ 量 無有ㄱ乙 能攴 平等ㅎ 一ㄱ 心十 入ㅣ 令ㅣxㅿ
D: 衆生의 心行은 한량없거늘 능히 平等히 한 마음에 들이되
E: 중생의 마음과 행 한량없거늘 평등하게 한 맘 속에 들게 하고서

<주본화엄31, 17:17>

A: 以智慧門[41(·),43(|)]悉[34(|)]開悟[53(!)]於所修行[14(·),53(·)]不退轉[44(·),51(·.)]
B: 以智慧門[乙,ㅎ 尒]悉[ㅎ]開悟[X]於所修行[尸,十]不退轉[尸,xㅅ]
C: 智慧門乙 以ㅎ 尒 悉ㅎ 開悟X {於}修行(ノ)尸 所十 退轉尸 不xㅅ
D: 智慧門으로써 다 開悟하여 修行하는 바에 있어서 退轉하지 않으며,
E: 지혜로써 열어 보여 깨우쳐 주며 수행하는 일에서 퇴전치 않네,

<주본화엄31, 17:18>

A: 衆生[23(-)]諸[33(·)]根[11(·)]及[25(·)]欲樂[11(·),13(/),33(·)]上中下品各[43(|)]不[24(·)]同[24(|),21(|)]
B: 衆生[ㅋ]諸[ㄱ]根[ㅅ]及[七]欲樂[ㅅ,ㅁ수,ㄱ]上中下品各[ㅎ 尒]不[多]同[ㅣ,ㅁ]
C: 衆生ㅋ 諸ㄱ 根ㅅ 及七 欲樂ㅅノ수ㄱ 上中下品 各ㅎ 尒 不多 同ㅣㅁ
D: 衆生의 모든 근이니 및 欲樂이니 하는 것은 上·中·下品 各各 같지 않아
E: 중생의 근성이나 즐기는 욕망 상·중·하품 종류가 각각 다르고

<주본화엄31, 17:19>

A: 一切[25(:)]甚深[43(|)]難[43(·)]可知[24(\),42(|)?,25(·),41(··)]隨其本性[41(·),24(\)]悉[34(|)]能[24(·)]了[52(·.)][130]
B: 一切[xㄴ]甚深[ㅎ 尒]難[ㅅ]可知[ㅁ,ㅊ,七,ㄱ乙]隨其本性[乙,ㅁ]悉[ㅎ]能[攴]了[ㅅ,xㅅ]

---

129) 24(|)을 둘러싼 둥근 각필선이 있는 형태의 중복선이다.
130) 이점본에 25(·)?, 43(·), 경계선이 있으나 의심스럽다.

周本『華嚴經』卷第三十一   181

C: 一切ㅅㄴ 甚深(ㅄ)ぅか 難(ㅣ)ぅ 知ロ{可}ㅎㄴ(ㅄ)ㄱ乙 其 本性乙 隨ロ 悉ぅ 能ㅊ 了ㅈか
D: 모두 甚深하여서 어렵게야 알 수 있거늘 그 本性을 따라 다 능히 了知하며,
E: 모든 것 매우 깊어 알 수 없으나 근본 성품 따라서 모두 다 알고,

<주본화엄31, 17:20>
A: 衆生[23(-)]所有[33(/),33(·),25(·)]種種[25(·)]業[33(·)]上中下品各[43(|)?]差別[41(·.)]
B: 衆生[ぅ]所有[ㅕ,ㄱ,ㄴ]種種[ㄴ]業[ㄱ]上中下品各[ぅか]差別[ㄱ乙]
C: 衆生ぅ {有}ㅕ(ㄷ)ㄱ 所ㄴ 種種ㄴ 業ㄱ 上中下品 各ぅか 差別(ㅄ)ㄱ乙
D: 衆生의 가진 바의 갖가지 業은 上·中·下品 各各 差別 있거늘
E: 중생들의 짓고 있는 가지가지 업 상·중·하품 제각기 차별한 것을

<주본화엄31, 17:21>
A: 菩薩[33(·)]深[24(|)]入如來[44(·)]力[53(·),43(|)?]以智慧門[41(·),34(|)]普[24(|)]明見[51(·.)]
B: 菩薩[ㄱ]深[ㅣ]入如來[ᄭ]力[ㅏ,ぅか]以智慧門[乙,ぅ]普[ㅣ]明見[xか]
C: 菩薩ㄱ 深ㅣ 如來ᄭ 力ㅏ 入ぅか 智慧門乙 以ぅ 普ㅣ 明見xか
D: 菩薩은 如來의 力에 깊이 들어가서 智慧門으로써 널리 明見하며,
E: 보살이 여래 힘에 깊이 들어가 지혜의 문으로써 밝게 다 보고,

<주본화엄31, 17:22>[131]
A: 不可思議[25(·)]無量[33(·)]劫[41(·)]能[24(|)]令平等[23(\)]入一[33(·)]念[53(·),24(|)-중복선[132],13(·)]
B: 不可思議[ㄴ]無量[ㄱ]劫[乙]能ㅊ令平等[ᅘ]入一[ㄱ]念[ㅏ,ㅣ중복,xム]
C: 不可思議ㄴ 量 無ㄱ 劫乙 能ㅊ 平等ᅘ 一ㄱ 念ㅏ 入ㅣ 令ㅣxム
D: 不可思議의 한량없는 劫을 能히 平等히 한 念에 들이되
E: 헤아릴 수 없이 무량한 겁을 한 생각에 평등하게 들게 하나니

---

131) 22行과 23行 사이의 欄上에 정사각형의 紺色 不審紙가 있다.
132) 24(|)을 둘러싼 둥근 각필선만 있고 삐침선은 없는 형태의 중복선이다.

<주본화엄31, 17:23>
A: 如是[24(·),41(·,)]見[44(·)]已[43(·),34(·)]徧十方[53(·),55(·),53(!)]修行一切淸淨業[41(·),51(·,)]
B: 如是[攴,ㄱ乙]見[尸]已[氵,口]徧十方[十,丨,X]修行一切淸淨業[乙,x分]
C: 是 如攴(ᄉ)ㄱ乙 見尸 已氵(ᄉ)口 十方十 徧丨X 一切 淸淨業乙 修行x分
D: 이와 같거늘 보고 나서 十方에 두루하여 一切 淸淨業을 修行하며,
E: 이렇게 보고서는 시방에 가득 일체의 청정한 업 닦아 행하고,

<주본화엄31, 17:24>
A: 過去[11(·)]未來[11(·)]及[25(·)]現在[11(·),13(/),53(|)]了知其相各[43(|)]不[24(·)]同[42(/),41(··),11(/)]
B: 過去[氵]未來[氵]及[七]現在[氵,口令,ㅋ十]了知其相各[氵亦]不[多]同[丨ㄱ,入乙,ナ令氵]
C: 過去氵 未來氵 及七 現在氵ノ令ㅋ十 其 相 各氵亦 不多 同丨ㄱ入乙 了知(ᄉ)ナ令氵
D: 過去이니 未來이니 및 現在이니 하는 것에 대해 그 相 各各 같지 않은 것을 了知하지만
E: 과거·미래·현재의 그 모양들이 제각기 다른 것을 분명히 아나

<주본화엄31, 18:01>
A: 而[33(·)]亦[33(·)]不違平等理[53(·),25(·),14(-),41(··)]是[41(?)]則[24(·)]大心[12(:)?,24(|),23(-)]明達[25(·)]行[11(·),31(|),51(·/)]
B: 而[ㄱ]亦[ㄱ]不違平等理[十,七,x尸,x入乙]是[乙]則[攴]大心[ᄉㄱ,丨,ㅋ]明達[七]行[氵,x开,x分]
C: 而ㄱ 亦(ᄉ)ㄱ 平等理十 違七 不x尸入乙 是乙 則攴 大心ᄉㄱ丨ㅋ 明達七 行氵x开x分
D: 그러나 또한 平等한 理致에 어긋나지 않는 것을, 이를 곧 大心한 이의 明達의 行이라고 하며,
E: 평등한 이치에는 어기지 않아 큰 마음 가진 이가 밝게 통달해,

<주본화엄31, 18:02>
A: 世間[25(·)]衆生[23(-)]行不{11(/)}同[24(|),21(|)]或[33(·)]顯[22(·)]或[33(·)]隱[22(·)?,23(|)]無量[33(·)]種[33(|)?,42(/),41(·)]
B: 世間[七]衆生[ㅋ]行不同[丨,四]或[ㄱ]顯[ㅎ]或[ㄱ]隱[ㅎ,ᄉㅅ]無量[ㄱ]種[X,丨ㄱ,乙]
C: 世間七 衆生ㅋ 行 不(多) 同丨四¹³³ 或(ᄉ)ㄱ 顯(ᄉ)ㅎ 或(ᄉ)ㄱ 隱(ᄉ)ㅎㅅ 量 無ㄱ 種X丨ㄱ乙

周本『華嚴經』卷第三十一   183

D: 世間의 衆生의 行이 같지 않아 혹은 나타나고 혹은 숨고 하여 한량없는 種이거늘
E: 세계의 중생들 행동이 각각 나타났고 숨었고 한량없거늘

<주본화엄31, 18:03>
A: 菩薩[33(·)]悉[34(|)]知差別相[41(·),11(/)]亦[33(·)]知其相[23(-)]皆[25(·)]無相[12(··),41(··),55(/)]
B: 菩薩ㄱ]悉ʒ]知差別相[乙,]亦[ㄱ]知其相皆[ㅌ]無相[ㅁㄱ,ㅅ乙,x丨]
C: 菩薩ㄱ 悉ʒ 差別相乙 知ナ午ʒ 亦(ㅅ)ㄱ 其 相ㆆ 皆ㅌ 相 無ㅁㄱ ㅅ乙 知x丨
D: 菩薩은 다 差別相을 알면서도 또한 그 相이 모두 相 없는 것을 안다.
E: 보살이 그 차별을 모두 알지만 모양 없는 그 모양 역시 아니니,

<주본화엄31, 18:04>[134)]
A: 十方世界[25(·)]一切佛[35(·)]所現[24(\),12(|),25(·)][135)]{51~42(\)}自在神通[25(·)]力[33(·)]
B: 十方世界[ㅌ]一切佛[ㄴ]所現[ㅁ,ㆆㄱ,ㅌ]自在神通[ㅌ]力[ㄱ]
C: 十方 世界ㅌ 一切 佛ㄴ 現ㅁㆆㄱ 所ㅌ 自在 神通ㅌ 力ㄱ
D: 十方 世界의 一切 부처가 나타내신 바의 自在 神通의 힘은
E: 시방세계 수없는 부처님들의 자재하고 신통한 힘 나타내는 일

<주본화엄31, 18:05>
A: 廣大[23(|)]難[43(·)]可得[43(|)]思議[44(|),25(·),41(··)]菩薩[33(·)]悉能[24(·)]分別[23(\)][136)]知[51(··)]
B: 廣大[ㅸʒ]難[ʒ]可得[ʒ?]思議[X,ㅌ,x乙]菩薩[ㄱ]悉能[ㅎ]分別[ㅇ]知[x分]
C: 廣大ㅸʒ 難ʒ 得ʒ? 思議{可}Xㅌx乙 菩薩ㄱ 悉(ʒ) 能ㅎ 分別ㅇ 知x分
D: 廣大하여 어렵게야 능히 思議할 수 있거늘 菩薩은 다 능히 分別히 알며,
E: 넓고 커서 헤아릴 수가 없지만 보살들이 능히 다 분별해 알고,

---

133) 다음을 참조할 수 있다.
    不[24(·)]同[24(|),21(·|)] (不多 同ㅣㅁ) <주본화엄31, 17:18>
134) 바. 八相成道의 因果 <18:04-20:03>
135) '25(·)'에서 위쪽으로 뻗은 선이 있으나 각필선인지는 확실치 않다.
136) '別'의 24 자리에 각필인지 접힌 자국인지 알 수 없는 긴 역사선(\)이 있다.

184 第二部 判讀과 解讀 및 翻譯

<주본화엄31, 18:06>
A: 一切世界[25(·)]兜率[25(·)]中[53(·)?]自然覺悟[25(/)#25(/)]人[25(·.)]師子[33(·)]
B: 一切世界[ㅌ]兜率[ㅌ]中[十]自然覺悟[xㅌ]人[ɜㅌ]師子[ㄱ]
C: 一切 世界ㅌ 兜率ㅌ 中十 自然 覺悟xㅌ 人ɜㅌ 師子ㄱ
D: 一切 世界의 兜率의 가운데에서 자연히 覺悟한 사람 중의 師子는
E: 일체 세계 도솔타 하늘 가운데 자연히 깨달으신 사람 중의 사자

<주본화엄31, 18:07>
A: 功德廣大[23(ㅣ)]淨[43(ㅣ)]無等[13(·-),41(..),경계선]如其體相[41(·),24(-)]悉能[24(·)]見[34(-),51(·.)]
B: 功德廣大[ヽɜ]淨[ɜ亦]無等[x슷,xㄴ]如其體相[ㄥ,ᄃ]悉能[攴]見[白,x分]
C: 功德 廣大ヽɜ 淨(ヽ)ɜ亦 等x슷 無xㄴ 其 體相ㄥ {如}ᄃ 悉(ɜ) 能攴 見白x分
D: 功德 廣大하여 깨끗하여서 필적할 이 없거늘 그 體相대로 다 능히 보며,
E: 공덕이 광대하고 짝없이 청정 그 자체와 모양처럼 모두 보나니,

<주본화엄31, 18:08>[137]
A: 或[33(·)]現降神[43(ㅣ)]處母胎[53(·),25(-)]無量[33(·)]自在大神變[41(·),24(\),51(·.)]
B: 或[ㄱ]現降神[ɜ亦]處母胎[十,xㄴ]無量[ㄱ]自在大神變[ㄥ,ᄃ,ㆆ分]
C: 或(ヽ)ㄱ 降神(ヽ)ɜ亦 母胎十 處xㄴ 量 無ㄱ 自在 大神變ㄥ 現ᄃㆆ分
D: 혹은 降神하여서 母胎에 處하는 한량없는 自在 大神變을 나타내시며,
E: 내려와서 어머니 태에도 들고 한량없이 자재한 신통과 변화

<주본화엄31, 18:09>
A: 成佛[22(·)]說法[22(·)]示滅度[41(·ㅣ),24(ㅣ),22(·),13(:)?#13(ㅣ)?]普[24(ㅣ)]徧世間[53(·),55(·),43(ㅣ)?]無
   暫[42(\)]已[51(.·)]
B: 成佛[ㆆ]說法[ㆆ]示滅度[ㄷㄹㅅㄴ,ㅣㅣㆆ,xㅿ]普[ㅣㅣ]徧世間[十,ㅣ,ɜ亦]無暫[刀]已[ㆆ分]
C: 成佛(ヽ)ㆆ 說法(ヽ)ㆆ 滅度ノㄹㅅㄴ 示ㅣㅣㆆxㅿ 普ㅣㅣ 世間十 徧ㅣ(ヽ)ɜ亦 暫刀 已(ㄹ) 無ㆆ分
D: 成佛하고 說法하고 滅度하는 것을 보이고 함에 있어 널리 世間에 두루하여서 잠간도 그

―――――――――――
137) 8행과 9행 사이의 欄上에 정사각형의 紺色 不審紙가 있다.

침 없으시며,

E: 성불하여 설법하고 열반하는 일 세간에 두루하여 쉬지 않으며,

<주본화엄31, 18:10>

A: 人中[25(·.)]師子[24(|)]初[24(\)]生[25(\)]時[11(·),53(·),33(·)]一[138)]切勝[12(-),23(-)][139)]智{34(\)?}悉[34(|)?]承奉[31(··),43(-)]

B: 人中[彡七]師子[||]初[▽]生[x七]時[彡,十,ㄱ]一切勝[ナㄱ,亽]智悉[彡]承奉[▽干,ㆆ下]

C: 人中彡七 師子|| 初▽ 生x七 時彡十ㄱ 一切 勝智(ヽ)ナㄱ亽 悉彡 承奉ノ于ㆆ下

D: 사람 중의 師子가 처음 날 때에는 一切 智慧 殊勝한 이가 다 承奉하는 분이시어

E: 사람 중의 사자가 처음 날 적에 온갖 지혜 있는 이가 모두 받들고

<주본화엄31, 18:11>

A: 諸[33(·)]天帝釋[11(·)]梵王[11(·)]等[12(:),33(·)][140)]靡不恭敬[43(|)]而[45(·)]瞻侍[14(·),33(ㅗ)?,51(·.)][141)]

B: 諸[ㄱ]天帝釋[彡]梵王[彡]等[ヽㄱ,ㄱ]靡不恭敬[彡余]而[灬]瞻侍[尸,ヽノ尸丁ノ尸,x分]

C: 諸ㄱ 天帝釋彡 梵王彡 等ヽㄱㄱ 恭敬(ヽ)彡余 而灬 瞻侍尸 不ヽノ尸丁ノ尸 靡x分

D: 모든 天帝釋이니[142)] 梵王이니 하는 것은 恭敬하여서 瞻侍하지 않음 없으며,

E: 제석천왕 범천왕 하늘 사람들 공경하고 첨앙하지 않는 이 없네.

<주본화엄31, 18:12>

A: 十方[25(·)]一切無有餘[12(:),33(·)]無量[51(·)]無邊[33(·)]法界[25(·)]中[53(·)]

B: 十方[七]一切無有餘[ヽㄱ,ㄱ]無量[分]無邊[ㄱ]法界[七]中[十]

C: 十方七 一切 餘ヽㄱ 無有ㄱ 量 無分 邊 無ㄱ 法界七 中十

D: 十方의 一切 남은 것 없는, 한량없으며 그지없는 法界의 가운데에

---

138) '一' 밑에 각필인 듯한 동그라미가 있다.
139) '勝智'의 '勝'의 우하로부터 '智'에 이어지는 각필선이 두 개 그어져 있다. 이것은 '勝'에 현토된 점토를 '智'로 옮겨 해석하라는 표시로 보인다.
140) '等'자 아래에 사각형을 그리고 '14(:)#14(!),12(:),33(·),41(··)'를 현토한 듯이 보인다.
141) '侍'자 좌측에 사각형을 그리고 '24(|)'를 현토한 듯이 보인다.
142) '天帝釋'을 '天'과 '帝釋'으로 나누어 볼 가능성도 있다.

186 第二部 判讀과 解讀 및 翻譯

E: 시방의 모든 곳에 빈틈이 없이 한량없고 그지없는 법계 가운데

<주본화엄31, 18:13>[143]

A: 無始[51(·)]無末[51(·)]無遐邇[11(··.)][144]示現如來[44(·)]自在力[41(·),51(.·)]

B: 無始[ㅋ]無末[ㅋ]無遐邇[X]示現如來[尸]自在力[乙,ㆆㅋ]

C: 始 無ㅋ 末 無ㅋ 遐邇 無X 如來尸 自在力乙 示現(丶ノ)ㆆㅋ

D: 시작 없으며 끝 없으며 멀고 가까움이 없이 如來의 自在力을 示現하시며,

E: 멀거나 가깝거나 끝단 데 없이 여래의 자재한 힘 나타내시며,

<주본화엄31, 18:14>

A: 人中[25(·.)]尊導[12(··),33(·)]現[술목선]生[44(·)]已[43(·),23(|)]遊行諸[33(·)]方[53(·),13(|)]#13(:)]
   各[43(|)]七步[41(·),34(·)]

B: 人中[ㅋㄴ]尊導[ㆆㄱ,ㄱ]現生[尸]已[氵,丶ㅋ]遊行諸[ㄱ]方[十,xㅿ]各[ㅋ㪅]七步[乙,口]

C: 人中ㅋㄴ 尊導(丶ノ)ㆆㄱㄱ 生尸 已氵丶ㅋ 諸ㄱ 方十 遊行xㅿ 各ㅋ㪅 七步乙(丶ノ)口

D: 사람 중의 尊導하신 이는 태어나고 나서 모든 方所에 遊行함에 있어 각각 七步를 걷고

E: 인간에 높으신 이 탄생하시자 사방으로 일곱 걸음 걸으시면서

<주본화엄31, 18:15>

A: 欲以妙法[41(·),43(|)]悟羣生[41(·),42(·),32(-)][145]是故[45(·)]如來[33(·)]普[24(|)]觀察[41(:)[146],24(\),
   51(.·)#51(.\)]{43(·)?}

B: 欲以妙法[乙,ㅋ㪅]悟羣生[乙,(ㅅ)Ⅱ,丶人]是故[灬]如來[ㄱ]普[ㅣㅣ]觀察[ㄷㅅ乙,ㄷ,ㆆㅋ]

C: 妙法乙 以ㅋ㪅 羣生乙 悟ㅅⅡ{欲}人 是 故灬 如來ㄱ 普ㅣㅣ 觀察ノㅅ乙 現ㄷㆆㅋ

---

143) 13行과 14行 사이에 마름모꼴의 紺色 不審紙가 있다.
144) '邇' 우측에 사각형을 그리고 '25(·),53(|),33(·)'를 현토했다. 이를 반영하면 다음과 같다.
   A: 無始[51(·)]無末[51(·)]無遐邇[25(·),33(·),53(|)]示現如來[44(·)]自在力[41(·),51(.·)]
   B: 無始[ㅋ]無末[ㅋ]無遐邇[七,ㄱ,ㅋ十]示現如來[尸]自在力[乙,ㆆㅋ]
   C: 始 無ㅋ 末 無ㅋ 遐邇 無七ㄱㅋ十 如來尸 自在力乙 示現ㆆㅋ
145) 42 위치에서 53 위치에 선이 걸쳐 있으나 각필선인지는 확실치 않다.
146) 41 위치에서 위쪽으로 선이 그어져 있는 듯이 보인다. 14행의 동사 '現'의 목적어가 여기까지임을 표시하는 것일 가능성이 있다.

D: 妙法으로써 群生을 깨닫게 하고자 이런 까닭으로 如來는 널리 觀察하는 것을 나타내시며,
E: 묘한 법문 중생을 깨우치려고 여래께서 두루두루 관찰하시다.

<주본화엄31, 18:16>
A: 見諸[33(·)]衆生[24(|)]沈^{147)}欲海[53(·)],43(|)]盲暗愚癡[45(·)]之所覆[12(·),42(/),41(··),34(·)]
B: 見諸[ㄱ]衆生[ㅣ]沈欲海[十,ㅿ氵]盲暗愚癡[灬]之所覆[ㄱ,ㅣㄱ,入乙,口]
C: 諸ㄱ 衆生ㅣ 欲海十 沈(ㅅ)ㅿ氵 盲暗愚癡灬{之} 覆(ノ)ㄱ 所ㅣㄱ 入乙 見口
D: 모든 衆生이 欲海에 빠져서 盲暗愚癡로 덮은 바인 것을 보고
E: 중생들이 욕심 바다 빠져 있으며 어리석은 어둠 속에 있음을 보고

<주본화엄31, 18:17>
A: 人中[53(·)]自在[23(\)]現微笑[41(·|),24(\),51(·)?#52(·)?]^{148)}念當[23(:)]救彼三有苦[41(·),14(··),41(··),51(·)]
B: 人中[十]自在[ㅕ]現微笑[ロア入乙,ロ,ㅎ分]念當[八]救彼三有苦[乙,ロア,入乙,ㅎ分]
C: 人 中十 自在ㅕ 微笑ノア入乙 現ロㅎ分 當八 彼 三有苦乙 救ノア入乙 念(ㅅ)ㅎ分
D: 사람 중에 自在하게 微笑짓는 것을 보이시며 저 三有苦를 救濟할 것을 반드시 念하시며,
E: 사람 중에 자재한 이 히죽이 웃어 저들의 삼계 고통 구하시려고

<주본화엄31, 18:18>
A: 大師子吼[23(|)]出妙音[21(:)#21(|)]我爲世間[25(·.)#25(·)]第一尊[14(i)#14(!),41(··),12(|),21(·|)?]^{149)}
B: 大師子吼[ㅅㅎ]出妙音[x丁]我爲世間[ㅿ七]第一尊[ㅣア,入乙,ㅎロ,罒]
C: 大師子吼ㅅㅎ 妙音 出x丁 我 世間ㅿ七 第一尊ㅣア{爲}入乙(ㅅ)ㅎロㄱ(ㅣ)罒^{150)}
D: 大師子吼하여 妙音 내기를, "나는 世間의 第一尊이어서,

---

147) 재조대장경에는 '沈'이 '沉'으로 되어 있다.
148) 43에 점토가 있을 가능성이 있으나 주름이 져 있어서 판별하기 어렵다.
149) 41(··)의 왼쪽에 구분선이 있다.
150) 'ㅎ'가 1인칭과 호응하고 있다. 이는 15세기 문헌과는 다른 용법이다. 자토석독구결 『화엄경소』에서도 같은 용법을 찾아볼 수 있다.
爾セㄴㄱ 時十 菩薩ㄱ {是}ㅣ 念言ノア入乙 作ㅅ ノア丁 … 我ㄱ 今ㅅㄱ 盛壯ㅅㅎロ分 當ㅎ厶ㄱ 天下乙 {有}ㄴㅎロ分 乞者ㅣ 現前ㅅ分ㅅロㄱ <화소11:20-12:03>

E: 크고 묘한 사자후 소리를 내어 세간에서 내가 제일 높은 자이니

<주본화엄31, 18:19>[151]
A: 應然明淨[25(··)]智慧[25(·)]燈[41(·)],24(|),43(|)?]{34(·)}[152]滅彼生死[25(·)]愚癡[25(·)]闇[41(·),24(\),42(|),25(·)#25(|),33(·),54(··)#54(·),51(··)]
B: 應然明淨[ㅌㅌ]智慧[ㅌ]燈[乙,ㅣㅣ,ㅏㅅ]滅彼生死[ㅌ]愚癡[ㅌ]闇[乙,ㄲ,ㅊ,ㅌ,ㄱ,xㅣ,ㅎㅅ]
C: 明淨(丶)ㅌㅌ 智慧ㅌ 燈乙 然ㅣㅣㅏㅅ 彼 生死ㅌ 愚癡ㅌ 闇乙 滅ノ{應}ㅊㅌ(丶)ㄱxㅣ(丶)ㅎㅅ
D: 明淨한 智慧의 燈을 밝혀서 저 生死의 愚癡의 闇을 滅해야 한다." 하시며,
E: 지혜의 밝은 등불 높이 들어서 생사의 어두움을 말해 버리리.

<주본화엄31, 18:20>
A: 人[25(··)#25(·)]師子王[24(|)]出世[25(/)]時[11(·),53(·),33(·)]普[24(|)]放無量[33(·)]大光明[41(·),43(-)#43(-·)]
B: 人[ㅏㅌ]師子王[ㅣㅣ]出世[xㅌ]時[ㆍㆍ,ㅏ,ㄱ]普[ㅣㅣ]放無量[ㄱ]大光明[乙,ㅎ下]
C: 人ㅏㅌ 師子王ㅣㅣ 出世xㅌ 時ㆍㆍㅏㄱ 普ㅣㅣ 量 無ㄱ 大光明乙 放(丶)ㅎ下
D: "사람 중의 師子王이 세상에 날 때에는 널리 한량없는 大光明을 놓으시어
E: 인간의 사자왕이 세상에 날 때 한량없는 큰 광명 널리 놓아서

<주본화엄31, 18:21>
A: 令諸[33(·)]惡道[41(·)]皆[25(·)]休息[43(|)]永[24(/)]滅世間[25(·)]衆[33(·)]苦難[41(·),55(\)#54~55(\),51(··)]
B: 令諸[ㄱ]惡道[乙]皆[ㅌ]休息[ㅏㅅ]永[ㅗ]滅世間[ㅌ]衆[ㄱ]苦難[乙,xㅣ,ㅎㅅ]
C: 諸ㄱ 惡道乙 皆ㅌ 休息 令(ㅣㅣ)ㅏㅅ 永ㅗ 世間ㅌ 衆ㄱ 苦難乙 滅xㅣ(丶)ㅎㅅ
D: 모든 惡道로 하여금 모두 休息하게 해서 영원히 世間의 여러 苦難을 滅한다." 하시며,
E: 나쁜 갈래 모두 다 쉬게 하면서 세간의 모든 고통 아주 멸하고,

---

151) 19行과 20行의 사이에 마름모꼴의 紺色 不審紙가 있다.
152) 혹 '24(|)'이 길어서 '34(·)'으로 보일 가능성도 있다. 이점본에는 '24(|)'과 '34(·)'이 따로 기록되어 있다.

周本『華嚴經』卷第三十一   189

<주본화엄31, 18:22>
A: 或[12(:)]時[53(·),33(·)]示現處王宮[53(·),41(|·),52(·)]或[33(·)]現捨家[41(·),34(·)]修學道[41(·),41(|)?,24(\),51(·),43(-)]
B: 或[ノ ㄱ]時[十,ㄱ]示現處王宮[十,ㄷㄱ 入乙,ソ 分]或[ㄱ]現捨家[乙,口]修學道[乙,x入乙,ㄷ,分,ㆆ 下]
C: 或ソㄱ 時十ㄱ 王宮十 處ノㄱ 入乙 示現ソ分 或(ソ)ㄱ 家乙 捨(ソ)口 道乙 修學x入乙 現ㄷ 分(ソ)ㆆ 下
D: 어느 때에는 王宮에 處하신 것을 示現하며 혹은 家를 버리고 道를 修學하는 것을 나타내며 하시어
E: 어느 때는 왕궁에 계시다가도 홀연히 출가하며 도를 닦으니

<주본화엄31, 18:23>
A: 爲欲饒益衆生[41(·),32(-),45(|·)]故[24(·)]示其如是[24(·),25(··)]自在力[41(·),24(|),51(·)]
B: 爲欲饒益衆生[乙,人,x入ㅡ]故[㆖]示其如是[㆖,ㅌㄴ]自在力[乙,x分]
C: 衆生乙 饒益(ソ){爲欲}x入ㅡ 故㆖ 其 是 如㆖(ソ)ㅌㄴ 自在力乙 示リㆆ分
D: 衆生을 饒益하고자 하기 때문에 바로 이 같은 自在力을 보이시며,
E: 중생에 이익 주기 위하심으로 이렇게 자재한 힘 보이시도다.

<주본화엄31, 18:24>
A: 如來[24(|)]始[24(\)]坐道場[53(·),25(/)]時[11(·)?,53(·),33(·)]一切大地[33(·)]皆[25(·)]動搖[52(·)?]¹⁵³⁾
B: 如來[リ]始[ㄷ]坐道場[十,xㄴ]時[ㆍ,十,ㄱ]一切大地[ㄱ]皆[ㄴ]動搖[ソ分]
C: 如來リ 始ㄷ 道場十 坐xㄴ 時ㆍ十ㄱ 一切 大地ㄱ 皆ㄴ 動搖ソ分
D: 如來가 처음 道場에 앉을 때에는 一切 大地가 모두 動搖하며,
E: 여래께서 도량에 처음 앉으니 일체의 땅덩어리 모두 다 진동

<주본화엄31, 19:01>
A: 十方世界[25(·.),33(|)#33(:),33(·)]悉[34(|)]蒙光[12(-),41(·)]{23(·)#22(·)}六趣[25(·)]衆生[33(·)]咸

---

153) 이점본에는 '搖'의 22 위치에 수직선이 있는지 의심스럽다는 표시가 있다.

190 第二部 判讀과 解讀 및 翻譯

  [25(·)]離苦[41(·),24(·),52(.·)]
B: 十方世界[ㅕㅌ,X,ㄱ]悉[ㅕ]蒙光[ナㄱ,乙]六趣[ㅌ]衆生[ㄱ]咸[ㅌ]離苦[乙,攴,xふ]
C: 十方世界ㅕㅌXㄱ 悉ㅕ 光 蒙ナㄱ乙 六趣ㅌ 衆生ㄱ 咸ㅌ 苦乙 離攴xふ
D: 十方世界에 있는 것은 다 빛을 받거늘 六趣의 衆生은 다 고통을 여의며,
E: 시방의 모든 세계 광명 비치고 여섯 갈래 중생들 고통 여의며,

<주본화엄31, 19:02>
A: 震動一切魔[23(-)]宮殿[41(·),23(|)]開悟十方[25(·)]衆生[23(-)]心[41(·),43(|)]
B: 震動一切魔[ㅎ]宮殿[乙,ᄉㅕ]開悟十方[ㅌ]衆生[ㅎ]心[乙,ㅕホ]
C: 一切 魔ㅎ 宮殿乙 震動ᄉㅕ 十方ㅌ 衆生ㅎ 心乙 開悟(ᄉ)ㅕホ
D: 一切 魔의 宮殿을 震動하여 十方의 衆生의 마음을 開悟하여서
E: 마군의 궁전들을 진동하여서 시방의 중생들을 깨우치시니

<주본화엄31, 19:03>
A: 昔[14(i)#14(:)]曾[23(:)]受化[41(·),22(·)]及[25(·)]修行[22(·),12(-)]#12(ㅗ),41(·)]皆[25(·)]使了知眞
    實義[41(·),24(|)),51(.·)]
B: 昔[ㅣア]曾[ᄉ]受化[乙,ᇂ]及[ㅌ]修行[ᇂ,ナㄱ,乙]皆[ㅌ]使了知眞實義[乙,ㅣㅣ,ㅎふ]
C: 昔ㅣア^154) 曾ᄉ 化乙 受ᇂ 及ㅌ 修行(ᄉ)ᇂ(ᄉ)ナㄱ乙 皆ㅌ 眞實義乙 了知 使ㅣㅎふ
D: 예전에 일찍이 敎化를 받고 行을 닦고 하였거늘 (그들로 하여금) 모두 眞實義를 알게 하
    시며,
E: 일찍이 교화받고 수행하던 이 모두 다 진실한 뜻 알게 하시네.

<주본화엄31, 19:04>
A: 十方[53(·)]所有[33(·),25(·)]諸[33(·)]國土[24(|)]{24(/)}悉[34(|)]入毛孔[53(·),13(:)]無有餘[12(:),
    34(·),12(-)]
B: 十方[十]所有[ㄱ,ㅌ]諸[ㄱ]國土[ㅣ]悉[ㅕ]入毛孔[十,xㅿ]無有餘[ᄉㄱ,ロ,ナㄱ]

―――――――――――――
154) 자토석독구결의 다음 예를 참조할 수 있다.
    出世心乙 得ふ 昔ア 得ア 未ㅣᄉㅕㅌノㄱ 所ㅣ乙 <금광06:23-24>

C: 十方十 有ㄱ 所ㄴ 諸ㄱ 國土ㅣ 悉ㅣ 毛孔十 入xㅅ 餘ㅅㄱ 無有ロナㄱ
D: 十方에 있는 바의 모든 國土가 다 털구멍에 들어가되 남음 없는데
E: 시방에 널려 있는 모든 국토가 털구멍에 들어가고 남지 않는데

<주본화엄31, 19:05>

A: 一切毛孔[25(·)]刹[33(·)]無邊[33(·),41(·)]於彼[53(·)]普[24(|)]現神通力[41(·),24(\),12(-)]#12(·-)]
B: 一切毛孔[ㄴ]刹[ㄱ]無邊[ㄱ,乙] 於彼[十]普[ㅣ]現神通力[乙,ㅎ,ナㄱ]
C: 一切 毛孔ㄴ 刹ㄱ 邊 無ㄱ乙 {於}彼十 普ㅣ 神通力乙 現ㅎナㄱ
D: 一切 털구멍의 世界는 끝없거늘 그곳에 널리 神通力을 나타내니
E: 온갖 털구멍에 끝없는 세계 그 곳마다 묘한 신통 두루 나타내,

<주본화엄31, 19:06>

A: 一切諸[33(·)]佛[35(·)]所開演[12(|)#12(:),53(·)]無量[33(·)]方便[45(·)]皆[25(·)]隨[24(\)]悟[51(·)]
B: 一切諸[ㄱ]佛[ㅅ]所開演[ㅎㄱ,十]無量[ㄱ]方便[ㅅ]皆[ㄴ]隨[ㅎ]悟[xㅅ]
C: 一切 諸ㄱ 佛ㅅ 開演(ㅅ)ㅎㄱ 所十 量 無ㄱ 方便ㅅ 皆ㄴ 隨ㅎ 悟xㅅ
D: 一切 모든 부처 開演하신 바에 대해 한량없는 方便으로 모두 따라 깨달으며,
E: 一切 모든 부처님들의 연설하신 법 한량없는 방편을 깨달아 알며

<주본화엄31, 19:07>

A: 設[43(/)]諸[33(·)]如來[44(·)]所不說[44(·),12(|),24(|),53(-)]{11(/)#11(′)}亦[33(·)]能[24(·)]解了[43(|)]勤[25(·)]修習[51(·)]
B: 設[ㅅㅅ]諸[ㄱ]如來[ㄹ]所不說[ㄹ,ㅎㄱ,ㅣ,乃]亦[ㄱ]能ㅊ 解了[ᄒ 亦]勤[ㄴ]修習[xㅅ]
C: 設ㅅㅅ¹⁵⁵ 諸ㄱ 如來ㄹ 說ㄹ 不(ㅅ)ㅎㄱ 所ㅣ乃 亦(ㅅ)ㄱ 能ㅊ 解了(ㅅ)ᄒ 亦 勤ㄴ 修習xㅅ

---

155) 자토석독구결의 다음 예를 참조할 수 있다.
ㄱ. 假使ㅅㅅ {此}ㅣ乙 由ㅋㅅ 阿僧祇ㄴ 劫乙 經ㅣ 諸ㄱ 根 不具ノㄹ矢ㅗ乃 <화소16:02-03>
이 밖에 다음의 예들에서도 43(/)과 'ㅅㅅ'이 대응되는 것으로 보인다.
ㄴ. 自性[33(·)]本[43(/)]空寂[43(-)]{44(/)}無二[44(·),22(·)]亦[33(·)]無盡[44(·),22(·),51(·)] <주본화엄34, 08:11>
ㄴ'. 自性ㄱ 本ㅅㅅ 空寂(ㅅ)ㅎㅜ 二ㄹ 無ㅎ 亦(ㅅ)ㄱ 盡ㄹ 無ㅎxㅅ
ㄴ". 法性ㄱ 本ㅅㅅ 無ㅅㄱ 性ㅣ罒 第一義ㅣㅎ 空ㅣㅎ 如ㅣㅎxㅅ <구인14:25>
ㄷ. 一一[33(·)]微塵[=41(·),43(/)]內[53(·),43(\),55(·)]光明[41(·)]悉[34(|)]充滿[43(-)]普[24(|)]見十方土[53(·),24(|)],

D: 비록[156] 모든 如來께서 說하지 않으신 바이라도 또한 능히 解了하여서 부지런히 修習하며,
E: 여래가 말씀하지 않은 것까지 모두 알고 부지런히 닦아 익히네.

<주본화엄31, 19:08>
A: 徧滿三千大千界[53(·),12(:)]一切魔軍[24(|)]興鬪諍[41(·),13(:)]
B: 徧滿三千大千界[十,ㄥㄱ]一切魔軍[ㄚ]興鬪諍[乙,xㅅ]
C: 三千大千界十 徧滿ㄥㄱ 一切 魔軍ㄚ 鬪諍乙 興xㅅ
D: 三千大千 世界에 遍滿한 一切 魔軍이 싸움을 일으키되
E: 삼천대천세계에 충만해 있는 수없는 마군들이 싸움을 걸어

<주본화엄31, 19:09>
A: 所作[14(·),24(|)]無量[33(·)]種[25(·)]種[25(·)]惡[33(·),41(··),24(/),53(-)]無礙智門[45(·)]能[24(·)]悉[34(|)]滅[34(|),51(·)]
B: 所作[尸,ㄚ]無量[ㄱ]種[ㄴ]種[ㄴ]惡[ㄱ,入乙,ㅛ,乃]無礙智門[ㅅ]能[攴]悉[氵]滅[氵,ㅎ尒]
C: 作(ㄥ)尸 所ㄚ 量 無ㄱ 種ㄴ種ㄴ 惡ㄱ 入乙[157](ㄥ)ㅛ乃 無礙智門ㅅ 能攴 悉氵 滅氵ㅎ尒
D: 하는 바가 한량없는 갖가지 惡한 것을 하여도 無礙智門으로 능히 다 멸하시며,
E: 지어내는 가지가지 악한 일들을 걸림없는 지혜로 모두 멸하며,

<주본화엄31, 19:10>
A: 如來[33(·)]或[33(·)]在諸[33(·)]佛刹[53(·),51(·.)]或[33(·)]復[42(\)]現處諸[33(·)]天宮[53(·),42(\),41(|·),24(\),51(·)]

―――――――――――――
  13(|)]種種[25(·)]各[43(|)]差別[23(\),52(/)] <주본화엄06, 19:12>
  ㄷ'. 一ㄱ 微塵ㅅㅅ 內十ヶㅣ 光明乙 悉氵 充滿(ㄥ)ㅎ下 普ㄚ 十方土十 見ㄚㅅ 種種ㄴ 各氵ホ 差別
   ㅎ(ㄥ)氵ㅅ
  ㄷ". 一ㄱ 塵乙ㅅㅅ 內氵ㄴ 衆ㄱ 多ㄚㄱ 刹ㄱ 或刀 有ナㅣ 佛矢 有ナㅅㅎㄱ矢氵 或ナㅣ 佛矢 無ㅎㄱ
   ㄱ矢氵 <화엄15:10>
156) 조건과 양보의 의미를 모두 고려하면 '설사, 설령' 정도로 풀이할 수 있으나, 'ㅅㅅ'의 형태를 고려하여 '비록'으로 풀이하였다.
157) 자토석독구결의 다음 예를 참조할 수 있다.
  背恩人乙 見 當 願 衆生 {於}惡ㄱ入乙 {有}ㅕㄴㄴ 人ㅎ十 其 報ノ尸入乙 加尸 不ㄥㄴㅌ효 <화엄06:11>

B: 如來[ㄱ]或[ㄱ]在諸[ㄱ]佛刹[十,ㆍ分]或[ㄱ]復[ㄌ]現處諸[ㄱ]天宮[十,ㄌ,ㄱ入乙,ㄱ,ㆍ分]

C: 如來ㄱ 或(ㄴ)ㄱ 諸ㄱ 佛刹十 在(ㄴ)ㆍ分 或(ㄴ)ㄱ 復ㄌ 諸ㄱ 天宮十ㄌ 處ノㄱ入乙 現ㆍ分

D: 如來는 혹은 모든 佛刹에 계시며 혹은 또 모든 天宮에도 處한 것을 나타내시며,

E: 여래는 불세계[佛刹]에 있기도 하고 혹은 다시 천궁에 나타나시며

<주본화엄31, 19:11>

A: 或[33(·)]在梵宮[53(·),43(|)]而[45(·)]現身[41(·),24(\),12(ㅗ)]{51(·)#51(/)}菩薩[33(·)]悉[34(|)]見[32(··)#32(-),13(.·)#13(·.)]無障礙[44(·),24(|),51(·.)]

B: 或[ㄱ]在梵宮[十,氵尔]而[ㅡ]現身[乙,ㄱ,xㄱ]菩薩[ㄱ]悉[氵]見[X,x厶]無障礙[尸,刂,x分]

C: 或(ㄴ)ㄱ 梵宮十 在(ㄴ)氵尔 而ㅡ 身乙 現ㄱxㄱ 菩薩ㄱ 悉氵 見Xx厶 障礙尸 無刂x分

D: 혹은 梵宮에 있어서 몸을 나타내니 菩薩은 다 보되 막힘없이 하며,

E: 범천의 궁전에도 계시는 것을 보살이 모두 보매 장애가 없네.

<주본화엄31, 19:12>

A: 佛[33(·)]現無量[33(·)]種種[25(·)]身[41(·)?,24(\),43(-)]轉於淸淨妙法輪[41(·),13(|)?]{12(·)}

B: 佛[ㄱ]現無量[ㄱ]種種[七]身[乙,ㄱ,ㆍ下]轉於淸淨妙法輪[乙,x厶]

C: 佛ㄱ 量 無ㄱ 種種七 身乙 現ㄱㆍ下 {於}淸淨 妙法輪乙 轉x厶

D: 부처는 한량없는 갖가지 몸을 나타내시어 淸淨 妙法輪을 굴리시되

E: 부처님이 한량없는 몸을 나타내 청정하고 묘한 법륜 굴리시나니

<주본화엄31, 19:13>

A: 乃至[24(|)]三世[25(·)]一切劫[53(·)]求其邊際[41(·),53(-)]不可得[34(|),24(\),45(-),35(·)?,52(:)]

B: 乃至[刂]三世[七]一切劫[十]求其邊際[乙,乃]不可得[氵,ㄱ,矢,ㅌ,x分]

C: 乃(ㄴ氵) 至刂 三世七 一切 劫十 其 邊際乙 求(ㄴ)乃 得氵ㄱ(立){可}(七ㄴ)ㅌ 不矢x分

D: 내지 三世의 一切 劫에 그 邊際를 구하여도 얻을 수 없으며,

E: 삼세의 일체 겁이 다한다 해도 끝단 데를 구하여 얻을 수 없고,

<주본화엄31, 19:14>

A: 寶座[33(·)]高廣[13(|)#23(|)]最[23(:),43(|)]無等[34(|)-중복선[158],13(i)#13(!)]徧滿十方[25(·)]無量

194 第二部 判讀과 解讀 및 飜譯

[33(·)]界[53(·),41(·.)]
B: 寶座[ㄱ]高廣[xㅿ]最[ハ,ㆁ示]無等[ㆁ중복,x亽]徧滿十方[乚]無量[ㄱ]界[十,ㄱ乙]
C: 寶座ㄱ 高廣xㅿ 最ハ(ソ)ㆁ示 等ㆁx亽 無ㆁ 十方乚 量 無ㄱ 界十 徧滿(ソ)ㄱ乙
D: 寶座는 高廣하되 가장 그러하여서 비길 것 없어 十方의 한량없는 世界에 遍滿하거늘
E: 높고 넓은 사자좌가 비길 데 없어 한량없는 시방세계 가득했는데

<주본화엄31, 19:15>[159)]

A: 種種[25(·)]妙相[45(·)]而[45(·)]莊嚴[43(-)]佛[33(·)]處其上[11(·)#12(·),53(·),13(|)]難[43(·)]思議[31(··),51(·)][160)]
B: 種種[七]妙相[灬]而[灬]莊嚴[ㆁ下]佛[ㄱ]處其上[ㆍ,十,xㅿ]難[ㆁ]思議[ᄼ재,㔾]
C: 種種七 妙相灬 而灬 莊嚴(ソ)ㆁ下 佛ㄱ 其 上ㆍ十[161)] 處xㅿ 難ㆁ 思議ノ재㔾
D: 갖가지 妙相으로 莊嚴하시어 부처는 그 위에 處하시되 어렵게야 思議할 것이며,
E: 가지가지 기묘하게 꾸민 자리에 부처님이 앉으신 일 부사의하고,

<주본화엄31, 19:16>

A: 諸佛子[25(·)]衆[41(·)]共[25(·)]圍遶[42(·),43(-)]盡於法界[53(·),34(|)]悉[34(|)]周徧[43(|)]
B: 諸佛子[七]衆[乙]共[七]圍遶[(亽)リ,ㆁ下]盡於法界[十,ㆁ],悉[ㆁ]周徧[ㆁ示]
C: 諸(ㄱ) 佛子七 衆乙 共七 圍遶亽リㆁ下 {於}法界十 盡ㆁ 悉ㆁ 周徧(ソ)ㆁ示
D: 모든 佛子의 무리로 하여금 함께 圍遶하게 하시어[162)] 法界에 다하도록 다 두루하여서
E: 수없는 불자들이 둘러 모시고 온 법계에 빈틈없이 두루 했는데

<주본화엄31, 19:17>[163)]

A: 開示菩提[25(·)]無量[33(·)]行[24(|),12(-)]一切最勝[23(-)#13(-)]所由[34(|)?,12(|),25(·)]道[41(·)?,51(·.)]

―――――――――

158) 34(|)을 둘러싼 마름모꼴의 각필선도 보인다.
159) 15행과 16행 사이의 欄上에 마름모꼴의 紺色 不審紙가 붙어 있다.
160) '議' 자의 위에 사선 방향으로 길게 각필선이 그어져 있다.
161) 자토석독구결의 다음 예를 참조할 수 있다.
  {於}上ᅩ十 覆ソㆁヒノㄱ入乙 <금광06:18-19>
162) 이 부분을 피동문으로 보아 "모든 佛子의 무리에게 둘러싸이시어"로 해석할 가능성도 있다.
163) 欄下에 '由經也'라고 각필로 기입되어 있다.

B: 開示菩提[七]無量[ㄱ]行[ㅣㅣ,ㅏㄱ]一切最勝[⧽]所由¹⁶⁴⁾[ㅎ,ㅎㄱㄷ,七]道[乙,ㅎㄾ]
C: 菩提七 量 無ㄱ 行ㅣㅣㄱㄱ 一切 最勝⧽ 由ㅎㅎㄱㄷ 所七 道乙 開示(∨)ㅎㄾ
D: 菩提의 한량없는 行인 一切 最勝한 이가 지나신 바의 길을 開示하시며,
E: 한량없는 보리행을 연설하시니 가장 승한 이들의 말미암는 길,

<주본화엄31, 19:18>

A: 諸[33(·)]佛[35(·)]隨宜[33(·),41(··),24(\)]所作[12(|),25(·)]業[33(·)]無量[51(·)?]無邊[34(|)]等法界[53(·),34(|),41(·)]
B: 諸[ㄱ]佛[ㄴ]隨宜[ㄱ,入乙,ㄷ]所作[ㅎㄱㄷ,七]業[ㄱ]無量[ㆁ]無邊[ㅎ]等法界[十,ㅎ,ㄱ乙]
C: 諸ㄱ 佛ㄴ 宜(∨)ㄱ 入乙 隨ㄷ 作(∨)ㅎㄱㄷ 所七 業ㄱ 量 無ㆁ 邊 無ㅎ 法界十 等ㅎㄱ乙
D: 모든 부처가 마땅한 바를 따라 지으신 바의 業은 한량없으며 끝없어 法界와 같거늘
E: 부처님이 형편 따라 지으시는 일 한량없고 그지없어 법계와 같아

<주본화엄31, 19:19>

A: 智者[33(·)]能[24(·)]以一[33(·)]方便[41(·),34(|)]一切[25(:)]了知[13(:)]無不盡[34(|),44(·),33(ㅗ)]#33(-),51(·)]
B: 智者[ㄱ]能[支]以一[ㄱ]方便[乙,ㅎ]一切[x七]了知[xㅿ]無不盡[ㅎ,尸,∨尸丁ノ尸,xㆁ]
C: 智者ㄱ 能支 一ㄱ 方便乙 以ㅎ 一切x七 了知xㅿ 盡ㅎ尸 不∨尸丁ノ尸 無xㆁ
D: 智者는 능히 한 方便으로써 모두 了知하되 다하지 않음이 없으며,
E: 지혜로운 사람은 한 방편으로 온갖 것을 다 알고 남음이 없네.

<주본화엄31, 19:20>

A: 諸[33(·)]佛[33(·)]自在神通[25(·)]力[45(·)]示現一切種種[25(·)]身[41(·),13(|)#13(:)]
B: 諸[ㄱ]佛[ㄱ]自在神通[七]力[ᄶ]示現一切種種[七]身[乙,xㅿ]
C: 諸ㄱ 佛ㄱ 自在 神通七 力ᄶ 一切 種種七 身乙 示現xㅿ
D: 모든 부처는 自在 神通의 힘으로 一切 갖가지 몸을 示現하시되
E: 부처님의 자재하고 신통하신 힘 가지가지 온갖 몸을 나타내시니

---

164) '由'자 우측에 각필로 '経'자가 기입되어 있다. 각주 163)과 관련된다.

196   第二部 判讀과 解讀 및 翻譯

<주본화엄31, 19:21>

A: 或[33(·)]現諸[33(·)]趣[25(·)]無量[33(·)]生[41(·),24(\),51(··)]或[33(·)]現采女衆{25(·)?}圍遶[42(·),
　　 12(··)?,41(··),24(\),51(·)]
B: 或[ㄱ]現諸[ㄱ]趣[ㄴ]無量[ㄱ]生[乙,彡,ㅎ众]或[ㄱ]現采女衆圍遶[(ㅅ)丨,彡ㄱ,入乙,彡,ㅎ众]
C: 或(ㅅ)ㄱ 諸ㄱ 趣ㄴ 量 無ㄱ 生乙 現彡ㅎ众 或(ㅅ)ㄱ 采女衆 圍遶ㅅ丨彡ㄱ 入乙 現彡ㅎ众
D: 혹은 모든 갈래의 한량없는 生을 나타내시며, 혹은 采女들로 하여금 圍遶하게 한 것을 나
　　 타내시며,[165]
E: 여러 갈래 한량없이 태어도 나고 어떤 때는 채녀들이 둘러 앉았고,

<주본화엄31, 19:22>

A: 或[33(·)]於無量[33(·)]諸[33(·)]世界[53(·),23(|)]示現出家成佛道[41(!),51(··)]
B: 或[ㄱ]於無量[ㄱ]諸[ㄱ]世界[十,ㅅ彡]示現出家成佛道[x入乙,ㅎ众]
C: 或(ㅅ)ㄱ {於}量 無ㄱ 諸ㄱ 世界十ㅅ彡 出家 佛道 成x入乙 示現(ㅅ)ㅎ众
D: 혹은 한량없는 모든 世界에서, 出家하여 佛道가 이루어지는 것을 示現하시며,
E: 어떤 적은 한량없이 많은 세계서 출가하여 부처님을 성취도 하고

<주본화엄31, 19:23>

A: 乃至[24(|)]最[23(:)]後[53(·)]般涅槃[43(-)#43(·)]分布其身[41(·),43(|)?]起塔廟[41(·),52(·),=11(|)]
B: 乃至[丨]最[ㅅ]後[十]般涅槃[ㅎ下]分布其身[乙,彡众]起塔廟[乙,ㅅ彡,X]
C: 乃(ㅅ彡)至丨 最ㅅ 後十 般涅槃(ㅅ)ㅎ下 其 身乙 分布(ㅅ)彡众 塔廟乙 起ㅅ彡X
D: 내지 가장 뒤에 般涅槃하시어 그 몸을 分布하여서 塔廟를 세우며 하니
E: 맨 나중에 열반에 드신 뒤에는 사리를 나누어서 탑을 세우며,

<주본화엄31, 19:24>[166]

A: 如是[12(:)]種種[25(·)]無邊[44(·),33(·)]行[33(·)]導師[23(-)]演說[12(|),24(|),51(·)]佛[35(·)]所住
　　 [42(/)?,41(·)][167]

---

165) 피동문으로 보아 "采女들에게 둘러싸인 것을 나타내시며"로 해석할 가능성도 있다.
166) 19행 欄上에 마름모꼴의 紺色 不審紙가 붙어 있다.
167) 이 부분은 뭉개져 있어서 점토가 잘 보이지 않는다.

B: 如是[ㄴㄱ]種種[七]無邊[尸,ㄱ]行[ㄱ]導師[ㆁ]演說[ㅎㄱㄱ,ㅣ,氵]佛[ㄴ]所住[ㅣㄱ,乙]
C: 是 如(支)ㄴㄱ 種種七 邊尸 無ㄱ 行ㄱ 導師ㆁ 演說(ㄴ)ㅎㄱㄱㅣ氵 佛ㄴ 住(ㄴ)ㅎㄱㄱ) 所ㅣㄱ 乙
D: 이 같은 갖가지 끝없는 行은 導師가 演說하신 바이며 부처께서 머무신 곳이거늘
E: 이렇게 가지가지 끝없는 행이 부처님 머문 데라 연설하시니

<주본화엄31, 20:01>
A: 世尊所有[33(/),12(|),#12(!),25(·)]大功德[41(·)?]誓願[43(|)]修行[13(:)]悉[34(|)?]令盡[24(|)?,51(·)]
B: 世尊所有[厶,ㅎㄱㄱ,七]大功德[乙]誓願[氵ホ]修行[xㅅ]悉[氵]令盡[ㅣ,x氵]
C: 世尊 {有}厶ㅎㄱㄱ 所七 大功德乙 誓願(ㄴ)氵ホ 修行xㅅ 悉氵 盡 令ㅣx氵
D: 世尊이 가지신 바의 大功德을, 誓願하여서 修行하되 다 다하게 하며.
E: 세존께서 소유하신 크나큰 공덕 맹세코 수행하여 끝내 보리라.

<주본화엄31, 20:02>
A: 以彼善根[41(·),34(|),경계선]迴向[25(ㅗ)]時[11(·),53(·),33(·)]住於如是[12(:)]方便[25(·)]法[53(·),53(!)]
B: 以彼善根[乙,氵,경계선]迴向[xヒ]時[氵,ナ,ㄱ]住於如是[ㄴㄱ]方便[七]法[ナ,X]
C: 彼 善根乙 以氵 迴向xヒ 時氵ナㄱ {於}是 如(支)ㄴㄱ 方便七 法ナ 住X
D: 그 善根으로써 廻向할 때에는 이와 같은 方便의 法에 머물러서
E: 저러한 선근으로 회향할 적에 이와 같은 방편법에 머물러 있어

<주본화엄31, 20:03>
A: 如是[24(·)]修習菩提[25(·)]行[41(·),13(··)]其心[42(|)?]畢竟無厭怠[44(·),51(·)]
B: 如是[支]修習菩提[七]行[乙,ㄱㅅ]其心[ᄒ]畢竟無厭怠[尸,x氵]
C: 是 如支 菩提七 行乙 修習ノㄱㅅ 其 心ᄒ 畢竟 厭怠尸 無x氵
D: 이와 같이 菩提의 行을 修習하되 그 마음 끝까지 싫증냄 없으며,
E: 보리행을 이렇게 닦아 익혀도 필경까지 게으른 마음이 없네.

<주본화엄31, 20:04>

A: 如來[44(·)]所有[33(/),12(|)#12(!),25(·)]大神通[11(·)]及[25(·)]以[34(|)?]無邊[44(·),33(·)]勝功德[11(·)]

B: 如來[尸]所有[ㄣ,ㆆㄱㄱ,ㄷ]大神通[ㄟ]及[ㄷ]以[ㅣ]無邊[尸,ㄱ]勝功德[ㄟ]

C: 如來尸 {有}ㄣㆆㄱㄱ 所ㄷ 大神通ㄟ 及ㄷ 以ㅣ 邊尸 無ㄱ 勝功德ㄟ

D: 如來가 가지신 바의 大神通이니 및 끝없는 殊勝 功德이니

E: 여래께서 가지시는 신통한 힘과 그지없이 수승한 많은 공덕과

<주본화엄31, 20:05>

A: 乃至[24(|)]世間[25(·)]諸[33(·)]智行[11(·),41(:)]一切悉[34(|)]知無不盡[34(|),44(·)#44(·.),33(⊥),51(·.)]¹⁶⁸⁾

B: 乃至[ㅣ]世間(ㄷ)諸[ㄱ]智行[ㄟ,ㄇㅅ乙]一切悉[ㅣ]知無不盡[ㅣ,尸,ㄟ尸丁ノ尸,ㄨㄉ]

C: 乃(ㄨㅣ) 至ㅣ 世間ㄷ 諸ㄱ 智行ㄟノㅅ乙 一切 悉ㅣ 知 盡ㅣ尸 不ㄟ尸丁ノ尸 無ㄨㄉ

D: 내지 世間의 모든 智行이니 하는 것을 一切 다 알되 다하지 않음 없으며,

E: 세간에 여러 가지 지혜와 행을 온갖 것 모두 다 알아 끝이 다했네.

<주본화엄31, 20:06>

A: 如是[12(:)]一切人中[25(·.)]主[23(-)]隨其所有[33(/)?,33(·),25(·)]諸[33(·)]境界[41(·),24(\),경계선]

B: 如是[ㄴㄱ]一切人中[ㅣㄷ]主[ㅎ]隨其所有[ㄣ,ㄱ,ㄷ]諸[ㄱ]境界[乙,ㄇ,경계선]

C: 是 如(支)ㄴㄱ 一切 人 中ㅣㄷ 主ㅎ 其 {有}ㄣ(ㅁ)ㄱ 所ㄷ 諸ㄱ 境界乙 隨ㅁ

D: 이와 같은 일체 사람 중의 主人이 그 가진 바의 모든 境界를 따라

E: 갖가지 사람 중에 주인 되시는 그들의 간 데마다 있는 경계를 좇아

<주본화엄31, 20:07>

A: 於一[33(·)]念[25(·)]中[53(·)]皆[25(·)]了悟[11(/)]而[33(·)]亦[33(·)]不捨菩提[25(·)]行[41(·),44(·),51(·.)]

B: 於一[ㄱ]念[ㄷ]中[十]皆[ㄷ]了悟[ナㅅㄟ]而[ㄱ]亦[ㄱ]不捨菩提[ㄷ]行[乙,尸,ㄨㄉ]

C: {於}一ㄱ 念ㄷ 中十 皆ㄷ 了悟(ㄴ)ナㅅㄟ 而ㄱ 亦(ㄴ)ㄱ 菩提ㄷ 行乙 捨尸 不ㄨㄉ

---

168) 이점본에 '14(·.)'이 기입되어 있으나 잘 보이지 않는다.

D: 한 생각 사이에 모두 了悟하고서도 또한 菩提의 行을 버리지 않으며,

E: 한 생각에 모두 다 깨달아 알고 그래도 보리행을 버리지 않아,

<주본화엄31, 20:08>

A: 諸[33(·)]佛[35(·)]所有[33(/),12(|)#12(!),25(·)]微細行[11(·)]及[25(·)?]一切刹[25(·)#25(..)]種種[25(·)]法[11(·),41(:)]

B: 諸[ㄱ]佛[ㅅ矢]所有[ㅏ,ㅎㅁㄱ,ㄴ]微細行[ㆍ]及[ㄴ]一切刹[ㄴ]種種[ㄴ]法[ㆍ,ㅁ수乙]

C: 諸ㄱ 佛ㅅ {有}ㅏㅎㅁㄱ 所ㄴ 微細行ㆍ 及ㄴ 一切 刹ㄴ 種種ㄴ 法ㆍㅁ수乙

D: 모든 부처 가지신 바의 微細行이니 및 一切 刹의 갖가지 法이니 하는 것을

E: 부처님의 소유하신 미세한 행과 모든 세계 가지가지 온갖 법들을

<주본화엄31, 20:09>

A: 於彼[53(·)]悉[34(|)]能[24(·)]隨[24(\)]順[25(·)]知[53(!)]究竟迴向[43(|)]到彼岸[53(·),51(.)]

B: 於彼[+]悉[ㆎ]能[支]隨[ㄅ]順[ㄴ]知[X]究竟迴向[ㆎ ㅺ]{+}到彼岸[+,xㆆ]

C: {於}彼十 悉ㆎ 能支 隨ㄅ 順ㄴ(ㆍㆎ)[169] 知X 究竟 迴向(ㆍ)ㆎ ㅺ 彼岸十 到xㆆ

D: 거기에서 다 능히 따라 順하여 알아 究竟 迴向하여서 彼岸에 이르며,

E: 저기에서 모두 다 따라서 알고 필경에 회향하여 저 언덕 가네.

<주본화엄31, 20:10>

A: 有數[11(·)]無數[11(·),25(|)]一切劫[41(·)#41(··)]菩薩[33(·)]了知卽[24(·)]一[33(·)?]念[42(/),41(··),53(!)]

B: 有數[ㆍ]無數[ㆍ,수ㄴ]一切劫[乙]菩薩[ㄱ]了知卽[支]一[ㄱ]念[ㅣㄱ,ㅅ乙,X]

C: 有數ㆍ 無數ㆍ(/)수ㄴ 一切 劫乙 菩薩ㄱ 卽支 一ㄱ 念ㅣㄱㅅ乙 了知X

D: 有數이니 無數이니 하는 一切 劫을, 菩薩은 곧 한 念인 것을 了知하여서

E: 수(數)가 있고 수가 없는 모든 겁들을 보살은 잠깐인 줄 분명히 알고

---

169) 다음의 예를 참조할 수 있다. 그러나 구문상 약간의 차이가 있다.
菩薩ㄱ 種種ㄴ 方便門乙ㆍㆍ 世ㄴ 法ㆎ十 隨ㅅ 順ㄴㆍㆎ 衆生乙 度ㅣㅁㄹㅁ <화엄19:04>

<주본화엄31, 20:11>
A: 於此[53(|)]善[24(·),경계선]入菩提[25(·)]行[53(·),43(|)]常[24(|)?]勤[25(·)]修習[13(··)]不退轉[44(·)?,51(·.)]
B: 於此ㅋ+善[攴,경계선]入菩提[七]行[+,ㅣㅈ]常[ㅣ]勤[七]修習[ㄇㄅㅁ]不退轉[尸,x分]
C: {於}此ㅋ+ 善攴 菩提七 行+ 入(ㅅ)ㅣㅈ 常ㅣ 勤七 修習ノㄅㅁ 退轉尸 不x分
D: 여기서 菩提의 行에 잘 들어가서 항상 부지런히 修習하되 退轉하지 않으며,
E: 거기서 보리행에 잘 들어가서 부지런히 수행하여 퇴전치 않고,

<주본화엄31, 20:12>
A: 十方[53(·)]所有[33(·),25(·)]無量刹[33(·)]或[42(\)]有[55(..)]雜染[35(-),11(·)]或[55(..)]淸淨[35(·-),11(·)]
B: 十方[+]所有[ㄱ,七]無量刹[ㄱ]或[ㄲ]有[ㅈㅣ]雜染[x矢,ㅣ]或[ㅈㅣ]淸淨[ㄱ 矢,ㅣ]
C: 十方+ 有ㄱ 所七 量 無(ㄱ) 刹ㄱ 或ㄲ 有ㅈㅣ 雜染x矢ㅣ 或ㅈㅣ 淸淨(ㅅ)ㄱ 矢ㅣ ¹⁷⁰⁾
D: 十方에 있는 바 한량없는 刹은, 혹 있다, 雜染한 것이. 혹 있다, 淸淨한 것이.
E: 시방에 한량없는 모든 세계가 더러운 것도 있고 깨끗도 한데

<주본화엄31, 20:13>
A: 及[25(·)]彼一切諸[33(·)]如來[11(·),41(:)]菩薩[33(·)]悉能[24(·)]分別[23(\)]知[51(·.)]#51(·)]
B: 及[七]彼一切諸[ㄱ]如來[ㅣ,ㅁ亽乙]菩薩[ㄱ]悉能[攴]分別[ᅙ]知[x分]
C: 及七 彼 一切 諸ㄱ 如來ㅣノ亽乙 菩薩ㄱ 悉(ㅣ) 能攴 分別ᅙ 知x分
D: 및 그 一切 모든 如來이니 하는 것을 菩薩은 다 능히 分別히 알며,
E: 거기 계신 수없는 부처님들을 보살이 분별하여 능히 알도다.

<주본화엄31, 20:14>
A: 於念念[25(·)]中[53(·),55(·)]悉[34(|)]明見不可思議[25(·)]無量[33(·)]劫[41(·),13(··)]
B: 於念念[七]中[+,ㅣ]悉[ㅣ]明見不可思議[七]無量[ㄱ]劫[乙,ㅁㅅㅁ]
C: {於}念念七 中+(ㄱ)ㅣ 悉ㅣ 不可思議七 量 無ㄱ 劫乙 明見ノㅅㅁ

---

170) 여기서 'ㅣ'가 도치 구문의 용법과 명사구 나열의 용법을 겸하고 있는 듯이 보인다.

D: 念念 중에마다 다 不可思議의 한량없는 劫을 분명히 보되
E: 헤아릴 수 없이 많은 겁들을 잠깐잠깐 동안에 분명히 보고

<주본화엄31, 20:15>
A: 如是[12(:)]三世[41(·)]無有餘[12(:),24(|),53(!)#53(|)]{35(·)}具足[34(|)]修治菩薩[44(·)]行[41(·),51(·.)]
B: 如是[ᄂㄱ]三世[乙]無有餘[ᄂㄱ,ᅵᅵ,X]具足[ᄀ]修治菩薩[尸]行[乙,x分]
C: 是 如(支)ᄂㄱ 三世乙 餘ᄂㄱ 無有ᅵᅵX 具足(ᄂ)ᄀ 菩薩尸 行乙 修治x分
D: 이와 같은 三世를 남김 없이 하여 具足히 菩薩의 行을 修治하며,
E: 이러한 삼세에서 남김이 없이 구족하게 보살도를 닦아 행하며,

<주본화엄31, 20:16>
A: 於一切心[53(·)]平等[23(\)]入[52(·)]入一切法[53(·),12(:)]{13(·)}[171)]亦[42(\)]平等[23(\),52(·)]
B: 於一切心[十]平等[ᅎ]入[ᄂ分]入一切法[十,ᄂㄱ]亦[刀]平等[ᅎ,ᄂ分]
C: {於}一切 心十 平等ᅎ 入ᄂ分 一切 法十 入ᄂㄱ 亦刀 平等ᅎᄂ分
D: 一切 心에 平等히 들어가며 一切 法에 들어가는 것 또한 平等히 하며,
E: 일체심(一切心)에 평등하게 다 들어가고 일체 법에 들어가도 역시 평등해

<주본화엄31, 20:17>[172)]
A: 盡空[41(·),34(|)?,25(··)]佛刹[=53(·)]斯[53(|)]亦[42(\)]然[25(·),23(\),52(·)?,12(|)]彼{55(·)}最勝行[41(·)]悉[34(|)]了知[51(·.)]
B: 盡空[乙,ᄀ,ㅌㅅ]佛刹[十]斯[ᄀ十]亦[刀]然[ㅅ,ᅎ,ᄂ分,호ㄱ]彼最勝行[乙]悉[ᄀ]了知[x分]
C: 空乙 盡ᄀㅌㅅ 佛刹十 斯ᄀ十 亦刀 然ㅅᅎᄂ分(ᄂ)호ㄱ 彼 最勝行乙 悉ᄀ 了知x分
D: 虛空을 다한 佛刹에 여기에서 또한 그렇게 하며 하시니, 그 最勝行을 다 了知하며,
E: 온 허공의 세계에도 그러하거늘 최승행(最勝行)을 닦는 이가 모두 다 아네.

---

171) 24~25 위치에 걸쳐 물결 모양의 각필선이 있다.
172) 17행 欄上에 정사각형의 紺色 不審紙가 있다

<주본화엄31, 20:18>

A: 出生衆生[11(·)]及[25(·)]諸[33(·)]法[11(·),13(/),53(|)]所有[33(·),25(·)]種種[25(·)]諸[33(·)]智慧[52(·)?]

B: 出生衆生[⺀]及[七]諸[ㄱ]法[⺀,丆亽,ラ十]所有[ㄱ,七]種種[七]諸[ㄱ]智慧[丷ケ]

C: 衆生⺀ 及七 諸ㄱ 法⺀ノ亽ラ十 有ㄱ 所七 種種七 諸ㄱ 智慧(乙) 出生丷ケ

D: 衆生이니 및 모든 法이니 하는 것에 있는 바 갖가지 모든 智慧를 出生하며,

E: 중생과 모든 법을 내는 일들과 거기 있는 가지가지 모든 지혜와

<주본화엄31, 20:19>

A: 菩薩[44(·)]神力[53(·)]亦[33(·)]復[42(\)]然[23(\),51(·)?,53(!)?]如是[24(·)]一切[44(·),53(·)]無窮盡[44(·),51(·.)]

B: 菩薩[尸]神力[十]亦[ㄱ]復[刀]然[ち,ケ,X]如是[支]一切[尸,十]無窮盡[尸,xケ]

C: 菩薩尸 神力十 亦(丷)ㄱ 復刀 然(七)ち(丷)ケX 是 如支 一切尸十 窮盡尸 無xケ

D: 菩薩의 神力에 또한 또 그렇게 하며 하여서, 이와 같이 一切에 窮盡함 없으며,

E: 보살의 신통력도 또한 그러해 이러한 온갖 것이 다함 없나니,

<주본화엄31, 20:20>

A: 諸[33(·)]微細智[33(·)]各[43(|)]差別[41(·.)?]菩薩[33(·)]盡[34(|)]攝[13(:)]無有餘[12(:),24(|),53(!)]

B: 諸[ㄱ]微細智[ㄱ]各[阝尒]差別[ㄱ乙]菩薩[ㄱ]盡[阝]攝[x厶]無有餘[丷ㄱ,刂,X]

C: 諸ㄱ 微細智ㄱ 各阝尒 差別(丷)ㄱ乙 菩薩ㄱ 盡阝 攝x厶 餘丷ㄱ 無有刂X

D: 모든 微細智는 각각 다르거늘 菩薩은 다 攝하되 남김 없이 하여

E: 미세한 모든 지혜 제각기 달라 보살이 다 거두어 남김이 없이

<주본화엄31, 20:21>

A: 同相[11(·)]異相[11(·),41(:)]悉[34(|)]善[24(·)]知[43(|)]如是[24(·)]修行廣大行[41(·),51(·.)]

B: 同相[⺀]異相[⺀,丆亽乙]悉[阝]善[支]知[阝尒]如是[支]修行廣大行[乙,xケ]

C: 同相⺀ 異相⺀ノ亽乙 悉阝 善支 知阝尒 是 如支 廣大行乙 修行xケ

D: 同相이니 異相이니 하는 것을 다 잘 알아서 이와 같이 廣大行을 修行하며,

E: 같은 모양 다른 모양 모두 알고서 이러하게 광대한 행 닦아 행하며,

<주본화엄31, 20:22>

A: 十方[25(·)]無量[33(·)]諸[33(·)]佛刹[25(·.)]#25(/)]其[25(·)][25(·.)]¹⁷³⁾衆生[33(·)]各[43(|)]無量[33(·)]?, 11(·)]

B: 十方[七]無量[ㄱ]諸[ㄱ]佛刹[ㅿ七]其[七]中[ㅿ七]衆生[ㄱ]各[ㅿ禾]無量[ㄱ,ㅅ]

C: 十方七 量 無ㄱ 諸ㄱ 佛刹ㅿ七 其七 中ㅿ七 衆生ㄱ 各ㅿ禾 量 無ㄱㅅ

D: 十方의 한량없는 모든 佛刹의 그 가운데의 衆生은 각각 한량없으니

E: 시방에 한량없는 부처님 세계 그 가운데 중생도 한량이 없고

<주본화엄31, 20:23>

A: 趣生[11(·)]族類[11(·),13(/)]種種[25(·)]殊[12(:),41(·)]住行力[53(·)?#53(··)?,44(·)]已[43(·),23(|),12(:)] 悉[34(|)]能[24(·)?]知[51(··)]

B: 趣生[ㅿ]族類[ㅿ,ノ令]種種[七]殊[ㅅㄱ,乙]住行力[十,尸]已[ㅿ,ㅄㅿ,ㅄㄱ]悉[ㅿ]能[支]知[xケ]

C: 趣生ㅿ 族類ㅿノ令 種種七 殊ㅅㄱ乙 行力十 住(ㅄ)尸¹⁷⁴⁾ 已ㅿㅄㅿㅄㄱ 悉ㅿ 能支 知xケ

D: 趣生이니 族類이니 하는 것이 갖가지로 다르거늘, 行力에 住하고 나서는 다 능히 알며,

E: 태어나는 종류도 다 다르거늘 주(住)와 행(行)의 힘으로 모두 다 아네.

<주본화엄31, 20:24>

A: 過去[11(·)]未來[11(·)]現在[25(·)]世[11(·),13(/),53(|)]所有[33(·)?,25(·)]一切諸[33(·)?]導師[41(·)]

B: 過去[ㅿ]未來[ㅿ]現在[七]世[ㅿ,ノ令,ㅎ十]所有[ㄱ?,七]一切諸[ㄱ]導師[乙]

C: 過去ㅿ 未來ㅿ 現在七 世ㅿノ令ㅎ十 有ㄱ 所七 一切 諸ㄱ 導師乙

D: 過去이니 未來이니 現在의 世上이니 하는 것에 있는 바 일체 모든 導師를

E: 과거·미래·현재의 모든 세상에 나 계시는 일체의 대도사들을

<주본화엄31, 21:01>

A: 若[25(·)]人[24(|)]知此[41(·),43(|)]而[45(·)]迴向[14(·|),15(|)]則[24(·)]與彼佛[25(·)#25(:)]行平等

---

173) 53 위치부터 왼쪽으로 긴 각필선이 있다.

174) '力十 住行(ㅄ)尸'로 볼 가능성도 있으며, 53(·)을 인정하지 않을 경우에는 '住行力(ㅄ)尸'로 볼 가능성도 있다.

　行力: 행위·실천의 힘. 보살의 10가지 힘(十力)의 하나.

204 第二部 判讀과 解讀 및 飜譯

[31(ㄴ)?,51(·/)]
B: 若[ㄷ]人[ㅣ]知此[乙,ゞホ]而[灬]迴向[xアㅅㄱ]則[支]與彼佛[ㄷ]行平等[xチ,xゝ]
C: 若ㄷ 人ㅣ 此乙 知ゞホ 而灬 迴向xアㅅㄱ 則支 彼 佛(乙) 與ㄷ 行 平等xチxゝ
D: 만약 어떤 사람이 이를 알아서 迴向하면 그 부처와 더불어 行이 평등할 것이며,
E: 어떤 사람 알고서 회향한다면 저 부처님 수행과 평등하리라.

<주본화엄31, 21:02>
A: 若[25(·)]人[24(|)]能[24(·)]修此迴向[41(·)?,14(·|),15(·)]則[24(·)]爲學佛[35(·)]所行[25(·)]道[41(·),
   31(\),11(·),12(·|),24(|),21(·|)]
B: 若[ㄷ]人[ㅣ]能[支]修此迴向[乙,xア,ㅅㄱ]則[支]爲學佛[心]所行[ㄷ]道[乙,xチ,ゝ,xㄱ,ㅣ,罒]
C: 若ㄷ 人ㅣ 能支 此 迴向乙 修xアㅅㄱ 則支 {爲} 佛心 所行ㄷ 道乙 學xチゝxㄱㅣ罒[175)]
D: 만약 어떤 사람이 능히 이 迴向을 닦으면 부처의 所行의 道를 배우는 것이라고 할 것이라
E: 어떤 이가 이 회향을 닦기만 하면 부처님의 행하신 도 배우게 되고

<주본화엄31, 21:03>
A: 當[23(:)]得一切佛功德[11(·)]及[25(·)]以[34(|)]一切佛[35(·)]智慧[11(·),41(:),34(|),31(:)?,55(·:)]#55(·.)
   #55(·|)#55(\·)]
B: 當[八]得一切佛功德[ゝ]及[ㄷ]以[ゞ]一切佛[心]智慧[ゝ,罒彳乙,ゞ,ナチ,xㅣ]
C: 當八 一切 佛 功德ゝ 及ㄷ 以ゞ 一切 佛心 智慧ゝノ彳乙 得ゞナチxㅣ
D: 반드시 一切 부처의 功德이니 및 一切 부처의 智慧이니 하는 것을 얻을 것이다.
E: 일체 부처님들의 높은 공덕과 부처님의 지혜를 얻게 되리라.

<주본화엄31, 21:04>
A: 一切世間[53(·)]莫能[35(·)]壞[34(|)?,13(!),25(·),51(·)]一切所[176)]學[41(·)]皆[25(·)]成就[52(·)]
B: 一切世間[十]莫能[矢]壞[ゞ,x彳,ㄷ,ゝ]一切所學[乙]皆[ㄷ]成就[ㄴゝ]

---

175) 다음의 예를 참조할 수 있다.
   {是}ㅣ乙 十尸ゝ{爲}ノ禾ナㅣ <화소20:03>
   何等 {爲} 世間ㄷ 法ゝノ彳口 <화소02:09>
176) 우상에서 좌하로 각필선이 있다.

C: 一切 世間十 能矢 壞ゟx令 莫七分 一切 所學乙 皆七 成就ソ分
D: 一切 世間에 능히 무너뜨릴 이 없으며 一切 所學을 다 成就하며,
E: 모든 세간 사람이 파괴 못하고 일체의 배울 것을 다 성취하면

<주본화엄31, 21:05>
A: 常能[24(·)]憶念一切佛[41(·),34(-),43(|)]{34~44(·)}常[24(|)]見一切世間[25(·)]燈[41(·),34(-),51(·)]
B: 常能[㐦]憶念一切佛[乙,白,ゟ尔]常[刂]見一切世間[ゟ七]燈[乙,白,x分]
C: 常(刂) 能㐦 一切 佛乙 憶念(ソ)白ゟ尔 常刂 一切 世間ゟ七 燈乙 見白x分
D: 항상 능히 一切 부처를 憶念하여서 항상 一切 世間의 燈을 뵈오며,
E: 모든 부처님들을 생각하여서 일체 세간 등불을 항상 보리라.

<주본화엄31, 21:06>
A: 菩薩[44(·)]勝行[33(·)]不可量[34(|),24(\),42(|)?,12(:),35(|)#35(|)?,24(|),51(·)]諸[33(·)]功德[25(·)]法亦[42(\)]如是[24(·),41(·)]
B: 菩薩[尸]勝行[ㄱ]不可量[ゟ,ロ,古,ソ丨,矢,刂,分]諸[ㄱ]功德[七]法亦[刀]如是[㐦,ㄱ乙]
C: 菩薩尸 勝行ㄱ 量ゟロ古{可}(七)ソㄱ 不矢刂分 諸ㄱ 功德七 法 亦刀 是 如㐦(ソ)ㄱ乙
D: 菩薩의 勝行은 헤아릴 수 없으며 모든 功德의 法도 이와 같거늘
E: 보살들의 수승한 행 측량 못하고 모든 공덕법들도 그러하거늘

<주본화엄31, 21:07>
A: 已[43(·)]住如來[44(·)]無上行[53(·),53(!)]悉[34(|)]知諸[33(·)]佛[35(·)]自在力[41(·),55(/)]
B: 已[ゟ]住如來[尸]無上行[十,X]悉[ゟ]知諸[ㄱ]佛[ㄾ]自在力[乙,x丨]
C: 已ゟ 如來尸 無上行十 住X 悉ゟ 諸ㄱ 佛ㄾ 自在力乙 知x丨
D: 이미 如來의 無上行에 머물러서 다 모든 부처의 自在力을 안다.
E: 여래의 최승행에 머무른 이가 부처님의 자재한 힘 모두 알리라.

大方廣佛華嚴經卷第三十一

周本『華嚴經』卷第三十四[*]

<주본화엄34, 01:01>

大方廣佛華嚴經卷第三十四

<주본화엄34, 01:02>

于闐國三藏實叉難陀奉 制譯

<주본화엄34, 01:03>

十地品第二十六之一

<주본화엄34, 01:04-05>

A: 爾時[53(·)]世尊[33(·)]在他化自在天王[23(-)]宮[25(·.)][1)]摩尼寶藏殿[53(/)?#53(·)?,43(-)]{41(·)#41(:),52(·)?}與大菩薩衆[41(·),25(·)]俱[13(|)]

B: 爾時[十]世尊[ㄱ]在他化自在天王[ㅋ]宮[ㅋㄷ]摩尼寶藏殿[x十,ㆆ下]與大菩薩衆[乙,ㄷ]俱[xㅿ]

C: 爾 時十 世尊ㄱ 他化自在天王ㅋ 宮ㅋㄷ 摩尼寶藏殿x十 在(ㅅㅣ)ㆆ下 大菩薩衆乙 與ㄷ 俱xㅿ

D: 이때 世尊은 他化自在天王[2)]의 宮의 摩尼寶藏殿에 계시어 大菩薩衆과 더불어 함께 하시되

E: 이 때 세존은 타화자재천왕궁(他化自在天王宮)의 마니보장전(摩尼寶藏殿)에서 큰 보살 대중과 함께 계시었다.

---

[*] 卷第34는 현재로서는 가장 나중에 역주 작업이 이루어진 점토석독구결 자료이다. 따라서 점토 해석에 대한 최신의 정보는 卷第34를 참조하기 바란다.
1) 이점본(남풍현본, 이전경본, 장경준본, 이하에서는 남, 이, 장으로 표현한다)에는 모두 '25(·)'으로 되어 있다.
2) 他化自在天은 欲界 六天의 第六天으로, 다른 이가 만들어 놓은 즐거운 일을 자기의 쾌락으로 만들기 때문에 이런 이름이 붙었다.

208 第二部 判讀과 解讀 및 飜譯

<주본화엄34, 01:05-06>

A: 其諸[33(·)?]菩薩[33(·)]皆[25(·)]於阿耨多羅三藐三菩提[53(·),23(|)]不退轉[42(-),11(·.)?]{52(:),22(·)}悉[34(|)?]從他方世界[25(·)]來集[13(|)?]

B: 其諸[ㄱ]菩薩[ㄱ]皆[セ]於阿耨多羅三藐三菩提[十,ᆢ ᢈ]不退轉[X,xᢈ]悉[ᢈ]從他方世界[セ]來集[xㅅ]

C: 其 諸ㄱ 菩薩ㄱ 皆セ {於}阿耨多羅三藐三菩提十ᆢ ᢈ 退轉(尸) 不Xxᢈ 悉ᢈ 他方(セ) 世界(乙) 從セ 來集xㅅ

D: 그 모든 菩薩은 다 阿耨多羅三藐三菩提에서 물러나지 않고 다 他方 世界로부터 來集하되

E: 그 보살들은 다 아뇩다라삼먁삼보리에서 물러가지 않는 이들이니, 다른 세계로부터 왔으며,

<주본화엄34, 01:06-07>

A: 住一切菩薩[44(·)?]智[45(·),43(·)]所住[14(|)#14(:),25(·)]境[53(·),51(·)?]³⁾

B: 住一切菩薩[尸]智[ᆢ,ᢈ]所住[ᢊ⼫,セ]境[十,ㄅ]

C: 一切 菩薩尸 智ᆢ ᢈ 住(ᆢ)ᢊ⼫ 所セ 境十 住(ᆢ)ㄅ

D: 一切 菩薩의 智慧로야 머무시는 바의 境界에 머물며,

E: 모든 보살의 지혜로 머무는 경계에 머무르고,

<주본화엄34, 01:07-08>

A: 入一切如來[44(·)?]智[45(·),43(·)]所入[14(|)?#14(:)?]處[53(·),34(|)?]⁴⁾勤行[41(·.)?#41(:)?#41(··)?]不息[44(·),33(-)]{22(·)}

B: 入一切如來[尸]智[ᆢ,ᢈ]所入[ᢊ⼫]處[十,ᢈ]勤行[ㄱ 乙]不息[尸,X]

C: 一切 如來尸 智ᆢ ᢈ 入(ᆢ)ᢊ⼫ 所(セ) 處十 入(ᆢ)ᢈ 勤(セ) 行(ᆢ)ㄱ 乙 息尸 不X

D: 一切 如來의 智慧로야 드실 바의 곳에 들어가 부지런히 行함을⁵⁾ 쉬지 않으니

E: 모든 여래의 지혜로 들어간 곳에 들어가서 부지런히 수행하여 쉬지 아니하며,

---

3) 이점본(이,장)에는 '11~22(|)'으로 기록되어 있다. 이 단락은 다음 단락과 연결되어 '[[住一切菩薩智所住境][入一切如來智所入處][勤行不息]'와 같은 구조를 가지는 것으로 보인다.

4) '23(/)'이나 '23(|)'이 있는 것처럼 보이기도 한다.

5) 목적어로 파악하지 않고 접속 구성으로 파악할 가능성이 있다.

周本『華嚴經』卷第三十四 209

<주본화엄34, 01:08>
A: 善能[23(\)]示現種種[25(·)?]神通[45(·)?]諸[23(-)]所作[25(·)]⁶⁾事[51(·)#=51(·)#41~51(\)]
B: 善能㋢示現種種[セ]神通[ᠬ]諸[ᠵ]所作[セ]事[xㇷ゚]
C: 善能㋢ 種種セ 神通ᠬ 諸ᠵ 作(ノㄱ) 所セ⁷⁾ 事(乙) 示現xㇷ゚
D: 갖가지 神通으로 모두가 지은 바의 일을 잘 示現하며,
E: 가지가지 신통을 잘 나타내며, 하는 일은

<주본화엄34, 01:08-09>
A: 教化調伏一切衆生[41(·)?,22(·)-중복선,13(-)]而[45(·)?]不失{44(·)}時[41(·),51(·)#51(·)]
B: 教化調伏一切衆生[乙,ㇹ중복,xム]而[ᠬ]不失時[乙,xㇷ゚]
C: 一切 衆生乙 教化(ᠵ)ㇹ 調伏(ᠵ)ㇹxム 而ᠬ⁸⁾ 時乙 失(尸) 不xㇷ゚
D: 一切 衆生을 教化하고 調伏하고 하되 때를 놓치지 않으며,
E: 모든 중생을 교화하고 조복하여 때를 놓치지 아니하며,

<주본화엄34, 01:09-11>
A: 爲成菩薩[44(·)]一切大願[41(·),24(|),32(-)]於一切世[11(·)]一切劫[11(·)]一切刹[11(·),13(/),53(|)]#53(:)]勤[25(·)?]修諸[33(·)?]行[41(·),13(-)]無暫[42(\)]懈息[44(·),51(·)]
B: 爲成菩薩[尸]一切大願[乙,リ,ㅅ]於一切世[ᠬ]一切劫[ᠬ]一切刹[ᠬ,ロ令,ᠵ十]勤[セ]修諸[ㄱ]行[乙,xム]無暫[刀]懈息[尸,xㇷ゚]
C: 菩薩尸 一切 大願乙 成リ{爲}ㅅ {於}一切 世ᠬ 一切 劫ᠬ 一切 刹ᠬロ令ᠵ十 勤セ 諸ㄱ 行乙 修xム 暫刀 懈息尸 無xㇷ゚
D: 菩薩의 一切 大願을 이루고자 一切 世間이니 一切 劫이니 一切 刹이니 하는 것에서 부지런히 모든 行을 닦되 잠시도 쉼 없으며,

---

6) '作'의 '14' 위치에 점토가 있는 듯이 보이기도 하나 이점본(이,장)을 중시했다.
7) '作(ノ尸) 所セ'로 보충할 가능성도 있다.
8) 다음 예문을 참조할 수 있다.
　{是}リ 念乙 作ソ尸 巳ᠵロハㄱ 即支 便リ {之}リ乙 施ノㇷ゚ム 而ᠬ 悔ソ尸 所ᠵ 無セリᠵ尸入乙
　{是}リ乙 名下 外施ᠵノ禾ナー <화소11:14-15>
　或ᠵㄱ 復刀 杵ᠵ十 臥ᠵᠵホ 出離ノ尸入ㄹ 求ᠵㇷ゚ム 而ᠬ {於}彼 衆ᠵ十 師首リ尸入ㄹ 作ソナ古セ
　ー <화엄14;20:03>

210 第二部 判讀과 解讀 및 翻譯

E: 보살의 모든 원을 성취하기 위하여 모든 세간의 모든 겁과 모든 세계에서 모든 행을 부지런히 닦아서 쉬지 아니하였다.

<주본화엄34, 01:11-12>

A: 具足菩薩[44(·)]福[32(-)]智[32(-),25(·)]助道[41(·),43(-)]普[24(|)]益衆生[41(·),13(-)]而[45(·)]恒[24(|)?]不匱[32(·),35(·)?,22(|)?,51(.·)]

B: 具足菩薩[尸]福[人]智[人,七]助道[乙,ㅎ下]普[刂]益衆生[乙,xㅿ]而[…]恒[刂]不匱[口丁,矢,X,x分]

C: 菩薩尸 福人 智人七 助道乙 具足(丷)ㅎ下 普刂 衆生乙 益xㅿ 而… 恒刂 匱(丷)口丁 不矢Xx分 9)10)

D: 菩薩의 福과 智의 助道를 具足하시어 널리 衆生을 利益되게 하되 항상 다할 수 없으며,

E: 보살의 복과 지혜와 도를 돕는 일을 구족하여 중생을 이익 하되 다하지 아니하며,

<주본화엄34, 01:12>

A: 到一切菩薩[44(·)]智慧方便[25(·)]究竟彼岸[53(·)?,51(.·)]

B: 到一切菩薩[尸]智慧方便[七]究竟彼岸[十,x分]

C: 一切 菩薩尸 智慧 方便七 究竟 彼岸十 到x分

D: 一切 菩薩의 智慧 方便의 究竟 彼岸에 이르며,

E: 일체 보살의 지혜의 방편과 필경의 저 언덕에 이르렀으며,

<주본화엄34, 01:12-13>

A: 示入生死[11(·)]及[25(·)]以[34(|)?]涅槃[11(·),13(/),41(!),24(|)]¹¹⁾而[33(·)]不廢捨修菩薩[44(·)]行[41(·),14(·.),41(··),51(.·)]¹²⁾

B: 示入生死[冫]及[七]以[ㅎ]涅槃[冫,口今,ㅎ尸入乙,刂]而[丁]不廢捨修菩薩[尸]行[乙,口尸,入乙,x

---

9) 다음의 예를 참조할 수 있다.
   則 能支 法ㅜ 永ㅗ 滅丷口丁 不矢ヒ丁入乙 知ヒ禾分 <화엄11:16>
   彼 微塵丁 亦丷刂 增丷口丁 不矢丁乙 {於}一丁ㅋ十 普刂 難思七 刹乙 <화엄15:09>
10) '22(|)'과 '35(·)'은 잘 보이지 않으나, 이점본에 기록되어 있다. <주본화엄31, 14:18>을 참조하여 반영하였다.
11) '11(/)'이 있을 가능성이 있다.
12) '行'자의 오른쪽 위에 각필로 된 선이 있다.

ㅅ]
C: 生死ㅅ 及ㄴ 以ㅈ 涅槃ㅅ ノ令(ㅋ十)[13] 入(ㅅ)ㅎㄹ入乙 示ㅣ(xㅅ) 而ㄱ 菩薩ㄹ 行乙 修ㄷㄹ
入乙 廢捨(ㄹ) 不xㅅ
D: 生死니 및 涅槃이니 하는 것에 드시는 것을 보이지만 菩薩의 行을 닦는 것을 그만 두지 않으며,
E: 일부러 생사와 열반에 들어가지마는 보살의 수행을 그만두지 아니하며,

<주본화엄34, 01:13-14>
A: 善[24(·)]入一切菩薩[44(·)]禪定[11(·)]解脫[11(·)]三昧三摩鉢底神通明智[11(·),13(/),51(.·)]
B: 善ㅊ入一切菩薩[ㄹ]禪定[ㅅ]解脫[ㅅ]三昧三摩鉢底神通明智[ㅅ,ㅁ令,xㅅ]
C: 善ㅊ 一切 菩薩ㄹ 禪定ㅅ 解脫ㅅ 三昧(ㅅ) 三摩鉢底(ㅅ) 神通(ㅅ) 明智ㅅノ令(ㅋ十) 入xㅅ
D: 一切 菩薩의 禪定이니 解脫이니 三昧니 三摩鉢底[14]니 神通이니 明智니 하는 것에 잘 들며,
E: 일체 보살의 선정과 해탈과 삼매와 <삼마발저>에 잘 들어가서 신통과 밝음과 지혜로

<주본화엄34, 01:14-15>
A: 諸所施爲[14(·),53(·)]皆[25(·)]得自在[12(:),41(·),51(.·)]
B: 諸所施爲[ㄹ,十]皆[ㄴ]得自在[ㅅㄱ,乙,xㅅ]
C: 諸 施爲(ノ)ㄹ 所十 皆ㄴ 自在ㅅㄱ乙 得xㅅ
D: 모두의 施爲하는 바에 대해 다 自在한 것을 얻으며,
E: 하는 모든 일이 자재하며,

<주본화엄34, 01:15>
A: 獲一切菩薩[44(·)]自在神力[41(·)?,51(.·)]
B: 獲一切菩薩[ㄹ]自在神力[乙,xㅅ]

---

13) 다음의 예를 참조할 수 있다.
 {此}ㅣ 菩薩ㄱ 諸 佛ㄴ 說ㅎㄱㄱ 所ㄴ 修多羅乙 持ノㄹㅅ 文句ㅗ 義理ㅗノ令ㅋ十 忘失ㄹ 無{有}ㅣㅅ
 ㅅ令ㅗ <화소23:19-20>
14) 三摩鉢底는 定의 또 다른 이름으로 惛沈, 掉擧 등의 번뇌에서 遠離하여 몸과 마음을 平安하고 溫和한 境界에 도달하게 하는 것이다.

212 第二部 判讀과 解讀 및 翻譯

C: 一切 菩薩尸 自在 神力乙 獲x分
D: 一切 菩薩의 自在한 神力을 얻으며,
E: 일체 보살의 자재한 신력을 얻어,

<주본화엄34, 01:15-16>
A: 於一[33(·)]念[25(·)]頃[53(·)]無所動作[14(·),11(·)]
B: 於一[ㄱ]念[ㄴ]頃[+]無所動作[尸,xミ]
C: {於}一ㄱ 念ㄴ 頃十 動作(ノ)尸 所 無xミ
D: 한 생각 사이에 움직이는 바가 없지만
E: 잠깐동안도 움직이지 아니하고

<주본화엄34, 01:16-17>
A: 悉能[24(·)?]往詣一切如來[44(·)]道場[25(·)]衆會[53(·),43(-)?]爲衆[25(·.)]上首[14(i),41(··)#41(·)#41(-·),23(|)]請佛[35(·)?,41(·)]說法[23(/)#23(|),53(|·)#53(·),51(.·)]
B: 悉能[攴]往詣一切如來[尸]道場[ㄴ]衆會[+,ㅎ下]爲衆[ㄣㄴ]上首[リ尸,入乙,ゝミ]請佛[ㄴ,乙]說法[口ハ,ㅎ효,x分]
C: 悉(ミ) 能攴 一切 如來尸 道場ㄴ 衆會十 往詣(ゝ)ㅎ下 衆ㄣㄴ 上首リ尸{爲}入乙ゝミ 佛ㄴ 乙 說法(ゝ)口ハㅎ효 請x分
D: 다 能히 一切 如來의 道場의 衆會에 往詣하시어 大衆의 上首가 되어 부처께 說法하소서 請하며,
E: 모든 여래의 대중이 모인 도량에 나아가서 대중의 우두머리가 되어 부처님께 설법을 청하며,

<주본화엄34, 01:17-18>
A: 護持諸[33(·)]佛[35(·)]正法[25(·)]之輪[41(·),51(.·)]
B: 護持諸[ㄱ]佛[ㄴ]正法[ㄴ]之輪[乙,x分]
C: 諸ㄱ 佛ㄴ 正法ㄴ{之} 輪乙 護持x分
D: 모든 부처의 正法의 法輪을 護持하며,
E: 부처님의 바른 법륜을 보호하여 유지하고,

<주본화엄34, 01:18>

A: 以廣大心[41(·),34(|)]供養承事一切諸[33(·)]佛[35(\)?,41(·),22(·)-중복선,51(.·)?]

B: 以廣大心[乙,ㆍ]供養承事一切諸[ㄱ]佛[㔾,乙,ㆅ중복,xㆆ]

C: 廣大心乙 以ㆍ 一切 諸ㄱ 佛㔾乙 供養(ㅅ)ㆅ 承事(ㅅ)ㆅxㆆ

D: 廣大心으로써 一切 모든 부처를 供養하고 承事하고 하며,

E: 광대한 마음으로 여러 부처님을 공양하고 섬기며,

<주본화엄34, 01:18-19>

A: 常[24(|)?]勤[25(·)]修習一切菩薩[44(·)]所行[14(|),25(·)]事業[41(·),51(.·)]

B: 常[ㅣ]勤[ㄴ]修習一切菩薩[尸]所行[ㆅ勺尸,ㄴ]事業[乙,xㆆ]

C: 常ㅣ 勤ㄴ 一切 菩薩尸 行(ㅅ)ㆅ勺尸 所ㄴ 事業乙 修習xㆆ

D: 항상 부지런히 一切 菩薩의 行하시는 바의 일을 修習하며,

E: 일체 보살의 행하는 사업을 부지런히 닦는 이들이었다.

<주본화엄34, 01:19>

A: 其身[41(·)]普[24(|)?]現一切世間[53(·),24(\)?#24(·),51(.·)]

B: 其身[乙]普[ㅣ]現一切世間[ㆎ,勺,xㆆ]

C: 其 身乙 普ㅣ 一切 世間ㆎ 現勺xㆆ

D: 그 몸을 一切 世間에 널리 나타내며,

E: 그 몸은 일체 세간에 나타나고,

<주본화엄34, 01:19-20>

A: 其音[41(·)]普[24(|)]及十方法界[53(·)?,24(|),51(.·),경계선]

B: 其音[乙]普[ㅣ]及十方法界[ㆎ,ㅣ,xㆆ]

C: 其 音乙 普ㅣ 十方 法界ㆎ 及ㅣxㆆ

D: 그 소리를 十方 法界에 널리 미치게 하며,

E: 그 음성은 시방 법계에 두루 미치고,

214 第二部 判讀과 解讀 및 飜譯

<주본화엄34, 01:20>

A: 心智無礙[44(·),34(|)?#24(·)]普[24(|)?]見三世[41(·),51(.·)]¹⁵⁾

B: 心智無礙[尸,ぅ]普[ㅣ]見三世[乙,x分]

C: 心智 礙尸 無ぅ 普ㅣ 三世乙 見x分

D: 마음과 智慧는 걸림이 없어 널리 三世를 보며,

E: 마음과 지혜는 걸림이 없어 三世의

<주본화엄34, 01:20-22>

A: 一切菩薩[44(·)]所有[33(/),12(|)#12(:),25(·)]功德[41(·)]悉[34(|)?]已[43(·)]修行[23(|)?]而[45(·)]得圓滿[33(-)]於不可說[25(·)]劫[53(·)]說[53(-)]{33(·)}不能盡[34(|)?,44(·),22(-)]¹⁶⁾,35(·),31(··)?#31(·),54(:)]{53(\)}

B: 一切菩薩[尸]所有[ㄣ,ぅㄱ,七]功德[乙]悉[ぅ]已[氵]修行[ソぅ]而[…]得圓滿[X]於不可說[七]劫[十]說[乃]不能盡[ぅ,尸,<ノ>,矢,ノ禾,X]

C: 一切 菩薩尸 {有}ㄣぅㄱ 所七 功德乙 悉ぅ 已氵 修行ソぅ 而… 圓滿(乙) 得X {於}不可說七 劫十 說乃 盡ぅ尸 不<ノ> 能(ㅣ)矢ノ禾¹⁷⁾X¹⁸⁾

D: 一切 菩薩의 가지신 바의 공덕을 다 이미 修行하여 圓滿을 얻으니 不可說의 劫에 말하여도 다할 수 없다.

E: 모든 보살이 가지는 공덕을 모두 보고, 수행하여 원만하게 되어 말할 수 없는 겁 동안에 말하여도 다 할 수 없었다.

<주본화엄34, 01:22-02:14>¹⁹⁾

A: 其名曰金剛藏菩薩寶藏菩薩蓮華藏菩薩德藏菩薩蓮華德藏菩薩日藏菩薩蘇利耶²⁰⁾藏菩薩無垢

---

15) 이점본(이,장)에는 '44(·),35(i)'가 기록되어 있다.
16) 자토석독구결의 '不(ノ)能ㅣ矢ソノ禾ナㅣ四' <화소11:13>와 같은 예에서 '不'의 좌측 삐침획과 수직획 사이에 기입되는 구결자 'ノ' 모양의 구결자가 22(-)과 대응되는 것으로 보고 이를 '<ノ>'로 기록한다.
17) '31(··)'을 '(ソ)口乙'로 파악할 가능성도 있다.
18) 다음의 예를 참조할 수 있다.
   十方七 一切 諸ㄱ 如來ㅣ 悉ぅ 共七 稱揚ソニ乃 盡ぅ尸 不(ノ)能ㅣ矢ソニ口乙ㅎㅣ| <華嚴經 卷14, 09:07-09:07>
19) 1장과 2장이 연결된 곳에 '周 三十四 二' 등의 글자가 접혀 들어가 일부분만 보인다.

周本『華嚴經』卷第三十四   215

月藏菩薩於一切國土普現莊嚴藏菩薩毗盧遮那智藏菩薩妙德藏菩薩栴檀德藏菩薩華德藏菩薩俱蘇摩德藏菩薩優鉢[21]羅德藏菩薩天德藏菩薩福德藏菩薩無礙淸淨智德藏菩薩功德藏菩薩那羅延德藏菩薩無垢藏菩薩離垢藏菩薩種種辯才莊嚴藏菩薩大光明網藏菩薩淨威德光明王藏菩薩金莊嚴大功德光明王藏菩薩一切相莊嚴淨德藏菩薩金剛燄德相莊嚴藏菩薩光明燄藏菩薩星宿王光照藏菩薩虛空無礙智藏菩薩妙音無礙藏菩薩陀羅尼功德持一切衆生願藏菩薩海莊嚴藏菩薩須彌德藏菩薩淨一切功德藏菩薩如來藏菩薩佛德藏菩薩解脫月菩薩[11(·),14(·)]

B: 其名曰金剛藏菩薩寶藏菩薩蓮華藏菩薩德藏菩薩蓮華德藏菩薩日藏菩薩蘇利耶藏菩薩無垢月藏菩薩於一切國土普現莊嚴藏菩薩毗盧遮那智藏菩薩妙德藏菩薩栴檀德藏菩薩華德藏菩薩俱蘇摩德藏菩薩優鉢羅德藏菩薩天德藏菩薩福德藏菩薩無礙淸淨智德藏菩薩功德藏菩薩那羅延德藏菩薩無垢藏菩薩離垢藏菩薩種種辯才莊嚴藏菩薩大光明網藏菩薩淨威德光明王藏菩薩金莊嚴大功德光明王藏菩薩一切相莊嚴淨德藏菩薩金剛燄德相莊嚴藏菩薩光明燄藏菩薩星宿王光照藏菩薩虛空無礙智藏菩薩妙音無礙藏菩薩陀羅尼功德持一切衆生願藏菩薩海莊嚴藏菩薩須彌德藏菩薩淨一切功德藏菩薩如來藏菩薩佛德藏菩薩解脫月菩薩[ゝ,尸]

C: 其 名 曰 金剛藏菩薩(ゝ) 寶藏菩薩(ゝ) 蓮華藏菩薩(ゝ) 德藏菩薩(ゝ) 蓮華德藏菩薩(ゝ) 日藏菩薩(ゝ) 蘇利耶藏菩薩(ゝ) 無垢月藏菩薩(ゝ) 於一切國土普現莊嚴藏菩薩(ゝ) 毗盧遮那智藏菩薩(ゝ) 妙德藏菩薩(ゝ) 栴檀德藏菩薩(ゝ) 華德藏菩薩(ゝ) 俱蘇摩德藏菩薩(ゝ) 優鉢羅德藏菩薩(ゝ) 天德藏菩薩(ゝ) 福德藏菩薩(ゝ) 無礙淸淨智德藏菩薩(ゝ) 功德藏菩薩(ゝ) 那羅延藏菩薩(ゝ) 無垢藏菩薩(ゝ) 離垢藏菩薩(ゝ) 種種辯才莊嚴藏菩薩(ゝ) 大光明網藏菩薩(ゝ) 淨威德光明王藏菩薩(ゝ) 金莊嚴大功德光明王藏菩薩(ゝ) 一切相莊嚴淨德藏菩薩(ゝ) 金剛燄德相莊嚴藏菩薩(ゝ) 光明燄藏菩薩(ゝ) 星宿王光照藏菩薩(ゝ) 虛空無礙智藏菩薩(ゝ) 妙音無礙藏菩薩(ゝ) 陀羅尼功德持一切衆生願藏菩薩(ゝ) 海莊嚴藏菩薩(ゝ) 須彌德藏菩薩(ゝ) 淨一切功德藏菩薩(ゝ) 如來藏菩薩(ゝ) 佛德藏菩薩(ゝ) 解脫月菩薩ゝ(ノ)尸

D: 그 이름을 말하기를, 金剛藏菩薩이니 寶藏菩薩이니 蓮華藏菩薩이니 德藏菩薩이니 蓮華德藏菩薩이니 日藏菩薩이니 蘇利耶藏菩薩이니 無垢月藏菩薩이니 於一切國土普現莊嚴藏菩薩이니 毗盧遮那智藏菩薩이니 妙德藏菩薩이니 栴檀德藏菩薩이니 華德藏菩薩이니 俱蘇摩德藏菩薩이니 優鉢羅德藏菩薩이니 天德藏菩薩이니 福德藏菩薩이니 無礙淸淨智德藏菩薩

---

20) 蘇利耶는 Sūrya의 音譯으로 인도에서는 만물을 창조하는 힘을 신격화하여 日天(Āditya)이라 하였는데 후에 太陽神(Sūrya)이 되었다.
21) '鉢'의 '本'자는 '夲'인 이체자이다.

216　第二部　判讀과 解讀 및 飜譯

　　이니 功德藏菩薩이니 那羅延德藏菩薩이니 無垢藏菩薩이니 離垢藏菩薩이니 種種辯才莊嚴
　　藏菩薩이니 大光明網藏菩薩이니 淨威德光明王藏菩薩이니 金莊嚴大功德光明王藏菩薩이
　　니 一切相莊嚴淨德藏菩薩이니 金剛燄德相莊嚴藏菩薩이니 光明燄藏菩薩이니 星宿王光照
　　藏菩薩이니 虛空無礙智藏菩薩이니 妙音無礙藏菩薩이니 陀羅尼功德持一切衆生願藏菩薩
　　이니 海莊嚴藏菩薩이니 須彌德藏菩薩이니 淨一切功德藏菩薩이니 如來藏菩薩이니 佛德藏
　　菩薩이니 解脫月菩薩이니 하는

E: 그 이름은 금강장(金剛藏) 보살·보장(寶藏) 보살·연화장(蓮華藏) 보살·덕장(德藏) 보
　　살·연화덕장(蓮華德藏) 보살·일장(日藏) 보살·소리야장(蘇利耶藏) 보살·무구월장(無
　　垢月藏) 보살·어일체국토보현장엄장(於一切國土普現莊嚴藏) 보살·비로자나지장(毘盧
　　遮那智藏) 보살·묘덕장(妙德藏) 보살·전단덕장(栴檀德藏) 보살·화덕장(華德藏) 보살·
　　구소마덕장(俱蘇摩德藏) 보살·우바라덕장(優鉢羅德藏) 보살·천덕장(天德藏) 보살·복
　　덕장(福德藏) 보살·무애청정지덕장(無碍淸淨智德藏) 보살·공덕장(功德藏) 보살·나라
　　연덕장(那羅延德藏) 보살·무구장(無垢藏) 보살·이구장(離垢藏) 보살·종종변재장엄장
　　(種種辯才莊嚴藏) 보살·대광명망장(大光明網藏) 보살·정위덕광명왕장(淨威德光明王藏)
　　보살·금장엄대공덕광명왕장(金莊嚴大功德光明王藏) 보살·일체상장엄정덕장(一切相莊
　　嚴淨德藏) 보살·금강염덕상장엄장(金剛焰德相莊嚴藏) 보살·광명염장(光明焰藏) 보살·
　　성숙왕광조장(星宿王光照藏) 보살·허공무애지장(虛空無碍智藏) 보살·묘음무애장(妙音
　　無碍藏) 보살·다라니공덕지일체중생원장(陀羅尼功德持一切衆生願藏) 보살·해장엄장
　　(海莊嚴藏) 보살·수미덕장(須彌德藏) 보살·정일체공덕장(淨一切功德藏) 보살·여래장
　　(如來藏) 보살·불덕장(佛德藏) 보살·해탈월(解脫月) 보살 등이었다.

<주본화엄34, 02:14-16>

A: 如是等[12(…)]無數[11(·)]無量[11(·)]無邊[11(·)]無等[11(·)]不可數[11(·)?]不可稱[11(·)]不可思[11(·)]
　　不可量[11(·)]不可說[11(·)?]諸[33(·)]菩薩摩訶薩[44(·)]衆[53(·),33(·)]金剛藏菩薩[24(|)?]而
　　[45(·)]爲上首[14(i)#14(:),41(·)#41(…)?,53(\)#43~53(\)]

B: 如是等[xㄱ]無數[ᵌ]無量[ᵌ]無邊[ᵌ]無等[ᵌ]不可數[ᵌ]不可稱[ᵌ]不可思[ᵌ]不可量[ᵌ]不
　　可說[ᵌ]諸[ㄱ]菩薩摩訶薩[尸]衆[十,ㄱ]金剛藏菩薩[ㅣ]而[灬]爲上首[ㅣ尸,乙,X]

C: 是 如(支ノ尸) 等xㄱ 無數ᵌ 無量ᵌ 無邊ᵌ 無等ᵌ 不可數ᵌ 不可稱ᵌ 不可思ᵌ 不可量ᵌ
　　不可說ᵌ²²⁾ 諸ㄱ 菩薩摩訶薩尸 衆十ㄱ 金剛藏菩薩ㅣ 而灬 上首ㅣ尸{爲}(入)乙X

周本 『華嚴經』 卷第三十四 217

D: 이와 같은 등의 無數이니 無量이니 無邊이니 無等이니 不可數이니 不可稱이니 不可思이니 不可量이니 不可說이니 하는 모든 菩薩摩訶薩의 무리에서는 金剛藏菩薩이 上首가 되었다.

E: 이러한 수없고 한량없고 끝없고[無邊] 같을 이 없고[無等] 셀 수 없고[不可數] 일컬을 수 없고[不可稱] 생각할 수 없고[不可思] 요량할 수 없고[不可量] 말할 수 없는[不可說] 보살 마하살 대중 가운데에서 금강장보살이 우두머리가 되었다.

<주본화엄34, 02:17-18>

A: 爾時金剛藏菩薩[33(·)]承佛神力[41(·),24(|),53(i)?]入菩薩[44(·)]大智慧光明三昧[53(·),51(·)]

B: 爾時金剛藏菩薩[ㄱ]承佛神力[乙,刂,白ㆌ]入菩薩[尸]大智慧光明三昧[十,x分]

C: 爾 時(十) 金剛藏菩薩ㄱ 佛 神力乙 承刂白ㆌ 菩薩尸 大智慧光明三昧十 入x分

D: 그때에 金剛藏菩薩은 佛 神力을 받들어 菩薩의 大智慧光明三昧에 들며,

E: 그 때 금강장보살이 부처님의 신력을 받들어 보살대지혜광명(菩薩大智慧光明)삼매에 들었다.

<주본화엄34, 02:18-20>

A: 入是三昧[53(·)?,44(·)]已[43(·),=12(/)?,53(··)]卽[24(·)?,12(:)]時[53(·)]十方[53(·)]各[43(|)?]過十[44(·)]億佛剎微塵數[25(··)#25(·)]世界[25(··),12(·)]外[25(·),53(·)]各有十[44(·)?]億佛剎微塵數[25(··)#25(·)]諸[33(·)]佛[35(·),43(-)]{32~33(·)}

B: 入是三昧[十,尸]已[ㆌ,xㄱ,丨十]卽[攴,ㆍㄱ]時[十]十方[十]各[ㆌホ]過十[尸]億佛剎微塵數[ㆌ七]世界[xㄴ,ㄱ]外[七,十]各有十[尸]億佛剎微塵數[七]諸[ㄱ]佛[心,ㆆ下]

C: 是 三昧十 入尸 已ㆌxㄱ丨十 卽攴ㆍㄱ 時十 十方十 各ㆌホ 十尸 億 佛剎 微塵數ㆌ七 世界 過xㄴㄱ 外七十²³⁾ 各 十尸 億 佛剎 微塵數ㆌ七 諸ㄱ 佛心 有(ナ)ㆆ下

D: 이 三昧에 이미 들어갔을 때에 즉시에 十方에 각각 十億 佛剎 微塵數의 世界를 지나간

---

22) 자토구결의 예를 참조할 때 'ノ令七'이나 'ノ尸'이 보충될 수 있다.
　{此}刂 菩薩ㄱ 癡惑乙 捨離ノロ 具足念乙 得ㆌホ 過去七ㆍㄱ 生ㆍ 二尸生ㆍ 乃ソㆌ 至刂 十尸生ㆍ 百ㄱ 生ㆍ 千ㄱ 生ㆍ 百ㄱ 千ㄱ 生ㆍ 量刂 無ㄱ 百ㄱ 千ㄱ 生ㆍ 成劫ㆍ 壞劫ㆍ 成壞劫ㆍ 一ㄱ 非矢ヒㄴ 成劫ㆍ 一ㄱ 非矢ヒㄴ 壞劫ㆍ 一ㄱ 非矢ヒㄴ 成壞劫ㆍ 百ㄱ 劫ㆍ 千ㄱ 劫ㆍ 百ㄱ 千ㄱ 億 那由他ㆍ 乃ソㆌ 至刂 <u>無量ㆍ 無數ㆍ 無邊ㆍ 無等ㆍ 不可數ㆍ 不可稱ㆍ 不可思ㆍ 不可量ㆍ 不可說不可說</u>ソノ令七 劫ㆍノ令乙 憶念ソナホ <화소35, 20:06-13>
23) 'ㄴ'을 '外'의 말음첨기로 본다.

밖에 각각 十億 佛刹 微塵數의 모든 부처 계시어
E: 삼매에 들어갔을 때에 시방으로 각각 십억 부처 세계의 티끌 수 세계 밖에 각각 십억 세계의 티끌 수 부처님께서 계시니,

<주본화엄34, 02:20>

A: 同[42(/)]名[25(·)]金剛藏[11(·)-중복선,31(··),12(··)?]而[45(·)]現其前[34(|)?]作如是[12(:)]言[41(·)], 14(··)]{25(·)}]²⁴⁾

B: 同[ㅣㄱ]名[ㄴ]金剛藏[ㄹ중복,⼗ㅿㅎ,xㄱ]而[ᆢ]現其前[ᄒ]作如是[ノㄱ]言[乙,ㆆ尸]

C: 同ㅣㄱ 名ㄴ 金剛藏ㄹ ノㅎ ㄹxㄱ²⁵⁾ 而ᆢ 其 前(十) 現(ノ)ㄹ 是 如(支)ノㄱ 言乙 作(ノ)ㆆ尸

D: 동일한 이름의 金剛藏이라고 하는 이인데 그 앞에 나타나 이와 같은 말을 하시기를,

E: 그들 이름은 모두 금강장(金剛藏)인데, 앞에 나타나 말씀하셨다.

<주본화엄34, 02:20-22>

A: 善哉[12(-),33(\)]善哉金剛藏[11(·)]乃[=43(·)]能[24(·)]入是[33(·)]菩薩[44(·)]大智慧光明三昧[53(·), 24(/)]

B: 善哉[ナㄱ,彳]善哉金剛藏[ㄹ]乃[彳]能[支]入是[ㄱ]菩薩[尸]大智慧光明三昧[十,厼]

C: 善{哉}ナㄱ彳 善{哉}(xㄱ)彳 金剛藏ㄹ 乃(ノ)彳 能支 是ㄱ 菩薩尸 大智慧光明三昧十 入(ノ)厼²⁶⁾

D: "훌륭하구나, 훌륭하구나, 金剛藏이여. 이에 능히 이 菩薩의 大智慧光明三昧에 들어갔구나.

E: "훌륭하고 훌륭하구나. 금강장보살이여, 능히 이 보살대지혜광명삼매에 들었도다.

---

24) 25(·)은 '作'('짓-')의 말음첨기일 가능성도 있다.
25) 다음의 예를 참조할 수 있다.
  A: 彼世界種中[53(·)]有國土[55(··)]名摩尼瓔珞金剛藏[11(·)-중복선,31(··)]佛號[33(·)]法水覺虛空無邊王[11(·)?, 31(··),51(·)?]
  C: 彼 世界 種 中十 國土 有ナㅣ 名(ㄱ) 摩尼瓔珞金剛藏ㄹ ノㅎㄹ 佛號ㄱ 法水覺虛空無邊王ㄹ ノㅎxᄉ <주본화엄06, 04:06-07>
26) 이 부분은 "善ナㄱ{哉}彳 佛子ㅿ 汝ㄱ 今ノㄱ 饒益ノ尸 所 多ᄉ 安隱ノ尸 所ᄒ 多ナㄱ 入乙ᆢ 世間乙 哀愍ノᆢ 天人乙 利樂ノᆢノ 爲欲ㅅ 是 如支ノヒㄴ 義乙 問ㅁナㄱㅣ <화엄02:10-12>"를 참조할 수 있다. 여기서 '厼' 뒤에 문장을 종결시키는 구결토가 더 붙어야 하나 점토가 나타나지 않아 보충하지 않았다.

<주본화엄34, 02:22-23>

A: 善男子[34(|)]此[33(·)]是[24(|)]十方[25(·)]各[43(|)]十億佛刹微塵數[25(·)]諸[33(·)]佛[35(·),24(|)?]共[25(·)]加於汝[53(|),32(|),12(i)²⁷⁾,45(··),51(\)#51(\·)]

B: 善男子[ㅏ]此[ㄱ]是[ㅣ]十方[ㄴ]各[ㅏ차]十億佛刹微塵數[ㄴ]諸[ㄱ]佛[ㄴ,ㅣ]共[ㄴ]加於汝[ㄹ十,X²⁸⁾,xㄱ,ㅅᄆ,x分]

C: 善男子ㅏ 此ㄱ {是}ㅣ 十方ㄴ 各ㅏ차 十億 佛刹 微塵數ㄴ 諸ㄱ 佛ㄴㅣ 共ㄴ {於}汝ㄹ十 加Xxㄱ ㅅᄆx分

D: 善男子야, 이는 十方의 각각 十億 佛刹 微塵數의 諸佛이 함께 그대에게 加被하고자 하시기 때문이며,

E: 선남자여, 이것은 시방에 계시는 각각 십억 부처 세계의 티끌 수 부처님들이 그대에게 가피하려는 것이니,

<주본화엄34, 02:23-24>

A: 以毗盧遮那[24(|),14(··)]如來[24(|),51(..)]應[24(|)?,51(.·)]正等覺[24(|),12(··),23(-)]本願[25(·)]力[24(|),12(··),41(··)#41(·),=43(·),33(·),45(··)]故[51(·)]

B: 以毗盧遮那[ㅣ,ㆆ尸]如來[ㅣ,x分]應[ㅣ,x分]正等覺[ㅣ,ㆆㄱ,ㅎ]本願[ㄴ]力[ㅣ,ㆆㄱ,ㅅ乙,氵ㄱ,ㅅᄆ]故[分]

C: 毗盧遮那ㅣㆆ尸 如來ㅣx分 應ㅣx分 正等覺ㅣㆆㄱㅎ 本願ㄴ 力ㅣㆆㄱㅅ乙 {以}氵ㄱㅅᄆ {故}(ㅣ)分

D: 毗盧遮那이신 如來이시며 應供이시며 正等覺이신 이의 本願의 힘인 것을 말미암은 까닭이며,

E: 비로자나여래·응·정등각의 본래 원력이요,

<주본화엄34, 02:24>

A: 威神[25(·)]力[24(|),45(·)]故[51(·)?]

---

27) '汝'자의 12~13 위치쯤에 'i'를 기입했다가 지운 흔적이 있다.
28) 강독회에서는 32(|)을 'xㅅ'로 보았으나 이 부분을 제외한 나머지 32(|)이 출현하는 환경에서 '32(|)'이 'ㅅ'를 포함한다는 적극적인 증거를 찾기가 어렵기 때문에 다른 32(|)과의 형평을 고려하여 여기서도 'X'로 처리하였다.

220 第二部 判讀과 解讀 및 翻譯

B: 供威神[ヒ]力[リ,x入ㅗ]故[ケ]
C: 威神ヒ 力リx入ㅗ{故}(リ)ケ
D: 威神의 力인 까닭이며,
E: 위신력이며,

<주본화엄34, 02:24>

A: 亦[33(·)]是[33(·)]汝[23(-)?]勝智[25(·)?]力[42(/),45(··)?]{23~24(|)#23~24(:)}故[24(·)#24(/),12(-),54(丁)]{32(·)?,22(·)?}
B: 亦[ㄱ]是[ㄱ]汝[ᄋ]勝智[ヒ]力[リㄱ,入ㅗ]故[支,ナㄱ,x亦]
C: 亦(ソ)ㄱ 是ㄱ 汝ᄋ 勝智ヒ 力リㄱ入ㅗ 故支ナㄱxㅣ
D: 또한 이는 그대의 勝智의 힘인 까닭으로인 것이다.
E: 또한 그대의 수승한 지혜의 힘인 연고니라.

<주본화엄34, 02:24-03:01>[29)]

A: 欲令汝爲一切菩薩[44(·),43(·)?]說不思議[25(·)?]諸佛法[32(-)]光明[32(-)-중복선,41(·),42(·)?,44(·),45(··)]故[55(·.)#55(..)]
B: 欲令汝爲一切菩薩[尸,氵]說不思議[ヒ]諸佛法[人]光明[人중복,乙,(へ)リ,尸,xㅗ]故[xㅣ]
C: 汝(乙) 一切 菩薩尸 {爲}氵 不思議ヒ 諸佛 法人 光明人乙 說 令リ{欲}人(ソ)尸xㅗ 故xㅣ
D: 그대로 하여금 一切 菩薩을 위하여 不思議의 諸佛의 法과 光明을 說하게 하고자 하는 까닭이다.
E: 그대로 하여금 모든 보살에게 부사의한 부처님 법의 광명을 말하게 하려는 것이니,

<주본화엄34, 03:01-02>

A: 所謂[12(·),33(·)]令入智地[53(·),24(|),33(\),45(|·)?#45(工)]故[42(/)#42(..),11(·)]
B: 所謂[ㄱ,ㄱ]令入智地[ㅏ,リ,氵,x入ㅗ]故[リㄱ,氵]
C: 謂(ノ)ㄱ 所ㄱ 智地ㅏ 入 令リ(ヒ)氵x入ㅗ{故}リㄱ氵
D: (금강장보살이 보살대중에게) 즉 智地에 들게 하고자 하기 때문이니,

---

29) 3폭 1행 欄上에 紺色의 不審紙가 있다.

E: 이른바 지혜의 자리에 들게 하려는 연고며,

<주본화엄34, 03:02>

A: 攝一切善根[41(·)?,25(··),45(:)#45(·.)]故
B: 攝一切善根[乙,ㅌㄷ,x灬]故
C: 一切 善根乙 攝(ㅅ)ㅌㄷx灬{故}(ㅣ亽)
D: 一切 善根을 포섭하게 하고자 하기 때문이며,
E: 일체 선근을 포섭케 하려는 연고며,

<주본화엄34, 03:02-03>

A: 善[24(·)?]揀擇一切佛[30]法[41(·),34(·),25(··),45(:)]故[51(·)]
B: 善[攴]揀擇一切佛法[乙,口,ㅌㄷ,x灬]故[亽]
C: 善攴 一切 佛法乙 揀擇(ㅅ)口ㅌㄷx灬{故}(ㅣ)亽
D: 一切 佛法을 잘 揀擇하게 하고자 하기 때문이며,
E: 일체 불법을 잘 택하게 하려는 연고며,

<주본화엄34, 03:03>

A: 廣[24(|)]知諸[33(·)]法[41(·),34(·),25(··),45(:)?]故[51(·)]
B: 廣[ㅣ]知諸[ㄱ]法[乙,口,ㅌㄷ,x灬]故[亽]
C: 廣ㅣ 諸ㄱ 法乙 知口ㅌㄷx灬{故}(ㅣ)亽
D: 모든 法을 널리 알게 하게 하고자 하기 때문이며,
E: 모든 법을 두루 알게 하려는 연고며,

<주본화엄34, 03:03>

A: 善[31]能[22~32(|)?#22~32(:)?]說法[25(··)]故
B: 善能[X]說法[ㅌㄷ]故

---

30) 변란에 걸쳐진 갈고리 모양의 선이 있으나 각필인지는 의심스럽다.
31) '42'에 수직(|)의 선이 있으나 각필인지는 의심스럽다.

C: 善能X/ㅅ 說法(ㅅ)ㅌㄴ(x~){故}
D: 잘 說法하게 하고자 하기 때문이며,
E: 법을 잘 말하게 하려는 연고며,

<주본화엄34, 03:03-04>
A: 無分別智淸淨[34(·),25(··)]故
B: 無分別智淸淨[ㅁ,ㅌㄴ]故
C: 無分別智 淸淨(ㅅ)ㅁㅌㄴ(x~){故}(ㅣㄅ)
D: 無分別智를 淸淨하게 하고자 하기 때문이며,
E: 분별없는 지혜가 청정한 연고며,

<주본화엄34, 03:04>
A: 一切世{25(/)?}法[53(·)]不染故
B: 一切世法[十]不染故
C: 一切 世法十 染(尸) 不(ㅅㅌㄴx~){故}(ㅣㄅ)
D: 一切 世間法에 물들게 하지 않고자 하기 때문이며,
E: 모든 세상 법에 물들지 않는 연고며,

<주본화엄34, 03:04>
A: 出世[25(·)?]善根淸淨故
B: 出世[ㄴ]善根淸淨故
C: 出世ㄴ 善根 淸淨(ㅅㅌㄴx~){故}(ㅣㄅ)
D: 出世間의 善根을 淸淨하게 하고자 하기 때문이며,
E: 출세의 선근이 청정한 연고며,

<주본화엄34, 03:04-05>
A: 得不思議[25(·)]智[25(·)]境界[41(·)#41(··)]故
B: 得不思議[ㄴ]智[ㄴ]境界[乙]故
C: 不思議ㄴ 智ㄴ 境界乙 得(ㅅㅌㄴx~){故}(ㅣㄅ)

D: 不思議한 지혜의 境界를 얻게 하고자 하기 때문이며,
E: 부사의한 지혜의 경계를 얻게 하려는 연고며,

<주본화엄34, 03:05>
A: 得一切智人[23(-)]智[25(·)?]境界[41(·),25(··),45(:)]故[54(·.)]
B: 得一切智人[⸚]智[七]境界[乙,ㅌ七,x⺬]故[xㅣ]
C: 一切智人⸚ 智七 境界乙 得(ㆍ)ㅌ七x⺬{故}xㅣ
D: 一切智人의 境界를 얻게 하고자 하기 때문이다.
E: 온갖 지혜를 가진 사람의 지혜의 경계를 얻게 하려는 연고이니라.

<주본화엄34, 03:05-06>
A: 又令得菩薩[44(·)]十地[25(·)]始終[33(\),45(:)#45(·.)]³²⁾故
B: 又令得菩薩[尸]十地[七]始終[ㅓ,x⺬]故
C: 又(ㆍㄱ) 菩薩尸 十地七 始終(乙) 得(ㅣㅣ) 令(ㅣ七)ㅓx⺬ 故
D: ①또한 菩薩 十地의 始終을 얻게 하고자 하기 때문이며,
E: 또 보살 十지(地)의 처음과 나중을 얻게 하려는 연고며,

<주본화엄34, 03:06-07>
A: 如實[24(·)]說菩薩³³⁾十地[25(·)]差別相[41(·),34(·),25(··),45(:)]故[51(·)?]
B: 如實[ㅎ]說菩薩十地[七]差別相[乙,ㅁ,ㅌ七,x⺬]故[ᄼ]
C: 實 如ㅎ 菩薩(尸) 十地七 差別相乙 說ㅁㅌ七x⺬{故}(ㅣ)ᄼ
D: ②實相대로 菩薩 十地의 差別相을 말하게 하고자 하기 때문이며,
E: 보살 十지의 차별한 모양을 사실대로 말하게 하려는 연고며,

<주본화엄34, 03:07>
A: 緣³⁴⁾念一切佛法[41(·)?,34(·)?,25(··)?#25(·),45(:)?]故[51(·)]

---

32) '24'에 각필인 듯한 수직선 또는 사선이 있으나 확실하지 않다.
33) '44(·)'이 획에 붙어있는 듯하나 확실하지 않다.
34) '緣' 자의 '豕' 위가 '丁'으로 되어 있는 이체자이다.

B: 緣念一切佛法[乙,口,ㅌㄴ,xᄉ]故[分]
C: 一切 佛法乙 緣念(ᄂ)口ㅌㄴxᄉ{故}(ㅣ)分
D: ③一切 佛法을 緣念하게 하고자 하기 때문이며,
E: 일체 불법을 반연하여 생각케 하려는 연고며,

<주본화엄34, 03:07-08>
A: 修習分別無漏法[41(·),34(·),25(··)]故
B: 修習分別無漏法[乙,口,ㅌㄴ]故
C: 無漏法乙 修習 分別(ᄂ)口ㅌㄴ(xᄉ){故}(ㅣ分)
D: ④無漏法을 修習 分別하게 하고자 하기 때문이며,
E: 누(漏)가 없는 법을 닦아 분별케 하려는 연고며,

<주본화엄34, 03:08>
A: 善[24(·)]選擇觀察大智光明[22(·)-중복선35),52(/)#52(/˙)#52(/·)]巧[24(|)]莊嚴[34(·),25(··)]故
B: 善[ㅎ]選擇觀察大智光明[ᄒ중복,ㅈ八]巧[ㅣ]莊嚴[口,ㅌㄴ]故
C: 善ㅎ 大智光明(乙) 選擇(ᄂ)ᄒ 觀察(ᄂ)ᄒ(ᄂ)ㅈ八 巧ㅣ 莊嚴(ᄂ)口ㅌㄴ{故}(ㅣ分)
D: ⑤大智光明을 잘 選擇하고 觀察하고 하여서 공교히 莊嚴하게 하고자 하기 때문이며,
E: 큰 지혜의 광명으로 교묘하게 장엄함을 잘 선택하여 관찰케 하려는 연고며,

<주본화엄34, 03:08-09>
A: 善[24(·)?]入決定智門[53(·)]故
B: 善[ㅎ]入決定智門[十]故
C: 善ㅎ 決定智門十 入(ᄂ)口ㅌㄴxᄉ{故}(ㅣ分)
D: ⑥決定智의 門에 잘 들어가게 하고자 하기 때문이며,
E: 결정한 지혜의 문에 잘 들어가게 하려는 연고며,

---

35) 중복선의 길이가 짧다.

<주본화엄34, 03:09>
A: 隨所住[12(·)?]處[41(·)]³⁶⁾次第[45(·)]顯說[13(··)]無所畏[34(·),25(··)]{24(·)}故
B: 所住[ㄱ]處[乙]次第[灬]顯說[ㅁ尸ㅿ]無所畏[ㅁ,ㅌㄴ]故
C: 住(ㅆ)ㄱ 所(ㅌ) 處乙 隨(ㅁ) 次第灬 顯說ノ尸ㅿ 畏(ノ尸) 所 無ㅁㅌㄴ(xᄊ){故}(ㅣ彡)
D: ⑦머문 바의 곳을 따라 次第로 顯說하되 두려워할 바 없게 하고자 하기 때문이며,
E: 머무는 곳을 따라 두려움 없는 것을 차례로 나타내어 말하게 하려는 연고며,

<주본화엄34, 03:09-10>
A: 得無礙[44(·),33(·),25(··)]辯才[25(·)]光明[41(·)]故
B: 得無礙[尸,ㄱ,ㅌㄴ]辯才[ㅌ]光明[乙]故
C: 礙尸 無ㄱㅌㄴ 辯才ㅌ 光明乙 得(ㅁㅌㄴxᄊ){故}(ㅣ彡)
D: ⑧걸림 없는 辯才의 光明을 얻게 하고자 하기 때문이며,
E: 걸림이 없는 변재의 광명을 얻게 하려는 연고며,

<주본화엄34, 03:10>
A: 住大辯才[25(·)]地[53(·),52(/)]善[24(·)]決定[23(\)]故
B: 住大辯才[ㅌ]地[十,氵八]善[攴]決定[ㅈ]故
C: 大辯才ㅌ 地十 住(ㅆ)氵八 善攴 決定ㅈ(ㅗㅁㅌㄴxᄊ){故}(ㅣ彡)
D: ⑨大辯才의 地位에 머물러서 잘 決定히 하게 하고자 하기 때문이며,
E: 큰 변재의 지위에 머물러 잘 결정케 하려는 연고며,

<주본화엄34, 03:10-11>
A: 憶念菩薩[41(·),13(··)]心[53(·)]不忘失故
B: 憶念菩薩[乙,ㅁ尸ㅿ]心[十]不忘失故
C: 菩薩乙 憶念ノ尸ㅿ 心十 忘失(尸) 不(ㅗㅁㅌㄴxᄊ){故}(ㅣ彡)
D: ⑩菩薩을 憶念하되 마음에 忘失하지 않게 하고자 하기 때문이며,
E: 보살을 생각하여 잊지 않게 하려는 연고며,

---

36) '處'의 오른쪽획 아래 부분의 종이가 떨어져 나갔다.

<주본화엄34, 03:11>

A: 成熟一切衆生界[41(·)]故

B: 成熟一切衆生界[乙]故

C: 一切 衆生界乙 成熟(ㅅㅁㅌ七x灬){故}(ㅣㄅ)

D: ⑪一切 衆生界를 成熟하게 하고자 하기 때문이며,

E: 일체 중생계를 성숙케 하려는 연고며,

<주본화엄34, 03:11-12>

A: 能[24(·)?]徧[55(·)]至一切處[53(·),52(/)]決定[23(\)]開悟[34(·)?,25(··),45(:)]故

B: 能[攴]徧[ㅣ]至一切處[十,ㅊㅅ]決定[ㅎ]開悟[ㅁ,ㅌ七,x灬]故

C: 能攴 徧ㅣ 一切 處十 至ㅊㅅ 決定ㅎ 開悟(ㅅ)ㅁㅌ七x灬故

D: ⑫능히 두루 一切 處에 이르러서 決定히 開悟하게 하고자 하기 때문이다.

E: 모든 곳에 두루 이르러 결정코 깨우치게 하려는 연고이니라.

<주본화엄34, 03:12-13>

A: 善男子[34(|)]汝當[23(:)]辯說此法門[25(·)]差別善巧法[41(·),53(丁)]

B: 善男子[ㅊ]汝當[ㅅ]辯說此法門[七]差別善巧法[乙,x효]

C: 善男子ㅊ 汝 當ㅅ 此 法門七 差別 善巧法乙 辯說x효

D: 善男子야, 당신은 마땅히 이 法門의 差別 善巧法을 말하시오.

E: 선남자여, 그대는 마땅히 이 법문의 차별하고 공교한 법을 말할 것이니라.

<주본화엄34, 03:13-14>

A: 所謂[12(·)?,33(·)?]承佛[35(·)]神力[24(|),12(··)]如來[44(·)]智明[45(·)]所加[14(|),41(·),24(|)]故[51(·)]

B: 所謂[ㄱ,ㄱ]承佛[ㄥ]神力[ㅣ,xㄱ]如來[尸]智明[灬]所加[ㆆㄷ尸,乙,ㅣ]故[ㅅ]

C: 謂(ノ)ㄱ 所ㄱ 佛ㄥ 神力ㅣxㄱ 如來尸 智明灬 加(ㅅ)ㆆㄷ尸 所乙 承ㅣ(x灬){故}(ㅣㅅ)

D: 즉 ①부처의 神力이신 如來의 지혜 광명으로 加被하시는 바를 받들었기 때문이며,

E: 이른바 부처님의 신력을 받듦이니 여래의 지혜와 밝음으로써 가피하는 연고며,

<주본화엄34, 03:14>

A: 淨自[23(-)]善根[41(·)?,45(丁)?#45(·)]故

B: 淨自[ᅙ]善根[乙,ㄱㅅㅡ]故

C: 自ᅙ 善根乙 淨(ᄼ)ㄱㅅㅡ{故}(ㅣ彡)

D: ②자기의 善根을 깨끗이 했기 때문이며,

E: 자기의 선근을 깨끗이 하는 연고며,

<주본화엄34, 03:14>

A: 普[24(ㅣ)]淨法界[41(·)]故

B: 普[ㅣㅣ]淨法界[乙]故

C: 普ㅣㅣ 法界乙 淨(ᄼㄱㅅㅡ){故}(ㅣ彡)

D: ③널리 法界를 깨끗이 했기 때문이며,

E: 법계를 두루 청정케 하는 연고며,

<주본화엄34, 03:14-15>

A: 普[24(ㅣ)]攝衆生[41(·),45(ㅗ)]故[51(·)]

B: 普[ㅣㅣ]攝衆生[乙,尸ㅅㅡ]故[彡]

C: 普ㅣㅣ 衆生乙 攝(ᄼ)尸ㅅㅡ{故}(ㅣ)彡

D: ④널리 衆生을 포섭하기 때문이며,

E: 중생들을 두루 포섭하는 연고며,

<주본화엄34, 03:15>

A: 深[24(ㅣ)]入法身[11(·)]智身[11(·),13(/),45(丁)]故

B: 深[ㅣㅣ]入法身[ᄾ]智身[ᄾ,亽彡,ㄱㅅㅡ]故

C: 深ㅣㅣ 法身ᄾ 智身ᄾノ亽(ᅙ十) 入(ᄼ)ㄱㅅㅡ {故}(ㅣ彡)

D: ⑤깊이 法身이니 智身이니 하는 것에 들어갔기 때문이며,

E: 법신과 지혜의 몸에 깊이 들어가는 연고며,

<주본화엄34, 03:15>

A: 受一切佛[35(·)?]灌頂故[51(·)]

B: 受一切佛[㆜]灌頂故[ㅅ]

C: 一切 佛㆜ 灌頂(乙) 受(ᐯ)ㄱ 入㎜ {故}(ㅣ)ㅅ

D: ⑥一切 부처의 灌頂을 받았기 때문이며,

E: 일체 부처님의 관정(灌頂)을 받는 연고며,

<주본화엄34, 03:15-16>

A: 得一切世間[25(··)]最[23(:)]高大身[41(·),45(ㅜ)#45(ㅗ)#45(÷)]故

B: 得一切世間[㆔㆖]最[ㅅ]高大身[乙,ㄱ 入㎜]故

C: 一切 世間㆔㆖ 最ㅅ 高大 身乙 得ㄱ 入㎜ {故}(ㅣ)ㅅ)

D: ⑦一切 世間의 가장 높고 큰 몸을 얻었기 때문이며,

E: 일체 세간의 가장 높고 큰 몸을 얻는 연고며,

<주본화엄34, 03:16>

A: 超一切世間道[41(·),45(ㅜ)]故[51(·)]

B: 超一切世間道[乙,ㄱ 入㎜]故[ㅅ]

C: 一切 世間 道乙 超(ᐯ)ㄱ 入㎜ {故}(ㅣ)ㅅ

D: ⑧一切 世間의 道를 초월했기 때문이며,

E: 일체 세간의 길에서 초월하는 연고며,

<주본화엄34, 03:16-17>

A: 淸淨出世[25(·)]善根[41(·),45(ㅜ)]故

B: 淸淨出世[㆗]善根[乙,ㄱ 入㎜]故

C: 出世㆗ 善根乙 淸淨(ᐯ)ㄱ ㎜ {故}(ㅣㅅ)

D: ⑨出世間의 善根을 淸淨히 했기 때문이며,

E: 출세간 선근을 청정하게 하는 연고며,

<주본화엄34, 03:17>

A: 滿足一切智智[41(·),45(丁)]故[55(·)]

B: 滿足一切智智[乙,ㄱ入灬]故[ナ丨]

C: 一切智智乙 滿足(ᄉ)ㄱ入灬 {故}(ㅣ)ナㅣ

D: ⑩一切智智를 滿足하였기 때문이다.

E: 온갖 지혜의 지혜를 만족하는 연고이니라.』

<주본화엄34, 03:17-18>

A: 爾時[53(·)]十方諸[33(·)]佛[33(·)]與金剛藏菩薩無能映奪身[41(·)?,51(·)]

B: 爾時[十]十方諸[ㄱ]佛[ㄱ]與金剛藏菩薩無能映奪身[乙,x分]

C: 爾時十 十方 諸ㄱ 佛ㄱ 金剛藏菩薩(尸十) 無能映奪身乙 與x分

D: ①그때 十方의 모든 부처는 金剛藏菩薩에게 無能映奪身을 주며,

E: 그 때 시방의 부처님들이 금강장 보살에게, 빼앗을 수 없는 (無能映奪) 몸을 주고,

<주본화엄34, 03:18-19>

A: 與無礙[25(··)]樂{53(·)}說辯[41(·),51(·)]

B: 與無礙[ヒ七]樂說辯[乙,x分]

C: 礙(尸) 無(ㄱ)ヒ七 樂說辯乙 與x分

D: ②걸림 없는 樂說辯才를 주며,

E: 걸림 없이 말하기 좋아하는 변재를 주고,

<주본화엄34, 03:19>

A: 與善[24(·)]³⁷⁾分別[25(丨)]清淨智[41(·),51(·)]

B: 與善[攴]分別[亽七]清淨智[乙,x分]

C: 善攴 分別(ᄉ)亽七 清淨智乙 與x分

D: ③잘 分別하는 清淨智를 주며,

E: 분별을 잘하는 청정한 지혜를 주고

---

37) 'V'처럼 보이기도 한다.

<주본화엄34, 03:19>

A: 與善憶念[25(|)]不忘力[41(·),51(·)]

B: 與善憶念[ㅅ七]不忘力[乙,x分]

C: 善(支) 憶念(ﾉ)ㅅ七 不忘力乙 與x分

D: ④잘 憶念하는 不忘力을 주며,

E: 잘 기억하여 잊지 않는 힘을 주고,

<주본화엄34, 03:19-20>

A: 與善[24(·)]決定[23(\),25(|)]明了慧[41(·),51(·)]

B: 與善[支]決定[ᅙ,ㅅ七]明了慧[乙,x分]

C: 善支 決定ᅙ(ﾉ)ㅅ七 明了慧乙 與x分

D: ⑤잘 決定히 하는 明了慧를 주며,

E: 잘 결정하여 환히 아는 지혜를 주고,

<주본화엄34, 03:20>

A: 與至一切處[53(·),52(/)]開悟[25(|)]智[41(·)]

B: 與至一切處[十, ㄱ 八]開悟[ㅅ七]智[乙]

C: 一切 處十 至ㄱ八 開悟(ﾉ)ㅅ七 智乙 與(x分)

D: ⑥一切 處에 이르러서 開悟하는 智를 주며,

E: 온갖 곳에 이르러 깨달아 아는 지혜를 주고,

<주본화엄34, 03:20-21>

A: 與成道[13(··)]自在[23(\),25(|)]力[41(·)]

B: 與成道[ﾉア厶]自在[ᅙ,ㅅ七]力[乙]

C: 成道ﾉア厶 自在ᅙ(ﾉ)ㅅ七 力乙 與(x分)

D: ⑦成道함에 있어 自在히 하는 힘을 주며,

E: 도를 이루어 자재하는 힘을 주고,

<주본화엄34, 03:21>

A: 與如來[44(·)?]無所畏[41(·)]

B: 與如來[尸]無所畏[乙]

C: 如來尸 無所畏乙 與(x分)

D: ⑧如來의 無所畏를 주며,

E: 여래의 두려움 없는 것을 주고,

<주본화엄34, 03:21-22>

A: 與一切智人[23(-)]觀察分別諸[33(·)]法門[41(·),22(·)-중복선,25(|·)]辯才智[41(·),51(.·)]

B: 與一切智人[ㅎ]觀察分別諸[ㄱ]法門[乙,ㅎ중복,xヒ]辯才智[乙,x分]

C: 一切智人ㅎ 諸ㄱ 法門乙 觀察(ㅅ)ㅎ 分別(ㅅ)ㅎxヒ 辯才智乙 與x分

D: ⑨一切智人의, 모든 法門을 觀察하고 分別하고 하는 辯才智를 주며,

E: 온갖 지혜를 가진 사람이 모든 법문을 관찰하여 분별하는 변재의 지혜를 주고,

<주본화엄34, 03:22-23>

A: 與一切如來上妙[25(··)]身語意[41(·)]具足莊嚴[41(-),45(-),55(·.)]

B: 與一切如來上妙[ヒヒ]身語意[乙]具足莊嚴[x入乙,X,x丨]

C: 一切 如來(尸) 上妙(ㅅ)ヒヒ 身 語 意乙 具足 莊嚴x入乙 與Xx丨

D: ⑩一切 如來의 가장 묘한 身·語·意를 具足히 莊嚴한 것을 주었다.

E: 일체 여래의 가장 묘한 몸과 말과 뜻으로 구족하게 장엄함을 주었다.

<주본화엄34, 03:23>

A: 何以故[11(·),31(..),44(·),15(·)]得此三昧[12(|)]法[41(·)#41(.·),45(-)]如是[24(·),45(丁)?]故

B: 何以故[ㆍ,ナヰ,尸,入ㄱ]得此三昧[ㅎㄷㄱ]法[乙,X]如是[ㅊ,ㄱ入ㅲ]故

C: 何以故ㆍ(ㅅ)ナヰ尸入ㄱ[38] 此 三昧(ㄲ)ㅎㄷㄱ 法乙 得X 是 如ㅊ(ㅅ)ㄱ入ㅲ{故}(ㄲ分)

---

38) 자토석독구결의 '何以故' 구문은 다음과 같이 나타나서 '31(·.)'이 'ヰ'일 가능성도 있다.
　　何以故ㆍㅅ禾尸入ㄱ 一切 法ㄱ 作ノ尸 無分 作者 無分 言說 無分 處所 無分 <화소19:07-09>
　　何以故ㆍㅅ禾尸入ㄱ {此}ㅣㅣ 菩薩ㄱ 十尸 種ㄷ 無盡藏乙 成就ノㄱ入ㅲ 故ㅣㅣㆍ <화소25:12-13>
　　何以故ㆍㅅ禾尸入ㄱ {此}ㅣㅣ 菩薩ㄱ 盡虛空徧法界ㄷ 邊尸 無ㄱ 身乙 成就ノㄱ入ㅲ 故ㅣㅣㅣ <화소

232 第二部 判讀과 解讀 및 翻譯

　D: ①어째서인가 하면, 이 三昧인 法을 얻은 것이 이와 같기 때문이며,
　E: 왜냐하면 이 삼매를 얻으면 으레 그러한 연고며,

<주본화엄34, 03:23-24>
　A: 本願[45(·)]所起[12(:),24(|)?,45(·|)]故[51(·)]
　B: 本願[ᄭ]所起[ᆢㄱ,ㅣ],xㅅᄭ]故[分]
　C: 本願ᄭ 起ᆢㄱ³⁹⁾ 所ㅣxᄭ{故}(ㅣ)分
　D: ②本願으로 일으킨 바이기 때문이며,
　E: 본래의 원으로 일으키는 연고며,

<주본화엄34, 03:24>
　A: 善[24(·)?]淨深心[41(·),45(·|)?#45(|·)#45(·|·)]故[51(·)]
　B: 善[攴]淨深心[乙,xㅅᄭ]故[分]
　C: 善攴 深心乙 淨xᄭ{故}(ㅣ)分
　D: ③深心을 잘 청정히 하였기 때문이며,
　E: 깊은 마음을 잘 깨끗하게 하는 연고며,

<주본화엄34, 03:24>
　A: 善[24(·)]淨智輪[41(·),45(·|)]故[51(·)?#51(-)?]
　B: 善[攴]淨智輪[乙,xㅅᄭ]故[分]
　C: 善攴 智輪乙 淨xᄭ{故}(ㅣ)分
　D: ④智輪을 잘 청정히 하였기 때문이며,
　E: 지혜를 잘 깨끗하게 하는 연고며,

<주본화엄34, 03:24-04:01>⁴⁰⁾
　A: 善[24(·)]積集助道[41(·),45(·|)]故[51(·)]

　26:03>
39) '起ㅣㄱ'로 해석할 가능성도 있다.
40) 3장과 4장이 연결된 곳에 '周 三十四 四' 등의 글자가 접혀 들어가 일부분만 보인다.

B: 善[攴]積集助道[乙,x入灬]故[分]
C: 善攴 助道乙 積集x入灬{故}(ㅣ)分
D: ⑤助道를 잘 積集하였기 때문이며,
E: 도를 돕는 법을 잘 모으는 연고며,

<주본화엄34, 04:01>
A: 善[24(·)]修治所作[41(·),45(·|)]故[51(·)]
B: 善[攴]修治所作[乙,x入灬]故[分]
C: 善攴 所作乙 修治x入灬{故}(ㅣ)分
D: ⑥所作을 잘 修治하였기 때문이며,
E: 지을 것을 잘 닦는 연고며,

<주본화엄34, 04:01>
A: 念其無量[33(·)]法器[41(·),45(·|)#45(·|)]故[51(·)]
B: 念其無量[ㄱ]法器[乙,,x入灬]故[分]
C: 其 量 無ㄱ 法器乙 念,x入灬{故}(ㅣ)分
D: ⑦그 한량없는 法器를 念하기 때문이며,
E: 그 한량없는 법기(法器)를 생각하는 연고며,

<주본화엄34, 04:01-02>
A: 知其淸淨信解[41(·),45(·|)]故[51(·)]
B: 知其淸淨信解[乙,,x入灬]故[分]
C: 其 淸淨 信解乙 知,x入灬{故}(ㅣ)分
D: ⑧그 淸淨한 信解를 알기 때문이며,
E: 그 청정한 믿음과 지혜를 아는 연고며,

<주본화엄34, 04:02>
A: 得無錯謬[33(·),25(··)]揚持[45(·|)?]故[51(·)]
B: 得無錯謬[ㄱ,ㅌ七]揚持[x入灬]故[分]

234 第二部 判讀과 解讀 및 翻譯

C: 錯謬 無ㄱヒヒ 揚持(乙) 得x入灬{故}(リ)ナ
D: ⑨錯謬 없는 摠持를 얻었기 때문이며,
E: 착오가 없는 총지를 얻는 연고며,

<주본화엄34, 04:02-03>

A: 法界[25(·)]智印[45(·)]善[24(·)]印[45(|·)]故[55(··)]
B: 法界[七]智印[灬]善[支]印,[x入灬]故[ナ丨]
C: 法界七 智印灬 善支 印,x入灬{故}(リ)ナ丨
D: ⑩法界의 智印으로 잘 印可하기 때문이다.
E: 법계 지혜의 인(印)으로 잘 인가하는 연고였다.

<주본화엄34, 04:04>

A: 爾時[53(·)]十方[25(·)]諸[33(·)]佛[33(·)]各[43(|)]申右手[41(·),23(|)]摩金剛藏菩薩[44(·)?]頂[41(·)?,
   24(|)#24(:),51(·)]
B: 爾時[+]十方[七]諸[ㄱ]佛[ㄱ]各[3ホ]申右手[乙,ゝ3]摩金剛藏菩薩[尸]頂[乙,ㅣ,x3]
C: 爾 時十 十方七 諸ㄱ 佛ㄱ 各3ホ 右手乙 申ゝ3 金剛藏菩薩尸 頂乙 摩リx3
D: 그 때 十方의 모든 부처는 각각 오른손을 펴서 金剛藏菩薩의 정수리를 만지시며,
E: 그 때 시방 부처님이 각각 오른손을 펴서 금강장 보살의 정수리를 만지시었다.

<주본화엄34, 04:05-06>

A: 摩頂[44(·)?]已[43(·),12(··),53(··)]金剛藏菩薩[33(·)]從三昧[41(·),25(·)]起[23(|)]普[24(|)]告一切
   菩薩衆[53(|),24(|),34(|)]言[14(··)]
B: 摩頂[尸]已[氵,ㅎㄱ,ㅣ+]金剛藏菩薩[ㄱ]從三昧[乙,七]起[ゝ3]普[リ]告一切菩薩衆[ㅋ十,リ,
   3]言[ㅎ尸]
C: 頂(乙) 摩尸 已氵(ゝ)ㅎㄱㅣ+ 金剛藏菩薩ㄱ 三昧乙 從七 起ゝ3 普リ 一切 菩薩衆ㅋ十 告
   リ3 言ㅎ尸
D: (시방의 부처들이) 정수리를 만지시고 나서, 金剛藏菩薩은 三昧로부터 일어나 널리 一切
   菩薩衆에게 알려 말씀하시기를,
E: 정수리를 만지자 금강장 보살이 삼매에서 일어나서, 일체 보살 대중에게 말씀하셨다

<주본화엄34, 04:06-07>

A: 諸佛子[34(|)]諸[33(·)]菩薩[44(·)]願[33(·)]善[24(·)?]決定[53(!)]無雜[12(:)]不可見[34(|),24(\),25(·), 35(·),45(-),51(·)]

B: 諸佛子[氵]諸[ㄱ]菩薩[尸]願[ㄱ]善[攴]決定[X]無雜[ソㄱ]不可見[氵,ㅊ,ㄷ,矢,X,分]

C: 諸(ㄱ) 佛子 氵 諸ㄱ 菩薩尸 願ㄱ 善攴 決定X 無雜ソㄱ 見 氵ㅊ(立){可}ㄷ(ソㄱ) 不矢X分

D: "여러 佛子여, 모든 菩薩의 願은 매우 決定하여[41] 無雜하니 볼 수 없으며,

E: 불자들이여, 모든 보살의 원은 잘 결정하여 혼잡하지 않고 볼 수 없으며,

<주본화엄34, 04:07>

A: 廣[22(·)]大[22(·),35(·-)]如法界[24(·),52(·)]究竟[35(·-)]如虛空[24(·),22(·)]盡未來際[41(·)?,34(|), 22(·),52(·)]

B: 廣[ㅎ]大[ㅎ,ㄱ]矢如法界[攴,ソ分]究竟[ㄱ]矢如虛空[攴,ㅎ]盡未來際[乙, 氵,ㅎ,ソ分]

C: 廣(ソ)ㅎ 大(ソ)ㅎ(ソ)ㄱ矢 法界 如攴ソ分 究竟(ソ)ㄴ矢 虛空 如攴(ソ)ㅎ 未來際乙 盡 氵ㅎソ分

D: 廣하고 大하고 한 것이 法界 같으며 究竟한 것이 虛空 같고 未來際를 다하고 하며,

E: 광대하기 법계와 같고 끝없기 허공과 같아서 오는 세상이 끝날 때까지 이르며,

<주본화엄34, 04:07-08>

A: 徧{43(|)#43(\)}一切佛刹[53(·),55(·)?,23(|)]救護一切衆生[41(·)?,52(\)?]

B: 徧一切佛刹[十,丨,ソ 氵]救護一切衆生[乙,x分]

C: 一切 佛刹十 徧丨ソ 氵 一切 衆生乙 救護x分

D: 一切 佛刹에 두루하여 一切 衆生을 救護하며,

E: 모든 부처님 세계에 두루 하여서 일체 중생을 구호하며,

<주본화엄34, 04:08-09>

A: 爲一切諸[33(·)]佛[35(·)]所護[14(!)#14(|),41(··),23(|)]入過去[11(·)?]未來[11(·)?]現在[11(·),13(/)], 32(/)]諸[33(·)]佛[＝35(·)]智地[53(·)?,55(/)]{32(/)#32(-)}

B: 爲一切諸[ㄱ]佛[ㅅ]所護[リ尸,入乙,ソ 氵]入過去[氵]未來[氵]現在[氵,ㄲ今,X]諸[ㄱ]佛[ㅅ]智地

---

41) 여기에서의 '決定'은 '확고하다, 확고부동하다'의 의미를 지니는 것으로 보인다.

236 第二部 判讀과 解讀 및 飜譯

　　[十,x|]
C: 一切 諸ㄱ 佛ㄷ 護(ㆍㅎ尸) 所刂尸{爲}入乙ㆍㆀ 過去ㆍ 未來ㆍ 現在ㆍㄱㅅX 諸ㄱ 佛ㄷ 智地十 入x|

D: 一切 모든 부처의 호념하시는 바가 되어, 過去니 未來니 現在니 하는 것의 모든 부처의 智地에 들어간다.

E: 일체 부처님의 호념함이 되어 과거·미래·현재 여러 부처님의 지혜인 지(地)에 들어가느니라.

<주본화엄34, 04:09-10>
A: 佛子[34(|)?]何等[41(ㆍ)]爲菩薩摩訶薩[44(ㆍ)]智地[11(ㆍ),13(/),34(ㆍ),31(ㆍ),44(ㆍ),15(ㆍ)]
B: 佛子[ㆀ]何等[ㄱ乙]爲菩薩摩訶薩[尸]智地[ㆍ,ㅁㄱ,ㅁ,ナ禾,尸,入ㄱ]
C: 佛子ㆀ 何(ㅁ) 等(ㆍ)ㄱ乙 菩薩摩訶薩尸 智地ㆍㄱㅅㅁ {爲}(ㆍ)ナ禾尸入ㄱ
D: 佛子여 어떠한 것들을 菩薩摩訶薩의 智地라고 하는가 하면,
E: 불자들이여, 어떤 것을 보살 마하살의 지혜의 지(地)라 하는가.

<주본화엄34, 04:10>
A: 佛子[34(|)]菩薩摩訶薩[44(ㆍ)]智地[33(ㆍ)]有十[44(ㆍ)?]種[25(ㆍ)-중복원⁴²⁾,33(ㆍ),11(ㆍ)]{24(ㆍ)}
B: 佛子[ㆀ]菩薩摩訶薩[尸]智地[ㄱ]有十[尸]種[ㄷ중복,ㄱ,ㆍ]
C: 佛子ㆀ 菩薩摩訶薩尸 智地(十)ㄱ 十尸 種ㄷ 有ㄷㄱㆍ⁴³⁾
D: 佛子여 菩薩摩訶薩의 智地에는 열 가지가 있는데,
E: 불자들이여, 보살마하살의 지혜인 지에 열 가지가 있으니,

<주본화엄34, 04:11-12>
A: 過去[11(ㆍ)]未來[11(ㆍ)]現在[11(ㆍ),13(/),32(/)]諸[33(ㆍ)]佛[33(ㆍ)]已[53(ㆍ)]說[22(ㆍ)]當[53(ㆍ)]說[22(ㆍ)]今[53(ㆍ)]說[22(ㆍ),12(ㅗ)]我[42(\)]亦[42(\)]如是[24(ㆍ)]說[22(/),55(ㆍ)]

---

42) '種'자의 '25(ㆍ)' 둘레에 각필로 동그라미를 쳐 놓은 것이 보인다. 하나의 점토를 두 번 읽으라는 표시인 듯하다. 4장 17행 참조.
43) 다음의 예를 참조할 수 있다.
　　{此}刂 念ㆀ十 十尸 種ㄷ 有ㄷナ| <화소23:06>

周本『華嚴經』卷第三十四　237

B: 過去[ㆍ\]未來[ㆍ\]現在[ㆍ,ㄅ亽,X]諸[ㄱ]佛[ㄱ]已[十]說[ㆆ]當[十]說[ㆆ]今[十]說[ㆆ,x7]我[刀]亦[刀]如是[支]說[X,x丨]

C: 過去ㆍ 未來ㆍ 現在ㆍノ亽X 諸[ㄱ] 佛[ㄱ] 已十 說(ㆍㆍ)ㆆ 當十 說(ㆍㆍ)ㆆ 今十 說(ㆍㆍ)ㆆx1 我刀 亦刀 是 如支 說Xx丨

D: 過去니 未來니 現在니 하는 것의 모든 부처는 과거에 말씀하고 미래에 말씀하고 현재에 말씀하고 하시니, 나도 또 이와 같이 말씀하겠다.

E: 과거·미래·현재의 부처님들이 이미 말씀하였고, 장차 말씀할 것이며, 지금 말씀하시나니, 나도 그렇게 말하노라.

<주본화엄34, 04:12>

A: 何等[41(ㆍㆍ)]爲十[11(ㆍ),13(/),34(ㆍ),31(ㆍㆍ),44(ㆍ),15(ㆍ)]

B: 何等[ㄱ乙]爲十[ㆍ,ㄅ亽,ㅁ,ナ无,尸,入ㄱ]

C: 何(ᄀ) 等(ㆍㆍ)ㄱ乙 十ㆍノ亽ㅁ {爲}(ㆍㆍ)ナ无尸入ㄱ

D: 어떠한 것들을 열(十)이라고 하는가 하면,

E: 무엇이 열인가.

<주본화엄34, 04:12-15>

A: 一[53(ㆍ),33(ㆍ)]者歡喜地[51(/ㆍ)]二[53(ㆍ),33(ㆍ)]者離垢地三者發光地四者焰慧地五者難勝地六者現前地七者遠行地八者不動地九者善慧地十[53(ㆍ),33(ㆍ)]者法雲地[24(|),55(ㆍㆍ)]

B: 一[十,ㄱ]者歡喜地[リ亽]二[十,ㄱ]者離垢地三者發光地四者焰慧地五者難勝地六者現前地七者遠行地八者不動地九者善慧地十[十,ㄱ]者法雲地[リ,ナ丨]

C: 一十ㄱ {者} 歡喜地リ亽 二十ㄱ {者} 離垢地(リ亽) 三(十ㄱ){者} 發光地(リ亽) 四(十ㄱ){者} 焰慧地(リ亽) 五(十ㄱ){者} 難勝地(リ亽) 六(十ㄱ){者} 現前地(リ亽) 七(十ㄱ){者} 遠行地(リ亽) 八(十ㄱ){者} 不動地(リ亽) 九(十ㄱ){者} 善慧地(リ亽) 十十ㄱ {者} 法雲地リナ丨

D: 첫째는 歡喜地이며, 둘째는 離垢地며, 셋째는 發光地며, 넷째는 焰慧地며, 다섯째는 難勝地며, 여섯째는 現前地며, 일곱째는 遠行地며, 여덟째는 不動地며, 아홉째는 善慧地며 열째는 法雲地이다.

E: 하나는 환희지(歡喜地), 둘은 이구지(離垢地), 셋은 발광지(發光地), 넷은 염혜지(焰慧地), 다섯은 난승지(難勝地), 여섯은 현전지(現前地), 일곱은 원행지(遠行地), 여덟은 부동지(不

動地), 아홉은 선혜지(善慧地), 열은 법운지(法雲地)이니라.

<주본화엄34, 04:15-16>

A: 佛子[34(|)]此菩薩[44(·)]十地[33(·)]三世[25(·)]諸[33(·)]佛[35(·),24(|)]已[53(·)]說[22(·)]當[53(·)]說[22(·)]今[53(·)]說[22(·),12(..),42(-),24(|),55(..)?]

B: 佛子[ㆍ]此菩薩[尸]十地[ㄱ]三世[ㄴ]諸[ㄱ]佛[ᄂ,丨]已[十]說[ㅎ]當[十]說[ㅎ]今[十]說[ᄂ,xㄱ,X,丨],ナ丨]

C: 佛子ㆍ 此 菩薩尸 十地ㄱ 三世ㄴ 諸ㄱ 佛ᄂ丨 已十 說(ᄂ)ㅎ 當十 說(ᄂ)ㅎ 今十 說(ᄂ)ㅎxㄱX丨ナ丨

D: 佛子여 이 菩薩의 十地는 三世의 모든 부처가 과거에 말씀하고 미래에 말씀하고 현재에 말씀하고 하는 것이다.

E: 불자들이여, 이 보살의 十지는 三세 부처님이 이미 말씀하셨고 장차 말씀하실 것이고 지금 말씀하시느니라.

<주본화엄34, 04:16-17>

A: 佛子[34(|)]我[33(·)]不見有諸[33(·)]佛[35(·)]國土其[25(·)]中[25(..)]如來[24(|)]不說此十{15~25(·)}地[41(·)?,44(·)-중복원[44],13(|·),41(··)?#41(-)?,23(··),55(`\)][45)]者

B: 佛子[ㆍ]我[ㄱ]不見有諸[ㄱ]佛[ᄂ]國土其[ㄴ]中[ㆍㄴ]如來[丨]不說此十地[乙,尸중복x수,入乙,X,x丨]者

C: 佛子ㆍ 我ㄱ 諸ㄱ 佛ᄂ 國土 其ㄴ 中ㆍㄴ 如來丨 此 十地乙 說尸 不x수{者} 有(ㄴㄱ)入乙 見X尸 不x丨

D: 佛子여 나는 모든 부처의 國土 그 중에 있는 如來께서 이 十地를 말씀하지 않는 이가 있는 것을 보지 못했다.

E: 불자들이여, 모든 부처님의 국토에 계신 여래께서 이 十地를 말씀하지 않는 이를, 나는 보

---

44) '地'자의 '44(·)' 둘레에 각필로 동그라미를 쳐 놓았다. 좌상 방향으로 올라가는 각필선이 보이는데 중복원과 관련이 있을 가능성이 있다.

45) '地'字의 우측 상단 11시 방향에서 '地'字 길게 선이 그어져 있으나 어디에까지 연결이 되어 있는지 분명히 파악되지 않으며, '地'字의 '也' 부분에 각필로 원을 그려 놓은 듯한 부분이 있으나 정말 각필인지는 확실하지 않다.

지 못하였노라.[46]

<주본화엄34, 04:17-18>

A: 何以故[11(·)?,31(·.),15(·)]此[24(|)]是[33(·)]菩薩摩訶薩[44(·)]向菩提[53(·),25(|)]最上道[51(/)?] 亦[33(·)]是[33(·)]淸淨法[25(·)?]光明門[42(/),45(··),55(..)]

B: 何以故[彡,ナチ,ㅅㄱ]此[ㅣ]是[ㄱ]菩薩摩訶薩[尸]向菩提[十,令七]最上道[ㅣ小]亦[ㄱ]是[ㄱ]淸淨法[七]光明門[ㅣㄱ,ㅅ灬,ナㅣ]

C: 何以故 彡(丷)ナ チ(尸)ㅅㄱ {此}ㅣ 是ㄱ 菩薩摩訶薩尸 菩提十 向(丷)令七 最上道ㅣ小 亦(丷)ㄱ 是ㄱ 淸淨法七 光明門ㅣㄱ ㅅ灬ナㅣ

D: 어째서인가 하면, 이는 菩薩摩訶薩의 菩提에 向하는 最上道이며 또한 이는 淸淨法의 光明門인 까닭이다.

E: 무슨 까닭인가. 이것은 보살 마하살이 보리로 가는 가장 좋은 길이며, 또한 청정한 법의 광명의 문이니,

<주본화엄34, 04:18-19>

A: 所謂[12(·),33(·)]分別演說菩薩[44(·)]諸[33(·)]地[41(·)?,35(-·),55(..)]

B: 所謂[ㄱ,ㄱ]分別演說菩薩[尸]諸[ㄱ]地[乙,尸矢,ナㅣ]

C: 謂(丷)ㄱ 所ㄱ 菩薩尸 諸ㄱ 地乙 分別 演說(丷)尸矢ナㅣ

D: 즉 菩薩의 모든 地位를 分別 演說하는 것이다.

E: 이른바 보살의 모든 지(地)를 분별하여 연설하는 것이니라.

<주본화엄34, 04:19>

A: 佛子[34(|)]此處[33(·)]不可思議[23(|),24(\),25(·),35(·),45(-),55(.·)]

B: 佛子[3]此處[ㄱ]不可思議[ㄴ3,ㄲ,七,矢,X,ナㅣ]

C: 佛子 3 此 處ㄱ 思議ㄴ3 ㄲ(ㆆ){可}七(丷ㄱ) 不矢Xナㅣ

D: 佛子여 이 處는 思議할 수 없는 것이다.

E: 불자여, 이곳은 헤아릴 수 없나니,

---

46) 한문 원문이 일반적인 한문 문장과 다소 차이가 있는 구성이다.

<주본화엄34, 04:19-20>

A: 所謂[12(·),33(·)]諸[33(·)]菩薩[44(·)]隨證[41(·),24(\),25(|)]智[24(|),55(·)]

B: 所謂[ㄱ,ㄱ]諸[ㄱ]菩薩[尸]隨證[乙,ㄅ,ㅅㄷ]智[ㅣ,ナㅣ]

C: 謂(ノ)ㄱ 所ㄱ 諸ㄱ 菩薩尸 證乙 隨ㅁ(ㅅ)ㅅㄷ 智ㅣナㅣ

D: 즉 모든 菩薩의 證을 따라 하는 智이다."

E: 이른바 여러 보살의 <증(證)>을 따르는 지혜인 까닭이니라.

<주본화엄34, 04:21-22>

A: 爾{21~22(·)}時[53(·)]金剛藏菩薩[33(·)]說此菩薩[44(·)]十地[25(·)]名[41(·),=44(·)]已[43(·),34(·)]默然[43(|)]而[45(·)]住[23(|)]不復[44(·)]分別[44(·),45(-),55(·.)]#55(·.)[47)]

B: 爾時[+]金剛藏菩薩[ㄱ]說此菩薩[尸]十地[ㄷ]名[乙,尸]已[氵,口]默然[氵ホ]而[灬]住[ㅅ氵]不復[尸]分別[尸,X,xㅣ]

C: 爾 時+ 金剛藏菩薩ㄱ 此 菩薩尸 十地ㄷ 名乙 說尸 已氵(ㅅ)口 默然(ㅅ)氵ホ 而灬 住ㅅ氵 復尸[48)] 分別尸 不Xxㅣ

D: 그때 金剛藏菩薩은 이 菩薩 十地의 이름을 말하고 나서, 默然하여서 住하여 다시 分別하지 않았다.

E: 이 때 금강장 보살이 이 보살 十지의 이름을 말하고는 잠자코 있으면서 다시 분별하지 아니하였다.

<주본화엄34, 04:22-23>

A: 是時[53(·)]一切菩薩衆[33(·)]聞菩薩[44(·)]十地[25(·)]名[23(·)[49)]]不聞解釋[41(|),34(-),44(·),42(-),12(:)]咸[25(·)]生渴仰[41(·.)?,24(|),34(|)#34(|·)]作如是[12(:)]念[41(·),21(:)?]

B: 是時[+]一切菩薩衆[ㄱ]聞菩薩[尸]十地[ㄷ]名[X]不聞解釋[x入乙,白,尸,X,ㅅㄱ]咸[ㄷ]生渴仰[ㄱ乙,ㅣ,氵]作如是[ㅅㄱ]念[乙,x尸丁]

---

47) 55(·.)#55(·.)의 위치에 점이 세 개 보이는데, 이들 중에서 시각적인 뚜렷함과 앞뒤 문맥을 고려해서 55(·.)를 앞에 놓았다.

48) 다음의 예를 참조할 수 있다.
   復甲尸 更氵 衆生乙 饒益尸 不(ノ)能ㅣ矢ノ禾ナㄱㅣ罒 <화소11:13>

49) 문맥상으로 'ㅁ'와 관련이 있을 가능성이 높다.

C: 是 時十 一切 菩薩 衆ㄱ 菩薩ㄕ 十地ㄴ 名 聞X 解釋xㅅ乙 聞白ㄕ 不Xㄴㄱ 咸ㄴ 渴仰(ㄴ)
ㄱ乙 生ㅣㅎ 是 如(ㅎ)ㄴㄱ 念乙 作xㄕㄱ

D: 이때 一切 菩薩 衆은 菩薩 十地의 이름을 듣고 解釋하는 것을 듣지 못하니 다 渴仰함을 내어 이와 같은 念을 짓기를,

E: 이 때 모든 보살들은 보살 十지의 이름만 들었고 해석은 듣지 못했으므로 갈망하는 마음을 내어 이렇게 생각하였다.

<주본화엄34, 04:23-24>

A: 何[25(·),12(:)]因[11(·)]何[25(·),12(:)]緣[11(·),13(/),45(·)]金剛藏菩薩[33(·)]唯[23(:)]說菩薩[44(·)]十地[25(·)]名[41(·),34(·)]而[45(·)]不{22(/)}解[12(·)]{24(|)}[50)}釋[44(·),34(·),42(-),45(-),34(·),55(·)][51)]

B: 何[ㄴ,ㄴㄱ]因[ㅎ]何[ㄴ,ㄴㄱ]緣[ㅎ,ㅁㅅ,ㅅ]金剛藏菩薩[ㄱ]唯[ㅅ]說菩薩[ㄕ]十地[ㄴ]名[乙,ㅁ]而[ㅅ]不解[xㄱ]釋[ㄕ,ㅁ,X,X,ㅁ,xㅣ]

C: 何ㄴㄱ 因ㅎ 何ㄴㄱ 緣ㅎ/ㅅㅅ 金剛藏菩薩ㄱ 唯ㅅ 菩薩ㄕ 十地ㄴ 名乙 說ㅁ 而ㅅ 解釋ㄕ 不(ㄴ)ㅁxㄱ XXㅁxㅣ[52)]

D: '어떤 因이니 어떤 緣이니 하는 것으로 金剛藏菩薩은 오직 菩薩 十地의 이름을 말하고 解釋하지 않으십니까?' 하였다.

E: 무슨 인(因)과 무슨 연(緣)으로 금강장 보살이 보살 十지의 이름만 말하고 해석하지 않는가.

<주본화엄34, 05:01-02>

A: 解脫月菩薩[33(·)]知諸[33(·)]大衆[23(-)]心[25(·)?]之所念[12(:),41(·)?,11(·.)]以頌問金剛藏菩薩[44(·),53(·),34(|)?]曰[34(-),14(··)]

B: 解脫月菩薩[ㄱ]知諸[ㄱ]大衆[ㅎ]心[ㄴ]之所念[ㄴㄱ,乙,xㅎ]以頌問金剛藏菩薩[㕙,十,ㅎ]曰[白,ㅎㄕ]

---

50) '解' 오른쪽에서 '釋'字의 오른쪽에 걸쳐서 ')' 모양의 각필선이 그어져 있다. '解'의 점토를 '釋'에 붙여서 해석하라는 뜻으로 추측된다. 아래의 <주본화엄34,05:03> 및 <주본화엄34,05:04> 참조. '24(|)' 역시 해석에 반영할 가능성이 있다.

51) '釋'字에서 34의 위치에 단점이 두 개 나타나는데, 이를 34(·)에 단점이 2개 찍힌 것으로 볼 가능성과 34(:)로 볼 가능성이 존재한다. 34(:)로 볼 경우, 이는 'ㅁ'와 관련이 있으며 청자대우의 기능을 포함하는 의문형 종결어미로 볼 수 있다.

52) '解'에서 연결이 되는 'xㄱ'의 위치가 정확히 어디인지는 분명하지 않다.

242 第二部 判讀과 解讀 및 翻譯

C: 解脫月菩薩﹖ 諸﹖ 大衆ㅅ 心ㄷ 念ﾉﾌ 所乙 知xﾟ 頌(乙) 以(ﾟ) 金剛藏菩薩尸ナ 問ﾟ 曰
白ﾟﾉ尸

D: 解脫月菩薩은 여러 대중의 마음의 念한 바를 알고서, 게송으로써 金剛藏菩薩께 물어 말
씀드리시기를

E: 해탈월 보살은 대중들이 마음으로 생각함을 알고, 금강장 보살에게 게송으로 물었다.

<주본화엄34, 05:03>

A: 何[25(·)]故[44(|)]#44~45(|)]淨覺[12(··)]人[33(·)]念[11(·)]智[11(·)]功德[11(·),13(/)]具[24(\)?,51(·)]

B: 何[ㄷ]故[X]淨覺[ﾟﾌ]人[ﾌ]念[ﾟ]智[ﾟ]功德[ﾟ,ﾛ令]具[ﾛ,xﾌ]

C: 何ㄷ(ﾉﾌ) 故X 淨覺(ﾉ)ﾟﾌ 人ﾌ 念ﾟ 智ﾟ 功德ﾟﾉ令 具ﾛxﾌ

D: "어떤 연고로 淨覺하신 분께서는 念이니 智이니 功德이니 하는 것을 갖추시며,

E: 무슨 일로, 깨끗하게 깨달으시고 염(念)과 지(智)와 공덕을 갖춘 이로서

<주본화엄34, 05:03>

A: 說諸[33(·)]上妙地[41(·),51(··)#51(:),52(/)]有力[33(/),11(··)]不解[34(·),34(·)][53)]釋[12(··),42(-)]

B: 說諸[ﾌ]上妙地[乙,xﾌ,ﾟﾊ]有力[4,xﾟ]不解[ﾛ,ﾛ]釋[xﾌ,X]

C: 諸ﾌ 上妙地乙 說xﾌ(ﾉ)ﾟﾊ 力{有}4xﾟ 解釋(尸) 不(ﾉ)ﾛﾌ Xﾛ

D: 모든 上妙地를 말씀하시며 하여, 힘이 있는데도 解釋하지 않으십니까?

E: 가장 묘한 지(地)의 이름 말만 하시고 힘 있어도 해석하지 않으십니까.

<주본화엄34, 05:04>

A: 一切[33(·)]咸[25(·)]決定[23(|)]勇猛[22(·)]無怯弱[44(·)?,22(·),55(··),52(i)]

B: 一切[ﾌ]咸[ㄷ]決定[ﾉﾟ]勇猛[ﾟ]無怯弱[尸,ﾟ,X,X]

C: 一切ﾌ 咸ㄷ 決定ﾉﾟ 勇猛(ﾉ)ﾟ 怯弱尸 無ﾟXX

D: 一切는 다 決定히 勇猛하고 怯弱함 없고 하거늘,

E: 모든 사람 근성이 결정되었고 용맹하여 겁약하지 아니하거늘

---

53) '解'자 오른쪽에서 '釋'자 오른쪽에 걸쳐서 'ﾉ' 모양의 각필선이 그어져 있다. '解'자에 붙은 점토를 '釋'자
로 옮겨서 해석하라는 뜻의 부호로 추측된다.

<주본화엄34, 05:04>

A: 何[25(·)]故[44(|)]#44~45(|)]說地[25(·)]{41~51(·.)}名[52(/)]而[45(·)]不爲[24(\)]開[34(·),34(·)]⁵⁴⁾ 演[44(·)?,12(.·),42(-)]

B: 何[七]故[X]說地[七]名[Ʒㅅ]而[灬]不爲[ㄱ]開[口,口]演[xㄱ,X]

C: 何七(∨ㄱ) 故X 地七 名 說Ʒㅅ 而灬 爲ㄱ 開演尸 不(∨)口ㄱXロ

D: 어떤 연고로 十地의 이름을 말씀하시고 위하여 開演하지 않으십니까?

E: 무슨 일로 十지 이름 말만 하시고 우리 위해 해석하지 않으십니까.

<주본화엄34, 05:05>

A: 諸[33(·)]地[25(·)]妙[33(·)]義趣[41(·)]此衆[33(·)]皆[25(·)]欲聞[32(-),13(:)]⁵⁵⁾

B: 諸[ㄱ]地[七]妙[ㄱ]義趣[乙]此衆[ㄱ]皆[七]欲聞[ㅅ,xㅿ]

C: 諸ㄱ 地七 妙ㄱ 義趣乙 此 衆ㄱ 皆七 聞[欲}ㅅxㅿ

D: 여러 地의 미묘한 義趣를 이 대중은 모두 듣고자 하되

E: 여러 지(地)의 심오하고 묘한 이치를 이 대중이 듣기를 갈망 하오며

<주본화엄34, 05:05>

A: 其心[42(|)]無怯弱[44(·),25(·),54(·.)]願[15(·)?]爲[24(\)]分別[=23(\)]說[23(/),53(|·)]

B: 其心[ㅎ]無怯弱[尸,七,xㅣ]願[入ㄱ]爲[ㄱ]分別[ᅙ]說[口ㅅ,ㆆ효]

C: 其 心ㅎ 怯弱尸 無七xㅣ 願入ㄱ 爲ㄱ 分別ᅙ 說口ㅅㆆ효

D: 그 마음이 怯弱함이 없습니다. 원컨대 위하여 分別히 말씀하소서.

E: 마음도 겁약하지 아니하오니 원컨대 분별하여 말씀하소서.

<주본화엄34, 05:06>

A: 衆會[33(·)?]悉[34(|)?]淸淨[23(|)]離懈怠[24(·),22(·)]嚴[22(·)]潔[22(·)?]

B: 衆會[ㄱ]悉[Ʒ]淸淨[∨Ʒ]離懈怠[支,ᇂ]嚴[ᇂ]潔[ᇂ]

C: 衆會ㄱ 悉Ʒ 淸淨∨Ʒ 懈怠 離支ᇂ 嚴(∨)ᇂ 潔(∨)ᇂ

---

54) '開'자 오른쪽에서 '演'자 오른쪽에 걸쳐서 ')' 모양의 각필선이 그어져 있다. '開'자에 붙은 점토를 '演'자로 옮겨서 해석하라는 뜻의 부호로 추측된다.

55) 이점본에 34(-)이 있으나 점토가 아닌 것으로 보인다.

244 第二部 判讀과 解讀 및 翻譯

D: 회중은 다 淸淨하여 게으름을 여의고 嚴하고 潔하고
E: 여기 모인 무리들 청정하옵고 게으름을 여의어 정결 하오며

<주본화엄34, 05:06>
A: 能[24(·)]堅固[43(|)]不動[44(·),22(·)?]具功德[41(·)?,24(\)?,22(·)]智慧[24(|)?,22(·),52(/)]{11(..)}
B: 能[攴]堅固[3 ホ]不動[尸,ㅎ]具功德[乙,ㄷㅎ]智慧[ㅣ,ㅎ, 3 八]
C: 能攴 堅固(ᄊ) 3 ホ 動尸 不(ᄊ)ㅎ 功德乙 具ㄷㅎ 智慧ㅣㅎ(ᄊ) 3 八
D: 능히 견고하여서 움직이지 않고 功德을 갖추고 智慧롭고 하여
E: 마음이 견고하고 흔들리잖아 공덕과 모든 지혜 갖추었으며,

<주본화엄34, 05:07>
A: 相[24(\)]視[43(|)?]咸[25(·)]恭敬[53(!)]一切[25(:)]悉[34(|)]專仰[13(:)#13(·)]
B: 相[ㄷ]視[3 ホ]咸[七]恭敬[X]一切[x七]悉[3]專仰[xᆢ]
C: 相ㄷ 視 3 ホ 咸七 恭敬X 一切x七 悉 3 專 仰xᆢ
D: 서로 보아서 다 공경하며 모두 다 전일하게 우러르되
E: 서로서로 쳐다보고 공경하오며 모두들 전일 하게 우러르기를

<주본화엄34, 05:07>
A: 如蜂[24(|)?]念好[12(:)]蜜[41(·),14(:),24(·)?,52(·)]如渴[12(:),24(|)]思甘露[41(·),14(:),24(·),55(..)]
B: 如蜂[ㅣ]念好[ᄊㄱ]蜜[乙,ᄊ尸,攴,ᄊ分]如渴[ᄊㄱ,ㅣ]思甘露[乙,ᄊ尸,攴,ナㅣ]
C: 蜂ㅣ 好ᄊㄱ 蜜乙 念ᄊ尸 如攴ᄊ分 渴ᄊㄱㅣ 甘露乙 思ᄊ尸 如攴(ᄊ)ナㅣ[56)]
D: 벌이 좋은 꿀을 생각하듯이 하며 목마른 이가 甘露를 생각하듯이 합니다."
E: 벌들이 좋은 꿀을 생각하듯이 목마른 이 감로수를 그리워하듯.

<주본화엄34, 05:08>
A: 爾時[53(·)]大智[24(|)?,51(..)]無所畏[14(·),12(··)]金剛藏菩薩[33(·)]聞說是[41(·),14(..),41(··),44(·)]
   已[43(·),34(·)]

---

56) '如攴ᄊ-'를 형용사로 볼 가능성도 있다.

B: 爾時[十]大智[刂,x分]無所畏[尸,ㅎ刂]金剛藏菩薩[刂]聞說是[乙,ㅁ尸,入乙,尸]已[氵,ㅁ]
C: 爾 時十 大智刂x分 畏(ノ)尸 所 無ㅎ刂 金剛藏菩薩刂 是乙 說ㅁ尸入乙 聞尸 已氵(ㅆ)ㅁ
D: 그 때에 大智이시며 두려워할 바 없으신 金剛藏菩薩은 이것을 말하는 것을 듣고 나서
E: 그 때 큰 지혜 있고 두려움이 없는 금강장 보살이 이 말을 듣고,

<주본화엄34, 05:08-09>
A: 欲令衆會[41(·)]心[42(|)]歡喜[24(|),32(-),45(|·)#45(ㅗ)]故[24(·)]爲諸[33(·)]佛子[23(-),43(·)]而[45(·)]說頌[41(·),34(|)]言[14(··)?]
B: 欲令衆會[乙]心[ㅎ]歡喜[刂,ㅅ,x入ㅡ]故[攴]爲諸[刂]佛子[ㅎ,氵]而[ㅡ]說頌[乙,氵]言[ㅎ尸]
C: 衆會乙 心ㅎ 歡喜 令刂{欲}ㅅx入ㅡ 故攴 諸刂 佛子ㅎ {爲}氵 而ㅡ 頌乙 說氵 言ㅎ尸
D: 회중으로 하여금 마음에 歡喜하게 하고자 하신 까닭에, 여러 佛子를 위하여 게송을 일러 말씀하시기를,
E: 모인 이들의 마음을 즐겁게 하려고 불자들을 위하여 게송으로 말하였다.

<주본화엄34, 05:10>
A: 菩薩[44(·)]行[11(·)]地[25(·)]事[11(·),13(/),33(·)]最上[52(·)]諸[33(·)]佛[35(·),25(·)]本[51(/·),44(·),12(-)]
B: 菩薩[尸]行[氵]地[七]事[氵,ㅁ亼,刂]最上[ㅆ分]諸[刂]佛[ㅆ,七]本[刂分,尸,ナ刂]
C: 菩薩尸 行氵 地七 事氵ノ亼刂 最上ㅆ分 諸刂 佛ㅆ七 本刂分(ㅆ)尸(ㅆ)ナ刂
D: "菩薩의 行이니 地의 일이니 하는 것은 最上이며 모든 부처의 근본이며 하니,
E: 보살들이 행하는 十地의 일은 가장 높고 부처님의 근본이시매

<주본화엄34, 05:10>
A: 顯示[22(·)]分別[23(\)]說[22(·),14(·)]第一[51(/·)]希有[25(·)?]難[55(··)][57)]
B: 顯示[ㅎ]分別[ㅈ]說[ㅎ,尸]第一[刂分]希有[七]難[ナㅣ]
C: 顯示(ㅆ)ㅎ 分別ㅈ 說ㅎ(ノ)尸 第一刂分 希有七 難(刂)ナㅣ
D: 顯示하고 分別히 말하고 할 第一이며 希有의 難이다.
E: 드러내고 분별하여 설명하기란 으뜸가고 희유하여 매우 어렵고,

---

57) 이점본에 33(·), 35(·)이 있으나 각필점이 아닌 것으로 보인다.

<주본화엄34, 05:11>
A: 微細[22(·)]難[43(·)]可見[24(\),42(|),25(·),22(·)]離念[22(·)]超心地[41(·),22(·),23(|)?]
B: 微細[ゟ]難[氵]可見[乛,亠,七,ゟ]離念[ゟ]超心地[乙,ㅎ,丶ろ]
C: 微細(丶)ゟ 難氵 見乛亠可七(丶)ゟ 念 離(支)ゟ 心地乙 超(丶)ゟろ
D: 微細하고 어렵게야 볼 수 있고 생각을 여의고 心地를 초월하고 하여
E: 미묘하고 심오하여 보기 어렵고 생각을 여의었고 마음을 초월

<주본화엄34, 05:11>
A: 出生[43(|)]佛[35(·)?,25(·)?]{43(·)}境界[24(|),12(-)]聞[45(·-),15(·/)]者悉[34(|)]迷惑[55(/)]
B: 出生[ゟホ]佛[叱,七]境界[リ,ナ丁]聞[ロヒ,火七ハ尸入丁]者悉[ゟ]迷惑[x l]
C: 出生(丶)ゟホ 佛叱七 境界リナ丁 聞ロヒ火七ハ尸入丁{者}[58] 悉ゟ 迷惑x l
D: 出生하여서 부처의 境界이니, 들으면 다 迷惑할 것이다.
E: 부처님의 경계를 내는 것이매 듣는 이 아득하여 의혹 하리라.

<주본화엄34, 05:12>
A: 持心[41(·),13(:)]如金剛[24(·),52(/)]深[24(|)]信佛[35(·)]勝智[41(·),52(·)]
B: 持心[乙,xム]如金剛[支,ゟハ]深[リ]信佛[叱]勝智[乙,丶刀]
C: 心乙 持xム 金剛 如支(丶)ゟハ 深リ 佛叱 勝智乙 信丶刀
D: 마음을 지니되 金剛같이 하여 깊이 부처의 勝智를 믿으며,
E: 들으려는 마음이 금강과 같고 부처님의 수승한 지혜 깊이 믿으며

<주본화엄34, 05:12>
A: 知心地[24(|)]無我[12(·.),41(··)?,51(·),=31(:)#21~31(:),43(·)?]能[24(·)]聞此勝法[41(·),55(/)]
B: 知心地[リ]無我[x丁,入乙,刀,x禾,氵]能[支]聞此勝法[乙,x l]
C: 心地リ 我 無x丁 入乙 知刀x禾氵 能支 此 勝法乙 聞x l
D: 心地가 나 없는 것을 알며 하는 이라야 능히 이 수승한 법을 들을 수 있다.

---

58) "者"는 조건절을 나타내는 부독자로 보아야 하며 다음의 예에서도 마찬가지이다.
一切 衆生リ 見Xx{者} 歡喜(丶)ゟホ 誹謗乙 生x尸 不(多丶)ゟ <화엄31, 04:07-10>
其 聞Xx{者} 說x丁ㅋ十 如ᄒᆞ 受持 令リXナふ氵 <화엄31, 06:09-10>

E: 마음 자리(心地) 아는 데 내가 없어야 이렇게 수승한 법 능히 듣나니,

<주본화엄34, 05:13>

A: 如空中[25(··)]#25(··)]彩畫[24(·),52(·)]如空中[25(··)]風相[24(·),52(·),12(-),21(·|)]
B: 如空中[ʒ七]彩畫[攴,ﾚ分]如空中[ʒ七]風相[攴,ﾚ分,ナㄱ,X]
C: 空中ʒ七 彩畫 如攴ﾚ分 空中ʒ七 風相 如攴ﾚ分ナㄱX
D: 공중의 彩畫 같으며 공중의 風相 같으며 한 것이라서
E: 허공에 그려 놓은 그림과 같고 공중에 부는 바람 모양과 같아

<주본화엄34, 05:13>

A: 牟尼智[33(·)]如是[24(·),23(|)]分別[45(·)]甚[43(·)]難[24(|)?]見[31(··)?,55(··)?]
B: 牟尼智[ㄱ]如是[攴,ﾚʒ]分別[ᄡ]甚[ʒ]難[ㄓ]見[ᅏ,ナㄱ]
C: 牟尼 智ㄱ 是 如攴ﾚʒ 分別ᄡ 甚ʒ 難ㄓ[59] 見ᅏナㄱ
D: 석가모니의 지혜는 이와 같아 分別로 심히 어렵게야 볼 수 있다.
E: 부처님의 지혜가 이와 같으매 분별커나 보기가 매우 어려워,

<주본화엄34, 05:14>

A: 我[33(·)]念佛[35(·),43(·)]智慧[51(··)]最勝[43(|)?]難[43(·)]思議[21~31(··)#=31(··),51(··)]
B: 我[ㄱ]念佛[心,ʒ]智慧[x分]最勝[ʒホ]難[ʒ]思議[ᅏ,x分]
C: 我ㄱ 佛心ʒ 智慧x分 最勝ﾚʒホ 難ʒ 思議ノᅏx分[60]
D: 나는 부처야말로 지혜로우시며 最勝하여서 어렵게야 생각할 수 있는 이이시며,
E: 부처님의 지혜가 가장 거룩해 헤아릴 수 없음을 내가 아나니

<주본화엄34, 05:14>

A: 世間[53(·)]無能[35(·)?]受[13(|)?,51(·),41(|·),12(·),45(··)]默然[43(|)?]而[45(·)]不說[44(·),55(/·)]

---

59) 다음 자토구결의 예를 참고할 수 있다.
  {是}ㅣ 故ᄡ 依行乙 次第乙 說ᅐᄉㅑﾅ 信樂ㅣʒ 最勝ﾚʒホ 甚ㅣ難ㅣㅣ 得ᅐᄒㄱ矢 譬入ㄱ 一切 世間
  七 中ʒ十 而ᄡ 隨意妙寶珠ㅣ 有ㄱ 如攴ﾚㄱㅣㅣ <화엄10:08-09>
60) '念'은 다음 단락에서 해석된다.

B: 世間[十]無能[矢]受[x亽,分,ㅁㄱ 入乙,ㄱ,入ᅩ]默然[氵까]而[ᅩ]不說[尸,xㅣ]
C: 世間十 能矢 受x亽 無分ノㄱ 入乙x入乙 念(ㆍ)ㄱ 入ᅩ 默然(ㆍ)氵까 而ᅩ 說尸 不xㅣ
D: 世間에 능히 받을 이 없으며 한 것을 생각한 까닭에 默然하여서 말하지 않겠다."
E: 세상 사람 이 이치 알 이 없기에 잠잠하고 말하지 아니하노라.

<주본화엄34, 05:15-16>

A: 爾時[53(·)]解脫月菩薩[33(·)]聞是說[41(·),34(-),44(·)]已[43(·),34(·),12(:)]白金剛藏菩薩[44(·),53(·),34(|)]言[34(-),14(··)]
B: 爾時[十]解脫月菩薩[ㄱ]聞是說[乙,白,尸]已[氵,ㅁ,ㆍㄱ]白金剛藏菩薩[尸,十,氵]言[白,ㆆ尸]
C: 爾 時十 解脫月菩薩ㄱ 是 說乙 聞白尸 已氵(ㆍ)ㅁㆍㄱ 金剛藏菩薩尸十 白氵 言白ㆆ尸
D: 그 때에 解脫月菩薩은 이 말을 듣고 나서, 金剛藏菩薩께 사뢰어 말씀드리시기를
E: 이 때 해탈월 보살이 이 말을 듣고 금강장 보살에게 사뢰었다.

<주본화엄34, 05:16>

A: 佛子-[34(|)?]今[25(·),경계선]此衆會[53(·)]皆[25(·)]悉[34(|)]已[43(·)]集[12(-)]
B: 佛子[氵]今[セ]此衆會[十]皆[セ]悉[氵]已[氵]集[ナㄱ]
C: 佛子氵 今セ 此 衆會十 皆セ 悉氵 已氵 集ナㄱ
D: "佛子여, 지금의 이 집회에 모두 다 이미 모였는데,
E: 『불자시여, 지금 회중이 모두 모였사 온데,

<주본화엄34, 05:16-17>

A: 善[24(·)]淨深[33(·)]心[41(·)]善[24(·)]潔思念[41(·),52(·)]
B: 善[攴]淨深[ㄱ]心[乙]善[攴]潔思念[乙,ㆍ分]
C: 善攴 深ㄱ 心乙 淨(ㆍ分) 善攴 思念乙 潔ㆍ分
D: 깊은 마음을 잘 깨끗하게 하며, 思念을 잘 깨끗하게 하며,
E: 깊은 마음이 잘 깨끗하였고, 생각함이 잘 조촐하여졌고,

<주본화엄34, 05:17>

A: 善[24(·)]修諸[33(·)]行[41(·),51(·)]善[24(·)]集助道[41(·),24(\),51(·)]

B: 善[支]修諸[ㄱ]行[乙,分]善[支]集助道[乙,ㅁ,分]

C: 善支 諸ㄱ 行乙 修分 善支 助道乙 集ㅁ分

D: 여러 行을 잘 닦으며, 助道를 잘 모으며,

E: 여러 행을 잘 닦았고, 도를 돕는 법을 잘 모았고,

<주본화엄34, 05:17-18>

A: 善[24(·)]能[35(·)]親近百[33(·)]千億佛[41(·),34(-),51(·)]

B: 善[支]能[矢]親近百[ㄱ]千億佛[乙,白,分]

C: 善支 能矢 百ㄱ 千(ㄱ) 億 佛乙 親近(ㅅㅅ)白分

D: 百千億 부처를 잘 능히 親近하며,

E: 백천억 부처님께 친근하여

<주본화엄34, 05:18>

A: 成就無量[33(·)]功德善根[41(·),52(·)]

B: 成就無量[ㄱ]功德善根[乙,ㅅㅅ分]

C: 量 無ㄱ 功德 善根乙 成就ㅅㅅ分

D: 한량없는 功德 善根을 成就하며,

E: 한량없는 공덕과 선근을 성취하였으며,

<주본화엄34, 05:18>

A: 捨離癡惑[41(·),52(·)]無有垢染[51(·)]

B: 捨離癡惑[乙,ㅅㅅ分]無有垢染[分]

C: 癡惑乙 捨離ㅅㅅ分 垢染 無有分

D: 癡惑을 捨離하며, 때에 물듦이 없으며,

E: 어리석은 의혹을 버리어서 때에 물들지 아니하고,

<주본화엄34, 05:19>

A: 深[33(·)]心[45(·)]信解[52(·)?]於佛法[25(·)?]中[53(·)]不隨他[23(-)]{53(:)}敎[53(:),43(·),24(\)?,52(:), 45(ㅗ)?]

250　第二部　判讀과 解讀 및 翻譯

B: 深[ㄱ]心[灬]信解[ㄴ分]於佛法[ㄷ]中[十]不隨他[ㄱ]敎[x十,氵,ㄱ,x分,尸入灬]
C: 深ㄱ 心灬 信解ㄴ分 {於}佛法ㄷ 中十 他ㄱ 敎x十氵 隨ㄱ(ㄴ尸) 不x分(ㄴ)尸入灬
D: 깊은 마음으로 信解하며, 佛法 가운데에서 다른 이의 敎에는 따라 하지 않으며 하므로,
E: 깊은 마음으로 믿고 이해하며, 불법 가운데서는 다른 이의 가르침을 따르지 아니하오니,

<주본화엄34, 05:19-20>
A: 善哉[12(|),33(\)]佛子[11(·)]當[23(:)]承佛[35(·)]神力[41(·),23(:)]⁶¹⁾,24(|),53(i)#53(!)]而[45(·)]爲[24(\)]演說[23(/),53(|·)]
B: 善哉[ㆆㄱ,氵]佛子[氵]當[ㅅ]承佛[乙]神力[乙,ㅅ,刂,白氵]而[灬]爲[ㄱ]演說[口ㅅ,ㆆ효]
C: 善{哉}ㆆㄱ氵 佛子氵 當ㅅ 佛乙 神力乙 承ㅅ刂白氵 而灬 爲ㄱ 演說(ㄴ)口ㅅㆆ효
D: 좋으시도다, 불자여. 마땅히 부처의 神力을 받들어서 (우리를) 위하여 演說하소서.
E: 불자시여, 부처님의 신력을 받들어 연설하여 주소서.

<주본화엄34, 05:20-21>
A: 此諸[33(·)]菩薩[33(·)]於如是[24(·)]等[12(:)]甚深[25(··)]之處[53(·),52(/)]皆[25(·)?]能[24(·)]證知[23(|),54(i)]
B: 此諸[ㄱ]菩薩[ㄱ]於如是[ㅊ]等[ㄴㄱ]甚深[ヒㄷ]之處[十,氵ㅅ]皆[ㄷ]能[ㅊ]證知[ㄴ氵,x丨]
C: 此 諸ㄱ 菩薩ㄱ {於} 是 如ㅊ 等ㄴㄱ 甚深(ㄴ)ヒㄷ {之} 處十(ㄴ)氵ㅅ 皆ㄷ 能ㅊ 證知ㄴ氵x丨
D: 이 모든 菩薩은 이와 같은 등의 심히 깊은 곳에서 모두 능히 證知할 것입니다."
E: 이 보살들이 그러한 깊은 곳까지라도 능히 증득하여 아오리다.』

<주본화엄34, 05:21-22>
A: 爾時[53(·)]解脫月菩薩[33(·)]欲重宣其義[41(·),32(-)]而[45(·)]說頌[41(·),34(|)?]曰[34(-),14(··)]
B: 爾時[十]解脫月菩薩[ㄱ]欲重宣其義[乙,ㅅ]而[灬]說頌[乙,氵]曰[白,ㆆ尸]
C: 爾 時十 解脫月菩薩ㄱ 重 其 義乙 宣(ㄴ){欲}ㅅ 而灬 頌乙 說氵 曰白ㆆ尸
D: 그 때에 解脫月菩薩은 그 뜻을 다시 펴고자 게송을 일러 말씀드리시기를
E: 그 때 해탈월 보살이 다시 그 뜻을 펴려고 게송으로 말하였다.

---

61) 이 점토를 해독에 반영할 위치는 분명치 않다.

<주본화엄34, 05:23>
A: 願[15(·)]說最[23(:)]安隱[25(/)]#25(/)]菩薩[44(·)]無上行[41(·),23(/),53(|·)]
B: 願[ㅅㄱ]說最[ㅅ]安隱[xヒ]菩薩[尸]無上行[乙,口ハ,ㅎ효]
C: 願ㅅㄱ 最ㅅ 安隱xヒ 菩薩尸 無上行乙 說口ハㅎ효
D: "원컨대 가장 安隱한 菩薩의 無上行을 말씀하소서.
E: 바라건대 첫째로 편안하오신 보살의 위없는 행 말씀하소서

<주본화엄34, 05:23>
A: 分別於諸[33(·)]地[41(·)?,12(··),53(··)]智淨[43(|)]成正覺[24(|)?,55(/)]{24(/)}
B: 分別於諸[ㄱ]地[乙,ㅎㄱ,ㅣ十]智淨[ㅎホ]成正覺[ㅣ,xㅣ]
C: {於}諸ㄱ 地乙 分別(ᄉ)ㅎㄱㅣ十 智 淨(ᄉ)ㅎホ 正覺 成ㅣxㅣ
D: 여러 地를 分別하시면, 지혜가 깨끗하여서 正覺을 이룰 것입니다.
E: 여러 지(地)의 이치를 분별하옵고 지혜가 청정하여 정각 이루리,

<주본화엄34, 05:24>
A: 此衆[33(·)]無諸[33(·)]垢[25(·),51(·)]志解悉[34(|)?]明潔[52(·)]
B: 此衆[ㄱ]無諸[ㄱ]垢[ヒ,ᄉ]志解悉ᄒ明潔[ᄉᄉ]
C: 此 衆ㄱ 諸ㄱ 垢 無ヒᄉ 志解 悉ᄒ 明潔ᄉᄉ
D: 이 대중은 여러 때가 없으며, 志解가 다 明潔하며,
E: 이 대중 여러 가지 때가 없으며 뜻과 지해(知解) 밝고도 조촐 하오며

<주본화엄34, 05:24>
A: 承事無量[12(··)]{33(·)}佛[41(·),34(-),51(·)?,12(-)]{32(·),34(·)}能[24(·)]知此地[25(·)]義[41(·),55(/)]{34(|)}
B: 承事無量[ᄒㄱ]佛[乙,白,ᄉ,ナㄱ]能[ㅎ]知此地[ㄴ]義[乙,xㅣ]
C: 量 無ᄒㄱ 佛乙 承事(ᄉ)白ᄉナㄱ 能ㅎ 此 地ㄴ 義乙 知xㅣ
D: 한량없으신 부처를 承事하며 하였으니, 능히 이 地의 뜻을 알 수 있습니다."
E: 한량없는 부처님 섬겼사올세 이 지(地)의 바른 이치 능히 알리라.

252 第二部 判讀과 解讀 및 飜譯

<주본화엄34, 06:01>

A: 爾時[53(·)]金剛藏菩薩[33(·)]言[14(∵)]
B: 爾時[+]金剛藏菩薩[ㄱ]言[ㅎㄕ]
C: 爾 時十 金剛藏菩薩ㄱ 言ㅎㄕ
D: 그 때에 金剛藏菩薩은 말씀하시기를,
E: 그 때 금강장 보살이 말하였다.

<주본화엄34, 06:01-02>

A: 佛子[34(|)]雖此衆[24(|)?]集[24(/),32(|),12(-),33(·)]⁽⁶²⁾善[24(·)]淨思念[41(·),52(·)]
B: 佛子[ㅣ]雖此衆[ㅣ]集[ㅗ,X,ナㄱ,ㄱ]善[攴]淨思念[乙,ㆍ夕]
C: 佛子ㅣ 此 衆ㅣ 集ㅗㄱナㄱ 善攴 思念乙 淨ㆍ夕
D: "불자여, 이 대중들이 모여서는⁽⁶³⁾ 思念을 잘 깨끗이 하며,
E: 『불자시여, 비록 이 대중들은 생각이 깨끗하고

<주본화엄34, 06:02>

A: 捨離愚癡[11(·)]及[25(·)?]以[34(|)?]疑惑[11(·),41(:),52(·)]
B: 捨離愚癡[ㆍ]及[ㄴ]以[ㆍ]疑惑[ㆍ,ㅁㅅ乙,ㆍ夕]
C: 愚癡ㆍ 及ㄴ 以ㆍ 疑惑ㆍㄱㅅ乙 捨離ㆍ夕
D: 愚癡니 疑惑이니 하는 것을 捨離하며,
E: 우치와 의혹을 여의어서

<주본화엄34, 06:01-02>

A: 於甚深[25(∵)?]法[53(·),23(|)?]不隨他[23(-)]教[41(·),24(\),14(:),52(·),54(|·)?,33(/)]
B: 於甚深[ㅌㄴ]法[十,ㆍ夕]不隨他[ㅎ]教[乙,ㄱ,ㆍㄕ,ㆍ夕,X,ㅛ]
C: {於}甚深(ㆍ)ㅌㄴ 法十ㆍ夕 他ㅎ 教乙 隨ㄱㆍㄕ 不ㆍ夕X{雖}ㅛ
D: 甚深한 法에 (들어) 있어 남의 가르침을 따르지 않으며 할지라도,

───────────────

62) '集[24(/),32(|),12(-),33(·)]'으로 해독하였으나, 점토의 순서가 명확하지 않다.
63) '대중이 모인 이는'으로 해석할 가능성도 있다.

E: 매우 깊은 법에 다른 이의 가르침을 따르지 않는다 하지만,

<주본화엄34, 06:03>
A: 然[43(·),53(-)]有[55(·,·)]其餘[33(·)]劣解[24(|),12(-)]衆生[11(·)]
B: 然[氵,乃]有[ナ丨]其餘[ㄱ]劣解[刂,ナㄱ]衆生[氵]
C: 然[氵(ㄴ)]乃⁽⁶⁴⁾ 有ナ丨 其 餘[(ㄴ)ㄱ] 解刂 劣ナㄱ 衆生氵
D: 그러나 있다, 그 나머지 이해가 下劣한 중생이.
E: 이 밖에 이해가 부족한 중생들이

<주본화엄34, 06:03-04>
A: 聞此甚深[52(·)]難[43(·)]思議事[41(·),34(-),23(/)]多[24(|)]?生疑惑[41(·|),24(|),52(/)]於長夜[25(·)]中[53(·)]受諸[33(·)]衰惱[41(·|),52(-)]{31(·)?}
B: 聞此甚深[ㄴ分]難[氵]思議事[乙,白,ロハ]多[刂]生疑惑[ㄗ入乙,刂,氵ハ]於長夜[七]中[十]受諸[ㄱ]衰惱[ㄗ入乙,x分]
C: 此 甚深ㄴ分 難氵 思議 事乙 聞白ロハ 多刂 疑惑ノㄗ入乙 生刂氵ハ {於}長夜七 中十 諸ㄱ 衰惱ノㄗ入乙 受x分⁽⁶⁵⁾
D: (그들은) 이 심히 깊으며 어렵게야 생각할 수 있는 일을 듣고서 疑惑함을 많이 내어서 긴 밤중에 여러 衰惱함을 받을 것이며,
E: 매우 깊고 부사의한 일을 들으면 흔히 의혹을 내어 긴긴밤에 여러 가지 시끄러움을 받을 것이다.

<주본화엄34, 06:04-05>
A: 我[33(·)]愍此等[41(·.)?#41(·),14(|)?#14(:)?,45(··)]是故[45(·)]默然[42(-),12(.·),55(/ˇ)]

---

64) 다음의 예를 참조할 수 있다.
　　然氵ㄴ乃 {此}刂 法ㄱ {者} 處所 有七ㄱヒ 非矢分 <화소13:20-14:02>
65) '52(-)'은 다음과 같은 '若' 구문에 사용된 점을 고려하면 'x禾分' 정도로 볼 가능성도 있다.
　　若[25(·)]衆生界[24(|)]盡[31(-)#31(丅),44(·),15(·)]我[23(-)]願乃[43(·)]盡[24(/),52(-)] <주본화엄34, 13:20-21>
　　若[25(·)]世界[11(·)#11(:)#11(··)]乃[43(·)?]至[24(|)?]世間{53(·)}轉[11(·)]法轉[11(·)]智轉[25(|)#25(·)]界[24(|)]
　　盡[31(-),44(·),15(·)]我[23(-)]願乃[43(·)]盡[24(/),52(-)] <주본화엄34, 13:21-22>

254 第二部 判讀과 解讀 및 飜譯

B: 我[ㄱ]愍此等[ㄱ乙,ㅎㄷㄹ,入㎝]是故[㎝]默然[X,xㄱ,xㅣ]
C: 我ㄱ 此 等(ㅅ)ㄱ乙 愍(ㅅ)ㅎㄷㄹ入㎝⁶⁶⁾ 是 故㎝ 默然Xxㄱxㅣ
D: 나는 이들을 불쌍히 여기므로, 이러한 까닭으로 默然히 있는 것이다."
E: 그런 이를 딱하게 생각하여 잠자코 있느니라.』

<주본화엄34, 06:05-06>
A: 爾時[53(·)]金剛藏菩薩[33(·)]欲重[24(\)]宣其義[41(·),32(-)]而[45(·)]說頌[41(·),34(|)?#34(:)?]曰[14(··)]
B: 爾時[十]金剛藏菩薩[ㄱ]欲重[ㄷ]宣其義[乙,人]而[㎝]說頌[乙,ㄧ]曰[ㅎㄹ]
C: 爾 時十 金剛藏菩薩ㄱ 重ㄷ 其 義乙 宣(ㅅ){欲}人 而㎝ 頌乙 說ㄧ 曰ㅎㄹ
D: 그 때에 金剛藏菩薩은 거듭 그 뜻을 펴고자 게송을 일러 말씀하시기를,
E: 그 때 금강장 보살이 이 뜻을 다시 펴려고 게송으로 말하였다.

<주본화엄34, 06:07>
A: 雖此衆[33(·)]淨[43(|)]廣[25(··)]智慧[51(/)]甚深明利[52(·)]能[24(·)]決擇[52(·)]
B: 雖此衆[ㄱ]淨[ㅈㅑ]廣[ヒㄴ]智慧[ㅣㅅ]甚深明利[ㅅㅅ]能[支]決擇[ㅅㅅ]
C: 此 衆ㄱ 淨(ㅅ)ㅈㅑ 廣(ㅅ)ヒㄴ 智慧ㅣㅅ 甚深 明利ㅅㅅ 能支 決擇ㅅㅅ
D: "이 대중은 청정하여서 넓은 지혜가 있으며 깊이 明利하며 능히 決擇하며,
E: 이 대중은 청정하고 지혜가 많고 영리하고 총명하여 결택 잘하며

<주본화엄34, 06:08>
A: 其心[42(|)]不動[44(·),35(-)]如山王[24(·),52(·)]不可傾覆[23(|),24(\),25(·),33(·),35(·)-중복선⁶⁷⁾,45(-)#45(丅)]猶大海[24(·),54(·|)#54(|)#54(.·),33(/)]
B: 其心[ㅎ]不動[尸,尸矢]如山王[支,ㅅㅅ]不可傾覆[ㅅㅈ,ㅅ,ㄷ,ㄱ,矢중복,X]猶大海[支,X,ㅛ]
C: 其 心ㅎ 動尸 不(ㅅ)尸矢 山王 如支ㅅㅅ 傾覆ㅅㅈㄷ(ㅎ){可}ㅅ(ㅅ)ㄱ⁶⁸⁾ 不矢X矢 大海 猶支

---

66) 다음의 예를 참조할 수 있다.
    我ㄱ 今ㅅㄱ 盛壯ㅅㅎㄷㅛ 當ㄷㄱㅿㄱ 天下乙 {有}ㅕㅎㄷㅛ <화소12:02-03>
67) '35(·)'에 중복선을 긋고 주위에 동그라미를 그려 놓아 일명 '새눈알'처럼 되어 있다.
68) 이 '33(·)'은 해독의 순서상 '不矢X矢'의 'X'와 '矢' 사이에 놓일 수도 있다.

周本『華嚴經』卷第三十四 255

X{雖}ㄣ
D: 그 마음 움직이지 않는 것이 須彌山王과 같으며 傾覆할 수 없는 것이 큰 바다와 같을지라도,
E: 동(動)하잖은 그 마음 수미산 같고 바다 같아 기울일 수 없다 하지만,

<주본화엄34, 06:09>
A: 有[55(··)]行[24(|)]未久[34(|)]#34(·),44(·),24(|),23(|)?,경계선]解[41(·)]未得[44(·),22(-),52(·)]隨識[41(·),24(\)]而[45(·)]行[34(·)]不隨智[53(:),14(··),22(-),=52(·),11(\·)][69)]
B: 有[ナ丨]行[刂]未久[ぅ,尸,刂,ㆍぅ]解[乙]未得[尸,<ノ>,ㆍㅎ]隨識[乙,ㆆ]而[灬]行[口]不隨智[x十,ㆆ尸,<ノ>,ㅎ,xㅎ]
C: 有ナ丨 行刂 久ぅ尸[70)] 未刂ㆍぅ 解乙 得尸 未<ノ>ㆍㅎ 識乙 隨ㆆ 而灬 行(ㆍ)口 智x十 隨ㆆ尸 不<ノ>ㅎxㅎ
D: 있다, 行이 오래지 아니하여 解를 얻지 못하며 識을 따라 행하고 智를 따르지 못하며 하는 이들이.
E: 수행이 오래잖고 지혜가 얕아 의식(意識)만 따라가고 지혜가 없어

<주본화엄34, 06:10>
A: 聞此[41(·)?,23(/),33(·)]生疑[24(·),41(·|),24(|),52(/)]墮惡道[53(·),=31(··),52(丅)]我[33(·)]愍是等[41(··),14(|)?#14(:)?,45(··)]故[24(/)]不說[44(·),12(··),24(|)?,55(·)]
B: 聞此[乙,口ㅅ,ㄱ]生疑[攴,ㆆ尸入乙,刂,ぅ八]墮惡道[十,ナ禾,X]我[ㄱ]愍是等[ㄱ乙,ㆅㆆ尸,入灬]故[ㅛ]不說[尸,xㄱ,刂,ナ丨]
C: 此乙 聞口ㅅㄱ 疑攴ㆆ尸入乙[71)] 生刂ぅ八 惡道十 墮(ㆍ)ナ禾X 我ㄱ 是 等(ㆍ)ㄱ乙 愍(ㆍ)ㆅ ㆆ尸入灬 故ㅛ 說尸 不xㄱ刂ナ丨
D: (그들이) 이것을 듣고서는 의심함을 내어서 惡道에 떨어지리니, 나는 이들을 불쌍히 여기

---

69) 남풍현 이점본에는 '智'자의 왼쪽 아래에 경계선과 단점이 있는 것으로 되어 있는데 사진상 확인이 어렵다.
70) 다음의 예를 참조할 수 있다.
    我ㄱ 今ㆍㅎ 衰老ㆍぅ 身ㄱ 重疾十 嬰セㆍㅎ 煢獨ㆍㅎ 羸頓ㆍㅎㆍ口ㄱ 死ノ尸入ㄱ 將ㅎ슈八 久ぅ尸 不ㆍㅛ乙ㄱ丨 <화소10:17-19>
71) 다음을 참조하면 '24(·)'는 '疑'의 말음첨기일 가능성이 있다.
    其有[55(··)]生疑[41(·|),24(|),34(|)]{24(·)}不信[=44(·),22(-),11(\)]者永[24(/)]不得[43(|)]聞如是[24(·),25(··)]義[44(·),22(-),21(|·),55(/)] <주본화엄34, 08:04>

256 第二部 判讀과 解讀 및 翻譯

는 까닭으로 說하지 않는 것이다."
E: 이 법 듣고 의심하면 악도에 타락 그들이 불쌍하여 해석 않노라.

<주본화엄34, 06:11>

A: 爾時解脫月菩薩[33(·)]重[24(\)]白金剛藏菩薩[44(·),53(·),34(|)]{52(·)?}言[34(-),14(··)]
B: 爾時解脫月菩薩[ㄱ]重[ㄷ]白金剛藏菩薩[尸,十,氵]言[白,ㆆ尸]
C: 爾 時(十) 解脫月菩薩ㄱ 重ㄷ 金剛藏菩薩尸十 白氵 言白ㆆ尸
D: 그 때에 解脫月菩薩은 거듭 金剛藏菩薩께 사뢰어 말씀드리시기를,
E: 그 때 해탈월 보살이 금강장 보살에게 사뢰었다.

<주본화엄34, 06:11-12>

A: 佛子[34(|)]願[15(·)]承佛[35(·)]神力[41(·),24(|),43(-),23(:)]分別[23(\)]說此不思議[25(·)]法[41(·), 23(/),53(|·)?]
B: 佛子[氵]願[入ㄱ]承佛[ㄴ]神力[乙,リ,ㆆ下,八]分別[ㅈ]說此不思議[七]法[乙,ロ八,ㆆ효]
C: 佛子氵 願入ㄱ 佛ㄴ 神力乙 承リㆆ下八 分別ㅈ 此 不思議七 法乙 說ロ八ㆆ효
D: "불자여, 원컨대 부처의 神力을 받드시어서 分別히 이 不思議의 法을 說하소서.
E: 『불자시여, 바라건대 부처님의 신력을 받들어 이 부사의한 법을 분별하여 해설하소서.

<주본화엄34, 06:12-13>

A: 此人[33(·)]當[23(:)]得如來[44(·)]護念[41(|),52(/)]而[45(·)]生信受[41(·|)?,24(|),54(i)?]
B: 此人[ㄱ]當[八]得如來[尸]護念[x入乙,氵八]而[ᄯ]生信受[ㅁ尸入乙,リ,xㅣ]
C: 此 人ㄱ 當八 如來尸 護念x入乙 得氵八 而ᄯ 信受ノ尸入乙 生リxㅣ
D: 이 사람들은 반드시 여래의 護念하심을 얻어 信受함을 낼 것입니다.
E: 이 사람들은 마땅히 여래가 호념하시므로 믿고 받드오리다.

<주본화엄34, 06:13-14>

A: 何以故[11(·)?,31(/),44(·),15(·)]說十地[41(·)?,25(\)#25(\)]時[,53(·)]{25(·)[72]}一切菩薩[44(·)]法[41(·),

---

72) 25(·)에 중복선 같은 선을 긋고 주위에 동그라미를 그려 놓아 일명 '새눈알'처럼 되어 있다. 그러나 '時'

45(-)]應如是[24(·),42(|),25(·),44(·.),32(|·)]得佛[35(·)]護念[41(|)#41(·|),=31(⊥),51(·)]
B: 何以故[ゝ,xチ,尸,入㇉]說十地[乙,xヒ]時[,十]一切菩薩[尸]法[乙,X]應如是[攴,亠,七,X,X]得佛
　　[心]護念[x入乙,xチ,刂]
C: 何以故ゝxチ尸入㇉　十地乙　說xヒ　時十　一切　菩薩尸　法乙X　是　如攴(ゝ)亠{應}ヒXX　佛心
　　護念x入乙　得xチ刂
D: 무슨 까닭인가 하면, 十地를 說할 때에 일체 보살의 법을 마땅히 이와 같이 할 것이므로 부처의 護念하심을 얻을 것이며,
E: 왜냐하면 十지를 말할 적에는 모든 보살이 으레 부처님의 호념을 받사오며,

<주본화엄34, 06:14-15>

A: 得護念[41(|)#41(·|),52(:)#52(·),14(|),45(··)]故[24(·)]於此智[25(·)]地[53(·),23(|)]能[24(·)]生勇猛
　　[12(:),41(··),24(|)-중복선[73],14(·|)#14(·|·),45(··),54(|)#54(!)]
B: 得護念[x入乙,X,ぁロ尸,入灬]故[攴]於此智[ヒ]地[十,ゝ彐]能[攴]生勇猛[ゝ㇉,入乙,刂중복,x尸,
　　入灬,x丨]
C: 護念x入乙　得Xぁロ尸入灬　故攴　{於}此　智ヒ　地十ゝ彐　能攴　勇猛ゝ㇉入乙　生刂x尸入灬刂x丨
D: 護念하심을 얻은[74] 까닭으로 이 지혜의 地에서 능히 용맹함을 낼 것이기 때문입니다.
E: 호념을 받으므로 이 지혜의 지에 용맹을 내리이다.

<주본화엄34, 06:15-16>

A: 何以故[11(·),31(/),15(·)]此[33(·)]是[24(|)]菩薩[44(·)]最初[25(·)]所行[24(|),51(·)]成就一切諸[33(·)]
　　佛法[41(·),31(··),33(·),45(··)]故[24(|),54(|)]
B: 何以故[ゝ,xチ,入㇉]此[㇉]是[刂]菩薩[尸]最初[ヒ]所行[刂,彐]成就一切諸[㇉]佛法[乙,ノチ,㇉,
　　入灬]故[刂,x丨]

뒤에 '十'가 아닌 'ヒ十'가 현토된 경우가 이곳 이외에는 자토석독구결 및 점토석독구결에서 보이지 않으며, '時'가 관형어가 아니라 부사어일 가능성이 있으므로, 중복선이 아니라 현토한 것을 없애라는 부호로 보아 '時十'로 해독하였다. 만일 중복선이 맞다면 '時ヒ十'으로 보아 15세기 한글문헌의 '뼷'을 표기한 것으로 볼 가능성도 있다.

73) 24(|)의 주위에 각필로 새눈알 모양의 선을 그어 놓았다.
74) 52(:)를 x彐로 보아 '얻으며 한 까닭으로'로 해석할 수도 있다.

C: 何以故ㅅxㅈ(尸)ㅅㄱ 此ㄱ {是}ㅣㅣ 菩薩尸 最初ㄴ 所行ㅣㅅ 一切 諸ㄱ 佛法乙 成就ノㅓㄱ
ㅅㅡ 故ㅣxㅣ

D: 무슨 까닭인가 하면, 이것은 보살의 최초의 所行이며 일체 모든 佛法을 성취할 것이기 때문입니다.

E: 그 까닭을 말하면, 이것이 보살이 최초에 행하는 것이며, 일체 부처님의 법을 성취하는 연고니이다.

<주본화엄34, 06:16-17>

A: 譬[15(·)]如書[11(·)]字[11(·)]數[11(·)]說[11(·),13(/),33(·)]一切[25(:)]皆[25(·)]以字母[41(·),34(|)]爲本[43(·),51(·.)]字母[24(|)]⁷⁵⁾究竟[52(·),34(·),12(-)]

B: 譬[ㅅㄱ]如書[ᐝ]字[ᐝ]數[ᐝ]說[ᐝ,ノᄉ,ㄱ]一切[xㄴ]皆[ㄴ]以字母[乙,ᅌ]爲本[ᐝ,ナᄉ]字母[ㅣ]究竟[ᐯᄉ,ロ,ナㄱ]

C: 譬ㅅㄱ 書ᐝ 字ᐝ 數ᐝ 說ᐝノᄉㄱ 一切xㄴ⁷⁶⁾ 皆ㄴ 字母乙 以ᅌ 本 {爲}ᐝ(ᐯ)ナᄉ 字母ㅣ 究竟ᐯᄉ(ᐯ)ロナㄱ

D: 비유컨대, 書이니 字이니 數이니 說이니 하는 것들은 모두 다 字母로써 근본을 삼으며 字母가 究竟하며 하니,

E: 마치 글씨와 글자와 수(數)와 말이 자모(字母)로 근본이 되었나니, 자모가 구경(究竟)이어서

<주본화엄34, 06:17>

A: 無有少分[43(\),42(\)]離字[25(·),33(·),24(·)]母[41(·),24(·),44(\)]者⁷⁷⁾

---

75) '14(·)'으로 볼 만한 것이 보이기는 하나 일반적인 '14(·)'에 비해 자획에 너무 가까이 붙어 있어서 인정하지 않았다.

76) 다음의 자토석독구결의 예를 참고하면 25(:)을 'ᐝㄴ'으로 해독할 가능성이 있다. 자토석독구결에서 'ᐝㄴ'은 '一切' 뒤에만 현토된다. 그러나 점토석독구결에서 25(:)는 '一切' 이외의 곳에도 현토되는 것으로 보이므로 확정하기 어렵다.
    {是}ㅣ 故ᅩ 衆生乙 饒益ᐯ{爲}ㅅ 其 有ㄴㄱ 所乙 隨ᅩ 一切ᐝㄴ 皆ㄴ 捨ノアㅅ <화소10:11-13>

77) '字'자의 오른쪽에서 '母'자의 오른쪽으로, '母'자의 오른쪽에서 '者'자의 오른쪽으로 각각 ')' 모양의 각필선이 그어져 있다. ')' 모양의 각필선은 5장의 3행과 4행에도 있었는데, 윗 글자에 달린 점토를 아랫 글자로 옮겨서 해석하라는 부호로 추정된다. 1차 강독 때는 '字'자에 달린 점토를 '母'자에 달린 것으로 해석하고, 이어서 '母'자에 달린 것들을 모두 '者'자에 달린 것으로 해석하라는 부호로 추정한 바 있다. 당시에는 41(·)을 51(··)으로 보고 다음과 같이 해독하였다.

B: 無有少分[ケ,刀]離字[七,ㄱ,攴]母[乙,攴,X]者
C: 少分ケ刀 字母乙 離攴X 者 無有七ㄱ 如攴[78)]
D: 조그만 것도 字母를 떠난 것이 없는 것과 같이,
E: 조그만 치도 자모를 떠난 것이 없나이다.

<주본화엄34, 06:17-18>
A: 佛子[34(|)]一切佛法[33(·)]皆[25(·)]以十地[41(·),34(|)]爲本[79)][43(·),51(..)]十地[24(|)]究竟[52(·),34(·)?,12(-)]
B: 佛子[氵]一切佛法[ㄱ]皆[七]以十地[乙,氵]爲本[氵,x冫]十地[||]究竟[ンケ,ロ,ナㄱ]
C: 佛子氵 一切 佛法ㄱ 皆七 十地乙 以氵 本 {爲}氵x冫 十地|| 究竟ンケ(ン)ロナㄱ
D: 불자여, 일체 佛法은 모두 十地로써 근본을 삼으며 十地가 究竟하며 하니
E: 불자시여, 일체 불법이 다 十지로 근본이 되었나니, 十지가 구경이어서

<주본화엄34, 06:18-19>
A: 修行成就[22(·)]得一切智[41(·),22(·),31(··),33(·),45(··),54(|)]
B: 修行成就[氵]得一切智[乙,氵,ノヰ,ㄱ,入灬,x|]
C: 修行 成就(ン)氵 一切智乙 得氵ノヰㄱ 入灬(||)x|
D: 修行 成就하고 一切智를 얻고 하는 것이기 때문입니다.
E: 수행하여 성취하면 온갖 지혜를 얻나이다.

<주본화엄34, 06:19>
A: 是故[45(·)]佛子[34(|)]願[15(·)]爲[24(\)?]演說[23(/),53(|·)?]
B: 是故[灬]佛子[氵]願[入ㄱ]爲[⁀]演說[ロハ,ㅎ효]

─────────────
C: 字母|| 究竟(ン)ロxㄱ(||)ケ 少分ケ刀 字母{者} 離攴x尸 無有七x分(ン)ㄱ 如攴
 그러나 41(·)을 51 위치로 보기에는 무리가 있고, 댓구를 이루는 다음 문장에는 나열되는 절의 마지막에 '分'가 나타나지 않음을 고려하여, 해독안을 1차 강독 때의 각주와 같이 수정하였다. 수정된 해독안에서 ')' 모양의 두 각필선은 위와 같은 기능을 할 수도 있고, '字'자에 달린 것을 '者'자로 옮겨 해석하라는 기능을 할 가능성도 있다.
78) '44(\)'으로 판독한 것을 동사 '如' 구문과 관련 있는 '34(\)'으로 해석할 가능성도 생각해 볼 수 있다.
79) 이 자료에서는 '本'자의 자형이 특이하게 '木+丁'처럼 되어 있다.

C: 是 故ᄆ 佛子 3 願入ㄱ 爲▽ 演說(ㄴ)ロハㅎ효

D: 이러한 까닭으로 불자여, 원컨대 (저희들을) 위하여 演說하소서.

E: 그러므로 불자시여, 원컨대 연설하소서.

<주본화엄34, 06:19-20>

A: 此人[33(·)?]必[23(:)]爲如來[44(·)]所護[14(|),41(·),22(\),31(ㅗ)#31(÷)?,21(·|)?]令其[41(·)]信受[24(|)], 52(/),45(|·),55(.·)]

B: 此人[ㄱ]必[ㅅ]爲如來[ㄹ]所護[ㅎ▽ㄹ,乙,X,xㅋ,罒]令其[乙]信受[ㅣㅣ,3ㅅ,xㅅㅁ,ナㅣ]

C: 此 人ㄱ 必ㅅ 如來ㄹ 護(ㄴ)ㅎ▽ㄹ^80) 所乙 爲X^81) xㅋ^82) 罒 其乙 信受 令ㅣㅣ 3 ㅅxㅅㅁ(ㅣ)ナㅣ

D: 이 사람들은 반드시 여래의 호념하시는 바를 입어 그들로 하여금 信受하게 할 것이기 때문입니다."

---

80) 14(|)은 14(··)과 더불어 'ㅎㄹ'로 해독되어 왔다. 그러나 '所' 앞에는 14(|)만 나타나고 14(··)이 나타나지 않음을 고려하면, 14(|)은 'ㅎ▽ㄹ'로 해독할 수 있을 듯하다. 12(|)과 12(··)도 마찬가지다. 다만 12(··)은 '所' 앞에도 나타나는데, '有' 뒤에 12(:)이 나타날 때는 '有'가 형용사, 12(|)이 나타날 때는 '有'가 타동사라는 차이가 있다. 따라서 12(··)은 'ㅎㄱ', 12(|)은 'ㅎ▽ㄱ'으로 각각 해독할 수 있을 듯하다.

81) 22(\)은 주본화엄경 점토석독구결에서 4예가 나타나는데, 모두 '爲A所B' 구문에 사용된다. 자토석독구결에서 화엄경 계통은 'Aㅎ/ㅁ Bㄹ 所ㅣㄹ{爲}入乙ㄴ-'로 나타나고 유가사지론 계통은 'Aㅎ/ㅁ Bㄹ 所乙 爲ㅅ-'로 나타나는데, 여기서는 22(\)와 함께 나오는 점토들을 'Aㅎ/ㅁ Bㄹ 所乙 爲ㅅ-'와 유사한 구성으로 보고 점토를 배열하였다.

百萬億菩薩爲十方[25(·)]諸[33(·)]佛[35(·)]法光[45(·)]所照[14(|)#14(i),41(ㅗ)#41(··)#41(·),22(\),51(·)?] <주본화엄22, 07:07-08>

常[24(|)]爲諸[33(·)]佛[35(·)]之所護念[14(|),41(·),22(\)]入諸[33(·)]菩薩[44(·)]深妙[25(··)]法門[53(·),52(·)] <주본화엄31, 11:13>

爲一切如來[44(·)]神力[45(·)]{25(\)}所持[22(\)#=12(\),14(i)#14(|),41(·),51(·)] <주본화엄57, 08:21-22>

위의 57권의 예문을 기존에는 '一切 如來ㄹ 神力ᄆ 持X 所ㅣㄹ{爲}(入)乙(ㄴ)ᄀ'로 해독하였는데, 다른 예문들을 고려하면 'ㅅ'를 보충하여 해독하는 대신 '一切 如來ㄹ 神力ᄆ 持ㅣㄹ 所乙 爲Xᄀ'로 해독할 가능성이 있다.

82) '31(ㅗ)'는 주본화엄경 점토석독구결에서 4예가 나타나는데, 모두 'xㅋ'로 해독할 수 있을 듯하다.

若[25(·)]人[24(|)]知此[41(·),43(|)]而[45(·)]迴向[14(·|),15(·)]則[24(·)]與彼佛[25(·)#25(:)]行平等[31(ㅗ)?,51(·/)] <주본화엄31, 21:01>

諸[33(·)]地[53(·)]無垢[43(|)]次第[45(·)]滿[22(·)]亦[33(·)]具如來[44(·)]十[44(·)]種[25(·)]力[41(·),24(\),22(·),31(ㅗ)#21(ㅗ),52(·)] <주본화엄34, 08:02>

彼諸[33(·),54(-),24(|)]若[25(·)]有盡[44(·)-중복선,33(/),31(ㅗ)?,15(·)]{33(·)}我願方[25(·)]始[25(·),24(\)]盡[34(|),13(-)]{11(·)} <주본화엄34, 20:02>

E: 이 사람이 반드시 여래의 호념하심으로 믿어 받드오리다.』

<주본화엄34, 06:20-21>

A: 爾時[53(·)]解脫月菩薩[33(·)]欲重[24(\)]宣其義[41(·),32(-)]而[45(·)]說頌[41(·),34(|)]曰[34(-),14(··)]
B: 爾時[+]解脫月菩薩[ㄱ]欲重[⌒]宣其義[乙,入]而[灬]說頌[乙,ㆍ]曰[白,ㆆㄕ]
C: 爾 時十 解脫月菩薩ㄱ 重⌒ 其 義乙 宣(ㆍ){欲}入 而灬 頌乙 說ㆍ 曰白ㆆㄕ
D: 그 때에 解脫月菩薩은 거듭 그 뜻을 펴고자 게송을 일러 말씀드리시기를,
E: 그 때 해탈월 보살이 그 뜻을 거듭 펴려고 게송으로 말하였다.

<주본화엄34, 06:22>

A: 善哉[12(!)]#12(|)]佛子[11(·)]願[15(·)]演說趣入菩提[53(·),25(|)]諸[33(·)]地[25(·)]行[41(·),23(/),53(|·)]
B: 善哉[xㄱ]佛子[ㆍ]願[入ㄱ]演說趣入菩提[十,ㅅㄷ]諸[ㄱ]地[ㄷ]行[乙,口ハ,ㆆ효]
C: 善{哉}xㄱ(ㆎ) 佛子ㆍ 願入ㄱ 菩提十 趣入(ㆍ)ㅅㄷ 諸ㄱ 地ㄷ 行乙 演說(ㆍ)ロハㆆ효
D: "좋습니다, 불자여. 원컨대 菩提에 나아가는 모든 地의 行을 演說하소서.
E: 장하여라 불자시여, 연설하소서 보리에 나아가는 모든 지(地)의 행

<주본화엄34, 06:23>

A: 十方[25(·)]一切自在尊[42(\)#42(··)]莫不護念智[25(·)]根本[41(·),44(·),33(ㅗ),54(|),경계선]
B: 十方[ㄷ]一切自在尊[刀]莫不護念智[ㄷ]根本[乙,ㄕ,ㄕ乙丁ノㄕ,xㅣ]
C: 十方ㄷ 一切 自在尊刀 智ㄷ 根本乙 護念ㄕ 不(ㆍ)ㄕ乙丁ノㄕ 莫xㅣ
D: 시방의 일체 自在尊도 지혜의 근본[十地]을 호념하지 않음이 없으십니다.
E: 시방에 계시옵는 자재한 세존 지혜 근본 호념하지 않는 이 없고,

<주본화엄34, 06:24>

A: 此安住[25(|)?]智[33(·)]亦[33(·)]究竟[52(·)?]一切佛法[23(-)]所從[25(·)]{33(·)}生[12(·),51(/),34(·),12(-)]
B: 此安住[ㅅㄷ]智[ㄱ]亦[ㄱ]究竟[ㆍ分]一切佛法[㆒]所從[ㄷ]生[ㄱ,リ分,口,ナㄱ]
C: 此 安住(ㆍ)ㅅㄷ 智ㄱ 亦(ㆍ)ㄱ 究竟ㆍ分 一切佛法㆒ 從ㄷ 生(ノ)ㄱ 所リ分(ㆍ)ロナㄱ[83]

D: 이 安住하는 지혜는 또한 究竟하며 일체 佛法이 그[十地]로부터 난 바이며 하니,
E: 잘 머무는 지혜도 구경(究竟)이어서 온갖 가지 불법이 여기서 나니

<주본화엄34, 07:01>
A: 譬[15(·)?]如書[11(·)]數[11(·),13(/),33(·)]字母[45(·)]攝[31(|·),33(·),24(·)]如是[24(·)?]佛{24(|)?}法[24(|)]依於地[53(·),12(|),21(·)]
B: 譬[ㅅㄱ]如書[ㆍ]數[ㆍ,ノ,ㅅ,ㄱ]字母[ㅅㅅ]攝[xㅍ,ㄱ,支]如是[支]佛法[ㅣ]依於地[十,ㅎ口,ㄱ,丁]
C: 譬ㅅㄱ 書ㆍ 數ㆍノㅅㄱ 字母ㅅㅅ 攝xㅍㄱ 如支 是 如支 佛法ㅣ {於}地十 依(ㅆ)ㅎ口ㄱ丁
D: 비유컨대, 書이니 數이니 하는 것은 字母로 攝하는 것과 같이, 이와 같이 佛法이 十地에 의지합니다."
E: 비유컨대 글씨와 수(數) 자모(字母)에 소속 이와 같이 불법은 지(地)에 의지해.

<주본화엄34, 07:02-03>
A: 爾時[53(·)]諸[33(·)]大菩薩衆[33(·)]一[33(·)]時[11(·),53(·)]同[42(/)]聲[45(·)]向金剛藏菩薩[41(·),23(|)]而[45(·)]說頌[41(·),34(|)]言[34(-),14(··)]
B: 爾時[十]諸[ㄱ]大菩薩衆[ㄱ]一[ㄱ]時[ㆍ,十]同[ㅣㄱ]聲[ㅅㅅ]向金剛藏菩薩[乙,ㆍ,ㅣ]而[ㅅㅅ]說頌[乙,ㆍ]言[白,ㅎ尸]
C: 爾 時十 諸ㄱ 大菩薩衆ㄱ 一ㄱ 時ㆍ十 同ㅣㄱ 聲ㅅㅅ 金剛藏菩薩乙 向ㆍㆍ 而ㅅㅅ 頌乙 說ㆍ 言白ㅎ尸
D: 이 때에 모든 大菩薩衆은 일시에 같은 聲으로 金剛藏菩薩을 향하여 頌을 일러 말씀드리시기를,
E: 이 때 여러 대보살들이 일시에 똑같은 소리로 금강장 보살을 향하여 게송으로 말하였다.

<주본화엄34, 07:04>
A: 上[14(i)#14(:),41(··),43(|)]妙[52(·)]無垢[52(·),25(··)][84]智[41(·),22(·)]無邊[44(·),33(·)?]分別[25(|)]辯[41(·),22(·)]

---

83) 이 부분은 1차 강독 때 '究竟'에 달린 '52(·)'을 중괄호로 처리하여 다음과 같이 해독한 바 있다.
   此 安住(ㅆ)ㅅヒ 智ㄱ 亦(ㅆ)ㄱ 一切 佛法ㆍ 從ヒ 生(ノ)ㄱ 所 究竟(ㅆ)口xㄱㅣㆄ
84) 垢 자의 41 위치에 호 모양의 각필선이 있는 것처럼 보인다.

周本 『華嚴經』 卷第三十四   263

B: 上[ㅣ尸,ㅅ乙,ゝ ホ]妙[ㇴ分]無垢[分,ㅌㄴ]智[乙,ᅘ]無邊[尸,ㄱ]分別[ㅅㄴ]辯[乙,ᅘ]
C: 上ㅣ尸ㅅ乙(ㇴ)ゝ ホ 妙ㇴ分 垢 無分(ㇴ)[85)]ㅌㄴ 智乙(ㇴ)ᅘ 邊尸 無ㄱ 分別(ㇴ)ㅅㄴ 辯乙(ㇴ)ᅘ
D: "최상이 되어서 妙하며 때 없으며 한 智를 하고 끝없는 分別하는 辯을 하고
E: 최상이고 미묘하고 때 없는 지혜 끝없이 분별하는 훌륭한 변재

<주본화엄34, 07:04>
A: 宣暢深[86)]美[25(··)]言[41(·),52(·)]第一義相應[23(\),52(·),22(·),31(·|),51(·/)]
B: 宣暢深美[ㅌㄴ]言[乙,ㇴ分]第一義相應[ᅘ,ㇴ分,ᅘ,X,x分]
C: 深美(ㇴ)ㅌㄴ 言乙 宣暢(ㇴ)分 第一義 相應ᅘㇴ分(ㇴ)ᅘXx分
D: 深美한 말을 宣暢하며 第一義를 相應히 하며 하고 하며,
E: 깊은 뜻 설명하는 아름다운 말 제일 되는 이치와 서로 응하며,

<주본화엄34, 07:05>
A: 念持[43(ㅣ)#43(:)]清淨行[41(·),31(·ㅣ),51(·/)]十力[11(·)]集功德[41(·),14(·ㅣ)#14(·)#14(\),21(·),41(:),51(·)]{42(·)?}
B: 念持[ゝ ホ]清淨行[乙,X,x分]十力[ㄹ]集功德[乙,x尸,ㄷ,ロㅅ乙,x分]
C: 念持(ㇴ)ゝ ホ 清淨行乙Xx分 十力ㄹ 功德乙 集x尸ㄷノㅅ乙x分
D: 念持하여서 清淨行을 하며 十力이니 功德을 모으는 것이니 하는 것을 하며,
E: 기억하여 지니는 청정 하온 행 열 가지 힘을 얻고 공덕 모으며

<주본화엄34, 07:05>
A: 辯才[45(·)?]分別義[41(·),52(·)?,31(·ㅣ),21(·ㅣ)]說此最勝地[41(·),23(/)?,53(ㅣ·)?]
B: 辯才[⋯]分別義[乙,ㇴ分,X,X]說此最勝地[乙,ロㅅ,ᅘ효]
C: 辯才⋯ 義乙 分別ㇴ分XX 此 最勝地乙 說ロㅅᅘ효

---

85) '垢 無分'로 훈독하지 않고 '無垢(ㇴ)分'로 음독한 것으로 볼 수도 있으나, 자토구결의 다음 예를 참조하여 해독하였다.
　　形ㅌ 穢ㇴㄱㅅ乙 洗滌ㇴ去ㄱㅣ+ㄱ 當 願 衆生 清淨調柔ㇴゝㅅ 畢竟 垢 無ㅌ효 <화엄04:14>
　　身體乙 洗浴ㇴ去ㄱㅣ+ㄱ 當 願 衆生 身心 ゝㅅ 垢 無ゝㅅ 內外 光潔ㇴㅌ효 <화엄07:24>
86) 24(ㅣ)이 있는 것처럼 보이기도 한다. <주본화엄36, 06:03-04>의 '深美'를 참조할 수 있다.

264 第二部 判讀과 解讀 및 飜譯

D: 辯才로 義를 分別하며 한 것이라서 이 最勝地를 말씀하소서.
E: 말 잘하는 솜씨로 뜻을 분별해 가장 승한 十지(地) 법 말씀하소서.

<주본화엄34, 07:06>
A: 定[11(·)]戒[11(·)]集正[12(:),41(··),14(·),21(·),25(··)]⁸⁷⁾心[11(·),13(/),45(·)]離我[11(·)]慢[11(·)]邪見[11(·),41(:),24(·),52(·)]
B: 定[ㆍ]戒[ㆍ]集正[ㄴㄱ,ㅅ乙,尸,丁,ㅌ七]心[ㆍ,口亽,ㅁ]離我[ㆍ]慢[ㆍ]邪見[ㆍ,口亽乙,支,ㄴ分]
C: 定ㆍ 戒ㆍ 正ㄴㄱㅅ乙 集(口)尸丁(ㄴ)ㅌ七 心ㆍㄴ亽ㅁ 我ㆍ 慢ㆍ 邪見ㆍㄴ亽乙 離支ㄴ分
D: 定이니 戒이니 正한 것을 모은다고 하는 마음이니 하는 것으로 我이니 慢이니 邪見이니 하는 것을 여의며,
E: 정(定)과 계(戒)로 쌓아 모은 바른 마음이 아만(我慢)과 나쁜 소견 여의었으며

<주본화엄34, 07:06>
A: 此衆[53(·),33(·)#33(··)]無疑念[13(!),25(·)?,51(·),23(··),45(··)]唯[23(:)]願聞善說[41(|),34(-),25(·),33(\),24(/),23(··),51(·)?]⁸⁸⁾
B: 此衆[十,丁]無疑念[ㆍ亽,七,分,X,ㅅㅁ]唯[ㅅ]願聞善說[xㅅ乙,白,七,亻,去,X,分]
C: 此 衆十丁 疑念(ㆍ)ㆍ亽 無七分Xㅅㅁ 唯ㅅ 願(ㄴ丁) 善說xㅅ乙 聞白七亻(ㄴ)去X分
D: 이 대중에게는 疑念할 바 없으며 하므로 오직 원컨대 善說하시는 것을 듣고자 하며,
E: 이 대중은 의혹한 생각이 없어 좋은 말씀 듣기를 원하나이다.

<주본화엄34, 07:07>
A: 如渴[12(:),24(|)]思冷水[41(·),14(:),24(·),52(·)]如飢[12(:),24(|)]念美食[41(·),14(:),24(·),52(·)]
B: 如渴[ㄴㄱ,ㅣ]思冷水[乙,ㄴ尸,支,ㄴ分]如飢[ㄴㄱ,ㅣ]念美食[乙,ㄴ尸,支,ㄴ分]
C: 渴ㄴㄱㅣ 冷水乙 思ㄴ尸 如支ㄴ分 飢ㄴㄱㅣ 美食乙 念ㄴ尸 如支ㄴ分
D: 목 마른 이가 냉수를 생각함 같이 하며 굶주린 이가 美食을 생각함 같이 하며,⁸⁹⁾
E: 목마를 때 냉수를 생각하듯이 굶주린 이 좋은 음식 생각하듯이

---

87) 글자의 왼쪽 부분에 사선 방향으로 각필로 그은 듯한 선이 보인다.
88) 오른쪽 상부에 각필로 그은 듯이 보이는 사선 방향의 선이 보인다.
89) '같이 하며'를 '같으며'로 해석할 가능성도 있다.

<주본화엄34, 07:07>
A: 如病[42(/),24(|)?]憶良藥[41(·),14(:),24(·)?,52(·)]如蜂[24(|)]貪好[12(:)]蜜[14(:),24(·)]
B: 如病[ㅣㄱ,ㅣ]憶良藥[乙,ㅵ尸,攴,ㅵ氵]如蜂[ㅣ]貪好[ㅵㄱ]蜜[ㅵ尸,攴]
C: 病ㅣㄱㅣ 良藥乙 憶ㅵ尸 如攴ㅵ氵 蜂ㅣ 好ㅵㄱ 蜜(乙) 貪ㅵ尸 如攴
D: 병든 이가 良藥을 생각함 같이 하며 벌이 좋은 꿀을 탐함 같이
E: 병난 이가 좋은 약 생각하듯이 벌의 떼가 단 꿀을 좋아하듯이,

<주본화엄34, 07:08>
A: 我等[45(-)]亦[42(\)]如是[23(|)?#13(·)]願[15(·)]聞甘露法[41(·),34(-),33(\),24(/),23(··),44(|)#44(·),55(·)#55(.·)]
B: 我等[X]亦[刀]如是[ㅵ氵]願[入ㄱ]聞甘露法[乙,白,彳,去,X,X,ㅣ]
C: 我等X 亦刀 是 如(攴)ㅵ氵 願入ㄱ 甘露法乙 聞白(七)彳(ㅵ)去XXㅣ[90]
D: 우리들 또한 이와 같아 원컨대 甘露法을 듣고자 합니다.
E: 우리들도 오늘날 그들과 같이 감로 법문 듣기를 원하나이다.

<주본화엄34, 07:08>
A: 善哉[12(|),33(\)?]廣大智[12(··),11(\.)]願[15(·)?]說入諸[33(·)]地[53(·),14(·),21(·)]
B: 善哉[ㅎ口ㄱ,彳]廣大智[ㅎㄱ,xㅣ]願[入ㄱ]說入諸[ㄱ]地[十,尸,丁]
C: 善{哉}ㅎ口ㄱ彳 廣大 智(ㅣ)ㅎㄱxㅣ 願入ㄱ 諸ㄱ 地十 入(ㅵ)尸丁
D: 훌륭하십니다, 廣大 智이신 이여. 원컨대 모든 地에 들어가는 것이니
E: 선하여라 넓고 큰 지혜 가진 이 모든 지(地)에 들어가

<주본화엄34, 07:09>
A: 成十力[43(|)]無礙[44(·),24(|)?,25(·)]善{24(·)?}逝[44(·)][91]一切行[11(·),41(:)#41(·)#41(··),23(/)?#23(·)?,53(|·)]

---

90) 자토구결의 다음의 예를 참조할 수 있다.
　　我ㅋ{之} 身命ㄱ 必ㅅ 冀ㅣㄱ入ㄱ 存活ㅵ七彳ㅵ去口乙口ㅣ <화소10:20>
　　我ㄱ 當ㅅ 統領ㅵ氵ㅅ 王ㅋ 福樂乙 受七彳ㅵ去口乙口ㅣㅵ去ㄱㅣ十 <화소11:11>
91) '逝' 자의 24 위치에서 오른쪽 위로 길게 각필선이 그어져 있다.

266 第二部 判讀과 解讀 및 飜譯

B: 成十力[3 衤]無礙[尸,ㅣ,x七]善逝[尸]一切行[ㆍ,ロ今乙,ロハ,ㆁ효]
C: 十力 成 3 衤 礙尸 無ㅣx七 善逝尸⁹²⁾ 一切 行ㆍノ今乙 說ロハㆁ효
D: 十力이 이루어져서 걸림이 없게 하는, 善逝의 一切 行이니 하는 것을 말씀하소서."
E: 열 가지 힘과 장애 없는 자비・지혜 갖춰 이루는 부처님의 모든 행을 말하여지다.

<주본화엄34, 07:10>
A: 爾時世尊[33(・)]從眉間[41(・),25(・)]出淸淨光明[41(・),33(・・)?,55(・.)]
B: 爾時世尊[ㄱ]從眉間[乙,七]出淸淨光明[乙,X,xㅣ]
C: 爾 時(十) 世尊ㄱ 眉間乙 從七 淸淨 光明乙 出Xxㅣ
D: 이 때 세존은 미간으로부터 청정한 광명을 내었다,
E: 이 때 세존은 양 미간으로 청정한 광명을 놓으니

<주본화엄34, 07:10-11>
A: 名[33(・)]菩薩{33(/)?}力燄明[11(・)-중복선⁹³⁾,31(・・)]
B: 名[ㄱ]菩薩力燄明[ㆍ중복,ロ丁]
C: 名ㄱ 菩薩力燄明ㆍノ丁ㆍ
D: 이름은 菩薩力焰明이라 하는 것을.
E: 이름이 보살력염명(菩薩力焰明)이다.

<주본화엄34, 07:11>
A: 百[33(・)]千[33(・)]阿僧祇光明[41(・)]⁹⁴⁾以[43(|)]爲眷屬[43(・),51(・.)]
B: 百[ㄱ]千[ㄱ]阿僧祇光明[乙]以[3 衤]爲眷屬[; ,x分]
C: 百ㄱ 千ㄱ 阿僧祇 光明乙 以 3 衤 眷屬 {爲} ; x分
D: 百 千 阿僧祇 光明으로써 眷屬 삼으며,
E: 백천 아승지 광명으로 권속이 되었으며,

---

92) 24(・)을 해독에 반영하여 '善ㅎ 逝尸'로 볼 가능성도 있다.
93) 11(・)을 새눈알 모양의 각필선이 둘러싸고 있다.
94) '明'자에서 오른쪽 위로 길게 각필선이 그어져 있다.

<주본화엄34, 07:11-12>

A: 普[24(丨)]照十方[25(·)]一切世界[41(·),24(丨),13(丨)]靡不周徧[44(·),33(⊥),24(丨),45(-),51(·)]

B: 普[丨]照十方[七]一切世界[乙,丨,xム]靡不周徧[尸,尸乙丁ノ尸,丨,X,x分]

C: 普丨 十方七 一切 世界乙 照丨xム 周徧尸 不(ゝ)尸乙丁ノ尸 靡丨Xx分

D: 널리 十方의 一切 世界를 비추되 두루하지 않음 없이 하며,

E: 시방에 두루 비치니 모든 세계에 두루 하지 않은 데가 없어

<주본화엄34, 07:12>

A: 三惡道[25(·)?]苦[33(·)]皆[25(·)?]得休息[41(·)?,52(·)]

B: 三惡道[七]苦[ㄱ]皆[七]得休息[乙,ゝ分]

C: 三惡道七 苦ㄱ 皆七 休息乙 得ゝ分

D: 三惡道의 苦는 다 休息을 얻으며,

E: 세 나쁜 갈래의 고통이 모두 쉬었고,

<주본화엄34, 07:12-13>

A: 又[33(·)]照一切如來[44(·)]衆會[41(·),24(丨),43(-)]{11(/)?}顯現諸[33(·)]佛[35(·)]不思議[25(·)]力[41(·)?,45(-),51(·)]

B: 又[ㄱ]照一切如來[尸]衆會[乙,丨,ぁ下]顯現諸[ㄱ]佛[心]不思議[七]力[乙,X,x分]

C: 又(ゝ)ㄱ 一切 如來尸 衆會乙 照丨ぁ下 諸ㄱ 佛心 不思議七 力乙 顯現Xx分

D: 또한 一切 如來의 會衆을 비추시어 모든 부처의 不思議의 힘을 顯現하며,

E: 또 모든 여래의 회중에 비치어 부처님의 부사의한 힘을 나타내고,

<주본화엄34, 07:13-14>

A: 又[33(·)]照⁹⁵⁾十方[25(·)]一切世界[25(·)]一切諸[33(·)]佛[35(·)]所加[12(丨),25(·)]說法[25(·)]菩薩[44(·)]之身[41(·),24(丨),45(-),51(·)]

B: 又ㄱ 照十方[七]一切世界[七]一切諸[ㄱ]佛[心]所加[ぁ口ㄱ,七]說法[七]菩薩[尸]之身[乙,丨,X,x分]

---

95) 글자의 왼쪽 아랫 부분에 각필로 그은 듯한 선이 있다.

268 第二部 判讀과 解讀 및 翻譯

C: 又(ㄨ)ㄱ 十方ㄷ 一切 世界ㄷ 一切 諸ㄱ 佛乙 加(ㅣㅣ)ㅎㅁㄱ 所ㄷ 說法ㄷ 菩薩尸{之} 身乙
   照ㅣㅣXxホ

D: 또한 十方의 一切 世界의 一切 모든 부처께서 加被하신 바의 설법(의) 보살의 몸을 비추며,

E: 또 시방 일체 세계에 계시는 부처님들의 가피로 법을 말하는 보살의 몸에 비치었다.

<주본화엄34, 07:15-16>

A: 作是事[41(·),14(:)]已[43(·),34(·),12(:)]於上虛空[25(·)]中[53(·)]成大光明雲網臺[43(|)]而[45(·)]住
   [45(-),55(·)]

B: 作是事[乙,ㄨ尸]已[氵,ロ,ㄨㄱ]於上虛空[ㄷ]中[十]成大光明雲網臺[氵ホ]而[灬]住[X,xㅣ]

C: 是 事乙 作ㄨ尸 已 氵(ㄨ)ロㄨㄱ {於}上虛空ㄷ 中十 大光明雲網臺 成氵ホ 而灬 住Xxㅣ

D: 이 일을 하고 나서는 上虛空의 가운데에서 大光明雲網臺가 되어서 머물렀다.

E: 이런 일을 하고는 허공 위에서 큰 광명 그물로 된 대(臺)가 되어 머물렀다.

<주본화엄34, 07:16-17>

A: 時[53(·)]十方[25(·)]諸[33(·)]佛[42(\)]悉[34(|)]亦[42(\)]如是[24(·),43(-)]從眉間[41(·),25(·)]出清淨
   光明[41(·),13(|)96)]

B: 時[十]十方[ㄷ]諸[ㄱ]佛[刀]悉[氵]亦[刀]如是[攴,ㅎ下]從眉間[乙,ㄷ]出清淨光明[乙,xム]

C: 時十 十方ㄷ 諸ㄱ 佛刀 悉氵 亦刀 是 如攴(ㄨ)ㅎ下 眉間乙 從ㄷ 清淨 光明乙 出xム

D: 이 때에 十方의 모든 부처도 다 또 이 같이 하시어 미간으로부터 淸淨 光明을 내되

E: 이 때 시방의 부처님들도 양 미간으로 청정한 광명을 놓으니

<주본화엄34, 07:17>

A: 其光[25(·)]名号[11(·)]眷屬[11(·)]作業[11(·),13(/),33(·)]悉[34(|)]同於此[24(|),53(|),23(\),45(-),51(·)]

B: 其光[ㄷ]名号[氵]眷屬[氵]作業[氵,ノ슷,ㄱ]悉[氵]同於此[ㅣ,ㅎ十,ㅎ,X,xホ]

C: 其 光ㄷ 名号氵 眷屬氵 作業氵ノ슷ㄱ 悉氵 {於}{此}ㅣㅎ十 同ㅎXxホ

D: 그 光明의 名號이니 眷屬이니 作業이니 하는 것은 다 이와 같이 하며,

---

96) 邊欄 아래가 일반적인 13의 현토 위치이지만 이 부분이 훼손되어 있어 난상에 13(|)을 현토한 것으로 보
    인다.

E: 그 이름과 권속과 하는 일이 모두 이와 같았고,

<주본화엄34, 07:17-19>

A: 又[33(·)]亦[42(\)]照此娑婆世界[25(·,)]佛[11(·)]⁹⁷⁾及[25(·)]大衆[11(·)]{15(/)}幷[45(·)]金剛藏菩薩[44(·)]身[11(·)]師子座[11(·),41(:),44(:)]已[43(·),34(·),12(:)]

B: 又[ㄱ]亦[ㄲ]照此娑婆世界[ᅌㄴ]佛[ᄉ]及[ㄴ]大衆[ᄉ]幷[ㅆ]金剛藏菩薩[尸]身[ᄉ]師子座[ᄉ, ノ슈乙, 尸]已[ᄉ,ㅁ,ㄴㄱ]

C: 又(ㄴ)ㄱ 亦ㄲ 此 娑婆世界ᅌㄴ 佛ᄉ 及ㄴ 大衆ᄉ 幷ㅆ 金剛藏菩薩尸 身ᄉ 師子座ᄉ ノ슈 乙 照(ㅣ)尸 已ᄉ(ㄴ)ㅁㄴㄱ

D: 또한 이 娑婆世界의 부처니 대중이니 아울러 金剛藏菩薩의 몸이니 師子座니 하는 것을 비추고 나서는

E: 또한 이 사바세계의 부처님과 대중과 금강장 보살의 몸과 사자좌에 비치고는

<주본화엄34, 07:19>

A: 於上虛空[25(·)]中[53(·)]成大光明雲網臺[45(-),55(·.)]

B: 於上虛空[ㄴ]中[十]成大光明雲網臺[X,xㅣ]

C: {於}上虛空ㄴ 中十 大光明雲網臺 成Xxㅣ

D: 上虛空의 가운데에서 大光明雲網臺가 되었다.

E: 허공 위에서 큰 광명 그물의 대가 되었다.

<주본화엄34, 07:19-20>

A: 時[53(·)]光臺[25(·)]中[53(·)]以諸[33(·)]佛[35(·)]威神[25(·)]力[12(··),41(··),43(·)?,33(·)?,45(··)]故[24(·)]而[45(·)]說頌[41(·),34(|)]言[14(··)]

B: 時[十]光臺[ㄴ]中[十]以諸[ㄱ]佛[ᄕ]威神[ㄴ]力[ᅙㄱ,ㅅ乙,ᄉ,ㄱ,ㅅㅆ]故[ㅎ]而[ㅆ]說頌[乙,ᄉ]言[ᅙ尸]

C: 時十 光臺ㄴ 中十 諸ㄱ 佛ᄕ 威神ㄴ 力(ㅣ)ᅙㄱ ㅅ乙 以ᄉㄱ ㅅㅆ 故ㅎ 而ㅆ 頌乙 說ᄉ 言

---

97) '界'의 왼쪽 아래에 각필로 그은 듯한 굵은 선이 있다. '佛[11(·)]'이 '界[51(·)]'로 오인되지 않도록 구별하기 위해 그은 것으로 생각해 볼 수 있으나 분명치 않다.

ㅎ尸
D: 이 때 大光明雲網臺의 가운데에서 모든 부처의 威神의 힘인 것을 말미암은 까닭으로 頌을 일러 말씀하시기를,

E: 그 때 광명대 속에서 부처님의 위신력으로 게송을 말하였다.

<주본화엄34, 07:21>

A: 佛[33(·)]無等[13(·-),33(·)]等[34(|)],13(|),35(··)]如虛空[24(·),51(·)]十力[41(·),51(··)]無量勝功德[41(·)]

B: 佛[ㄱ]無等[x쇼,ㄱ]等[ʒ,x쇼,x矢]如虛空[ㅌ,x分]十力[乙,x分]無量勝功德[乙]

C: 佛ㄱ 等x쇼 無ㄱ 等ʒx쇼x矢[98] 虛空 如ㅌx分 十力乙x分 無量勝功德乙(x分)

D: "부처는 견줄 이 없는 견줄 만한 것이[99] 虛空 같으며 十力을 하며 無量勝功德을 하며,

E: 부처님의 무등등(無等等) 허공과 같고 十力과 한량없는 훌륭한 공덕

<주본화엄34, 07:22>

A: 人間[53(·)]最勝[52(·),43(-)]{22(·)}世[25(·)]中[25(··)]{45(·)}上[14(i),41(··),51(··)]{12(|)}釋師子[14(i),41(··)]法[14(:),42(/)]{11(·),22(·)}#22(\)]加於彼[53(|),55(/)]{22(·)}

B: 人間[十]最勝[ン分,ㅎ下]世[七]中[ʒ七]上[|尸,入乙,x分]釋師子[|尸,入乙]法[ン尸,||ㄱ]加於彼[ㅋ十,ㅎ,x|]

C: 人間十 最勝ン分(ン)ㅎ下 世七 中ʒ七 上|尸入乙x分 釋師子|尸入乙 法ン尸||ㄱ {於}彼ㅋ十 加x|[100]

D: 인간 세상에서 最勝하며 하시어 세상 중의 으뜸이 되며 釋師子 되는 법이니 그에게 가피한다.

E: 인간의 최상이고 세상의 으뜸 석사자(釋師子) 법으로써 저에게 가피(加被).

---

98) 불광사전의 '無等等' 항목 참조. 梵語가 asamasama인 점, 維摩經義疏 卷一에 "諸佛無等, 唯佛與佛等, 是故號佛爲無等等也. 又實相無等, 唯佛與實相等, 名無等等."인 점 등을 고려하여 해석하였다. 이와 달리 "等Xㄱ 等ʒx쇼 無x矢"로 해석할 가능성도 있다.

99) 의미가 확실히 파악되지 않는다. '等'의 34(|)의 유무에 따라 해석이 달라질 가능성과, 33(·)을 접속으로 해석할 가능성이 있다.

100) 해독에 반영하지 않은 세 개의 '22(·)'을 해독에 반영할 가능성이 있다.

<주본화엄34, 07:23>

A: 佛子[34(|)]當[23(:)]承諸[33(·)]佛力[41(·),23(:),53(i)]開此法王[23(-)]最勝藏[41(·)?,13(··)]

B: 佛子[﹜]當[丷]承諸[ㄱ]佛力[乙,丷,白﹜]開此法王[ㅎ]最勝藏[乙,ㅁ尸ㅿ]

C: 佛子﹜ 當丷 諸ㄱ 佛力乙 承丷(刂)白﹜[101] 此 法王ㅎ 最勝藏乙 開ノ尸ㅿ

D: 佛子여, 반드시 모든 佛力을 받들어 이 法王의 最勝藏을 열되

E: 불자여, 부처님의 신력 받들어 법왕의 가장 좋은 법장을 열고

<주본화엄34, 07:24>

A: 諸[33(·)]地[25(·)]廣智[11(·)]勝妙[25(··)]行[11(·),41(:)?,51(·.)]以佛[35(·)?]威神[41(·)?,52(/)]分別[23(\)]說[44(·),42(\)#42(·),53(ㅜ)]

B: 諸[ㄱ]地[ㅌ]廣智[﹜]勝妙[ㅌㅌ]行[﹜,ノ仒乙,ナ分]以佛[ㅁ]威神[乙,﹜丷]分別[ㅕ]說[尸,刀,x효]

C: 諸ㄱ 地ㅌ 廣智﹜ 勝妙(丷)ㅌㅌ 行﹜ノ仒乙(丷)ナ分 佛ㅁ 威神乙 以﹜丷 分別ㅕ 說尸刀x효

D: 모든 地의 廣智니 勝妙한 行이니 하는 것을 하며 부처의 威神으로써 分別하여 말하는 것도 하시오.

E: 여러 지(地)의 넓은 지혜 미묘한 행을 부처님의 위신으로 자세히 말하라.

<주본화엄34, 08:01>

A: 若[25(·)]爲善逝[44(·)]力[45(·)]所加[14(|),14(!)#14(i),41(··),12(|·)#12(|),33(·)]當[23(:)]得法寶[41(·)]入其心[53(·),24(|)#24(·),41(··),51(·)]{45(··)}

B: 若[ㅌ]爲善逝[尸]力[ᄉ]所加[xㅁ尸,刂尸,入乙,xㄱ,ㄱ]當[丷]得法寶[乙]入其心[十,刂,入乙,分]

C: 若ㅌ 善逝尸ᄉ 加(丷)x尸 所刂尸{爲}入乙xㄱㄱ 當丷 法寶乙 其 心十 入刂(ㅁ尸)入乙 得分

D: 만약 선서(善逝)의 신력으로 加被하시는 바가 되면, 반드시 法寶로 하여금 그 마음에 들게 하는 것을 얻으며,

E: 선서(善逝)의 신력으로 가피하시면 법보가 그 마음에 다 들어가고

<주본화엄34, 08:02>

A: 諸[33(·)]地[53(·)]無垢[43(|)]次第[45(·)]滿[22(·)]亦[33(·)]具如來[44(·)]十[44(·)]種[25(·)]力[41(·),

---

101) 'ㅅ'은 '承'의 말음첨기일 가능성도 있다.

272 第二部 判讀과 解讀 및 翻譯

24(\),22(·),31(ㅗ)#21(ㅗ),52(·)]
B: 諸[ㄱ]地[十]無垢ᢀ㪅次第[灬]滿[ᢀ]亦[ㄱ]具如來[尸]十[尸]種[七]力[乙,ㄅ,ᢀ,x于,ㄴ分]
C: 諸ㄱ 地十 垢 無ᢀ㪅 次第灬 滿(ㄴ)ᢀ 亦(ㄴ)ㄱ 如來尸 十尸 種七 力乙 具ㄅᢀx于分
D: 모든 地에 더러움 없어서 차례로 채우고 또한 如來의 열 가지의 힘을 갖추고 하며,
E: 여러 지(地)의 청정행을 차례로 이뤄 여래의 열 가지 힘 구족하리니,

<주본화엄34, 08:03>
A: 雖住海水[11(·)]劫火[24(|),25(-)]中[11(·),13(/),53(|),42(-)¹⁰²,33(/)]堪[35(·)]受此法[41(·),13(·|)]必[23(:)]得[43(|)]聞[31(·)#31(:),52(·)]
B: 雖住海水[ᢀ]劫火[‖,x七]中[ᢀ,ㅁ分,ᢀ十,X,ㅕ]堪[矢]受此法[乙,xム]必[ㄍ]得[ᢀ]聞[X,ㄴ分]
C: 海水ᢀ 劫火‖x七 中ᢀㄴ分ᢀ十 住X{雖}ㅕ 堪矢 此 法乙 受xム 必ㄍ 得ᢀ 聞Xㄴ分
D: 비록 바닷물이니 劫火의 가운데이니 하는 것에 住하더라도, 능히 이 법을 받되 반드시 능히 들을 수 있으며,
E: 바닷물과 겁화(劫火) 중에 있게 되어도 이 법을 듣자올 수 있으려니와

<주본화엄34, 08:04>
A: 其有[55(··)]生疑[41(·|),24(|),34(|)]{24(·)}¹⁰³不信[=44(·),22(-),11(\·)]者永[24(/)]不得[43(|)]聞如是[24(·),25(··)]義[21(|·),44(·),22(-),55(/)]
B: 其有[ナ丨]生疑[ㅁ尸入乙,‖,ᢀ]不信[尸,<ノ>,xᢀ]者永[ㅿ]不得[ᢀ]聞如是[支,ㅌ七]義[X,尸,X,x丨]
C: 其 有ナ丨 疑ㅁ尸入乙 生‖ᢀ 信尸 不<ノ>xᢀ{者} 永ㅿ 得ᢀ 是 如支(ㄴ)ㅌ七 義(乙)火 聞尸 不Xx丨
D: 있다, 의심함을 내어 믿지 못하는 이가. 영원히 능히 이와 같은 義를 듣지 못할 것이다.
E: 의심 내고 믿지 않는 그런 무리는 영원히 이런 이치 듣지 못하리,

---

102) 32로 보고 ㅅ를 반영하는 방법이 있다.
103) 이때 '支'는 어느 위치에 들어가야 할지 분명하지 않다.

周本『華嚴經』卷第三十四 273

<주본화엄34, 08:05>

A: 應說諸[33(·)]地[25(··)]勝智[25(·)]道[=32(-)#22(-)]入[52(·)]住[52(·)]展[25(·)]轉[13(/),53(|)]次[45(·)]修習[14(·)]

B: 應說諸[ㄱ]地[3 ㄴ]勝智[ㄴ]道[ㅅ]入[ㅄㅺ]住[ㅄㅺ]展[ㄴ]轉[ロ厶,ㅋ+]次[灬]修習[尸]

C: 諸[ㄱ] 地[3 ㄴ] 勝智ㄴ 道ㅅ 入ㅄㅺ 住ㅄㅺ 展ㄴ 轉ロ厶ㅋ+ 次灬 修習(ノ)尸[104]

D: 모든 地의 勝智의 道와, 들며 住하며 展轉하는 것에 대해 차례로 修習할

E: 말하라, 여러 지의 지혜의 길과 들며 있으며 나면서 차례로 닦아

<주본화엄34, 08:06>

A: 從行[11(·)]境界[11(·),41(:),25(·)]法智[41(·)]生[24(|),14(··),21(·),41(:),24(\),25(·),55(··)]利益一切衆生[41(·),33(\),45(ㅗ)]故[11(·)]

B: 從行[3]境界[3 ,ロ厶乙,ㄴ]法智[乙]生[ㅣㅣ,ロ尸,丁,ロ厶乙,ロ,ㄴ,ナㅣ]利益一切衆生[乙,彳,尸ㅅ,灬]故[3]

C: 行 3 境界 3 ロ厶乙 從ㄴ 法智乙 生ㅣㅣロ尸丁[105] ロ厶乙 說ロ(ㅎ){應}ㄴ(ㅄ)ナㅣ 一切 衆生乙 利益(ㅄㄴ)彳(ㅄ)尸ㅅ灬 故 3

D: 行이니 境界이니 하는 것으로부터/것을 좇아서 法智를 내는 것이니 하는 것을 說해야 한다. 一切 衆生을 이롭게 하고자 하기 때문이다."

E: 행과 경계로부터 지혜 생김을 일체 중생 이익하기 위해서니라.

<주본화엄34, 08:07>

A: 爾時金剛藏菩薩[33(·)]觀察十方[41(·),34(·)]

B: 爾時金剛藏菩薩[ㄱ]觀察十方[乙,ロ]

C: 爾時(十) 金剛藏菩薩ㄱ 十方乙 觀察(ㅄ)ロ

D: 그 때에 金剛藏菩薩은 十方을 觀察하고

E: 그 때 금강장 보살이 시방을 관찰하고

---

104) '應說'은 다음 문장에 붙여 해석하였다.
105) 앞에서는 '諸ㄱ 地 3 ㄴ 勝智ㄴ 道ㅅ'처럼 '-ㅅ'에 의해 접속이 되어 있는데 여기서는 '丁'가 나타나고 있다.

274 第二部 判讀과 解讀 및 翻譯

<주본화엄34, 08:07-08>
A: 欲令大衆[41(·)]增淨信[41(·),24(|)-중복선¹⁰⁶],32(-),45(|·)]故[24(·)]而[45(·)]說頌[41(·),34(|)]曰[14(··)]
B: 欲令大衆[乙]增淨信[乙,ㅣ중복,ㅅ,xㅅㆍ]故[攴]而[ㆍ]說頌[乙,ᄒ]曰[ㆁ尸]
C: 大衆乙 淨信乙 增ㅣㅣ 令ㅣㅣ{欲}ㅅxㅅㆍ 故攴 而ㆍ 頌乙 說ᄒ 曰ㆁ尸
D: 대중으로 하여금 청정한 믿음을 더하게 하고자 하므로 게송을 일러 말씀하시기를/가라사대,
E: 대중에게 청정한 믿음을 더하게 하려고 게송으로 말하였다.

<주본화엄34, 08:09>
A: 如來[24(|),14(··)]大仙[23(-)]道[33(·)]微妙[43(|)]難[43(·)]可知[24(\),25(·),33(-)]
B: 如來[ㅣ,ㆁ尸]大仙[ᄀ]道[ㄱ]微妙[ᄒ乔]難[ᅘ]可知[ᄃ,七,X]
C: 如來ㅣㆁ尸 大仙ᄀ 道ㄱ 微妙(ᄉ)ᄒ乔 難(ㅣ)ᅘ 知ᄃ(ㆄ){可}七X
D: "如來이신 큰 신선의 도는 미묘하여 어렵게야 알 수 있어서/알기 어려워서
E: 거룩한 신선이신 부처님의 도 현미하고 묘하여 알 수 없는 일

<주본화엄34, 08:09>
A: 非念[23(|),13(ㅜ),35(·),21(·|)]離諸[33(·)]念[24(·)?,51(··)?]求見[41(·|),53(-)]不可得[34(|)?,24(\),25(·),35(·),45(-),21(·|)]
B: 非念[ᄉᄒ,x숍,矢,罒]離諸[ㄱ]念[攴,x分]求見[ᄃ尸入乙,乃]不可得[ᄒ,ᄃ,七,矢,X,X]
C: 念ᄉᄒx숍 非矢罒 諸ㄱ 念(乙) 離攴x分 見ᄃ尸入乙 求(ᄉ)乃 得ᄒᄃ(ㆄ){可}七(ᄉㄱ) 不矢
   XX
D: 생각할 것 아니라서 모든 생각을 여의며, 볼 것을 구하나 얻을 수 없으며,
E: 생각할 것 아니며 생각 여의어 보려 해도 볼 수가 없는 것이며,

<주본화엄34, 08:10>
A: 無生[14(·),22(·)]亦[33(·)]無滅[14(·),22(·),51(··)]性淨[43(|)]恒[24(|)]寂然[51(··)]
B: 無生[尸,ᄒ]亦[ㄱ]無滅[尸,ᄒ,x分]性淨[ᄒ乔]恒[ㅣ]寂然[x分]
C: 生尸 無ᄒ 亦(ᄉ)ㄱ 滅尸 無ᄒx分 性 淨(ᄉ)ᄒ乔 恒ㅣ 寂然x分

―――――――――――――――
106) 중복선이 24(|) 주위에 새눈알 모양이 아니라 마름모 모양으로 현토되어 있다.

D: 남 없고 또한 滅함 없고 하며, 성품이 깨끗하여서 항상 寂然하며,
E: 나는 것도 아니고 멸하지 않아 성품이 깨끗하고 항상 고요해

<주본화엄34, 08:10>
A: 離垢[24(·),51(·)]聰慧人[23(-)]彼智[45(·),43(·)]所行[14(·),25(·)]處[51(/),12(|),55(/)]
B: 離垢[ㅊ,x分]聰慧人[ᄒ]彼智[灬,氵]所行[尸,ㄴ]處[ㅣ分,ᅙᄀ,xㅣ]
C: 垢 離ㅊ分 聰慧 人ᄒ 彼 智灬氵 行(ノ)尸 所ㄴ 處ㅣ分(ノ)ᅙᄀxㅣ
D: 때[107] 여의며 聰慧한 사람의 그 지혜로써야 행할 바의 곳이며 한 것이다.
E: 때가 없고 총명한 사람이라야 그 지혜로 짐작할 수가 있나니,

<주본화엄34, 08:11>
A: 自性[33(·)]本[43(/)]空寂[43(-)]{44(/)}無二[44(·),22(·)]亦[33(·)]無盡[44(·),22(·),51(·)]
B: 自性[ㄱ]本[X]空寂[ᅙ下]無二[尸,ᄒ]亦[ㄱ]無盡[尸,ᄒ,x分]
C: 自性ㄱ 本X 空寂(ゝ)ᅙ下 二尸 無ᄒ 亦(ゝ)ㄱ 盡尸 無ᄒx分
D: 自性은 본래 空寂하시어 둘 없고 또한 다함 없고 하며,
E: 제 성품 본디부터 공적(空寂)하여서 둘도 없고 다하지도 아니하나니

<주본화엄34, 08:11>
A: 解脫[33(·)]於諸[33(·)]趣[53(·),23(|)#24(|),32(|),51(·)]涅槃[53(·),23(|)#23(:)]平等[23(\)]住[51(·)]
B: 解脫[ㄱ]於諸[ㄱ]趣[十,ゝ氵,X,x分]涅槃[十,ゝ氵]平等[ᄒ]住[x分]
C: 解脫ㄱ {於}諸ㄱ 趣十ゝ氵 Xx分 涅槃十ゝ氵 平等ᄒ 住x分
D: 해탈은 모든 갈래에서 하며, 열반에서 평등히 머무르며,
E: 여러 가지 갈래에서 벗어났으며 열반과 평등하게 머물러 있어,

<주본화엄34, 08:12>
A: 非初[53(·),23(|),14(:),22(·)]非中[24(|)]後[53(·),23(|),14(:),22(·),51(·),경계선]非言辭[45(·)]所說[14(·.),35(·),22(·)][108]

---

107) '때'는 '번뇌'의 의미이다.

276 第二部 判讀과 解讀 및 翻譯

B: 非初[十,ソ ３,ソ尸,ㅎ]非中[ㅣ]後[十,ソ ３,ソ尸,ㅎ,x分]非言辭[灬]所說[ㄉ尸,矢,ㅎ]
C: 初十ソ ３ソ尸 非(多ソ)ㅎ 中ㅣ 後十ソ ３ソ尸 非(多ソ)ㅎx分[109] 言辭灬 說ㄉ尸 所 非矢ㅎ
D: 처음에 하지 않고 가운데와 뒤에 하지 않고 하며, 言辭로 설명할 바 아니고
E: 처음이나 중간도 끝도 아니며 말로써는 설명할 수가 없나니

<주본화엄34, 08:12>
A: 出過於三世[41(·),22(·)]其相如虛空[24(·),22(·),12(ㅣ),51(/·)#51(/)]
B: 出過於三世[乙,ㅎ]其相如虛空[攴,ㅎ,ㆆ ㄱ,ㅣ分]
C: {於}三世乙 出過(ソ)ㅎ 其 相 虛空 如攴(ソ)ㅎ(ソ)ㆆ ㄱ ㅣ分
D: 三世를 초월하고 그 모습은 허공 같고 한 것이며,
E: 과거・미래・현재를 초월했으매 그 모양 허공과 같다고 할까.

<주본화엄34, 08:13>
A: 寂滅[33(·)]佛[35(·),43(·)]所行[14(ㅣ),42(/),11(·)]言說[45(·)]莫能[35(·)]及[25(·),31(ㅣ·),24(·),33(·),55(·)]
B: 寂滅[ㄱ]佛[ㄴ,氵]所行[ㆆ ㄷ尸,ㅣ ㄱ,氵]言說[灬]莫能[矢]及[ㄴ,x ᅮ,攴,ㄱ,ㅣ]
C: 寂滅ㄱ 佛ㄴ氵 行ㆆ ㄷ尸 所ㅣ ㄱ 氵 言說灬 能矢 及ㄴx分[110] 莫攴ㄱ(ㅣ)ㅣ
D: 寂滅은 부처님이라야 행하시는 바이니 언설로 미칠 수 있는 것이 아니다.
E: 고요하고 멸한 것 부처님의 행 말로는 무어라고 할 수 없나니

<주본화엄34, 08:13>
A: 地[25(·)]行亦[42(\)]如是[24(·),34(·),12(-)]難[43(·)]說[22(·)]難[43(·)]可受[24(\),25(·),22(·),12(-),51(/·)]
B: 地[ㄴ]行亦[刀]如是[攴,ㅁ,ナ ㅣ]難[氵]說[ㅎ]難[氵]可受[ㄉ,ㄴ,ㅎ,x ㄱ,ㅣ分]
C: 地ㄴ 行 {亦}刀 是 如攴(ソ)ㅁナ ㅣ 難(ㅣ)氵 說(ソ)ㅎ 難(ㅣ)氵 受ㄉ(ㆆ){可}ㄴ(ソ)ㅎx ㄱ ㅣ分
D: 十地의 行도 이와 같으니 어렵게야 말하고 어렵게야 받을 수 있고 한 것이며,
E: 십지의 여러 행도 그와 같아서 말할 수도 느낄 수도 없는 일이며,

---

108) '說'자의 오른쪽에 '儿'형태의 선이 그어져 있고 그 바로 바깥에 35(·)이 찍혀 있다.
109) 자토구결의 다음 예를 참조하면 分을 보충할 수 있을 듯하다.
    常ㅣ 說法ソ白 ３尸ム 無義ソ ㄱ 入乙ソ尸 非多ソㄴ分 <구인11:10>
110) 원래 31(·)은 'x ᅮ' 정도이나 여기에서는 문맥을 고려하여 'x分'로 처리하였다.

<주본화엄34, 08:14>
A: 智[42(\)]起佛境界[53(·),12(-),21(·|)]非念[35(·)#35(·.),22(·)]離心道[24(·),22(·),52(·)]
B: 智[刀]起佛境界[十,ナㄱ,X]非念[矢,ㅎ]離心道[攴,ㅎ,ソ分]
C: 智刀 佛境界十 起ナㄱX 念 非矢ㅎ 心道 離攴ㅎソ分
D: 지혜도 부처의 경계에 일어나는 것이니 念 아니고 마음의 도를 여의고 하며,
E: 지혜를 일으키는 부처님 경계 생각할 수도 없고 마음을 떠나

<주본화엄34, 08:14>
A: 非蘊[11(·)]界[11(·)]處[11(·),25(|)]門[35(·),51(·)]智[45(·),43(·)]知[13(丁),11(·)]意[45(·)]不及[25(·),22(-),31(··),55(.·)]
B: 非蘊[氵]界[氵]處[氵,숗七]門[矢,分]智[灬,氵]知[x슈,氵]意[灬]不及[七,<ノ>,ノ乎,ナㅣ]
C: 蘊氵 界氵 處氵(ノ)슈七 門 非矢分 智灬氵 知x슈氵 意灬 及七(尸) 不<ノ>ノ乎ナㅣ
D: 蘊이니 界니 處니 하는 門이 아니며, 지혜로써야 아는 것이지 뜻으로 미칠 수 없는 것이다.
E: 온(蘊)·계(界)·처(處)의 문도 아니니 지혜로나 알는지 뜻은 못미쳐,

<주본화엄34, 08:15>
A: 如空中[25(·.)]鳥[44(·)]迹[33(·)]難[43(·)]說[51(·)]難[43(·)]可示[24(\),42(|),25(·),12(:)]
B: 如空中[氵七]鳥[尸]迹[ㄱ]難[氵]說[分]難[氵]可示[ᄃ,亠,七,ソㄱ]
C: 空中氵七 鳥尸 迹ㄱ 難(ㅣ)氵 說(ソ)分 難(ㅣ)氵 示ᄃ亠{可}七ソㄱ 如
D: 공중의 새의 발자국은 어렵게야 說하며 어렵게야 보일 수 있는 것 같으며,
E: 허공에 날아가는 새의 발자국 말할 수도 보일 수도 없는 것이니

<주본화엄34, 08:15>
A: 如是[24(·),55(.·)]十地[25(·)]義[24(|)]心意[45(·)]不能了[44(·),22(-),35(·),12(|·),41(··)]
B: 如是[攴,ナㅣ]十地[七]義[ㅣ]心意[灬]不能了[尸,<ノ>,矢,xㄱ,入乙]
C: 是 如攴(ソ)ナㅣ 十地七 義ㅣ 心意灬 了尸 不<ノ> 能(ㅣ)矢xㄱ 入乙(氵)[111)112)]

---

111) 다음을 참조할 수 있다.

278 第二部 判讀과 解讀 및 翻譯

D: 이와 같다, 十地의 뜻이 心意로 능히 了知할 수 없는 것인 줄.
E: 십지의 깊은 이치 그와 같아서 마음과 뜻으로는 알지 못한다.

<주본화엄34, 08:16>
A: 慈悲[11(·)]及[25(·)]願[11(·)]力[11(·),13(/),45(·)]出生入地[25(|)]行[41(·),52(·)]
B: 慈悲[ㆍ]及[七]願[ㆍ]力[ㆍ,ㅁㅅ,ㅆ]出生入地[ㅅ七]行[乙,ㅅ分]
C: 慈悲ㆍ 及七 願ㆍ 力ㆍノㅅㅆ 入地(ㅅ)ㅅ七 行乙 出生ㅅ分
D: 慈悲니 및 願이니 力이니 하는 것으로 入地하는 行을 出生하며,
E: 자비하온 마음과 원과 힘으로 여러 지에 들어가는 행을 내어서

<주본화엄34, 08:16>
A: 次第[45(·)]圓{12(·)}滿[25(··)]心[41(·),13(|)#13(:)]智[45(·),43(·)]行[13(/),11(·)]非慮[45(·),25(|)]境[35(·),51(.·)]
B: 次第[ㅆ]圓滿[ㅌ七]心[乙,xㅅ]智[ㅆ,ㆍ]行[ㅁㅅ,ㆍ]非慮[ㅆ,ㅅ七]境[矢,x分]
C: 次第ㅆ 圓滿(ㅅ)ㅌ七 心乙xㅅ 智ㅆㆍ 行ノㅅㆍ 慮ㅆ(ㅅ)ㅅ七 境 非矢x分
D: 차례로 圓滿하는 마음을 함에 있어서 지혜로써야 행하는 것이니 생각으로 하는 경계가 아니며,
E: 차례차례 원만하는 그러한 마음 지혜로나 미칠까 생각은 안돼,

<주본화엄34, 08:17>
A: 是境界[33(·)]難[43(·)]見[31(|·),51(.·)]可知[24(\)-중복선,25(·),12(:),11(·.)]¹¹³⁾不可說[34(|),25(·),12(·|),35(·),33(·),54(:),32(|),53(-)]¹¹⁴⁾
B: 是境界[ㄱ]難[ㆍ]見[xㅈ,x分]可知[ㅁ중복,七,ㅅㄱ,xㆍ]不可說[ㆍ,七,xㄱ,矢,ㄱ,X,X,乃]
C: 是 境界ㄱ 難(ㅣ)ㆍ 見xㅅ¹¹⁵⁾x分 知ㅁㅁ(ㅁ){可}七ㅅㄱxㆍ 說ㆍ(ㅁㅁ){可}七xㄱ 不矢(ㅣ)ㄱ

{此}ㅣ 一切法乙 了知尸 不(ㅅ?)能ㅣ矢ㅅㄱㅣㅁ <화소08:20-09:01>
112) ㆍ의 보충은 아래 용례를 참조할 수 있다..
　　　譬喩ㅅㆍノ尸入 無ニ下 深無相義乙 說ニㅁトㄱㄴㅡ <금광13:04>
113) '知'의 오른쪽에 각필로 '恨'자가 적혀 있다. 12(:)인 'ㅅㄱ'에 대응되는 /흔/을 표시한 것으로 여겨진다.
114) 사진에서는 잘 보이지 않으나 이점본들을 참조하였다.

XX乃
D: 이 경계는 어렵게야 볼 수 있는 것이며 알 수 있는 것이니 설명할 수 없는 것이나,
E: 이 경계는 아마도 보기 어려워 안다고나 할는지 말할 순 없어

<주본화엄34, 08:17>
A: 佛力[14(|),45(·|)]故[24(·)]開演[53(\)]汝等[12(·),33(·)]應敬[24(\)?,25(·),55(·.)]受[116]
B: 佛力[ゝ⌒尸,xㅅ〜]故[攴]開演[X]汝等[ㄱ,ㄱ]應敬[⌒,ㄴ,ナ丨]受
C: 佛力ゝ⌒尸x〜 故攴 開演X 汝 等(ソ)ㄱㄱ 敬受ノ(ホ){應}ㄴ(ソ)ナ丨
D: 부처님의 힘이므로 開演하니 그대들은 敬受하여야 한다/할지니라.
E: 부처님 힘 받들어 설명하리니 그대들 공경하여 잘 들으시오.

<주본화엄34, 08:18>
A: 如是[12(:)]智[45(·),43(·)]入[25(|)]行[33(·)]億劫[53(·)]說[14(·.),35(·),53(-)]不盡[34(|),44(·),22(-),31(··),12(!),52(·)]
B: 如是[ソㄱ]智[〜,ᅎ]入[ᄾㄴ]行[ㄱ]億劫[十]說[⌒尸,矢,乃]不盡[3,尸,<ノ>,⌒禾,xㄱ,ソ分]
C: 是 如ソㄱ 智〜ᅎ 入(ソ)ᄾㄴ 行ㄱ 億劫十 說⌒尸矢乃 盡3尸 不<ノ>ノ禾xㄱソ分
D: 이 같은 지혜로써야 들어가는 行은 억겁 동안에 說할지라도 다할 수 없으며,
E: 이렇게 지혜로나 들어가는 행 억겁 동안 말해도 다할 수 없고

<주본화엄34, 08:18>
A: 我[33(·)]今[12(:)]但[23(:)]略[23(\)]說[13(·-),11(·)]眞實義[53(·),33(·)]無餘[12(:),24(|),54(\)#54(·)#54(·\),경계선]
B: 我[ㄱ]今[ソㄱ]但[ㅅ]略[ᅗ]說[X,氵]眞實義[十,ㄱ]無餘[ソㄱ,ㅣㅣ,xㅣ]
C: 我ㄱ 今ソㄱ 但ㅅ 略ᅗ 說X氵 眞實義十ㄱ 餘ソㄱ 無ㅣㅣxㅣ

---

115) 다음의 예를 참조할 수 있다.
    言說[45(·)]莫能[35(·)]及[24(·),25(·),33(·),31(|·),55(·)] <주본화엄34, 08:13>
116) '敬'의 오른쪽 아랫 부분과 '受'의 오른쪽 윗부분 사이에 각필로 선이 그어져 있고 '受'의 왼쪽 아랫부분 에도 각필로 긴 역사선이 그어져 있는데, 전자는 합부로 보이고 후자는 지시선의 기능을 하는 것으로 여 겨진다.

280 第二部 判讀과 解讀 및 翻譯

D: 나는 이제 단지 간략히 설명하되 眞實義에는 남음 없이 하겠다.
E: 내 지금 간략하게 연설하여서 진실한 뜻 남음이 없게 하리니,

<주본화엄34, 08:19>
A: 一心[45(·)]恭敬[43(|)]待[24(|)]#24(·),53(丁)]我[33(·)]承佛力[41(·),23(:),53(i)]說[13(·),구분선?]
B: 一心[灬]恭敬[氵尒]待[刂,x효]我[ㄱ]承佛力[乙,八,白ㄣ]說[xㅅ]
C: 一心灬 恭敬(丷)ㄣ尒 待刂x효 我ㄱ 佛力乙 承八白ㄣ 說xㅅ
D: 일심으로 공경하여서 기다리시오. 나는 부처님 힘을 받들어 말하되
E: 일심으로 공경하여 기다리시오 부처님 힘 받들어 말하오리라

<주본화엄34, 08:19>
A: 勝法[32(-)]微妙音[11(·)]譬諭[11(·)]字[11(·),13(/),32(-)]相應[14(\)#14(\·),54(\),구분선]
B: 勝法[人]微妙音[氵]譬諭[氵]字[氵,囗仒,人]相應[x尸,x丨]
C: 勝法人 微妙音氵 譬諭氵 字氵ノ仒人 相應x尸x丨
D: 勝法과 微妙音이니 비유니 문자이니 하는 것과 相應한다.
E: 훌륭한 십지법을 묘한 소리로 비유와 좋은 글자 뜻과 응하니,

<주본화엄34, 08:20>
A: 無量[33(·)]佛[35(·)]神力[24(|)]咸[25(·)]來[43(|)]入我[23(-)]身[53(·),24(/),23(/·)#23(\·),12(!),21(·|)]
B: 無量[ㄱ]佛[ﾄ]神力[刂]咸[乚]來[ㄣ尒]入我[氵]身[十,去,X,xㄱ,X]
C: 量無ㄱ 佛ﾄ 神力刂 咸乚 來(丷)ㄣ尒 我氵 身十 入(丷)去 Xxㄱ X
D: 한량없는 부처의 神力이 다 와서 나의 몸에 들어왔으니
E: 한량없는 부처님 신통의 힘이 모두 다 나의 몸에 들어왔으니

<주본화엄34, 08:20>
A: 此處[33(·)]難[24(|),43(·)]宣示[31(··),33(·)]{51(·)#51(·.)}我[33(·)]今[12(:)]說少分[43(\),41(·),54(\)]
B: 此處[ㄱ]難[刂,氵]宣示[囗禾,ㄱ]我[ㄱ]今[ソㄱ]說少分[ヶ,乙,x丨]
C: 此 處ㄱ 難刂氵 宣示ノ禾ㄱ 我ㄱ 今ソㄱ 少分ヶ乙[117] 說x丨
D: 이 곳은 어렵게야 宣示할 수 있으나 나는 이제 조금만큼을 說하겠다.

E: 이런 곳 설명하기 어렵지마는 내 이제 조그만치 말해 보리라.

<주본화엄34, 08:21>
A: 佛子[34(|)]若[25(·)]有[55(.·)]衆生[24(|)]深[24(|)]種善根[41(·),34(·),12(-),24(|),11(·)]
B: 佛子[ﾠ]若[セ]有[ナ丨]衆生[丨]深[丨]種善根[乙,ロ,ナﾠ,丨,ﾠ]
C: 佛子ﾠ 若セ 有ナ丨 衆生丨 深丨 善根乙 種ロナﾠ丨ﾠ
D: "불자야, 혹 있다, 중생이 깊이 선근을 심은 이가.
E: "불자들이여, 어떤 중생으로 하여금 선근을 깊이 심고

<주본화엄34, 08:21-22>
A: 善[24(·)]修諸[33(·)]行[41(·),25(·),51(·)]善[24(·)]集助道[41(·),24(\),51(·)]
A: 善[攴]修諸[ﾠ]行[乙,セ,分]善[攴]集助道[乙,ﾠ,分]
C: 善攴 諸ﾠ 行乙 修セ分 善攴 助道乙 集ﾠ分
D: 모든 행을 잘 닦으며 助道를 잘 모으며,
E: 모든 행을 잘 닦고 도를 돕는 법을 잘 모으고

<주본화엄34, 08:22>
A: 善[24(·)]供養諸[33(·)]佛[41(·),52(·)]善[24(·)]集白淨法[41(·),24(\),51(·)?]
B: 善[攴]供養諸[ﾠ]佛[乙,ﾟ分]善[攴]集白淨法[乙,ﾠ,分]
C: 善攴 諸ﾠ 佛乙 供養ﾟ分 善攴 白淨法乙 集ﾠ分
D: 모든 부처를 잘 공양하며 白淨法을 잘 모으며,
E: 여러 부처님께 잘 공양하고 청정한 법[白淨法]을 잘 쌓고,

<주본화엄34, 08:22-23>
A: 爲善知識[23(-)]善[24(·)]攝[31(.·)#31(·),44(·)?,41(··)?,52(·)]善[24(·)]淸淨深[33(·)]心[41(·),52(·)]
B: 爲善知識[ﾠ]善[攴]攝[x禾,尸,入乙,ﾟ分]善[攴]淸淨深[ﾠ]心[乙,分]

---

117) 다음의 예를 참조할 수 있다.
　　彼諸ﾠ 功德ﾠ 量ﾠﾠ{可}セﾟﾠ 不矢ﾠ乙 我ﾠ 今ﾟﾠ 力乙 隨ﾠ 少分ｱ소乙 說ﾠ尸ム <화엄09:02-03>
　　{是}丨 如ﾉ 邊尸 無ﾠ 大功德乙 我ﾠ 今ﾟﾠ {於}中ﾠ 十ﾟﾠﾊ 少分ｱ소乙 說ﾠ尸ム <화엄09:08>

282 第二部 判讀과 解讀 및 翻譯

C: 善知識ᄒ 善攴 攝xㄹ{爲}入乙ᆢ分^(118) 善攴 深ㄱ 心乙 淸淨(ᄂ)分
D: 선지식이 잘 攝하는 바가 되며 깊은 마음을 청정히 잘 하며,
E: 선지식의 거두어 주심이 되고 깊은 마음을 청정하게 하여

<주본화엄34, 08:23>
A: 立廣大志[41(·),24(|),51(·)]生廣大解[41(·),24(|),51(·)]慈悲[41(·)]現前[23(|),55(/)]
B: 立廣大志[乙,ㅣㅣ,分]生廣大解[乙,ㅣㅣ,分]慈悲[乙]現前[ᄂ3,xㅣ]
C: 廣大志乙 立ㅣㅣ分 廣大解乙 生ㅣㅣ分 慈悲乙 現前ᄂ3xㅣ
D: 廣大志를 세우며 廣大解를 내며 자비를 現前하여서 한다.
E: 광대한 뜻을 세우고, 광대한 지혜[解]를 내면 자비가 앞에 나타나나니,

<주본화엄34, 08:24>
A: 爲求{23(:)}佛智[41(·),14(-),41(··),43(·),33(·),45(··)]{31~41(\)}故[51(·)]
B: 爲求佛智[乙,xㄹ,入乙,氵,ㄱ,入灬]故[分]
C: 佛智乙 求xㄹ入乙 {爲}氵ㄱ入灬{故}(ㅣㅣ)分
D: 佛智를 구하는 것을 말미암기/위하기 때문이며,
E: 부처님의 지혜를 구함이며,

<주본화엄34, 08:24>
A: 爲得十力[41(·),12(-),41(··),43(·),33(·),45(··)]{31~41(/)}故[51(·)]
B: 爲得十力[乙,ナㄱ,入乙,氵,ㄱ,入灬]故[分]
C: 十力乙 得ナㄱ入乙 {爲}氵ㄱ入灬{故}(ㅣㅣ)分
D: 十力을 얻은 것을 말미암기/위하기 때문이며,
E: 열 가지 힘을 얻으려 함이며,

---

118) 다음의 예를 참조할 수 있다.
云何 得3ㄲ 一切 衆生ᄒ 與氵 依ㅣㄹ{爲}入乙ᄂ分 救ㅣㄹ{爲}入乙ᄂ分 歸ノㅓㄹ{爲} 趣ノㅓㄹ{爲} 炬ㅣㄹ{爲} 明爲 照爲 導爲 勝導爲 普導ㅣㄹ{爲}入乙ᄂ分 <화엄02:06-07>
或ᄂㄱ 良藥氵 衆ㄱ 寶藏氵ノㅓㄹ{爲}入乙ᄂ分 <화엄19:10>

<주본화엄34, 08:24>

A: 爲得大無畏[41(·),12(-),41(··),43(·),33(·),45(··)]{41(/)}故[52(·)]
B: 爲得大無畏[乙,ナヿ,入乙,氵,ヿ,入灬]故[ヽ分]
C: 大無畏乙 得ナヿ入乙 {爲}氵ヿ入灬{故}(刂)分
D: 大無畏를 얻은 것을 말미암기/위하기 때문이며,
E: 크게 두려움 없음을 얻으려 함이며,

<주본화엄34, 08:24-09:01>

A: 爲得佛[35(·)]平等法[41(·),12(-),41(··)?,43(·),45(··)]故[51(·)]
B: 爲得佛[叱]平等法[乙,ナヿ,入乙,氵,入灬]故[分]
C: 佛叱 平等法乙 得ナヿ入乙 {爲}氵(ヿ)入灬{故}(刂)分
D: 부처의 平等法을 얻은 것을 위하기/말미암기 때문이며,
E: 부처님의 평등한 법을 얻으려 함이며,

<주본화엄34, 09:01>

A: 爲救一切世間[41(·),14(-),41(··)?]故
B: 爲救一切世間[乙,xア,入乙]故
C: 一切 世間乙 救xア入乙 {爲}(氵ヿ入灬){故}(刂分)
D: 一切 世間을 救할 것을 위하기/말미암기 때문이며,
E: 일체 세간을 구호하려 함이며,

<주본화엄34, 09:01-02>

A: 爲淨大慈悲[41(·),12(-),41(··)]{31~41(/)}故
B: 爲淨大慈悲[乙,ナヿ,入乙]故
C: 大慈悲乙 淨ナヿ入乙 {爲}(氵ヿ入灬){故}(刂分)
D: 大慈悲를 깨끗하게 한 것을 위하기/말미암기 때문이며,
E: 큰 자비를 깨끗이 하려 함이며,

<주본화엄34, 09:02>

A: 爲得十方[25(·)]無餘智[41(·),12(-),41(··)]{41(/)}故
B: 爲得十方[七]無餘智[乙,ナㄱ,入乙]故
C: 十方七 無餘智乙 得ナㄱ入乙 {爲}(氵ㄱ入灬){故}(ㅣ㥸)
D: 十方의 無餘智를 얻은 것을 위하기/말미암기 때문이며,
E: 十力(力)과 남음이 없는 지혜를 얻으려 함이며,

<주본화엄34, 09:02-03>

A: 爲淨一切佛刹[41(·),13(··)#13(/)#13(·)]無障礙[44(·),41(··)#41(.·)]故
B: 爲淨一切佛刹[乙,ㄲㄕㅿ]無障礙[ㄕ,入乙]故
C: 一切 佛刹乙 淨ノㄕㅿ 障礙ㄕ 無(ㅣxㄕ)入乙 {爲}(氵ㄱ入灬){故}(ㅣ㥸)
D: 一切 佛刹을 깨끗하게 함에 있어서 障礙함 없이 할 것을 위하기/말미암기 때문이며,
E: 모든 부처님의 세계를 깨끗이 하여 장애가 없게 하려 함이며,

<주본화엄34, 09:03>

A: 爲一[33(·)]念[53(·)]知一切三世[41(·),14(-),41(··)]{41(/)?#41(\)?}故
B: 爲一[ㄱ]念[十]知一切三世[乙,xㄕ,入乙]故
C: 一ㄱ 念十 一切 三世乙 知xㄕ入乙 {爲}(氵ㄱ入灬){故}(ㅣ㥸)
D: 한 생각 동안에 一切 三世를 알 것을 위하기/말미암기 때문이며,
E: 잠깐 동안에 일체 三世를 알고자 함이며,

<주본화엄34, 09:03>

A: 爲轉大法輪[41(·),13(··)#13(·.)]無所畏[14(·),24(|),14(┬),43(·),33(·),45(··)]故[55(·)]
B: 爲轉大法輪[乙,ㄲㄕㅿ]無所畏[ㄕ,ㅣ,xㄕ,氵,ㄱ,入灬]故[ㅣ]
C: 大法輪乙 轉ノㄕㅿ 畏(ノ)ㄕ 所 無ㅣxㄕ(入乙) {爲}氵ㄱ入灬{故}(ㅣ)ㅣ
D: 大法輪을 굴림에 있어 두려워하는 바 없이 할 것을 위하기/말미암기 때문이다.
E: 큰 법륜을 굴릴 적에 두려움이 없으려 하는 연고로,

<주본화엄34, 09:04>

A: 佛子[34(|)]菩薩[33(·)]起如是[12(:)]心[41(·),=23(|),12(:)]以大悲[41(·),34(|)]爲首[43(·),51(·)]

B: 佛子[ʒ]菩薩[ᄀ]起如是[ヽᄀ]心[乙,ヽʒ,ヽᄀ]以大悲[乙,ʒ]爲首[氵分]

C: 佛子ʒ 菩薩ᄀ 是 如(支)ヽᄀ 心乙 起ヽʒヽᄀ 大悲乙 以ʒ 首{爲}氵分

D: 佛子야 菩薩은 이와 같은 마음을 일으켜서는 大悲로써 머리 삼으며,

E: 불자여, 보살이 이런 마음을 일으키느니라. 대비심이 머리가 되어

<주본화엄34, 09:04-05>

A: 智慧增上[52(.·)?#52(·)?]善巧方便[45(·)#45(:)]所攝[14(·),41(·),52(·)]

B: 智慧增上[x分]善巧方便[灬]所攝[尸,乙,ヽ分]

C: 智慧 增上x分 善巧 方便灬 攝(丿)尸 所乙ヽ分[119]

D: 智慧가 增上하며 善巧 方便으로 攝受할 바를 하며,

E: 지혜가 늘고, 공교한 방편에 포섭되고,

<주본화엄34, 09:05>

A: 最上[12(:)]深[33(·)]心[45(·)]所持[12(·),52(·)]

B: 最上[ヽᄀ]深[ᄀ]心[灬]所持[ᄀ,ヽ分]

C: 最上ヽᄀ 深ᄀ 心灬 持(丿)ᄀ 所(||)分

D: 最上한 깊은 마음으로 가진 바이며,

E: 가장 훌륭한 깊은 마음으로 유지되며,

<주본화엄34, 09:05-06>

A: 如來[44(·)]力[25(·)?]無量[41(-)]{52(·)?}善[24(·)]觀察[22(·)]分別勇猛力[11(·)]智力[11(·),41(:),22(·)?][120],25(|)]無礙智[41(·)]現前[52(·)]

B: 如來[尸]力[七]無量[x入乙]善[支]觀察[亐]分別勇猛力[ʒ]智力[ʒ,ᄃ兮乙,亐,兮七]無礙智[乙]現前[ヽ分]

---

119) '增上'이 타동사로 쓰였을 가능성이 있다.
120) '22(·)'을 둘러싼 圓 모양의 각필선이 있으며, 이점본에는 이 점토로부터 좌측으로 뻗어나간 각필선이 기록되어 있다.

C: 如來ㄕ 力ㅌ 量 無xㅅ乙 善攴 觀察(ㄥ)ㅎ 勇猛力氵 智力氵ノ令乙 分別(ㄥ)ㅎ(ㄥ)令ㅌ 無礙智乙 現前ㄥ㖾

D: 如來의 力이 한량없는 것을 잘 觀察하고 勇猛力이니 智力이니 하는 것을 分別하고 하는 無礙智를 現前하며,

E: 여래의 힘이 한량이 없어 잘 관찰하고 분별하며, 용맹한 힘과 지혜의 힘으로 걸림 없는 지혜가 앞에 나타나고,

<주본화엄34, 09:06>

A: 隨順自然智[53(·),25(·),52(·)]

B: 隨順自然智[十,ㅌ,ㄥ㖾]

C: 自然智十 隨(㇉) 順ㅌㄥ㖾[121]

D: 自然智에 좇아 따르며,

E: 따라 순종하는 자연의 지혜로

<주본화엄34, 09:06-07>

A: 能[24(·)]受一切佛法[41(·),34(|)]以智慧[41(·),34(|)]敎化[52(·)]

B: 能[攴]受一切佛[乙,氵]法以智慧[乙,氵]敎化[ㄥ㖾]

C: 能攴 一切 佛法乙 受氵 智慧乙 以氵 敎化ㄥ㖾

D: 能히 一切 佛法을 받아 智慧로써 敎化하며,

E: 일체 불법을 받아들이어, 지혜로써 교화 하나니,

<주본화엄34, 09:07-08>

A: 廣大[12(:)]如法界[24(·)]究竟[12(:)]如虛空[24(·)]盡未來[25(·)]際[41(·),34(|),32(|),55(/)]{22(·)}

B: 廣大[ㄥㄱ]如法界[攴]究竟[ㄥㄱ]如虛空[攴]盡未來[ㅌ]際[乙,氵,X,xㅣ]

C: 廣大ㄥㄱ 法界 如攴 究竟ㄥㄱ 虛空 如攴 未來ㅌ 際乙 盡氵 Xxㅣ

D: 廣大함 法界 같이, 究竟함 虛空 같이 未來際를 다한다.[122]

---

121) '隨(㇉) 順ㅌ(ㄥ)㖾'을 '隨順ㅌ(ㄥ)㖾'로 읽을 가능성도 있다.
122) 際에 '22(·)'이 있는 것으로 보면 法界와 虛空에도 있는 것으로 해석할 가능성이 있다.

E: 광대하기 법계와 같고 끝없기 허공과 같아서 오는 세월의 끝까지 다하느니라.』

<주본화엄34, 09:08>

A: 佛子[34(|)]菩薩[24(|)]始[25(·),24(\)]發如是[12(:)]心[41(·),14(|)?,15(·)]
B: 佛子[3]菩薩[ㅣ]始[ㄴ,ㅁ]發如是[ㄴㄱ]心[乙,ㆆㅁ尸,入ㄱ]
C: 佛子 3 菩薩ㅣ 始ㄴㅁ 是 如(支)ㄴㄱ 心乙 發ㆆㅁ尸入ㄱ
D: 佛子야, 菩薩이 비로소 이 같은 마음을 내면,
E: 『불자여, 보살이 처음 이런 마음을 내고는,

<주본화엄34, 09:08-09>

A: 卽[24(·)]得[43(|)?]超凡夫[23(-)]地[41(·),45(··)][123)]
B: 卽[攴]得[3 ㅉ]超凡夫[ㆆ]地[乙,入ㅁ]
C: 卽攴 得 3 ㅉ 凡夫ㆆ 地乙 超(ㄴ尸)入ㅁ[124)]
D: 곧 능히 凡夫의 地를 뛰어넘기 때문에
E: 곧 범부의 처지를 뛰어나

<주본화엄34, 09:09>

A: 入菩薩[44(·)]位[53(·),52(·)]
B: 入菩薩[尸]位[ㅓ,ㄴ分]
C: 菩薩尸 位ㅓ 入ㄴ分
D: 菩薩의 位에 들며,
E: 보살의 지위에 들어가서

<주본화엄34, 09:09>

A: 生如來[44(·)]家[53(·),52(·)]
B: 生如來[尸]家[ㅓ,ㄴ分]

---

123) '13' 내지 '14'의 위치에 각필의 흔적이 있는 듯도 하다.
124) '超(尸)'일 가능성도 있다.

C: 如來尸 家十 生ンか

D: 如來의 家門에 나며,

E: 여래의 집에 태어나나니,

<주본화엄34, 09:09>

A: 無能[35(·)]說其種族[25(·)]過失[41(·),13(|)#13(!)#13(i),25(·),51(·)]

B: 無能[矢]說其種族[七]過失[乙,x亽,七,分]

C: 能矢 其 種族七 過失乙 說x亽 無七分

D: 能히 그 種族의 過失을 說할 이 없으며,

E: 그 가문의 허물을 말할이가 없으며,

<주본화엄34, 09:09-10>

A: 離世間[25(·)]趣[41(·),34(·)]入出世[25(·)]道[53(·),52(·)]

B: 離世間[七]趣[乙,口]入出世[七]道[十,ン分]

C: 世間七 趣乙 離(攴)口 出世七 道十 入ン分

D: 世間의 갈래를 여의고 出世間의 道에 들며,

E: 세간의 모든 갈래를 떠나서 출세간의 도에 들어가며,

<주본화엄34, 09:10>

A: 得菩薩[44(·)]法[41(·),51(·)?]

B: 得菩薩[尸]法[乙,分]

C: 菩薩尸 法乙 得分

D: 菩薩의 法을 얻으며,

E: 보살의 법을 얻고

<주본화엄34, 09:10>

A: 住菩薩[44(·)]處[53(·),52(·)]

B: 住菩薩[尸]處[十,ン分]

C: 菩薩尸 處十 住ン分

D: 菩薩의 處에 머물며,
E: 보살의 자리에 머물며,

<주본화엄34, 09:10-11>
A: 入三世平等[12(:),53(|),52(·)]
B: 入三世平等[ソ丁,ㅋ十,ソ分]
C: 三世 平等ソ丁 ㅋ十 入ソ分
D: 三世 平等한 곳에 들며,
E: 三世가 평등한 데 들어가

<주본화엄34, 09:11>
A: 於如來[44(·)]種[25(·)]中[53(·),23(|)]決定當[23(:)]得無上菩提[41(·),55(/)]
B: 於如來[尸]種[七]中[十,ソ3]決定當[八]得無上菩提[乙,x丨]
C: {於}如來尸 種七 中十ソ3 決定 當八 無上菩提乙 得x丨
D: 如來의 種의 가운데서 決定코 반드시 無上菩提를 얻는다.
E: 여래의 종성에서 결정코 위가 없는 보리를 얻으니,

<주본화엄34, 09:11-12>
A: 菩薩[24(|)]住如是[33(·)]法[53(·),14(·|),41(··)]名[53(·.)]住菩薩[44(·)]歡喜地[53(·),12(丁),31(··),55(.·)?]
B: 菩薩[丨]住如是[丁]法[十,x尸,入乙]名[下]住菩薩[尸]歡喜地[十,x丁,ノ㐞,ナ丨]
C: 菩薩丨 是 如(支ソ)丁 法十 住x尸入乙 名下 菩薩尸 歡喜地十 住x丁(丁)ノ㐞ナ丨
D: 菩薩이 이 같은 法에 머무르는 것을 일러 菩薩의 歡喜地에 머물렀다고 한다.
E: 보살이 이런 법에 머물면 보살의 환희지에 머물렀다 하나니,

<주본화엄34, 09:12>
A: 以不動[13(/),53(|)]相應[12(-),41(··),43(·),33(·),45(··)]故[11(·)]
B: 以不動[ノ仒,ㅋ十]相應[ナ丁,入乙,氵丁,入灬]故[氵]
C: 不動ノ仒ㅋ十 相應(ソ)ナ丁入乙 以氵丁入灬{故}氵
D: 不動한 것에 相應한 것을 말미암았기 때문이다.

290 第二部 判讀과 解讀 및 翻譯

E: 동하지 않는 법과 서로 응하는 연고니라.』

<주본화엄34, 09:13>

A: 佛子[34(|)?]菩薩[24(|)]住歡喜地[53(·),12(·|),33(·)]
B: 佛子[3]菩薩[ㅣ]住歡喜地[ㅓ,xㄱ,ㄱ]
C: 佛子 3 菩薩ㅣ 歡喜地ㅓ 住xㄱㄱ
D: 佛子야, 菩薩이 歡喜地에 머무르면
E:『불자여, 보살이 환희지에 머무르면

<주본화엄34, 09:13-15>

A: 成就多[42(/)]歡喜[11(·)]多[42(/)]淨信[11(·)]多愛樂[11(·)]多適悅多欣慶多踊躍多[42(/)]勇猛[11(·)]多[42(/)]無鬪諍[14(·.)]#14(:),21(·)]多[42(/)]無惱害[14(·.),21(·)]多[42(/)]無瞋恨[14(·.),21(·),41(:),55(/)]
B: 成就多[ㅣㄱ]歡喜[;]多[ㅣㄱ]淨信[;]多愛樂[;]多適悅多欣慶多踊躍多[ㅣㄱ]勇猛多[ㅣㄱ]無鬪諍[ㄲㄕ,ㄐ]多[ㅣㄱ]無惱害[ㄲㄕ,ㄐ]多[ㅣㄱ]無瞋恨[ㄲㄕ,ㄐ,ㄲ亽乙,xㅣ]
C: 多ㅣㄱ 歡喜 ; 多ㅣㄱ 淨信 ; 多(ㅣㄱ) 愛樂 ; 多(ㅣㄱ) 適悅(;) 多(ㅣㄱ) 欣慶(;) 多(ㅣㄱ) 踊躍(;) 多ㅣㄱ 勇猛(;) 多ㅣㄱ 鬪諍ノㄕ 無(ㄱ)ㄐ 多ㅣㄱ 惱害ノㄕ 無(ㄱ)ㄐ 多ㅣㄱ 瞋恨 ノㄕ 無(ㄱ)ㄐノ亽乙 成就xㅣ
D: 많은 歡喜니 많은 淨信이니 많은 愛樂이니 많은 適悅이니 많은 欣慶이니 많은 踊躍이니 많은 勇猛이니 많은 鬪諍함 없는 것이니 많은 惱害함 없는 것이니 많은 瞋恨함 없는 것이니 하는 것을 成就한다.
E: 여러 가지 환희와 여러 가지 청정한 신심과 여러 가지 즐거움과 여러 가지 희열과 여러 가지 기쁜 경사와 여러 가지 뛰놀음과 여러 가지 용맹과 여러 가지 투쟁이 없음과 여러 가지 시끄러움이 없음과 여러 가지 성내지 않음을 성취하느니라.』

<주본화엄34, 09:15-16>

A: 佛子[34(|)]菩薩[24(|)]住此歡喜地[53(·),24(/),12(-),33(·)]
B: 佛子[3]菩薩[ㅣ]住此歡喜地[ㅓ,ㅿ,ㅏㄱ,ㄱ]
C: 佛子 3 菩薩ㅣ 此 歡喜地ㅓ 住(ㅅ)ㅿㅏㄱㄱ

D: 佛子야, 菩薩이 이 歡喜地에 머물면
E: 『불자여, 보살이 이 환희지에 머물고는

<주본화엄34, 09:16>
A: 念諸[33(·)]佛[41(·),45(ㅗ)]故[24(/)]生歡喜[41(·|)?,24(|),51(·)]
B: 念諸[ㄱ]佛[乙,尸ㅅ灬]故[ㅿ]生歡喜[ロ尸ㅅ乙,ㅣ,㫆]
C: 諸ㄱ 佛乙 念(ㅇ)尸ㅅ灬 故ㅿ 歡喜ノ尸ㅅ乙 生ㅣ㫆
D: ①모든 부처를 念하기 때문에 歡喜하는 것을 내며,
E: 부처님을 생각하므로 환희하고,

<주본화엄34, 09:16>
A: 念諸[33(·)]佛法[41(·),45(ㅗ)]故[24(/)]生歡喜[24(|)?]
B: 念諸[ㄱ]佛法[乙,尸ㅅ灬]故[ㅿ]生歡喜[ㅣ]
C: 諸ㄱ 佛法乙 念(ㅇ)尸ㅅ灬 故ㅿ 歡喜(ノ尸ㅅ乙) 生ㅣ(㫆)
D: ②모든 佛法을 念하기 때문에 歡喜하는 것을 내며,
E: 부처님 법을 생각하므로 환희하고,

<주본화엄34, 09:16-17>
A: 念諸[33(·)]菩薩[41(·),45(ㅗ)]#45(-)]故[24(/)]生歡喜[41(·|),51(·)]
B: 念諸[ㄱ]菩薩[乙,尸ㅅ灬]故[ㅿ]生歡喜[ロ尸ㅅ乙,㫆]
C: 諸ㄱ 菩薩乙 念(ㅇ)尸ㅅ灬 故ㅿ 歡喜ノ尸ㅅ乙 生(ㅣ)㫆
D: ③모든 菩薩을 念하기 때문에 歡喜하는 것을 내며,
E: 보살을 생각하므로 환희하고,

<주본화엄34, 09:17>
A: 念諸[33(·)]菩薩[44(·)]行[41(·),45(ㅗ)]故[24(/)]生歡喜[41(·|),51(·)]
B: 念諸[ㄱ]菩薩[尸]行[乙,尸ㅅ灬]故[ㅿ]生歡喜[ロ尸ㅅ乙,㫆]
C: 諸ㄱ 菩薩尸 行乙 念(ㅇ)尸ㅅ灬 故ㅿ 歡喜ノ尸ㅅ乙 生(ㅣ)㫆
D: ④모든 菩薩의 行을 念하기 때문에 歡喜하는 것을 내며,

E: 보살의 행을 생각하므로 환희하고,

<주본화엄34, 09:17-18>
A: 念淸淨[12(:)]諸[33(·)]波羅蜜[41(·),45(ㅗ)]故[24(/)]生歡喜[51(·)]
B: 念淸淨[ッ1]諸[1]波羅蜜[乙,ㄕ入ᄀ]故[ㅿ]生歡喜[ゟ]
C: 淸淨ッ1 諸1 波羅蜜乙 念(ッ)ㄕ入ᄀ 故ㅿ 歡喜(ノㄕ入乙) 生(ㅣ)ゟ
D: ⑤淸淨한 모든 波羅蜜을 念하기 때문에 歡喜하는 것을 내며,
E: 청정한 바라밀다를 생각하므로 환희하고,

<주본화엄34, 09:18-19>
A: 念諸[33(·)]菩薩[44(·)]地[25(·)]殊勝[41(|·),45(ㅗ)]故[24(/)]生歡喜[41(·|),51(/·)]
B: 念諸[1]菩薩[ㄕ]地[ヒ]殊勝[ゖ1入乙,ㄕ入ᄀ]故[ㅿ]生歡喜[ゕㄕ入乙,ㅣゟ]
C: 諸1 菩薩ㄕ 地ヒ 殊勝ノ1入乙 念(ッ)ㄕ入ᄀ 故ㅿ 歡喜ノㄕ入乙 生ㅣゟ
D: ⑥모든 菩薩의 地의 殊勝한 것을 念하기 때문에 歡喜하는 것을 내며,
E: 보살의 지위가 수승함을 생각하므로 환희하고,

<주본화엄34, 09:19>
A: 念菩薩[44(·)]不可壞[24(/),25(·)?#25(:)?,12(:),35(·),41(··)]故[24(/)]生歡喜[41(·|)?,51(·)]
B: 念菩薩[ㄕ]不可壞[ㅿ,ヒ,ッ1,矢,入乙]故[ㅿ]生歡喜[ゕㄕ入乙,ゟ]
C: 菩薩ㄕ 壞(ッ)ㅿ(ㅎ){可}ヒッ1 不矢(ᄀ)入乙[125] 念(ッㄕ入ᄆ) 故ㅿ 歡喜ノㄕ入乙 生(ㅣ)ゟ
D: ⑦菩薩의 무너뜨릴 수 없는 것을 念하기 때문에 歡喜하는 것을 내며,
E: 보살의 깨뜨릴 수 없음을 생각하므로 환희하고,

<주본화엄34, 09:19-20>
A: 念如來[44(·)]敎化衆生[41(·),41(|),45(ㅗ)#45(÷)]故[24(/)]生歡喜[41(·|)?,51(·)]
B: 念如來[ㄕ]敎化衆生[乙,xㅅ乙,ㄕㅅᄆ]故[ㅿ]生歡喜[ゕㄕ入乙,ゟ]

---

125) 다음의 예를 참조할 수 있다.
　　　諸1 法ᄛ 壞ッㅎ{可}ヒッ1 <u>不矢ᄀ入乙</u> 說ㄕ矢ナㅣ <화소18:19-20>

C: 如來尸 衆生乙 敎化x入乙 念(ㇼ)尸入ᄼ 故ㅿ 歡喜ノ尸入乙 生(ㅣ)分
D: ⑧如來가 衆生을 敎化하는 것을 念하기 때문에 歡喜하는 것을 내며,
E: 여래의 중생 교화함을 생각하므로 환희하고,

<주본화엄34, 09:20-21>
A: 念能[24(·)]令衆生[41(·)]得利益[41(·),24(|),14(·.),41(·‥),45(ㅗ)]{25(·)}[126]故[24(/)]生歡喜[41(·|),51(·)]
B: 念能[攴]令衆生[乙]得利益[乙,ㅣ,ㇼ尸,入乙,尸入ᄼ]故[ㅿ]生歡喜[ㇼ尸入乙,分]
C: 能攴 衆生乙 利益乙 得(ㅣ) 令ㅣㇼ尸入乙 念(ㇼ)尸入ᄼ 故ㅿ 歡喜ノ尸入乙 生(ㅣ)分
D: ⑨능히 衆生으로 하여금 利益을 얻게 하는 것을 念하기 때문에 歡喜하는 것을 내며,
E: 능히 중생들께 이익을 얻게 함을 생각하므로 환희하고,

<주본화엄34, 09:21>
A: 念入一切如來[44(·)]智[25(·)]方便[53(·)?,41(·|)?,45(ㅗ)]故[24(/)]生歡喜[41(·|)?,55(/)]
B: 念入一切如來[尸]智[七]方便[十,ㇼ尸入乙,尸入ᄼ]故[ㅿ]生歡喜[ㇼ尸入乙,xㅣ]
C: 一切 如來尸 智七 方便十 入ノ尸入乙 念(ㇼ)尸入ᄼ 故ㅿ 歡喜ノ尸入乙 生(ㅣ)xㅣ
D: ⑩一切 如來의 智慧의 方便에 들어가는 것을 念하기 때문에 歡喜하는 것을 낸다.
E: 일체 여래의 지혜와 방편에 들어감을 생각하므로 환희 하느니라.

<주본화엄34, 09:21-22>
A: 復[42(\)]作是念[41(·),21(|)?]
B: 復[刀]作是念[乙,ナ尸丁]
C: 復刀 是 念乙 作(ㇼ)ナ尸丁
D: 또 이 念을 짓기를,
E: 또 이렇게 생각 하나니,

<주본화엄34, 09:22>
A: 我[33(·)]轉[25(·)]離一切世間[25(·)]境界[41(·),24(·),12(·.),54(\·),=45(ㅗ)]{53(·.)}[127]故[24(/)]生歡

---

126) 25(·)의 안쪽으로 호 모양의 각필선이 있다.

喜[41(·|)#41(|·),51(/·)]
B: 我[ㄱ]轉[ㄴ]離一切世間[ㄴ]境界[乙,支,x ㄱ,x |,尸入ᄊ故[㐂]生歡喜[ᄀ尸入乙,ㅣ分]
C: 我ㄱ 轉ㄴ 一切 世間ㄴ 境界乙 離支xㄱ x丨(丷)尸入ᄊ 故㐂 歡喜ノ尸入乙 生ㅣ分
D: ⑪ '나는 점점 一切 世間의 境界를 여읜다' 하기 때문에 歡喜한 것을 내며,
E: 내가 모든 세간의 경계를 점점 여의므로 환희하고,

<주본화엄34, 09:22-23>
A: 親近一切佛[41(·),34(-),24(/),12(··),54(\·),45(ㅗ)][128]故[24(/)]生歡喜[41(·|),24(|),51(·)]
B: 親近一切佛[乙,白,㐂,xㄱ,x |,尸入ᄊ]故[㐂]生歡喜[ᄀ尸入乙,ㅣ分]
C: 一切 佛乙 親近(丷)白㐂xㄱ x丨(丷)尸入ᄊ 故㐂 歡喜ノ尸入乙 生ㅣ分
D: ⑫ '一切 부처를 親近하였다' 하기 때문에 歡喜하는 것을 내며,
E: 모든 부처님을 친근하므로 환희하고,

<주본화엄34, 09:23>
A: 遠離凡夫[23(-)]地[41(·),23(|),12(··),55(\·),45(ㅗ)]故生歡喜
B: 遠離凡夫[ꯧ]地[乙,丷 3,xㄱ,3 七丨,尸入ᄊ]故生歡喜
C: 凡夫ꯧ 地乙 遠離丷 3xㄱ 3 七丨(丷)尸入ᄊ 故(㐂) 歡喜(ノ尸入乙) 生(ㅣ分)
D: ⑬ '凡夫의 地를 遠離하였다' 하기 때문에 歡喜하는 것을 내며,
E: 범부의 처지를 여의었으므로 환희하고,

<주본화엄34, 09:24>
A: 近智慧[25(·)]地[53(·),24(/),23(:),12(··),55(\·),45(ㅗ)#45(÷)]故生歡喜
B: 近智慧[ㄴ]地[十,㐂,八,xㄱ,3 七丨,尸入ᄊ]故生歡喜
C: 智慧ㄴ 地十 近㐂八ㄱ 3 七丨(丷)尸入ᄊ 故(㐂) 歡喜(ノ尸入乙) 生(ㅣ分)
D: ⑭ '智慧의 地에 가까워졌다' 하기 때문에 歡喜하는 것을 내며,
E: 지혜의 자리에 가까워지므로 환희하고,

---

127) 53(··)을 해독에 반영할 가능성도 있다.
128) 23 위치에 뭔가 기입했다가 지운 흔적이 있다.

周本『華嚴經』卷第三十四 295

<주본화엄34, 09:24-10:01>
A: 永[24(/)]斷一切惡趣[41(·),23(|),12(··),55(\·),45(ㅗ)]故生歡喜
B: 永[ㅿ]斷一切惡趣[乙,ㅅㆍ,xㄱ,ㆎ七|,尸入ㅡ]故生歡喜
C: 永ㅿ 一切 惡趣乙 斷ㅅㆍxㄱ ㆎ七|(ㅅ)尸入ㅡ 故(ㅿ) 歡喜(ノ尸入乙) 生(ㅣㄲ)
D: ⑮'길이 一切 惡趣를 斷하였다' 하기 때문에 歡喜하는 것을 내며,
E: 모든 나쁜 갈래를 아주 끊었으므로 환희하고,

<주본화엄34, 10:01>
A: 與一切衆生[23(-),43(·)]作依止處[14(i)#14(!),41(··)#41(-),24(/),12(··),55(\·),45(ㅗ)][129]故生歡喜[51(·)]
B: 與一切衆生[ㆌ,ㆎ]作依止處[ㅣ尸,入乙,ㅿ,xㄱ,ㆎ七|,尸入ㅡ]故生歡喜[ㄲ]
C: 一切 衆生ㆌ {與}ㆎ[130] 依止處ㅣ尸入乙 作(ㅅ)ㅿxㄱ ㆎ七|(ㅅ)尸入ㅡ 故(ㅿ) 歡喜(ノ尸入乙) 生(ㅣ)ㄲ
D: ⑯'일체 중생을 위하여 依止處가 되었다' 하기 때문에 환희하는 것을 내며,
E: 일체 중생의 의지할 곳이 되므로 환희하고,

<주본화엄34, 10:01-02>
A: 見一切如來[41(·),34(-),24(/),12(··),55(\·),45(ㅗ)]故生歡喜
B: 見一切如來[乙,白,ㅿ,xㄱ,ㆎ七|,尸入ㅡ]故生歡喜
C: 一切 如來乙 見白ㅿxㄱ ㆎ七|(ㅅ)尸入ㅡ 故(ㅿ) 歡喜(ノ尸入乙) 生(ㅣㄲ)
D: ⑰'일체 여래를 뵈었다' 하기 때문에 환희하는 것을 내며,
E: 일체 여래를 뵈오므로 환희하고,

<주본화엄34, 10:02>
A: 生佛境界[25(·)?]中[53(·),24(/),12(··),55(\·)#55(\),45(ㅗ)]故生歡喜
B: 生佛境界[七]中[十,ㅿ,xㄱ,ㆎ七|,尸入ㅡ]故生歡喜
C: 佛 境界七 中十 生ㅿxㄱxㅣ(ㅅ)尸入ㅡ 故(ㅿ) 歡喜(ノ尸入乙) 生(ㅣㄲ)

---

129) 1행의 '處'자와 2행의 '界'자에 걸쳐서 타원을 그리듯이 각필선이 그어져 있다.
130) 다음을 참조할 수 있다.
    云何 得ㆎ尔 一切 衆生ㆌ {與}ㆎ 依ㅣ尸{爲}入乙ㅅㄱ <화엄02:06-07>

296 第二部 判讀과 解讀 및 飜譯

D: ⑱'부처 境界의 가운데에 났다' 하기 때문에 환희하는 것을 내며,
E: 부처님의 경계에 났으므로 환희하고,

<주본화엄34, 10:02-03>
A: 入一切菩薩平等性[25(·)]中[53(·)]故生歡喜
B: 入一切菩薩平等性[ㄴ]中[十]故生歡喜
C: 一切 菩薩 平等性ㄴ 中十 入(厶ㄱxㅣㅅ尸入灬) 故(去) 歡喜(ノ尸入乙) 生(ㅣ㑷)
D: ⑲'일체 보살 平等性의 가운데에 들어갔다' 하기 때문에 환희하는 것을 내며,
E: 일체 보살의 평등한 성품에 들어갔으므로 환희하고,

<주본화엄34, 10:03-04>
A: 遠離一切怖畏[25(ㅣ)]#25(·)?]毛豎等[25(··)]事[41(·),23(ㅣ)]#23(:),12(·.),55(\·),45(ㅗ)]故[24(/)]生歡喜[41(·ㅣ)?,24(ㅣ),55(/)]
B: 遠離一切怖畏[令ㄴ]毛豎等[ㅌㄴ]事[乙,ㅅ𠂆,xㄱ,𠂆ㄴㅣ,尸入灬]故[去]生歡喜[⺍尸入乙,ㅣㅣxㅣ]
C: 一切 怖畏(ㅅ)令ㄴ 毛豎 等(ㅅ)ㅌㄴ 事乙 遠離ㅅ𠂆xㄱxㅣ(ㅅ)尸入灬 故去 歡喜ノ尸入乙 生 ㅣㅣxㅣ
D: ⑳'일체 두려워할, 털이 곤두서는 것 등의 일을 멀리 여의었다' 하기 때문에 환희하는 것을 낸다.
E: 온갖 무섭고 털이 곤두서는 일을 여의었으므로 환희하느니라 합니다.

<주본화엄34, 10:04-05>
A: 何以故[31(·.),15(·)?]此菩薩[33(·)]得歡喜地[41(·),44(·)]已[43(·),23(ㅣ),12(:)]所有[33(·),25(·)]怖畏[41(·)]悉[34(ㅣ)]得[43(ㅣ)]遠離[14(·ㅣ)?,45(··),55(.·)]
B: 何以故[ナ禾,入ㄱ]此菩薩[ㄱ]得歡喜地[乙,尸]已[氵,ㅅ𠂆,ㅅㄱ]所有[ㄱ,ㄴ]怖畏[乙]悉[𠂆]得[𠂆]㐌遠離[x尸,入灬,ナㅣ]
C: 何以故(ㅊㅅ)ナ禾(尸)入ㄱ 此 菩薩ㄱ 歡喜地乙 得尸 已氵ㅅ𠂆ㅅㄱ 有ㄱ 所ㄴ 怖畏乙 悉𠂆 得𠂆㐌 遠離x尸入灬(ㅣㅣ)ナㅣ
D: 무슨 까닭인가 하면, 이 보살은 歡喜地를 얻고 나서는 있는 바의 두려움을 모두 능히 멀리 여의기 때문이다.

E: 무슨 까닭인가. 이 보살이 환희지를 얻고는 온갖 두려움을 모두 멀리 여의는 것이니,

<주본화엄34, 10:05-07>

A: 所謂[12(·),33(·)]不活[25(·)]畏[24(·)?,14(·.)#14(\),21(·)]惡名[25(·)]畏[24(·),14(·.)#14(\),21(·)]死[25(·)]畏[24(·),14(·.)#14(\),21(·)]惡道[25(·)]畏大衆威德[25(·)]畏[24(·),14(·.)?#14(·)?-중복선,21(·)]如是[12(:)]怖畏[41(·)]皆[25(·)]得[43(|)]永[24(/)]離[24(·),55(/)]

B: 所謂[ㄱ,ㄱ]不活[ヒ]畏[ㅊ,ㄲㄹ,ㄱ]惡名[ヒ]畏[ㅊ,ㄲㄹ,ㄱ]死[ヒ]畏[ㅊ,ㄲㄹ,ㄱ]惡道[ヒ]畏大衆威德[ヒ]畏[ㅊ,ㄲㄹ중복,ㄱ]如是[ㄴㄱ ㄴ]怖畏[乙]皆[ヒ]得[ㅋ 尒]永[厶]離[ㅊ,×ㅣ]

C: 謂(ノ)ㄱ 所ㄱ 不活ヒ 畏ㅊノ尸ㄱ¹³¹⁾ 惡名ヒ 畏ㅊノ尸ㄱ 死ヒ 畏ㅊノ尸ㄱ 惡道ヒ 畏(ㅊノ尸ㄱ) 大衆 威德ヒ 畏ㅊノ尸ㄱ×尸 是 如(ㅊ)ㄴㄱ 怖畏乙 皆ヒ 得 ㅋ 尒 永厶 離ㅊ×ㅣ

D: 즉, ①不活에 대한 두려워함이니, ②惡名에 대한 두려워함이니, ③죽음에 대한 두려워함이니, ④惡道에 대한 두려워함이니, ⑤대중 위덕에 대한 두려워함이니 하는 이 같은 두려움을 모두 능히 영원히 여원다.¹³²⁾

E: 이른바 살아갈 수 없는 것에 대한 두려움[不活畏]·나쁜 이름이 날 것에 대한 두려움[惡名畏]·죽음에 대한 두려움[死畏]·나쁜 갈래에 대한 두려움[惡道畏]·대중의 위덕에 대한 두려움[大衆威德畏]인데, 이런 두려움을 아주 다 여읩니다.

<주본화엄34, 10:07-08>

A: 何以故[31(·.),15(·)]此菩薩[33(·)]離我想[41(·),24(·),12(:),45(··)]故[24(·)]尚[24(|)]不愛自[23(-)]身[41(·),44(·),21(·|)?,55(/)]何[11(·)]況[51(·)]資財[53(·),31(··),33(·)#33(·.),33(\),52(ㅜ)]¹³³⁾

---

131) 다음을 참고할 수 있다.
　　 飢饉ヒ 畏ノ尸入乙 無ㅣㄴㅎ 非人ヒ 畏ノ尸入乙 無ㅣㄴㅎ <금광15:08-09>
132) '不活에 대해 두려워하는 것이니'나 '不活의 두려움이니' 정도의 의미를 지닌다. D의 현대역은 표현이 정확하지 않다. 동사의 활용형 앞에 나타난 속격을 목적어적 속격으로 해석할 가능성, 'ㅊ'를 如구문과 관련시켜 해석할 가능성도 있다.
133) '財'의 오른 편에 각필로 '□'를 그리고 난상에 각필로 □의 안팎에 점과 선을 추가하였다. 난상에 표시된 점과 선은 31(··), 34(·), 33(\), 11(·)이다. '何以故'가 '何況' 이전까지 걸리는지 이후까지 걸리는지에 따라 '11(·)'이 가장 먼저 해석될 수도 있고, 가장 나중에 해석될 수도 있을 듯하다. 후자의 해석을 따르면 다음과 같다.
　　 A: 資財[31(··),34(·),33(\),11(·)]
　　 B: 資財[ノ禾,ㅁ,彳×ㄹ]

B: 何以故[ナヰ,入ㄱ]此菩薩[ㄱ]離我想[乙,攴,ソㄱ,入灬]故[攴]尚[刂]不愛自[ㅋ]身[乙,尸,X,xㅣ]何[ミ]況[尔]資財[十,ノヰ,ㄱ,彳,X]

C: 何以故(ミソ)ナヰ(尸)入ㄱ 此 菩薩ㄱ 我想乙 離攴ソㄱ入灬 故攴 尚刂 自ㅋ 身乙 愛尸 不Xxㅣ 何(七)ミ 況尔 資財十ノヰㄱ彳X[134]

D: 무슨 까닭인가 하면, '이 보살은 我想을 여의었기 때문에 오히려 자기의 몸을 아끼지 않는다. 어찌 하물며 재물에 있어서랴' 함이다.

E: 왜냐 하면 이 보살이 내[我]란 고집을 떠났으므로 내 몸도 아끼지 않거든, 하물며 재물이리요.

<주본화엄34, 10:08>

A: 是故[45(·)]無有不活[25(·)#25(:)]畏[24(·),14(··)#14(\),51(·)#51(·.)]

B: 是故[灬]無有不活[七]畏[攴,ノ尸,尔]

C: 是 故灬 不活七 畏攴ノ尸 無有(七)尔

D: ①이러한 까닭으로 不活에 대한 두려워함 없으며,

E: 그러므로 살아갈 수 없는 것에 대한 두려움이 없습니다.

<주본화엄34, 10:08-09>

A: 不於他[23(-)]所[53(··)]希求供養[41(·|),44(·),23(|)]唯[23(:)]專[24(\)]給施一切衆生[53(|)?,45(ㅗ)]

B: 不於他[ㅋ]所[ㅣ十]希求供養[ㅁ尸入乙,尸,ソ3]唯[八]專[ㅁ]給施一切衆生[ㅋ十,尸入灬]

C: {於}他ㅋ {所}ㅣ十[135] 供養ノ尸入乙 希求尸 不ソ3 唯八 專ㅁ 一切 衆生ㅋ十 給施(ソ)尸入灬

D: 다른 것에 공양하는 것을 希求하지 않아 오직 일체 중생에게 給施하기 때문에

E: 다른 이에게 공양을 바라지 않고 일체 중생에게 보시만 하나니

C: 資財(十)ノヰㅁ(ㄱ)彳xミ
134) 다음을 참조할 수 있다.
何七ミ 況尔 量 無尔 邊尸 無 劫3十 具ㅋ 地度乙 修七?七七 諸ㄱ 功德刂ㅁ七ㄱ彳 <화엄09:06>
135) 53(··)은 박진호(2004)의 점도에 'ㅣ十'로 되어 있다. 일반적으로 자토석독구결에서 '所'에는 '3十'가 붙는다.

<주본화엄34, 10:09>
A: 是故[45(·)]無有惡名[25(·)]畏[24(·),14(·.)#14(\),25(·),51(·)?]
B: 是故[灬]無有惡名[七]畏[攴,ㄨア,七,分]
C: 是 故灬 惡名七 畏攴ノア 無有七分
D: ②이러한 까닭으로 惡名에 대한 두려워함 없으며,
E: 그러므로 나쁜 이름이 날 것에 대한 두려움이 없습니다.

<주본화엄34, 10:10>
A: 遠離我見[41(·),23(|)]無有我想[45(ㅜ)]#45(ㅗ)]
B: 遠離我見[乙,ㅄ 3]無有我想[ㄱ 入灬]
C: 我見乙 遠離ㅄ 3 我想 無有(七)ㄱ 入灬
D: 我見을 遠離하여 我想이 없기 때문에
E: 나란 소견을 여의어 나라는 생각이 없나니,

<주본화엄34, 10:10>
A: 是故[45(·)]無有死[25(·)]畏[24(·),14(·.)]
B: 是故[灬]無有死[七]畏[攴,ㄨア]
C: ③是 故灬 死七 畏攴ノア 無有(七分)
D: 이러한 까닭으로 죽음에 대한 두려워함 없으며,
E: 그러므로 죽음에 대한 두려움이 없고,

<주본화엄34, 10:10-11>
A: 自[45(·)]知死[44(·)]已[43(·),52(/),33(·)]決定[136]不離諸[33(·)]佛[35(·),24(|)]菩薩[41(·),24(·),41(·|),45(ㅗ)]
B: 自[灬]知死[ア]已[氵,3 ハ,ㄱ]決定不離諸[ㄱ]佛[ㅌ,刂]菩薩[乙,攴,ㄨア入乙,ア入灬]
C: 自灬 死ア 已氵(ㅄ)3 ハㄱ 決定 諸ㄱ 佛ㅌ刂 菩薩乙 離攴(ア) 不ノア入乙 知ア入灬

---

136) 決定밑의 각필선을 술목선으로 파악하면 '自灬 死 知ア 已氵(ㅄ)3 ハㄱ 諸ㄱ 佛刂 菩薩乙 離攴(ア) 不ノア入乙 決定(ㅄ)ア入灬'로 볼 수 있다.

D: 스스로 죽고 나서는 결정코 모든 부처와 보살을 떠나지 아니함을 알기 때문에
E: 자기가 죽어도 결정코 부처님이나 보살을 떠나지 아니할 줄 아나니,

<주본화엄34, 10:11>
A: 是故[45(·)]無有惡道[25(·)?]畏[24(·),14(·.)#14(\),25(·)#25(:),51(·)]
B: 是故[灬]無有惡道[七]畏[攴,罒尸,七,分]
C: 是 故灬 惡道七 畏攴ノ尸 無有七分
D: ④이러한 까닭으로 惡道에 대한 두려워함 없으며,
E: 그러므로 나쁜 갈래에 대한 두려움이 없고,

<주본화엄34, 10:11-12>
A: 我[23(-)]所志樂[12(·),33(·)]一切世間[53(·)]無與[25(·)]等[34(|),23(|),33(·),55(\·)?]{33(\)}者何[11(·)]
   況[51(·)]有勝[13(|)#13(i)#13(|·),25(·),31(:)?,44(·),34(·),45(ㅗ)#45(÷)]
B: 我[ㆁ]所志樂[ㄱ,ㄱ]一切世間[十]無與[七]等[ㅿ,ᄂ,ㅿ,ㄱ,ㅿ七丨]者何[ㆍ]況[分]有勝[x令,七,x禾,尸,口,尸入灬]
C: 我ㆁ 志樂(ノ)ㄱ 所ㄱ 一切 世間十 與七 等ㅿᄂㅿㄱ 無x丨{者} 何(七)ㆍ 況分¹³⁷⁾ 勝x令 有
   七x禾尸口(ᄂ)尸入灬
D: '나의 志樂한 바는 일체 세간에 더불어 동등한 것이 없다. 어찌 하물며 나은 것이 있겠는가?' 하기 때문에
E: 내가 좋아하는 것은 일체 세간에서 동등할 이도 없거늘, 어찌 나을 이가 있으리요

<주본화엄34, 10:12-13>
A: 是故[45(·)]無有大衆威德[25(·)]畏[24(·),14(··),25(·),31(:),21(·|)]
B: 是故[灬]無有大衆威德[七]畏[攴,罒尸,七,x禾,四]
C: 是 故灬 大衆 威德七 畏攴ノ尸 無有七x禾四
D: ⑤이러한 까닭으로 大衆 威德에 대한 두려워함이 없을 것이라서

---

137) 다음을 참조할 수 있다.
　　 與七누 等ㅿᄂㅿ令 無七ナ丨 何七ㆍ 況分 量 無分 邊尸 無 劫ㅿ十 具罒 地度乙 修七七七 諸ㄱ 功德
　　 리口七ㄱ ㅓ <화엄09:05>

E: 그러므로 대중의 위덕에 대한 두려움이 없습니다.

<주본화엄34, 10:13-14>
A: 菩薩[33(·)]如是[24(·)]遠離驚怖[25(|)]毛豎等[25(··)]事[41(·),55(/),경계선]
B: 菩薩[ㄱ]如是[ㅎ]遠離驚怖[ㅅㄴ]毛豎等[ㅌㄴ]事[乙,xㅣ]
C: 菩薩ㄱ 是 如ㅎ 驚怖(ㅆ)ㅅㄴ 毛豎 等(ㅆ)ㅌㄴ 事乙 遠離xㅣ
D: 보살은 이 같이 驚怖할, 털이 곤두서는 것 등의 일을 멀리 여읜다.
E: 보살이 이와 같이 두려움과 털이 곤두서는 일을 멀리 여읩니다.

<주본화엄34, 10:15-16>
A: 佛子此菩薩[33(·)]以大悲[41(·),34(|)]爲首[43(·),22(·)]廣[22(·)]大[22(·),25(··)]志樂[41(·)?,23(|)]無能[35(·)]沮壞[13(!),25(·),22(·),23(|)]
B: 佛子此菩薩[ㄱ]以大悲[乙,ㆎ]爲首[ㆌㆆ]廣[ㆆ]大[ㆆ,ㅌㄴ]志樂[乙,ㅆㆎ]無能[矢]沮壞[ㆌ수,ㄴ,ㆆ,ㅆㆎ]
C: 佛子(ㆌ) 此 菩薩ㄱ 大悲乙 以ㆎ 首{爲}ㆌㆆ 廣(ㅆ)ㆆ 大(ㅆ)ㆆ(ㅆ)ㅌㄴ 志樂乙ㅆㆎ 能矢 沮壞(ㅆ)ㆌ수 無ㄴㆆㅆㆎ
D: 불자여, 이 보살은 大悲로써 머리 삼고, 넓고 크고 한 志樂을 하여 능히 沮壞할 이가 없고 하여,
E: 불자들이여, 이 보살이 대비(大悲)로 으뜸을 삼는 광대한 뜻을 저해할 이가 없고,

<주본화엄34, 10:16>
A: 轉[25(·)]更[34(|)]勤[25(·)]修一切善根[41(·),23(|)]而[45(·)]得[43(|)]成就[55(/)]
B: 轉[ㄴ]更[ㆌ]勤[ㄴ]修一切善根[乙,ㆍㆎ]而[ㆍㆍ]得[ㆌホ]成就[xㅣ]
C: 轉ㄴ 更ㆌ 勤ㄴ 一切 善根乙 修ㆍㆎ 而ㆍㆍ 得ㆌホ 成就xㅣ
D: 점점 다시 부지런히 일체 선근을 닦아 능히 성취한다.
E: 점점 부지런히 모든 선근을 닦아서 성취하나니,

<주본화엄34, 10:16-17>[138]
A: 所謂[12(·),33(·)]信增上[45(丅)]#45(÷)#45(ㅗ)]故[51(/·)]

B: 所謂[ㄱ,ㄱ]信增上[ㄱ 入灬]故[ㅣ 彡]
C: 謂(丷)ㄱ 所ㄱ 信 增上(丷)ㄱ 入灬{故}ㅣ彡
D: 즉, ①믿음이 增上하기 때문이며,
E: 이른바 신심이 느는 연고며,

<주본화엄34, 10:17>
A: 多[술목션]淨信[45(丁)#45(÷)#45(⊥)]故[51(·)]
B: 多淨信[ㄱ 入灬]故[彡]
C: 淨信 多ㄱ 入灬{故}(ㅣ)彡
D: ②청정한 믿음이 많기 때문이며,
E: 청정한 신심이 많아지는 연고며,

<주본화엄34, 10:17>
A: 解淸淨[45(丁)][139] 故[51(·)]
B: 解淸淨[ㄱ 入灬]故[彡]
C: 解 淸淨(丷)ㄱ 入灬{故}(ㅣ)彡
D: ③解가 淸淨하기 때문이며,
E: 지혜[解]가 청정한 연고며,

<주본화엄34, 10:17>
A: 信決定故
B: 信決定故
C: 信 決定(丷)ㄱ 入灬{故}(ㅣ彡)
D: ④信이 決定하기 때문이며,
E: 믿음이 결정한 연고며,

---

138) 17행 난상에 황토색 不審紙가 붙어 있다.
139) 解淸淨을 관통하는 각필선이 있다. 합부로 볼 가능성도 있다.

<주본화엄34, 10:17-18>

A: 發生悲愍[41(·)]故

B: 發生悲愍[乙]故

C: 悲愍乙 發生(ᄉㄱ入ᄱ){故}(ㅣ㇁)

D: ⑤悲愍을 발생시켰기 때문이며,

E: 가엾이 여기는 생각을 내는 연고며,

<주본화엄34, 10:18>

A: 成就大慈[41(·)]故{24(·)}

B: 成就大慈[乙]故

C: 大慈乙 成就(ᄉㄱ入ᄱ){故}(ㅣ㇁)

D: ⑥大慈를 성취하였기 때문이며,

E: 크게 인자함을 성취하는 연고며,

<주본화엄34, 10:18>

A: 心[42(ㅣ)]無疲懈[44(·),25(·)]故

B: 心[ㆆ]無疲懈[尸,七]故

C: 心ㆆ 疲懈尸 無七(ㄱ入ᄱ){故}(ㅣ㇁)

D: ⑦마음이 疲懈함 없기 때문이며,

E: 고달픈 마음이 없는 연고며,

<주본화엄34, 10:18>

A: 慙愧[45(·)]莊嚴故

B: 慙愧[ᄱ]莊嚴故

C: 慙愧ᄱ 莊嚴(ᄉㄱ入ᄱ){故}(ㅣ㇁)

D: ⑧慙愧로 莊嚴하였기 때문이며,

E: 부끄러움으로 장엄하는 연고며,

304   第二部 判讀과 解讀 및 飜譯

<주본화엄34, 10:19>
A: 成就柔和[41(·),45(丁)]故
B: 成就柔和[乙,ㄱ 入 ㎜]故
C: 柔和乙 成就(ㆍ)ㄱ 入 ㎜{故}(丨分)
D: ⑨柔和를 성취하였기 때문이며,
E: 화순함을 성취한 연고며,

<주본화엄34, 10:19>
A: 敬順尊重諸[33(·)]佛[35(·)]教法[41(·),22(·)-중복선[140],45(⊥)]故[51(·)]
B: 敬順尊重諸[ㄱ]佛[㆑]教法[乙,ㆄ중복,尸 入 ㎜]故[分]
C: 諸ㄱ 佛㆑ 教法乙 敬順(ㆍ)ㆄ 尊重(ㆍ)ㆄ(ㆍ)尸 入 ㎜{故}(丨)分
D: ⑩모든 부처의 教法을 敬順하고 존중하고 하기 때문이며,
E: 부처님의 가르치신 법을 공경하고 존중하는 연고입니다.

<주본화엄34, 10:19-20>
A: 日夜[53(·)]修集善根[41(·),13(··)]無厭足[44(·),24(|),45(⊥),경계선]故
B: 日夜[+]修集善根[乙,ㆆ尸厶]無厭足[尸,丨,尸 入 ㎜]故
C: 日夜十 善根乙 修集ノ尸厶 厭足尸 無丨(ㆍ)尸 入 ㎜{故}(丨分)
D: ⑪밤낮으로 善根을 修集함에 있어 厭足함 없이 하기 때문이며,
E: 밤낮으로 선근을 닦아 만족함이 없는 연고며,

<주본화엄34, 10:20>
A: 親近善知識[41(·),45(⊥)]故
B: 親近善知識[乙,尸 入 ㎜]故
C: 善知識乙 親近(ㆍ)尸 入 ㎜{故}(丨分)
D: ⑫善知識을 親近하기 때문이며,
E: 선지식을 친근하는 연고며,

---

140) '22(·)'을 둘러싼 원이 있는 중복선이다.

<주본화엄34, 10:20-21>

A: 常[24(|)]愛樂法[41(·),45(ㅗ)]故
B: 常[ㅣ]愛樂法[乙,尸入灬]故
C: 常ㅣ 法乙 愛樂(ㅄ)尸入灬{故}(ㅣ㣇)
D: ⑬항상 법을 愛樂하기 때문이며,
E: 항상 법을 사랑하는 연고며,

<주본화엄34, 10:21>

A: 求多聞[41(·),13(··)]無厭足[44(·),24(|),45(ㅗ)]故
B: 求多聞[乙,ㅁ尸ㅿ]無厭足[尸,ㅣ,尸入灬]故
C: 多聞乙 求ノ尸ㅿ 厭足尸 無ㅣ(ㅄ)尸入灬{故}(ㅣ㣇)
D: ⑭多聞을 구함에 있어 厭足함 없이 하기 때문이며,
E: 많이 알기를 구하여 만족을 모르는 연고며,

<주본화엄34, 10:21>

A: 如所聞[12(··),25(·)]法[41(·),24(-)]正[25(·)]觀察[45(ㅗ)]故
B: 如所聞[ㅁㄱ,七]法[乙,恵]正[七]觀察[尸入灬]故
C: 聞ㅁㄱ 所七 法乙 如恵 正七 觀察(ㅄ)尸入灬{故}(ㅣ㣇)
D: ⑮들은 바의 법과 같이 바르게 관찰하기 때문이며,
E: 들은 법대로 관찰하는 연고며,

<주본화엄34, 10:21-22>

A: 心[42(|)]無依著[14(·),45(ㅜ)]#45(÷)#45(ㅗ)]故[51(·)]
B: 心[ㆆ]無依著[尸,ㄱ入灬]故[㣇]
C: 心ㆆ 依著尸 無ㄱ入灬{故}(ㅣ㣇)
D: ⑯마음에 依着함 없기 때문이며,
E: 마음에 의탁함이 없는 연고며,

<주본화엄34, 10:22>

A: 不耽著利養[11(·)]名聞[11(·)]恭敬[11(·),13(/),53(|),44(·),45(ㅗ)]故[51(·)]

B: 不耽著利養[ㆍ]名聞[ㆍ]恭敬[ㆍ,ㅅ슈,ㅋ十,尸,尸入灬]故[分]

C: 利養ㆍ 名聞ㆍ 恭敬ㆍ ノ수ㅋ十 耽著尸 不(ㅄ)尸入灬{故}(ㅣ)分

D: ⑰利養이니 名聞이니 恭敬이니 하는 것에 耽着하지 않기 때문이며,

E: 이양이나 명예나 공경 받기를 탐하지 않는 연고며,

<주본화엄34, 10:22-23>

A: 不求一切資生[25(·)]之物[25(·),41(·),44(·),45(ㅗ)]故[51(·)]

B: 不求一切資生[ㄴ]之物[ㄴ,乙,尸,尸入灬]故[分]

C: 一切 資生ㄴ{之} 物ㄴ乙 求尸 不(ㅄ)尸入灬{故}(ㅣ)分

D: ⑱일체 資生의 물품을 구하지 않기 때문이며,

E: 온갖 살아갈 물품을 구하지 않는 연고며,

<주본화엄34, 10:23>

A: 生如寶[24(·),25(··)#25(·)]心[42(|),41(·),24(|),13(··)]無厭足[44(·),24(|)]故

B: 生如寶[支,ヒㄴ,心[古,乙,刂,xㅿ]無厭足[尸,刂]故

C: 寶 如支(ㅄ)ヒㄴ 心古乙 生刂xㅿ 厭足尸 無刂(ㅄ尸入灬){故}(刂分)

D: ⑲보물 같은 마음을 냄에 있어 厭足함 없이 하기 때문이며,

E: 보물 같은 마음을 내어 만족함이 없는 연고니라.

<주본화엄34, 10:23-24>

A: 求一切智地[41(·)]故

B: 求一切智地[乙]故

C: 一切智地乙 求(ㅄ尸入灬){故}(刂分)

D: ⑳一切智地를 구하기 때문이며,

E: 온갖 지혜의 지(地)를 구하는 연고며,

<주본화엄34, 10:24>

A: 求如來[44(·)]力[11(·)]無畏[11(·)]不共佛法[11(·),41(:)?#41(·)]故

B: 求如來[尸]力[氵]無畏[氵]不共佛法[氵,ㅁ令乙]故

C: 如來尸 力氵 無畏氵 不共佛法氵ノ令乙 求(ゾ尸入灬){故}(ㅣ分)

D: ㉑여래의 (十)力이니 (四)無畏이니 (十八)不共佛法이니 하는 것을 구하기 때문이며,

E: 여래의 힘[力]과 두려움 없음[無所畏]과 함께하지 않는 불법[不共佛法]을 구하는 연고며,

<주본화엄34, 10:24-11:01>

A: 求諸[33(·)]波羅蜜[25(·)]助道法[41(·)]故

B: 求諸[ㄱ]波羅蜜[七]助道法[乙]故

C: 諸ㄱ 波羅蜜七 助道法乙 求(ゾ尸入灬){故}(ㅣ分)

D: ㉒모든 波羅蜜의 (三十七)助道法을 구하기 때문이며,

E: 모든 바라밀다의 도를 돕는 법[助道法]을 구하는 연고며,

<주본화엄34, 11:01>

A: 離諸[33(·)]諂誑[41(·),24(·),45(丁)]故

B: 離諸[ㄱ]諂誑[乙,攴,ㄱ入灬]故

C: 諸ㄱ 諂誑乙 離攴ㄱ入灬{故}(ㅣ分)

D: ㉓모든 諂誑을 여의었기 때문이며,

E: 모든 아첨과 속임을 여의는 연고며,

<주본화엄34, 11:01>

A: 如說[12(·.),24(·)]能[24(·)]行[45(⊥)#45(÷)]故

B: 如說[ゝㄱ,攴]能[攴]行[尸入灬]故

C: 說ゝㄱ 如攴 能攴 行(ゝ)尸入灬{故}(ㅣ分)

D: ㉔說한 대로 능히 행하기 때문이며,

E: 말한 대로 행하는 연고며,

<주본화엄34, 11:01-02>
A: 常[24(|)]護實語[41(·),45(ㅗ)#45(÷)]故
B: 常[ㅣ]護實語[乙,尸入灬]故
C: 常ㅣ 實語乙 護(ㄴ)尸入灬{故}(ㅣ፦)
D: ㉕항상 實語를 斗護하기 때문이며,
E: 진실한 말을 항상 두호하는 연고며,

<주본화엄34, 11:02>
A: 不汙如來[44(·)]家[41(·),34(|)#34(!),44(·),45(ㅗ)]故
B: 不汙如來[尸]家[乙,ㅎ,尸,尸入灬]故
C: 如來尸 家乙 汙ㅎ尸 不(ㄴ)尸入灬{故}(ㅣ፦)
D: ㉖여래의 가문을 더럽히지 않기 때문이며,
E: 여래의 가문을 더럽히지 않는 연고며,

<주본화엄34, 11:02>
A: 不捨菩薩[44(·)]戒[41(·),44(·)]故
B: 不捨菩薩[尸]戒[乙,尸]故
C: 菩薩尸 戒乙 捨尸 不(ㄴ尸入灬){故}(ㅣ፦)
D: ㉗보살의 계율을 버리지 않기 때문이며,
E: 보살의 계율을 버리지 않는 연고며,

<주본화엄34, 11:02-03>
A: 生一切智[41(·),24(|),13(··)]心[42(|),24(|)]如山王[24(·),52(/)]不動[44(·)]故
B: 生一切智[乙,ㅣ,xム]心[ㅎ,ㅣ]如山王[ㅎ,ㅎㅅ]不動[尸]故
C: 一切智乙 生ㅣxム 心ㅎㅣ 山王 如ㅎ(ㄴ)ㅎㅅ 動尸 不(ㄴ尸入灬){故}(ㅣ፦)
D: ㉘一切智를 내되 마음이 山王 같아서 움직이지 않기 때문이며,
E: 온갖 지혜의 마음을 내어 산과 같이 동하지 않는 연고며,

<주본화엄34, 11:03-04>
A: 不捨一切世間[25(·)]事[41(·),44(·),11(/)]成就出世間[25(·)]道[41(·),45(ㅗ)#45(÷)]故
B: 不捨一切世間[七]事[乙,尸,ナ수;]成就出世間[七]道[乙,尸入ㅇ]故
C: 一切 世間七 事乙 捨尸 不(ゝ)ナ수; 出世間七 道乙 成就(ゝ)尸入ㅇ{故}(ㅣ分)
D: ㉙일체 世間의 일을 버리지 않고도 出世間의 도를 성취하기 때문이며,
E: 일체 세간의 일을 버리지 않고 출세간의 도를 성취하는 연고며,

<주본화엄34, 11:04>
A: 集助菩提分[25(·)]法[41(·),13(..)]¹⁴¹⁾無厭足[44(·),24(ㅣ)]故
B: 集助菩提分[七]法[乙,ㄨㅿ]無厭足[尸,ㅣ]故
C: 助菩提分七 法乙 集ㄨㅿ 厭足尸 無ㅣ(ゝ尸入ㅇ){故}(ㅣ分)
D: ㉚助菩提分의 법을 모음에 있어 싫증냄 없이 하기 때문이며,
E: 보리를 돕는 부분 법을 모으되 만족함이 없는 연고며,

<주본화엄34, 11:05>
A: 常[24(ㅣ)]求上上殊勝道[41(·),45(ㅗ)#45(÷)]故[55(·)]
B: 常[ㅣ]求上上殊勝道[乙,尸入ㅇ]故[ナㅣ]
C: 常ㅣ 上上殊勝道乙 求(ゝ)尸入ㅇ{故}(ㅣ)ナㅣ
D: ㉛항상 上上殊勝道를 구하기 때문이다.
E: 상지상의 수승한 도를 항상 구하는 연고니라.

<주본화엄34, 11:05-06>¹⁴²⁾
A: 佛子[34(ㅣ)]菩薩[24(ㅣ)]成就如是[12(:)]淨治[술목션]地[41(·),25(ㅣ)]法[41(·),14(·ㅣ),41(··)]名[53(·.)]爲安住菩薩[44(·)]歡喜地[53(·),12(丁)#12(:),21(·)?,31(··),55(·.)]
B: 佛子[;]菩薩[ㅣ]成就如是[ゝㄱ]淨治地[乙,令七]法[乙,ㄨ尸,入乙]名[下]爲安住菩薩[尸]歡喜地[十,ㄨㄱ,丁,ㅁ禾,ナㅣ]

---

141) '24(\)'이 있을 가능성도 있다.
142) 6행 난상에 황토색 不審紙가 붙어 있다.

C: 佛子 ℑ 菩薩 ∥ 是 如(支)ㆍㄱ 地乙 淨治(ㆍ)ㅅㅌ 法乙 成就xㄕㅅ乙 名下 {爲}菩薩ㄕ 歡喜地十 安住xㄱ丁ノㅼㅣ

D: 불자여, 보살이 이 같은, 地를 淨治하는 법을 성취하는 것을 일컬어, 보살의 歡喜地에 安住한 것이라고 한다.

E: 불자여, 보살이 이와 같이 깨끗이 다스리는 <지>의 법을 성취하는 것을 보살의 환희지에 편안히 머무른다 하느니라.

<주본화엄34, 11:07-08>

A: 佛子[34(|)]菩薩[33(ㆍ)]住此歡喜地[53(ㆍ),23(|)?,12(:)#12(|)]能[24(ㆍ)]成就如是[12(:)]大誓願[11(ㆍ)] 如是[12(:)]大勇猛[11(ㆍ)]如是[12(:)]大作用[11(ㆍ),41(:),55(/)]

B: 佛子[ℑ]菩薩[ㄱ]住此歡喜地[十,ㆍㅑ,ㆍㄱ]能[支]成就如是[ㆍㄱ]大誓願[ℑ]如是[ㆍㄱ]大勇猛[ℑ]如是[ㆍㄱ]大作用[ℑ,ノㆁ乙,xㅣ]

C: 佛子 ℑ 菩薩ㄱ 此 歡喜地十 住ㆍㅑㆍㄱ 能支 是 如(支)ㆍㄱ 大誓願ℑ 是 如(支)ㆍㄱ 大勇猛ℑ 是 如(支)ㆍㄱ 大作用ℑノㆁ乙 成就xㅣ

D: 불자여, 보살은 이 歡喜地에 住하여서는 능히 이 같은 大誓願이니 이 같은 大勇猛이니 이 같은 大作用이니 하는 것을 성취한다.

E: 불자여, 보살이 이 환희지에 머물고는 이러한 큰 원과 이러한 큰 용맹과 이러한 큰 작용을 능히 성취 하나니,

<주본화엄34, 11:08-09>

A: 所謂[12(ㆍ),33(ㆍ)?]生廣大淸淨[25(ㆍㆍ)]決定解[41(ㆍ),24(|),51(ㆍ)]

B: 所謂[ㄱ,ㄱ]生廣大淸淨[ㅌㅌ]決定解[乙,ㅣㅌ,ㅅ]

C: 謂(ノ)ㄱ 所ㄱ 廣大 淸淨(ㆍ)ㅌㅌ 決定解乙 生ㅣㅅ

D: 즉, "①廣大 淸淨한 決定解를 내며,

E: 이른바 광대하고 청정하고 결정한 알음알이를 내어

<주본화엄34, 11:09-10>

A: 以一切供養[25(ㆍ)]之具[41(ㆍ),52(/)]¹⁴³⁾恭敬{24(ㆍ)?}供養一切諸[33(ㆍ)]佛[41(ㆍ),22(ㆍ)-중복선,52(/)]令無有餘[12(:),24(|)?,13(:)#13(ㆍㆍ),경계선]

周本『華嚴經』卷第三十四   311

B: 以一切供養[七]之具[乙,ㆍ] ハ]恭敬供養一切諸[ㄱ]佛[乙,ᅟᅟ,중복,ㆍ] ハ]令無有餘[ㅅㄱ,ㆍ] | ,xム]

C: 一切 供養ㄴ{之} 具乙 以ㆍ]ハ 一切 諸ㄱ 佛乙 恭敬(ㅅ)ᅟᅟ 供養(ㅅ)ᅟᅟ (ㅅ)ㆍ]ハ 餘ㅅㄱ 無有 (|) 令 | xム

D: 일체 공양의 도구를 써서 일체 모든 부처를 공경하고 공양하고 하여서 남음이 없이 하되,

E: 모든 공양 거리로써 일체 부처님께 공경하고 공양하여 남음이 없게 하는 것이니,

<주본화엄34, 11:10-11>

A: 廣大[12(:)]如法界[24(·),52(·)?]究竟[12(:)]如虛空[24(·),52(·)]盡未來[25(·)]際[41(·),34(|),52(·)?]一切劫數[53(·)]無有{22(·)}休息[24(|),54(\),51(·.)]

B: 廣大[ㅅㄱ]如法界[支,ㅅㄱ]究竟[ㅅㄱ]如虛空[支,ㄱ]盡未來[七]際[乙,ㆍ] ,ㄱ]一切劫數[十]無有休息[| ,x | ,ナㄱ]

C: 廣大ㅅㄱ(矢) 法界 如支ㅅㄱ 究竟ㅅㄱ(矢) 虛空 如支(ㅅ)ㄱ 未來七 際乙 盡ㆍ]ㄱ 一切 劫數 十 休息(尸) 無有 | x | (ㅅ)ナㄱ

D: 광대한 것이 법계 같으며 究竟한 것이 허공 같으며 미래의 때를 다하도록 일체 劫數에 쉼 없이 하겠다" 하며,

E: 광대하기 법계와 같고 끝없기 허공과 같아서 오는 세월이 끝나도록 모든 겁 동안에 쉬지 않느니라.』

<주본화엄34, 11:11>

A: 又[42(\)]發大願[41(·)?,21(|)?]

B: 又[刀]發大願[乙,ナ尸丁]

C: 又刀 大願乙 發(ㅅ)ナ尸丁

D: 또 大願을 내기를,

E: 『또 큰 원을 세우기를

<주본화엄34, 11:11-12>

A: 願[15(·)]受一切佛法[25(·)]輪[41(·),52(|)]

---

143) '具'자 좌측에 점토인 듯한 자국이 있다.

312 第二部 判讀과 解讀 및 飜譯

B: 願[入ㄱ]受一切佛法[七]輪[乙,x分]
C: 願入ㄱ 一切 佛法七 輪乙 受x分
D: "②바라건대 일체 佛法의 輪을 받으며,
E: 「일체 부처님의 법륜을 받아지이다,

<주본화엄34, 11:12>
A: 願[15(·)]攝一切佛菩提[41(·),52(|)]
B: 願[入ㄱ]攝一切佛菩提[乙,x分]
C: 願入ㄱ 一切 佛菩提乙 攝x分
D: 바라건대 일체 佛菩提를 거두며,
E: 일체 부처님의 보리를 거두어 지이다,

<주본화엄34, 11:12-13>
A: 願[15(·)]護一切諸[33(·)]佛教[41(·),52(|)]
B: 願[入ㄱ]護一切諸[ㄱ]佛教[乙,x分]
C: 願入ㄱ 一切 諸ㄱ 佛教乙 護x分
D: 바라건대 일체 모든 佛教를 보호하며,
E: 일체 부처님의 교법을 보호하여 지이다,

<주본화엄34, 11:13>
A: 願持一切諸[33(·)]佛法[41(·),52(·),13(··)]
B: 願持一切諸[ㄱ]佛法[乙,ン分,口尸ム]
C: 願(入ㄱ) 一切 諸ㄱ 佛法乙 持ン分ノ尸ム
D: 바라건대 일체 모든 佛法을 가지며 하되,
E: 일체 부처님의 법을 지니어 지이다」 하나니,

<주본화엄34, 11:13-14>
A: 廣大[12(:),35(·)]如法界[24(·),52(·)]究竟[12(:),35(·)?]如虛空[24(·),51(·)?]盡未來[25(·)]際[41(·),34(|),52(·),경계선]一切劫數[53(·)]無有休息[44(·),24(|),54(\),51(·.)]

B: 廣大[ㅅㄱ,矢]如法界[攴,ㅅ分]究竟[ㅅㄱ,矢]如虛空[攴,分]盡未來[ㅌ]際[乙,ㅣ,ㅅ分]一切劫數[十]無有休息[尸,刂,xㅣ,ナ分]

C: 廣大ㅅㄱ 矢 法界 如攴ㅅ分 究竟ㅅㄱ矢 虛空 如攴(ㅅ)分 未來ㅌ 際乙 盡ㅣ分 一切 劫數十 休息尸 無有ㅣㅣxㅣ(ㅅ)ナ分

D: 광대한 것이 법계 같으며 究竟한 것이 허공 같으며 미래의 때를 다하도록 일체 劫數에 쉼 없이 하겠다" 하며,

E: 광대하기 법계와 같고, 끝없기 허공과 같아 오는 세월이 끝나도록 모든 겁 동안에 쉬지 아니하느니라.』

<주본화엄34, 11:14>

A: 又[42(\)]發大願[41(·),21(ㅣ)?]

B: 又[刀]發大願[乙,ナ尸丁]

C: 又刀 大願乙 發(ㅅ)ナ尸丁

D: 또 大願을 내기를,

E:『또 큰 원을 세우기를

<주본화엄34, 11:15>

A: 願[15(·)]一切世界[53(·)]佛[35(·),24(ㅣ)]興于世[53(ㅣ),13(ㅣ)]

B: 願[ㅅㄱ]一切世界[十]佛[ㄴ,刂]興于世[ㅋ十,xㅿ]

C: 願ㅅㄱ 一切 世界十 佛ㄴ刂 {于}世ㅋ十 興xㅿ

D: "③바라건대 일체 세계에서 부처가 세상에 나시되,

E:「일체 세계에서 부처님이 세상에 나실 적에,

<주본화엄34, 11:15-17>[144]

A: 從兜率天宮[41(·)]#41(:),25(·)]沒[22(·)]入胎[22(·)]住胎[22(·)]初生[22(·)]出家[22(·)]成道[22(·)]說法[22(·)]示現涅槃[41(·),22(·),14(··)][145]皆悉[34(ㅣ)]往詣[43(ㅣ)]親近供養[52(·)]

---

144) 16행 欄上에 紺色의 不審紙가 붙어 있다.
145) '53(··)'이 있을 가능성이 있다.

314 第二部 判讀과 解讀 및 飜譯

B: 從兜率天宮[乙,七]沒[ㅎ]入胎[ㅎ]住胎[ㅎ]初生[ㅎ]出家[ㅎ]成道[ㅎ]說法[ㅎ]示現涅槃[乙,ㅎ, ㅎ尸]皆悉[氵]往詣[氵ホ]親近供養[ㅅ分]

C: 兜率天宮乙 從七 沒(ㅅ)ㅎ 入胎(ㅅ)ㅎ 住胎(ㅅ)ㅎ 初生(ㅅ)ㅎ 出家(ㅅ)ㅎ 成道(ㅅ)ㅎ 說法(ㅅ) ㅎ 涅槃乙 示現(ㅅ)ㅎ(ㅅ)ㅎ尸[146] 皆(七) 悉氵 往詣(ㅅ)氵ホ 親近 供養ㅅ分

D: 兜率天宮으로부터 없어지고 入胎하고 住胎하고 初生하고 出家하고 成道하고 說法하고 涅槃을 示現하고 하시는 것을 모두 다 往詣하여서 親近 供養하며,

E: 도솔타천궁에서 없어져서 모태에 들고 태에 머물고, 탄생하고 출가하고 성도하고 설법하고 열반하시는 것을, 내가 다 나아가서 친근하고 공양하며,

<주본화엄34, 11:17>

A: 爲衆[25(·.)]上首[14(i),41(··),52(/)]受行正法[41(·),52(·)]

B: 爲衆[氵七]上首[刂尸,入乙,氵ハ]受行正法[乙,ㅅ分]

C: 衆氵七 上首刂尸{爲}入乙(ㅅ)氵ハ 正法乙 受行ㅅ分

D: 大衆의 우두머리가 되어서 正法을 受行하며,

E: 대중의 우두머리가 되어 바른 법을 받아 행하며,

<주본화엄34, 11:17-18>

A: 於一切處[53(·)]一時[11(·),53(·)]而[45(·)]轉[52(·),13(··)]

B: 於一切處[十]一時[氵,十]而[灬]轉[ㅅ分,口尸ㅅ]

C: {於}一切 處十 一時氵十 而灬 轉ㅅ分ノ尸ㅅ

D: 一切 處에서 一時에 轉하며 하되,

E: 모든 곳에서 한꺼번에 법을 연설하여 지이다」 하나니,

<주본화엄34, 11:18-19>

A: 廣大如法界[24(·),52(·)]究竟如虛空[24(·),52(·)]盡未來[25(·)]際[41(·),34(|)?,52(·)]一切劫數[53(·)] 無有休息[44(·),24(|),54(\),51(·.)]

---

146) 대격조사가 생략된 것으로 해석할 수도 있고, 대격조사가 없어도 가능한 구문으로 볼 수 있다는 해석도 있다. 또, '53(··)'이 있는 것으로 해석할 경우 '할 때에는'과 '하는 것에 대해'의 두 가지 견해가 있을 수 있다.

B: 廣大如法界[ㅊ,ㅅ分]究竟如虛空[ㅊ,ㅅ分]盡未來[七]際[乙,ㅎ,ㅅ分]一切劫數[十]無有休息[尸, ㅣㅣ,xㅣ,ナ分]

C: 廣大(ㅅㄱ 矢) 法界 如ㅊㅅ分 究竟(ㅅㄱ 矢) 虛空 如ㅊㅅ分 未來七 際乙 盡ㅎ分 一切 劫數十 休息尸 無有ㅣㅣxㅣ(ㅅ)ナ分

D: 광대한 것이 법계 같으며 究竟한 것이 허공 같으며 미래의 때를 다하도록 일체 劫數에 쉼없이 하겠다" 하며,

E: 광대하기 법계와 같고, 끝없기 허공과 같아, 오는 세월이 끝나도록 모든 겁 동안에 쉬지 아니하느니라.』

<주본화엄34, 11:19>

A: 又[42(\)]發大願[41(·),21(|)]

B: 又[刀]發大願[乙,ナ尸丁]

C: 又刀 大願乙 發(ㅅ)ナ尸丁

D: 또 大願을 내기를,

E: 『또 큰 원을 세우기를,

<주본화엄34, 11:19-20>[147]

A: 願一切菩薩[44(·)]行[24(|)]廣[22(·)]大[22(·)]無量[22(·)]不壞[22(·)]不雜[22(·)],52(/),41(·.)]

B: 願一切菩薩[尸]行[ㅣㅣ]廣[ㅎ]大[ㅎ]無量[ㅎ]不壞[ㅎ]不雜[ㅎ,ㅈ,ㅅㄱ乙]

C: 願(入ㄱ) 一切 菩薩尸 行ㅣㅣ 廣(ㅅ)ㅎ 大(ㅅ)ㅎ 量 無ㅎ 壞(尸) 不(ㅅ)ㅎ 雜(尸) 不(ㅅ)ㅎ ㅈ ㅅㄱ乙[148]

D: "④바라건대 일체 보살의 행이 넓고 크고 한량없고 무너지지 않고 섞이지 않고 하거늘,

E: 「일체 보살의 행이 넓고 크고 한량없고 부서지지 않고 섞이지 않으며,

---

147) 19행과 20행 사이의 난상에 ㄱ자 모양의 紺色의 不審紙가 붙어 있다. 이점본에는 21행의 난상에 붙어 있는 것으로 기록되어 있다.

148) 52(/)과 41(·.)의 순서를 반대로 해석할 가능성도 있으나, 주어가 '菩薩尸 行'인 점과 다음을 참조하여 위와 같이 해독하였다.

{於}解 3 十 常ㅣㅣ 自ㅡ 一ㅣㅅ分 {於}諦 3 十 常ㅣㅣ 自ㅋㅡ 二ㅣㄱㅣ 3 七ㅣㅅ 3 {此}ㅣㅣ 無二ㅅㄱ 入ㄷ 通達ㅅ 3 ハㄱ乙 <구인15:05-06>

<주본화엄34, 11:20>

A: 攝諸[33(·)]波羅蜜[41(·),52(·)]

B: 攝諸[ㄱ]波羅蜜[乙,ゝ分]

C: 諸ㄱ 波羅蜜乙 攝ゝ分

D: 모든 바라밀을 거두며,

E: 여러 바라밀다를 거두어서

<주본화엄34, 11:20-21>

A: 淨治諸[33(·)]地[41(·),52(·)]

B: 淨治諸[ㄱ]地[乙,ゝ分]

C: 諸ㄱ 地乙 淨治ゝ分

D: 모든 地를 淨治하며,

E: 여러 지를 깨끗이 다스리며,

<주본화엄34, 11:21-22>

A: 摠相[11(·)]別相[11(·)]同相[11(·)]異相[11(·)]成相[11(·)]壞相[11(·),14(·)]所有[33(·),25(·)]菩薩[44(·)]行[41(·)]皆[25(·)]如實[24(·)]說[43(|)]

B: 摠相[ゝ]別相[ゝ]同相[ゝ]異相[ゝ]成相[ゝ]壞相[ゝ,尸]所有[ㄱ,七]菩薩[尸]行[乙]皆[七]如實[支]說[3 於]

C: 摠相ゝ 別相ゝ 同相ゝ 異相ゝ 成相ゝ 壞相ゝ(丿)尸 有(七)ㄱ 所七 菩薩尸 行乙 皆七 實如 支 說 3 於

D: 總相이니 別相이니 同相이니 異相이니 成相이니 壞相이니 하는[149] 있는 바의 보살의 행을 다 실상대로 說하여서,

E: 전체인 모양(總相). 각각인 모양(別相). 같은 모양(同相). 다른 모양(異相). 이루는 모양(成相) 망그러지는 모양(壞相)으로 온갖 보살의 행을 사실대로 말하여,

---

149) 세상의 모든 존재는 여섯가지 相, 즉 總相·別相·同相·異相·成相·壞相을 갖추고 있고, 그 전체와 부분 또 부분과 부분이 서로 원만하게 융화되어 있다는 것을 화엄교학에서는 '六相圓融'이라 일컫는다.

<주본화엄34, 11:22>

A: 敎化一切[41(·),52(/)]令其[41(·)]受[22(·)]行[22(·),51(/·)]

B: 敎化一切[乙,ᄒ八]令其[乙]受[ᄒ]行[ᄒ,リ氵]

C: 一切乙 敎化(ᆢ)ᄒ八 其乙 受(ᆢ)ᄒ 行(ᆢ)ᄒ 令リ氵

D: 일체를 교화하여서 그들로 하여금 받고 행하고 하게 하며,

E: 일체 중생을 가르쳐서 받아 행하고

<주본화엄34, 11:22-23>

A: 心[42(|)]得[43(|)]增長[52(·),13(··)]

B: 心[ᅲ]得[ᄇ氵]增長[ᆢ氵,ロ尸厶]

C: 心ᅲ 得ᄇ氵 增長ᆢ氵ノ尸厶

D: 마음이 능히 增長하며 하되,

E: 마음이 증장케 하여 지이다」하나니,

<주본화엄34, 11:23-24>[150]

A: 廣大如法界[24(·),52(·)]究竟如虛空盡未來[25(·)]際[41(·),34(|)]一切劫數[53(·)]無有休息[24(|),54(\),51(·.)]

B: 廣大如法界[攴,ᆢ氵]究竟如虛空盡未來[七]際[乙,氵]一切劫數[十]無有休息[リ,x |,ナ氵]

C: 廣大(ᆢᄀ矢) 法界 如攴ᆢ氵 究竟(ᆢᄀ矢) 虛空 如(攴ᆢ氵) 未來七 際乙 盡氵(氵) 一切 劫數 十 休息(尸) 無有 リx|(ᆢ)ナ氵

D: 광대한 것이 법계 같으며 究竟한 것이 허공 같으며 미래의 때를 다하며 일체 劫數에 쉼 없이 하겠다" 하며,

E: 광대하기 법계와 같고, 끝없기 허공과 같아, 오는 세월이 끝나도록 모든 겁 동안에 쉬지 아니하느니라.』

<주본화엄34, 11:24>

A: 又[33(·)]發大願[41(·),21(|)]

---

150) 24행 난상에 紺色의 不審紙가 붙어 있다.

318   第二部 判讀과 解讀 및 翻譯

B: 又[ㄱ]發大願[乙,ナㅁㅜ]

C: 又(ㄨ)ㄱ 大願乙 發(ㄨ)ナㅁㅜ

D: 또한 大願을 내기를,

E: 『또 큰 원을 세우기를

<주본화엄34, 11:24-12:03>[151]

A: 願[15(·)?]一切衆生[24(|)]{51(·)#51(..)}有色[11(·)]無色[11(·)]有想[11(·)]無想[11(·)]非有想[11(·)]非無想[11(·),31(..),51(·)]卵生[11(·)]胎生[11(·)]淫生[11(·)]化生[11(·),31(..),51(·)]三界[45(·)]所繫[12(·),24(|)]入於六趣[53(·),52(·)]一切生處[53(·),52(·),보충선]名色[45(·)?]所攝[12(:),24(|),51(·),14(·)]

B: 願[ㅅㄱ]一切衆生界[ㅣ]有色[ㆎ]無色[ㆎ]有想[ㆎ]無想[ㆎ]非有想[ㆎ]非無想[ㆎ,ㅁㅈ,ㆁ]卵生[ㆎ]胎生[ㆎ]淫生[ㆎ]化生[ㆎ,ㅁㅈ,ㆁ]三界[ㅅ]所繫[ㄱ,ㅣ]入於六趣[十,ㄨㆁ]一切生處[十,ㆁ]名色[ㅅ]所攝[ㄨㄱ,ㅣ,ㄨㆁ,ㅁ]

C: 願ㅅㄱ 一切 衆生界ㅣ 有色ㆎ 無色ㆎ 有想ㆎ 無想ㆎ 非有想ㆎ 非無想ㆎノㅁㆁ 卵生ㆎ 胎生ㆎ 淫生ㆎ 化生ㆎノㅁㆁ 三界ᄆ 繫(ノ)ㄱ 所ㅣ {於}六趣十 入ㄨㆁ 一切 生處十 (入ㄨ)ㆁ 名色ᄆ 攝ㄨㄱ 所ㅣㆁ(ノ)ㅁ

D: "⑤바라건대 일체 중생계가 有色이니 無色이니 有想이니 無想이니 非有想이니 非無想이니 하는 것이며, 卵生이니 胎生이니 濕生이니 化生이니 하는 것이며, 三界로 繫한 바가 六趣에 들어가며, 一切 生處에 들어가며, 名色으로 攝한 바이며 하는

E: 「일체 중생계에서 빛깔 있는 것·빛깔 없는 것·생각 있는 것·생각 없는 것·생각 있지 않는 것·생각 없지 않는 것·난생·태생·습생·화생들이 三界에 얽매이고 여섯 갈래에 들어가서 태어나는 온갖 곳에서 이름과 물질(名色)에 소속되나니,

<주본화엄34, 12:03>

A: 如是等[12(:)]類[41(·)]我[33(·)]皆[25(·)]敎化[52(/)]令入佛法[53(·),24(|),51(·)]

B: 如是等[ㄨㄱ]類[乙]我[ㄱ]皆[ㄷ]敎化[氵ハ]令入佛法[十,ㅣ,ㆁ]

---

151) 11폭과 12폭 사이의 이어붙인 부분 난하에 '永믑'이라는 묵서가 있다. 款縫을 위해 법명이나 호로 서명한 것이 아닌가 한다.

C: 是 如(支) 等ヽㄱ 類乙 我ㄱ 皆ヒ 敎化(ヽ)ㅏ八 佛法十 入 令ㅐ分
D: 이와 같은 등의 무리들을 나는 모두 敎化하여서 佛法에 들어가게 하며,
E: 이런 무리들을 내가 모두 교화하여 부처님 법에 들어가서,

<주본화엄34, 12:03-04>

A: 令永[24(/)]斷一切世間[25(·)]趣[41(·),24(|),51(·)]
B: 令永[ㅿ]斷一切世間[ヒ]趣[乙,ㅣ,分]
C: 永ㅿ 一切 世間ヒ 趣乙 斷 令ㅐ分
D: 길이 一切 世間의 趣를 끊게 하며,
E: 여러 세간 갈래를 아주 끊고

<주본화엄34, 12:04>

A: 令安住一切智智[25(·)]道[53(·),51(/·),13(-)]
B: 令安住一切智智[ヒ]道[十,ㅣ分,xム]
C: 一切智智ヒ 道十 安住 令ㅐ分xム
D: 一切智智의 道에 安住하게 하며 하되,
E: 온갖 지혜의 지혜에 편안히 머물게 하여 지이다」하나니,

<주본화엄34, 12:04-06>

A: 廣大如法界究竟如虛空盡未來際一切劫數無有休息
B: 廣大如法界究竟如虛空盡未來際一切劫數無有休息
C: 廣大(ヽㄱ 矢) 法界 如(支ヽ分) 究竟(ヽㄱ 矢) 虛空 如(支ヽ分) 未來(ヒ) 際(乙) 盡(ㅏ分) 一切 劫數(十) 休息(尸) 無有(ㅣxㅣx分)
D: 廣大한 것이 법계 같으며 究竟한 것이 허공 같으며 미래의 때를 다하며 一切 劫數에 쉼 없이 하겠다." 하며,
E: 광대하기 법계와 같고 끝없기 허공과 같아, 오는 세월이 끝나도록 모든 겁 동안에 쉬지 아니하느니라.

<주본화엄34, 12:06>

A: 又[33(·)]發大願

B: 又[ㄱ]發大願

C: 又(ᄼᄼ)ㄱ 大願(乙) 發(ᄼᄼナ尸丁)

D: 또한 大願을 내기를,

E: 또 큰 원을 세우기를

<주본화엄34, 12:06>

A: 願一切世界[12(-),24(|)?]廣[22(·)]大[22(·)]無量[24(|),22(·),52(·)]

B: 願一切世界[ナㄱ,刂]廣[ㅎ]大[ㅎ]無量[刂,ㅎ,ᄼᄼ]

C: 願(入ㄱ) 一切 世界(ᄼᄼ)ナㄱ 刂 廣(ᄼᄼ)ㅎ 大(ᄼᄼ)ㅎ 量刂 無ㅎᄼᄼ

D: "⑥바라건대 一切 世界인 것이 廣하고 大하고 한량이 없고 하며,

E: 「일체 세계가 넓고 크고 한량이 없고

<주본화엄34, 12:06-07>

A: 麤[22(·)]細[22(·)]亂住[22(·)]倒住[22(·)]正住[22(·),52(·)]

B: 麤[ㅎ]細[ㅎ]亂住[ㅎ]倒住[ㅎ]正住[ㅎ,ᄼᄼ]

C: 麤(ᄼᄼ)ㅎ 細(ᄼᄼ)ㅎ 亂住(ᄼᄼ)ㅎ 倒住(ᄼᄼ)ㅎ 正住(ᄼᄼ)ㅎᄼᄼ

D: 麤하고 細하고 亂住하고 倒住하고 正住하고 하며,

E: 굵고 잘고, 어지러이 있고, 거꾸로 있고, 바르게 있고,

<주본화엄34, 12:07>

A: 若[25(·)]入[22(·)?]若[25(·)]行[22(·)]若[25(·)]去[22(·),52(·)]

B: 若[七]入[ㅎ]若[七]行[ㅎ]若[七]去[ㅎ,ᄼᄼ]

C: 若七 入(ᄼᄼ)ㅎ 若七 行(ᄼᄼ)ㅎ 若七 去(ᄼᄼ)ㅎᄼᄼ

D: 혹 들어가거나 혹 行하거나 혹 가거나 하며,

E: 들어가고 다니고 가는 것이

<주본화엄34, 12:07>

A: 如帝網差別[24(·)?,52(·)][152)]

B: 如帝網差別[攴,ㄥ分]

C: 帝網 差別 如攴ㄥ分

D: 帝網 差別 같으며,

E: 제석천의 그물처럼 차별하며,

<주본화엄34, 12:08>

A: 十方[53(·)]無量[24(|)-중복선][153)]種種[45(·)]不同[51(/·),41(·.)]

B: 十方[+]無量[ㅣ중복]種種[ᆢ]不同[ㅣ分,ㄱ乙]

C: 十方十 量ㅣ 無ㅣ 種種ᆢ 不(多) 同ㅣ分(ㄥ)ㄱ乙

D: 十方에 한량이 없이 갖가지로 不同하며 하거늘

E: 시방에 한량이 없이 가지가지로 같지 않은 것을

<주본화엄34, 12:08>

A: 智[45(·)]皆[25(·)]明了[52(/)]現前[23(\\)]知見[13(··)]

B: 智[ᆢ]皆[七]明了[氵ハ]現前[ᅎ]知見[ㅁアム]

C: 智ᆢ 皆七 明了(ㄥ)氵ハ 現前ᅎ 知見ノアム

D: 智로써 모두 분명히 알아서 現前히 知見하되,

E: 지혜로써 분명히 알아 앞에 나타난 듯이 알고 보아 지이다」 하나니,

---

152) 7행 '別'자의 난하에 [12(:),52(|)#52(:)#52(·)]의 점토가 있으나 표시를 하지 않아서, 어느 글자의 점토를 수정한 것인지 알 수 없다. 문맥이나 위치로 볼 때, '別'에 현토된 것을 수정했을 가능성이 가장 높다. 이를 반영하면,
  A: 如帝網差別[12(:),52(|)]
  B: 如帝網差別[ㄥㄱ,x分]
  C: 帝網 差別ㄥㄱ 如(攴)x分
153) 원으로 둘러싸인 형태의 중복선이다.

322 第二部 判讀과 解讀 및 飜譯

<주본화엄34, 12:08-10>[154]

A: 廣大如法界究竟如虛空盡未來際一切劫數無有休息

B: 廣大如法界究竟如虛空盡未來際一切劫數無有休息

C: 廣大(ㆍㄱ矢) 法界 如(ᄒㆍ分) 究竟(ㆍㄱ矢) 虛空 如(ᄒㆍ分) 未來(七) 際(乙) 盡(3分) 一切 劫數(十) 休息(尸) 無有(ㅣxㅣx分)

D: 廣大한 것이 법계 같으며 究竟한 것이 허공 같으며, 미래의 때를 다하도록 一切 劫數에 쉼 없이 하겠다." 하며,

E: 광대하기 법계와 같고 끝없기 허공과 같아 오는 세월이 끝나도록 모든 겁 동안에 쉬지 아니하느니라.

<주본화엄34, 12:10>

A: 又發大願

B: 又發大願

C: 又(ᆞㄱ) 大願(乙) 發(ᆞナ尸丁)

D: 또한 大願을 내기를,

E: 또 큰 원을 세우기를

<주본화엄34, 12:10-11>

A: 願一切國土[41(ㆍ)]入一[33(ㆍ)]國土[53(ㆍ)?,24(|),22(ㆍ)]一[33(ㆍ)]國土[41(ㆍ)]入一切國土[53(ㆍ),24(|),22(ㆍ),52(ㆍ)]

B: 願一切國土[乙]入一[ㄱ]國土[十,ㅣ,ᄒ]一[ㄱ]國土[乙]入一切國土[十,ㅣ,ᄒ,ᆞ分]

C: 願(入ㄱ) 一切 國土乙 一ㄱ 國土十 入ㅣᄒ 一ㄱ 國土乙 一切 國土十 入ㅣᄒᆞ分

D: "⑦바라건대 一切 國土를 한 國土에 들이고 한 國土를 一切 國土에 들이고 하며,

E: 「일체 국토가 한 국토에 들어가고 한 국토가 일체 국토에 들어가며,

<주본화엄34, 12:11-12>

A: 無量[33(ㆍ)]佛土[41(ㆍ)]普皆淸淨[155]光明[11(ㆍ)]衆[33(ㆍ)]具[11(ㆍ),13(/),45(ㆍ)]以[34(|)]爲莊嚴[43(ㆍ),51(ㆍ)]

---

154) 8행과 9행 사이의 난상에 긴 직사각형의 紺色 不審紙가 사선 방향으로 붙어 있다.

B: 無量[ㄱ]佛土[乙]普皆淸淨光明[ᄉ]衆[ㄱ]具[ᄉ,ㅁ今,ᄊ]以[ㅜ]爲莊嚴[ᄉ,ᄉ]
C: 量 無ㄱ 佛土乙 普(ㅣㅣ) 皆(七) 淸淨(ㅅㄱ) 光明ᄉ 衆ㄱ 具ᄉᄉ今ᄊ 以ㅜ 莊嚴 {爲}ᄉᄉ¹⁵⁶⁾
D: 한량없는 佛土를 널리 모두 淸淨히 하며, 光明이니 많은 具이니 하는 것으로써 莊嚴 삼으며,
E: 한량없는 부처님 국토가 모두 청정하고, 여러 가지 광명으로 장엄하며,

<주본화엄34, 12:12>
A: 離一切煩惱[41(·),24(·),22(·)]成就淸淨道[41(·),22(·)?,52(·)]
B: 離一切煩惱[乙,支,ᄒ]成就淸淨道[乙,ᄒ,ᄉᄉ]
C: 一切 煩惱乙 離支ᄒ 淸淨道乙 成就(ᄉ)ᄒᄉᄉ
D: 一切 煩惱乙 여의고 淸淨道를 成就하고 하며,
E: 일체 번뇌를 여의고 청정한 도를 성취하며,

<주본화엄34, 12:13>
A: 無量[33(·)]智慧[25(·)]衆生[41(·)]充滿其[25(·)]中[53(·),42(·),51(·),경계선]
B: 無量[ㄱ]智慧[七]衆生[乙]充滿其[七]中[十,(ᄉ)ㅣㅣ,ᄉ]
C: 量 無ㄱ 智慧七 衆生乙 其七 中十 充滿ᄉㅣㅣᄉ
D: 한량없는 智慧의 衆生을 그 가운데에 充滿하게 하며,
E: 한량없이 지혜 있는 중생이 그 가운데 충만하며,

<주본화엄34, 12:13-14>
A: 普[24(ㅣ)]入廣大[12(:)]諸[33(·)]佛境界[53(·),52(·)]
B: 普[ㅣㅣ]入廣大[ᄉㄱ]諸[ㄱ]佛境界[十,ᄉᄉ]
C: 普ㅣㅣ 廣大ᄉㄱ 諸ㄱ 佛 境界十 入ᄉᄉ
D: 널리 廣大한 모든 佛 境界에 들며,
E: 광대한 부처님의 경계에 들어가

---

155) 52(·)이 있을 가능성이 있다.
156) 1차 강독에서는 '淸淨 光明'을 한 단위로 보아 '量 無ㄱ 佛土乙 普(ㅣㅣ) 皆(七) 淸淨 光明ᄉ 衆ㄱ 具ᄉᄉ今ᄊ 以ㅜ 莊嚴 {爲}ᄉᄉ'로 보았다.

<주본화엄34, 12:13-14>

A: 隨衆生[23(-)]心[42(|),41(·),24(\)]而[45(·)]爲[24(\)]示現[52(/)]皆[25(·)]令歡喜[24(|),51(·),13(··)]

B: 隨衆生[ᅩ]心[ᄉ,乙,ᄝ]而[ᄽ]爲[ᄝ]示現[ㅅㅅ]皆[七]令歡喜[ㅣ,分,ᄝ尸ㅅ]

C: 衆生ᅩ 心ᄉ乙 隨ᄝ 而ᄽ 爲ᄝ 示現(ᄉ)ㅅㅅ 皆七 歡喜 令ㅣ分ノ尸ㅅ

D: 衆生의 마음을 따라 (衆生을) 위하여 示現하여서 모두 歡喜하게 하며 하되,

E: 중생의 마음을 따라 나타나서 모두 환희케 하여 지이다」하나니,

<주본화엄34, 12:14-16>

A: 廣大如法界究竟如虛空盡未來際一切劫數無有休息

B: 廣大如法界究竟如虛空盡未來際一切劫數無有休息

C: 廣大(ᄉㄱ矣) 法界 如(支ᄉ分) 究竟(ᄉㄱ矣) 虛空 如(支ᄉ分) 未來(七) 際(乙) 盡(ᄒ分) 一切 劫數(十) 休息(尸) 無有(ㅣxㅣx分)

D: 廣大한 것이 법계 같으며, 究竟한 것이 허공 같으며, 미래의 때를 다하며, 一切 劫數에 쉼 없이 하겠다." 하며,

E: 광대하기 법계와 같고 끝없기 허공과 같아 오는 세월이 끝나도록 모든 겁 동안에 쉬지 아니하느니라.

<주본화엄34, 12:16>

A: 又發大願

B: 又發大願

C: 又(ᄉㄱ) 大願(乙) 發(ᄉナ尸丁)

D: 또한 大願을 내기를,

E: 또 큰 원을 세우기를

<주본화엄34, 12:16-17>

A: 願與一切菩薩[41(·),25(·)]同[24(|)]一志[11(·)]行[11(·),41(:),13(··)]無有怨嫉[14(·),34(|)]集諸[33(·)]善根[41(·),24(\),51(·)]

B: 願與一切菩薩[乙,七]同[ㅣ]一志[ᅩ]行[ᅩ,ᄝᅀ乙,ᄝ尸ㅅ]無有怨嫉[尸,ᅀ]集諸[ㄱ]善根[乙,ᄝ,分]

C: 願(入ㄱ) 一切 菩薩乙 與七 同ㅣ 一(ㄱ) 志ᅩ 行ᅩノᅀ乙ノ尸ㅅ 怨嫉尸 無有ᅀ 諸ㄱ 善根

乙 集ヽヿ分

D: "⑧바라건대 一切 菩薩과 더불어 같이 하나의 志이니 行이니 하는 것을 하되 怨嫉함 없어 모든 善根을 모으며,

E: 「일체 보살과 더불어 뜻과 행이 같으며, 원수와 미운이가 없이 선근을 모으며,

<주본화엄34, 12:17>

A: 一切菩薩[44(·),53(·)]平等一緣[41(·),52(·),보충선]

B: 一切菩薩[尸,十]平等一緣[乙,ヽヿ分]

C: 一切 菩薩尸十 平等 一緣乙ヽヿ分

D: 一切 菩薩께 平等 一緣을 하며,

E: 일체 보살이 평등하게 한 가지를 반연하고,

<주본화엄34, 12:17-18>

A: 常[24(|)]共[25(·)]集會[52(/)]不相[24(\)]捨離[44(·),52(·)]

B: 常[ㅣ]共[七]集會[ㄣハ]不相[ヿ]捨離[尸,ヽヿ分]

C: 常ㅣ 共七 集會(ヽ)ㄣハ 相ヿ 捨離尸 不ヽヿ分

D: 항상 함께 集會하여서 서로 捨離하지 않으며,

E: 항상 함께 모여서 서로 떠나지 않으며,

<주본화엄34, 12:18>

A: 隨意[41(·),24(\)]能[24(·)]現種種[25(·)]佛身[41(·),24(\),51(·)]

B: 隨意[乙,ヿ]能[攴]現種種[七]佛身[乙,ヿ,分]

C: 意乙 隨ヿ 能攴 種種七 佛身乙 現ヿ分

D: 意를 따라 능히 갖가지 佛身을 나타내며,

E: 마음대로 가지가지 부처님 몸을 나타내며,

<주본화엄34, 12:18-19>

A: 任其自[23(-)]心[53(·),52(/)]{13(·)}能[24(·)]知一切如來[44(·)]境界[25(·)]威力[11(·)?]智慧[11(·),41(:),51(·)]{44(·)}

B: 任其自[ㅋ]心[十,ㅎ八]能[攴]知一切如來[尸]境界[七]威力[ㅎ]智慧[ㅎ,ㅁ令乙,ㅅ]
C: 其 自ㅋ 心十 任(ㅄ)ㅎ八 能攴 一切 如來尸 境界七 威力ㅎ 智慧ㅎノ令乙 知ㅅ
D: 그 자신의 마음에 맡겨서 능히 一切 如來의 境界의 威力이니 智慧이니 하는 것을 알며,
E: 자기의 마음대로 능히 일체 여래의 경계와 위력과 지혜를 알며,

<주본화엄34, 12:19-20>
A: 得不退如意神通[41(·),51(·)]
B: 得不退如意神通[乙,ㅅ]
C: 不退如意神通乙 得ㅅ
D: 不退如意神通을 얻으며,
E: 물러가지 않고 뜻대로 되는 신통을 얻어,

<주본화엄34, 12:20>
A: 遊行一切世界[53(·),52(·)]
B: 遊行一切世界[十,ㅄㅅ]
C: 一切 世界十 遊行ㅄㅅ
D: 一切 世界에 遊行하며,
E: 일체 세계에 다니고,

<주본화엄34, 12:20>
A: 現形[41(·)]一切衆會[53(·),24(\),51(·)]
B: 現形[乙]一切衆會[十,ㅁ,ㅅ]
C: 形乙 一切 衆會十 現ㅁㅅ
D: 形象을 一切 衆會에 나타내며,
E: 여러 회중에 몸을 나타내고,

<주본화엄34, 12:20-21>
A: 普[24(|)]入一切生處[53(·),52(·)]
B: 普[ㅣ]入一切生處[十,ㅄㅅ]

C: 普ㅣ 一切 生處十 入ソ分
D: 널리 一切 生處에 들어가며,
E: 일체 중생의 나는 곳에 들어가서

<주본화엄34, 12:21>
A: 成就不思議[25(·)]大乘[41(·),52(·),52(/)]
B: 成就不思議[七]大乘[乙,ソ分, 3 八]
C: 不思議七 大乘乙 成就ソ分(ソ) 3 八
D: 不思議의 大乘을 成就하며 하여서,
E: 부사의한 대승을 성취하고

<주본화엄34, 12:21>
A: 修菩薩[44(·)]行[41(·),13(·)]
B: 修菩薩[尸]行[乙,ロ 1 ム]
C: 菩薩尸 行乙 修ロ 1 ム
D: 菩薩의 行을 닦되,
E: 보살의 행을 닦아 지이다」 하나니,

<주본화엄34, 12:21-23>
A: 廣大如法界究竟如虛空盡未來際一切劫數無有休息
B: 廣大如法界究竟如虛空盡未來際一切劫數無有休息
C: 廣大(ソ 1 矢) 法界 如(支ソ分) 究竟(ソ 1 矢) 虛空 如(支ソ分) 未來(七) 際(乙) 盡(3 分) 一切 劫數(十) 休息(尸) 無有(ㅣxㅣx分)
D: 廣大한 것이 법계 같으며 究竟한 것이 허공 같으며, 미래의 때를 다하며 一切 劫數에 쉼 없이 하겠다." 하며,
E: 광대하기 법계와 같고 끝없기 허공과 같아 오는 세월이 끝나도록 모든 겁 동안에 쉬지 아니하느니라.

328 第二部 判讀과 解讀 및 翻譯

<주본화엄34, 12:23>

A: 又發大願

B: 又發大願

C: 又(ソ1) 大願(乙) 發(ソナアT)

D: 또한 大願을 내기를,

E: 또 큰 원을 세우기를

<주본화엄34, 12:23-24>[157]

A: 願乘不退輪[41(·),52(/)]行菩薩[44(·)]行[41(·),13(··)]身語意業[53(·)]悉[34(|)]不唐[24(|)]捐[44(·),13(··),11(·)]

B: 願乘不退輪[乙,ㅜハ]行菩薩[ア]行[乙,ㅁアム]身語意業[十]悉[ㅜ]不唐[リ]捐[ア,x今,ㅜ]

C: 願(ㅅ1) 不退輪乙 乘(ソ)ㅜハ 菩薩ア 行乙 行ノアム 身語意業十 悉ㅜ 唐リ 捐ア 不x今ㅜ

D: "⑨바라건대 不退輪을 타고서 菩薩의 行을 行하되 身·語·意業에 대해 다 헛되이 하지 않으니,

E: 「물러가지 않는 법륜을 타고 보살의 행을 행하되 몸과 말과 뜻으로 짓는 업이 헛되지 아니하여,

<주본화엄34, 12:24>

A: 若[25(·)]暫[23(:),53(-)]見[45(··),15(·/)]者則[24(·)]必定佛法[53(·)?,22(·)?]{42(·)?}

B: 若[ㄴ]暫[ハ,乃]見[ロヒ,火ㄴハア入1]者則[支]必定佛法[十,ㅎ]

C: 若ㄴ 暫ハx乃 見ロヒ火ㄴハア入1{者} 則支 佛法十 必定(ソ)ㅎ[158]

D: 혹은 잠깐이라도 보면 佛法에 必定하고

E: 잠깐 보아도 부처님 법에 결정한 마음을 내고,

<주본화엄34, 12:24-13:01>

A: 暫[23(:),53(-)]聞音聲[41(·),45(··),15(·/)]則[24(·)]得實智慧[41(·),22(·)]

---

157) 24행의 난상에 네모꼴의 紺色의 不審紙가 붙어 있다.
158) '必'을 부사로 해석할 가능성이 있다.

B: 暫[ㅅ,乃]聞音聲[乙,ロヒ,火セハ尸入丁]則[支]得實智慧[乙,ㅎ]
C: 暫ㅅ乃 音聲乙 聞ロヒ火セハ尸入丁 則支 實智慧乙 得ㅎ
D: 잠깐이라도 音聲을 들으면 진실한 智慧를 얻고
E: 소리만 들어도 진실한 지혜를 얻고,

<주본화엄34, 13:01>
A: 纔[34(|)]生淨信[33(·),53(··)]則[24(·)]永[24(/)]斷煩惱[41(·),22(·),52(·)]{42(·)}
B: 纔[3]生淨信[丁, | 十]則[支]永[ㅿ]斷煩惱[乙,ㅎ,ㆍ分]
C: 纔 3 淨信 生(ㆍ)丁 | 十 則支 永ㅿ 煩惱乙 斷(ㆍ)ㅎㆍ分
D: 잠깐 淨信이 나면 길이 煩惱를 끊고 하며,
E: 겨우 깨끗한 신심을 내어도 영원히 번뇌를 끊게 되며,

<주본화엄34, 13:01-02>
A: 得如大藥王樹[24(·),=12(:)]身[41(·),22(·)]
B: 得如大藥王樹[支,ㆍ丁]身[乙,ㅎ]
C: 大藥王樹 如支ㆍ丁 身乙 得ㅎ
D: 大藥王樹 같은 몸을 얻고
E: 약왕나무(藥王樹)와 같은 몸을 얻고,

<주본화엄34, 13:02>
A: 得如如意寶[24(·),12(:)]身[41(·),22(·),52(/)]
B: 得如如意寶[支,ㆍ丁]身[乙,ㅎ, 3 ハ]
C: 如意寶 如支ㆍ丁 身乙 得ㅎ(ㆍ) 3 ハ
D: 如意寶 같은 몸을 얻고 하여서
E: 여의주와 같은 몸을 얻어,

<주본화엄34, 13:02-03>
A: 修行一切菩薩行[41(·),13(··)]
B: 修行一切菩薩行[乙,ㅁ尸ㅿ]

C: 一切 菩薩(尸) 行乙 修行ノ尸ム

D: 一切 菩薩의 行을 修行하되

E: 일체 보살의 행을 수행하여 지이다」 하나니,

<주본화엄34, 13:03-04>

A: 廣大如法界究竟如虛空盡未來際一切劫數無有休息

B: 廣大如法界究竟如虛空盡未來際一切劫數無有休息

C: 廣大(ソ1 矢) 法界 如(攴ソ㫆) 究竟(ソ1 矢) 虛空 如(攴ソ㫆) 未來(七) 際(乙) 盡(ぅ㫆) 一切 劫數(十) 休息(尸) 無有(॥x | x㫆)

D: 廣大한 것이 법계 같으며, 究竟한 것이 허공 같으며, 미래의 때를 다하며, 일체 劫數에 쉼 없이 하겠다." 하며,

E: 광대하기 법계와 같고 끝없기 허공과 같아, 오는 세월이 끝나도록 모든 겁 동안에 쉬지 아니하느니라.』

<주본화엄34, 13:04>

A: 又發大願

B: 又發大願

C: 又(ソ1) 大願(乙) 發(ソナ尸丁)

D: 또한 大願을 내기를,

E: 『또 큰 원을 세우기를

<주본화엄34, 13:04-05>

A: 願[15(·)]於一切世界[53(·)]成阿耨多羅三藐三菩提[13(·)]

B: 願[入1]於一切世界[十]成阿耨多羅三藐三菩提[xム]

C: 願入1 {於}一切 世界十 阿耨多羅三藐三菩提 成xム

D: "바라건대 一切 世界에 阿耨多羅三藐三菩提가 이루어지되

E: 『일체 세계에서 아뇩다라삼먁삼보리를 이루어서,

<주본화엄34, 13:05-07>

A: 不離一[33(·)]毛端[25(·)?]處[41(·),44(·),13(/),11(·)?]於一切毛端[25(·)]處[53(·)]皆悉[34(|)]示現初生[22(·)]出家詣道場[53(·),22(·)]成正覺[22(·)]轉法輪[41(·),22(·)]入涅槃[53(·),22(·),41(!),52(·)]

B: 不離一[ㄱ]毛端[ㄷ]處[乙,尸,ㆆ令,ㆍ]於一切毛端[ㄷ]處[十]皆悉[ㆣ]示現初生[ㆅ]出家詣道場[十,ㆅ]成正覺[ㆅ]轉法輪[乙,ㆅ]入涅槃[十,ㆅ,ㆆ尸入乙,ㆍ分]

C: 一ㄱ 毛端ㄷ 處乙 離尸 不ノㆍㆍ {於}一切 毛端ㄷ 處十 皆[ㄷ] 悉ㆣ 初生(ㆍ)ㆅ 出家(ㆍ)ㆅ¹⁵⁹ 道場十 詣ㆅ 正覺 成ㆅ 法輪乙 轉(ㆍ)ㆅ 涅槃十 入(ㆍ)ㆅ(ㆍ)ㆅ尸入乙 示現ㆍ分

D: 한 털끝만 한 곳을 여의지 않고서도 一切 털끝만 한 곳에 모두 다 初生하고 出家하고 도량에 나아가고 正覺을 이루고 法輪을 굴리고 涅槃에 들고 하는 것을 示現하며,

E: 한 털끝을 떠나지 않고 모든 털끝만한 곳마다, 처음 탄생하고 출가하고 도량에 나아가고 정각을 이루고 법륜을 굴리고 열반에 드는 일을 나타내며,

<주본화엄34, 13:07-08>

A: 得佛境界[25(·)]大智慧[25(·)]力[41(·)]¹⁶⁰於念念[25(·)]中[53(·),43(\),55(·)]隨一切衆生[23(-)]心[42(|),41(·),24(\)]示現成佛[41(|)#41(:),52(·)?]令得寂滅[41(·)#41(⊥),24(|)?,51(/·)]

B: 得佛境界[ㄷ]大智慧[ㄷ]力[乙]於念念[ㄷ]中[十,ㆍ,丨]隨一切衆生[ㆍ]心[ㆆ,乙,ㆅ]示現成佛[x入乙,ㆍ分]令得寂滅[乙,リ,リ分]

C: 佛境界ㄷ 大智慧ㄷ 力乙 得 {於}念念ㄷ 中十ㆍ丨 一切 衆生ㆍ 心ㆆ乙 隨ㆍ 成佛x入乙 示現ㆍ分 寂滅乙 得リ 令リ分

D: 부처님 境界의 큰 智慧의 힘을 얻어, 念念에마다 一切 衆生의 마음을 따라 成佛하는 것을 示現하며, 寂滅을 얻게 하며,

E: 부처님의 경계이신 큰 지혜를 얻고, 생각 생각마다 일체 중생의 마음을 따라 성불함을 보여서 적멸함을 얻게 하며,

<주본화엄34, 13:09>

A: 以一[33(·)]三菩提[41(·),52(/)]知一切法界[24(|)]卽[24(·)]涅槃相[42(/),41(··),51(/·)?]

---

159) 25(·)과 42(|)이 있을 가능성이 있다.
160) 43(|)이나 51(·)이 있을 가능성이 있다.

B: 以一[ㄱ]三菩提[乙,ㆡㅅ]知一切法界[ㅣ]卽[ㅎ]涅槃相[ㅣㄱ,入乙,ㅣㅅ]

C: 一ㄱ 三菩提乙 以ㆡㅅ 一切 法界ㅣ 卽ㅎ 涅槃相ㅣㄱ 入乙 知ㅣㅅ

D: 한 三菩提로써 一切 法界가 곧 涅槃相인 것을 알게 하며,

E: 한 <삼보리>로써 일체 법계가 곧 열반하는 모양임을 알게 하며,

<주본화엄34, 13:09-10>[161)]

A: 以一音[41(·),34(|)]說法[43(|)]令一切衆生[41(·)]心[42(|)?]皆[25(·)]歡喜[24(|),51(·)]

B: 以一音[乙,ㆡ]說法[ㆡ㐱]令一切衆生[乙]心[ㆆ]皆[ㄷ]歡喜[ㅣ,ㅅ]

C: 一音乙 以ㆡ 說法(ᆢ)ㆡ㐱 一切 衆生乙 心ㆆ 皆ㄷ 歡喜 令ㅣㅅ

D: 一音으로써 說法하여서 一切 衆生으로 하여금 마음이 다 歡喜하게 하며,

E: 한 가지 음성으로 법을 말하여 일체 중생의 마음이 모두 환희케 하며,

<주본화엄34, 13:10-11>

A: 示入大涅槃[53(·)?,13(/),11(·)?]而[=33(·)]不斷菩薩[44(·)]行[41(·),44(·),41(!),24(|)?,51(·)]

B: 示入大涅槃[十,ㅁㅅ,ㆍ]而[ㄱ]不斷菩薩[尸]行[乙,尸,ㆣ尸入乙,ㅣ,ㅅ]

C: 大涅槃十 入ノㅅㆍ 而ㄱ 菩薩尸 行乙 斷尸 不(ᆢ)ㆣ尸入乙 示ㅣㅅ

D: 大涅槃에 들어가나 菩薩의 行을 끊지 않는 것을 보이며,

E: 일부러 대열반에 들어가면서도 보살의 행을 끊지 아니하며,

<주본화엄34, 13:11>

A: 示大智慧[25(·)]地[53(·)]安立一切法[41(·),41(|),24(|),51(·)]

B: 示大智慧[ㄷ]地[十]安立一切法[乙,x入乙,ㅣ,ㅅ]

C: 大智慧ㄷ 地十 一切法乙 安立x入乙 示ㅣㅅ

D: 大智慧의 지위에서 一切法을 安立한 것을 보이며,

E: 큰 지혜의 지위에 있어서도 모든 법을 나란히 건립하며,

---

161) 10행의 난상에 네모꼴의 紺色의 不審紙가 붙어 있다.

<주본화엄34, 13:11-12>

A: 以法智通[11(·)]神足通[11(·)]幻通[11(·),41(:),34(|)]自在[23(\)]變化[52(/)]充滿一切法界[53(·),52(·),13(··)]

B: 以法智通[ㅋ]神足通[ㅋ]幻通[ㅋ,ㄷ今乙,ㅋ]自在[ㅎ]變化[ㅋㅅ]充滿一切法界[十,ㅅ分,ㅁア厶]

C: 法智通ㅋ 神足通ㅋ 幻通ㅋㅅ今乙 以ㅋ 自在ㅎ 變化(ㅅ)ㅋㅅ 一切 法界十 充滿ㅅ分ㅅㅁア厶

D: 法智通이니 神足通이니 幻通이니 하는 것으로써 自在하게 變化하여서 一切 法界에 充滿하며 하되

E: 법지통(法智通)과 신족통(神足通)과 환통(幻通)으로 자재 하게 변화하여 일체 세계에 충만하여 지이다」 하나니,

<주본화엄34, 13:13-14>

A: 廣大如法界究竟如虛空盡未來際一切劫數[53(·)]無有休息[44(·)?,24(|),55(/),54(\)?]¹⁶²⁾

B: 廣大如法界究竟如虛空盡未來際一切劫數無有休息[尸,ㅣㅣ,xㅣ,xㅣ]

C: 廣大(ㅅㄱ矢) 法界 如(支ㅅ分) 究竟(ㅅㄱ矢) 虛空 如(支ㅅ分) 未來(七) 際(乙) 盡(ㅋ分) 一切 劫數十 休息尸 無有ㅣㅣxㅣxㅣ

D: 광대한 것이 법계 같으며, 究竟한 것이 허공 같으며, 미래의 때를 다하며, 일체 劫數에 쉼 없이 하겠다." 한다.

E: 광대하기 법계와 같고 끝없기 허공과 같아 오는 세월이 끝나도록 모든 겁 동안에 쉬지 아니하느니라.

<주본화엄34, 13:14-15>

A: 佛子[34(|)]菩薩[33(·)]住歡喜地[53(·),23(|)?,12(:)]發如是[12(:)]大誓願[11(·)]如是大勇猛[11(·)]如是大作用[11(·),41(:),11(/)]

B: 佛子[ㅋ]菩薩[ㄱ]住歡喜地[十,ㅅㅋ,ㅅㄱ]發如是[ㅅㄱ]大誓願[ㅋ]如是大勇猛[ㅋ]如是大作用[ㅋ,ㄷ今乙,ナ今ㅋ]

C: 佛子ㅋ 菩薩ㄱ 歡喜地十 住ㅅㅋㅅㄱ 是 如(支)ㅅㄱ 大誓願ㅋ 是 如(支ㅅㄱ) 大勇猛ㅋ 是 如(支ㅅㄱ) 大作用ㅋㅅ今乙 發(ㅅ)ナ今ㅋ

---

162) 44(·) 대신 14(·)이 있을 가능성도 있다.

D: 佛子야, 菩薩은 歡喜地에 住하여서는 이 같은 大誓願이니 이 같은 大勇猛이니 이 같은 大作用이니 하는 것을 發하고

E: 불자여, 보살이 환희지에 머물러 이렇게 큰 서원과 이렇게 큰 용맹과 이렇게 큰 작용을 내나니,

<주본화엄34, 13:15-16>

A: 以此十[44(·)]願門[41(·),34(|)]爲首[43(·),52(/)]滿足百[33(·)]萬[44(·)]阿僧祇[25(·)]大願[41(·),55(/)]

B: 以此十[尸]願門[乙, 氵]爲首[氵,氵八]¹⁶³⁾滿足百[丁]萬[尸]阿僧祇[匕]大願[乙,xㅣ]

C: 此 十尸 願門乙 以氵 首{爲}氵氵八 百丁 萬尸 阿僧祇匕 大願乙 滿足xㅣ

D: 이 열 가지 願門으로써 머리 삼아서 백만 阿僧祇의 大願을 滿足한다.

E: 이 열 가지 원이 머리가 되어 백만 아승지 큰 원을 만족하느니라.』

<주본화엄34, 13:16-17>

A: 佛子[34(|)]此大願[33(·)]以十[44(·)]盡句[41(·)?,43(·),52(/)]而[45(·)]得[43(|)]成就[55(/)]

B: 佛子[氵]此大願[丁]以十[尸]盡句[乙,氵,氵八]而[灬]得[氵糸]成就[xㅣ]

C: 佛子氵 此 大願丁 十尸 盡句乙 {以}氵氵八 而灬 得氵糸 成就xㅣ

D: 佛子야, 이 大願은 열 가지 盡句로써 능히 成就된다.

E: 『불자여, 이 큰 원은 열 가지 끝나는 구절로 성취 되나니,

<주본화엄34, 13:17>

A: 何等[41(·)]爲十[11(·),13(/),34(·),31(·),44(·)?,15(·)]

B: 何等[乙]爲十[氵,⼄今,口,ナ禾,尸,入丁]

C: 何(⼄) 等(ソ丁)乙 十氵ノ今口{爲}(ソ)ナ禾尸入丁

D: 어떠한 것들을 열이라고 하는가 하면,

E: 무엇이 열인가.

---

163) '52(/)'을 '以'와 '爲'에 붙은 예를 고려하여 '氵八'으로 보았다.

周本『華嚴經』卷第三十四 335

<주본화엄34, 13:17-20>
A: 所謂[12(·),33(·)]衆生界盡[11(·)]世界盡虛空界盡法界盡涅槃界盡佛出現界盡如來智界盡心所緣界盡佛智所入境界界盡世間轉法轉智轉[25(|)]界盡[11(·)?,31(··),33(·),41(·)]
B: 所謂[ㄱ,ㄱ]衆生界盡[ㅋ]世界盡虛空界盡法界盡涅槃界盡佛出現界盡如來智界盡心所緣界盡佛智所入境界界盡世間轉法轉智轉[亽七]界盡[ㅋ,ノ尹,ㄱ,乙]
C: 謂(ノ)ㄱ 所ㄱ 衆生界盡ㅋ 世界盡(ㅋ) 虛空界盡(ㅋ) 法界盡(ㅋ) 涅槃界盡(ㅋ) 佛出現界盡(ㅋ) 如來智界盡(ㅋ) 心所緣界盡(ㅋ) 佛智所入境界界盡(ㅋ) 世間轉(ㅋ) 法轉(ㅋ) 智轉(ㅋノ)亽七 界 盡ㅋノ尹ㄱ乙[164]
D: 즉 "①衆生界盡이니 ②世界盡이니 ③虛空界盡이니 ④法界盡이니 ⑤涅槃界盡이니 ⑥佛出現界盡이니 ⑦如來智界盡이니 ⑧心所緣界盡이니 ⑨佛智所入境界界盡이니 ⑩世間轉이니 法轉이니 智轉이니 하는 界 盡이니 하는 것이거늘
E: 말하자면 중생계가 끝나고, 세계가 끝나고, 허공계가 끝나고, 법계가 끝나고, 열반계가 끝나고, 부처님의 출현하는 계(界)가 끝나고, 여래의 지혜의 계가 끝나고, 마음으로 반연하는 계가 끝나고, 부처님 지혜로 들어갈 경계의 계가 끝나고, 세간의 진전(轉), 법의 진전, 지혜의 진전하는 계가 끝나는 것이니라.

<주본화엄34, 13:20-21>
A: 若[25(·)]衆生界[24(|)?]盡[31(-)#31(丁),44(·),15(·)]我[23(-)]願乃[43(·)]盡[24(/),52(-)]
B: 若[七]衆生界[ㅣ]盡[x尹,尸,入ㄱ]我[ㅎ]願乃[ㅎ]盡[厺,x分]
C: 若七 衆生界ㅣ 盡x尹[165]尸入ㄱ 我ㅎ 願 乃(ㅅ)ㅎ 盡厺x分
D: 만일 衆生界가 다하면 나의 願이 비로소 끝나며,
E: 만일 중생계가 끝나면 나의 원도 끝나며,

<주본화엄34, 13:21-22>
A: 若[25(·)]世界[11(·)#11(:)#11(··)]乃[43(·)?]至[24(|)?]世間{53(·)}轉[11(·)]法轉[11(·)]智轉[11(·)?,

---

164) 다음을 참조할 수 있다.
　　一切 仙人ㅎ 殊勝行ㄱ 人天 {等}ㅣㅅ七七 類尸 同ㅣ 信仰ノ尹ㄱ乙 是 如攴 難行ノ亽七 苦行七 法乙 菩薩 ㄱ 應七ノㄱ 隨▱ 悉ㅎ 能攴 作ソナ훈<화엄19:16-17>
165) 'ㅎ 尹'로 읽을 가능성이 있다.

25(|)#25(·)]界[24(|)]盡[31(-),44(·),15(·)]我[23(-)]願乃[43(·)]盡[24(/),52(-)]
B: 若[ヒ]世界[ﾐ]乃[ﾐ]至[ㅣㅣ]世間轉[ﾐ]法轉[ﾐ]智轉[ﾐ,ㅅㅂ]界[ㅣㅣ]盡[xチ,尸,入ㄱ]我[ﾆ]願乃[ﾆ]盡[ㅗ,x分]
C: 若ヒ 世界ﾐ 乃(ｯ)ﾐ 至ㅣㅣ 世間轉ﾐ 法轉ﾐ 智轉ﾐ(ﾉ)ㅅㅂ 界ㅣㅣ 盡xチ尸入ㄱ 我ﾆ 願 乃 ﾆ 盡ㅗx分
^166)
D: 만일 世界이니 내지 世間轉이니 法轉이니 智轉이니 하는 界가 다하면 나의 願이 비로소 끝나며,
E: 만일 세계와 내지 세간의 진전, 법의 진전, 지혜의 진전하는 계(界)가 끝나면 나의 원도 끝나려니와,

<주본화엄34, 13:22-24>

A: 而[33(·)]衆生界[24(|)]不可盡[24(/)#24(·/),25(·),12(:),35(·),51(·)]乃至世間轉[11(·)]法轉[11(·)]智轉[11(·),25(|)]界[24(|)]不可盡[24(/)#24(·/),25(·),12(:),35(·),45(··)?]故[24(·)]我此大願善根[42(\)]無有窮盡[44(·),24(|),55(/),54(\)]

B: 而[ㄱ]衆生界[ㅣㅣ]不可盡[ㅗ,ヒ,ﾝㄱ,矢,分]乃至世間轉[ﾐ]法轉[ﾐ]智轉[ﾐ,ㅅㅂ]界[ㅣㅣ]不可盡[ㅗ,ヒ,ﾝㄱ,矢,入 ﾑ]故[支]我此大願善根[刀]無有窮盡[尸,ㅣㅣ,xㅣ,xㅣ]

C: 而ㄱ 衆生界ㅣㅣ 盡ㅗ(ㅎ){可}ヒﾝㄱ 不矢分 乃(ﾝ)ﾐ 至(ㅣㅣ) 世間轉ﾐ 法轉ﾐ 智轉ﾐ(ﾉ)ㅅㅂ 界ㅣㅣ 盡ㅗ(ㅎ){可}ヒﾝㄱ 不矢(ㄱ)入 ﾑ 故支 我 此 大願 善根刀 窮盡尸 無有ㅣㅣxㅣxㅣ

D: 그러나 衆生界가 다할 수 없으며 내지 世間轉이니 法轉이니 智轉이니 하는 界가 다할 수 없으므로 나의 이 大願 善根도 窮盡함 없이 하겠다.^167)" 한다.

E: 중생계가 끝날 수 없으며, 내지 세간의 진전, 법의 진전, 지혜의 진전하는 계가 끝날 수 없으므로, 나의 큰 원의 선근도 끝날 수 없느니라.』

<주본화엄34, 14:01>

A: 佛子[34(|)]菩薩[33(·)]發如是[12(:)]大願[41(·)?,44(·)?]已[43(·),12(-),53(··)]

B: 佛子[ﾐ]菩薩[ㄱ]發如是[ﾝㄱ]大願[乙,尸]已[ﾆ,ナㄱ,ㅣ十]

---

166) '乃(ﾝ)ﾐ'로 표기할 가능성이 있다.
167) '해야 한다'로 해석할 가능성도 있다.

C: 佛子 } 菩薩ㄱ 是 如(支)ᆺㄱ 大願乙 發(ᆺ)ㄕ 已 }ᅣㄱㅣ十
D: 불자여, 보살은 이와 같은 大願을 發하고 나면,
E: 「불자여, 보살이 이러한 큰 원을 내고는,

<주본화엄34, 14:01-03>

A: 則[24(·)]得利益心[11(·)]柔輭心隨順心寂靜心調伏心寂滅心謙下心潤澤心不動心不濁心[11(·),41(:),53(!)]

B: 則[攴]得利益心[ᛠ]柔輭心隨順心寂靜心調伏心寂滅心謙下心潤澤心不動心不濁心[ᛠ,ﾉ令乙,X]

C: 則攴 利益心ᛠ 柔輭心(ᛠ) 隨順心(ᛠ) 寂靜心(ᛠ) 調伏心(ᛠ) 寂滅心(ᛠ) 謙下心(ᛠ) 潤澤心(ᛠ) 不動心(ᛠ) 不濁心ᛠﾉ令乙 得X

D: 곧 利益心이니 柔軟心이니 隨順心이니 寂靜心이니 調伏心이니 寂滅心이니 謙下心이니 潤澤心이니 不動心이니 不濁心이니 하는 것을 얻어서,

E: 곧 이익 하는 마음, 부드러운 마음, 따라 순종하는 마음, 고요한 마음, 조복하는 마음, 적멸한 마음, 겸손한 마음, 윤택한 마음, 동하지 않는 마음, 흐리지 않는 마음을 얻느니라.」

<주본화엄34, 14:03>

A: 成淨信者[43(|)]{34(|)}有信功用[41(·),33(/),45(··)][168]

B: 成淨信者[᠈ 尓]有信功用[乙,4,入ﾞ]

C: 淨信者 成 } 尓 信功用乙 {有}4(ﾉ)入ﾞ

D: 淨信者가 되어서 信功用을 지니기 때문에

E: 「깨끗한 신심을 이룬 이는 신심의 공용(功用)이 있어

<주본화엄34, 14:03-04>[169]

A: 能[24(·)]信如來[11(·)]本行[11(·),13(/),32(/)]所入[14(·),41(·),13(··)]

B: 能[攴]信如來[ᛠ]本行[ᛠ,ﾉ令,X]所入[ﾕ,乙,ﾛﾕ厶]

---

168) 이점본에 따르면 功의 34 위치에서 用의 14 위치까지 선이 있으나 이미지 파일에서는 확인하기 어렵다. 用의 14(·)일 가능성이 있다.

169) 3행과 4행 사이의 欄上에 紺色의 정사각형 不審紙가 있다.

C: 能㫋 如來ㅋ 本行ㅋㅣ令X 入(ノ)尸 所乙 信ノ尸ム
D: 能히 如來니 本行이니 하는 것, 들어갈 바를 믿되,
E: 여래께서 본래 행으로 들어가신 것을 믿으며,

<주본화엄34, 14:04>
A: 信成就諸[33(·)]波羅蜜[41(·),41(·|),52(·)]
B: 信成就諸[ㄱ]波羅蜜[乙,口尸入乙,ㄴ㧾]
C: 諸ㄱ 波羅蜜乙 成就ノ尸入乙 信ㄴ㧾
D: ①모든 波羅蜜을 성취하는 것을 믿으며,
E: 바라밀다를 성취함을 믿으며,

<주본화엄34, 14:04-05>
A: 信入諸[33(·)]勝地[53(·),41(·|),52(·)]
B: 信入諸[ㄱ]勝地[十,口尸入乙,ㄴ㧾]
C: 諸ㄱ 勝地十 入ノ尸入乙 信ㄴ㧾
D: ②모든 勝地에 들어가는 것을 믿으며,
E: 여러 훌륭한 지위에 들어감을 믿으며,

<주본화엄34, 14:05>
A: 信成就力[41(·),41(·|),52(·)]
B: 信成就力[乙,口尸入乙,ㄴ㧾]
C: 力乙 成就ノ尸入乙 信ㄴ㧾
D: ③힘을 성취하는 것을 믿으며,
E: 힘을 성취한 것을 믿으며,

<주본화엄34, 14:05>
A: 信具足無所畏[41(·),41(·|)?,52(·)]
B: 信具足無所畏[乙,口尸入乙,ㄴ㧾]
C: 無所畏乙 具足ノ尸入乙 信ㄴ㧾

D: ④無所畏를 具足하는 것을 믿으며,
E: 두려움 없는 마음을 구족함을 믿으며,

<주본화엄34, 14:05-06>
A: 信生長不可{42(·),43(-)}壞[25(·)]不共佛法[41(·),41(·|),52(·)]
B: 信生長不可壞[セ]不共佛法[乙,ロアㅅ乙,ㄴ솨]
C: 不可壞セ 不共佛法乙 生長ノアㅅ乙 信ㄴ솨
D: ⑤무너뜨릴 수 없는 不共佛法을 生長하는 것을 믿으며,
E: 깨뜨릴 수 없고 함께 하지 않는 불법을 생장함을 믿으며,

<주본화엄34, 14:06>
A: 信不思議[25(·)]佛法[41(·),52(·)]
B: 信不思議[セ]佛法[乙,ㄴ솨]
C: 不思議セ 佛法乙 信ㄴ솨
D: ⑥不思議의 佛法을 믿으며,
E: 부사의한 불법을 믿으며,

<주본화엄34, 14:06-07>
A: 信出生無中{43(-)?}邊[33(·)]佛境界[41(·),41(·|),52(·)]
B: 信出生無中邊[ㄱ]佛境界[乙,ロアㅅ乙,ㄴ솨]
C: 中邊 無ㄱ 佛境界乙 出生ノアㅅ乙 信ㄴ솨
D: ⑦中邊 없는 佛境界를 出生하는 것을 믿으며,
E: 중간도 가도 없는(無中邊) 부처님 경계를 내는 것을 믿으며,

<주본화엄34, 14:07>
A: 信隨[24(\)]入如來[44(·)]無量[33(·)]境界[53(·),41(·|),52(·)]
B: 信隨[ㆆ]入如來[ア]無量[ㄱ]境界[十,ロアㅅ乙,ㄴ솨]
C: 隨ㆆ 如來ア 量 無ㄱ 境界十 入ノアㅅ乙 信ㄴ솨
D: ⑧따라 如來의 한량없는 경계에 들어가는 것을 믿으며,

340　第二部　判讀과 解讀 및 翻譯

E: 여래의 한량없는 경계에 따라 들어감을 믿으며,

<주본화엄34, 14:07>

A: 信成就果[41(·)?,41(·|)?,55(/)#55(/ˊ)]

B: 信成就果[乙,㄄尸ㅅ乙,ㄨㅣ]

C: 果乙 就成ノ尸ㅅ乙 信ㄨㅣ

D: ⑨果를 성취하는 것을 믿는다.

E: 과보를 성취함을 믿나니,

<주본화엄34, 14:07-09>[170]

A: 擧要[41(·),34(|)]言之[41(·)]{22(·)?}信一切菩薩[44(·)]行[11(·)]乃至如來智地說[25(·)]{32(-)}力[11(·)?,41(:),45(:)]故[24(|),55(·)]

B: 擧要[乙,ㆍ]言之[乙]信一切菩薩[尸]行[ㆍ]乃至如來智地說[ㄴ]力[ㆍ,㄄㇛乙,ㄨᆢ]故[ㅣ,ナㅣ]

C: 要乙 擧ㆍ[171] 之乙 言(ㅅㄱ) 一切 菩薩尸 行ㆍ 乃(ˇᆢ) 至(ㅣ) 如來 智地 說ㄴ 力ᆢノ㇛乙 信ㄨᆢ{故}ㅣナㅣ

D: 要를 들어 그것을 말하면 一切 보살의 行이니 내지 如來 智地 說의 力이니 하는 것을 믿기 때문이다.

E: 요건(要件)을 들어 말하면 일체 보살의 행과 내지 여래의 지혜와 말하는 힘을 믿는 것이니라.」

<주본화엄34, 14:10>

A: 佛子[34(|)]此菩薩[33(·)]復[42(\)]作是{14(·)}念[41(·),21(|)]

B: 佛子[ᆢ]此菩薩[ㄱ]復[ㄲ]作是念[乙,ナ尸丁]

C: 佛子ᆢ 此 菩薩ㄱ 復ㄲ 是 念乙 作(ˇ)ナ尸丁

D: 불자여, 이 보살은 또 이 생각을 하기를

---

170) 8행 欄上에 紺色의 정사각형 不審紙가 있다.
171) 자토구결의 다음 예를 참고하면 'ˇ'를 보충할 수도 있다.
　　若ㄴ {於}足乙 擧ˇㄱㅗㄱㅣ十ㄱ 當 願 衆生 生死海乙 出ˇᆢㅊ <화엄04:05>
　　同梵行者ㅣ 見聞疑乙 由ᆢ 或 其 罪乙 擧ˇㄹㆆ 或 憶念ˇ{令}ㅣᆯᆢ 或 隨學ˇ{令}ㅣᆯᆢ <유가06:22-07:01>

E: 「불자여, 보살이 또 이런 생각을 하느니라.

<주본화엄34, 14:10-12>

A: 諸佛[35(·)]正法[33(·)]如是甚深[51(·)]如是[24(·)]寂靜[51(·)]如是寂滅[51(·)]如是空[51(·)]如是無相[25(·),51(·)]#51(·)]如是無願[51(·)]如是無染[51(·)]如是無量[51(·)]{23(·)]如是廣{41(·)}大[12(··)?#12(·)?,11(·)?]而[33(·)]

B: 諸佛[ᄂ]正法[ᄀ]如是甚深[x分]如是[ᄒ]寂靜[x分]如是寂滅[x分]如是空[x分]如是無相[ᄂ,x分]如是無願[x分]如是無染[x分]如是無量[x分]如是廣大[ᄒᄀ,ᄉ]而[ᄀ]

C: 諸[ᄀ] 佛ᄂ 正法ᄀ 是 如(ᄒ) 甚深x分 是 如ᄒ 寂靜x分 是 如(ᄒ) 寂滅x分 是 如(ᄒ) 空x分 是 如(ᄒ) 相 無ᄂx分 是 如(ᄒ) 願 無(ᄂ)x分 是 如(ᄒ) 染 無(ᄂ)x分 是 如(ᄒ) 量 無(ᄂ)x分 是 如(ᄒ) 廣大(ᄉ)ᄒᄀ ᄉ 而ᄀ

D: '모든 부처의 正法은 이와 같이 甚深하며 이와 같이 寂靜하며 이와 같이 寂滅하며 이와 같이 空하며 이와 같이 相 없으며 이와 같이 願 없으며 이와 같이 染 없으며 이와 같이 量 없으며 이와 같이 廣大하시나

E: 「부처님의 바른 법이 이렇게 깊고 이렇게 고요하고 이렇게 적멸하고 이렇게 공하고 이렇게 모양이 없고 이렇게 원이 없고 이렇게 물들지 않고 이렇게 한량이 없고 이렇게 광대한데,

<주본화엄34, 14:12-13>

A: 諸[33(·)]凡夫[33(·)?]心[42(|),24(|)]墮{45(·)}邪見[53(·),13(:)]
B: 諸[ᄀ]凡夫[ᄀ]心[ᄒ,ㅣ]墮邪見[十,xᄆ]
C: 諸ᄀ 凡夫ᄀ 心ᄒㅣ 邪見十 墮xᄆ
D: 모든 凡夫는 마음이 邪見에 빠지되
E: 범부들은 삿된 소견에 빠져

<주본화엄34, 14:13>

A: 無明[45(·)#45(··)]{35(·)#35(··)}覆翳[22(·)]
B: 無明[ᄴ]覆翳[ᄒ]
C: 無明ᄴ 覆翳(ᄉ)ᄒ
D: 無明으로 가리고

E: 무명이 가리웠으며,

<주본화엄34, 14:13>
A: 立憍慢[25(·)]高幢[41(·),24(|)?,22(·)]
B: 立憍慢[ㄷ]高幢[乙,ㅣㅣ,ㅎ]
C: 憍慢ㄷ 高幢乙 立ㅣㅎ
D: 교만의 高幢을 세우고
E: 교만한 당기를 세우고

<주본화엄34, 14:13-14>
A: 入渴愛[25(·)]網[25(·)]中[53(·),22(·)]
B: 入渴愛[ㄷ]網[ㄷ]中[十,ㅎ]
C: 渴愛ㄷ 網ㄷ 中十 入(ゝ)ㅎ
D: 渴愛의 그물의 가운데에 들어가고
E: 애정의 그물에 들어가,

<주본화엄34, 14:14>
A: 行諂誑[25(·)]稠林[53(·),23(|)#23(:)]不能自[45(·)?]{25(·)}出[22(-),35(·),22(·)]
B: 行諂誑[ㄷ]稠林[十,ゝ ろ]不能自[灬]出[<ノ>,矢,ㅎ]
C: 諂誑ㄷ 稠林十 行ゝろ 自灬 出(尸) 不<ノ> 能(ㅣㅣ)矢(ゝ)ㅎ
D: 諂誑의 稠林에 가 스스로 나오지 못하고
E: 아첨한 숲 속에 다니면서 나오지 못하고,

<주본화엄34, 14:14-15>
A: 心[42(|),24(|)]與慳[32(-)]嫉[32(-),41(·),25(·)]相應[43(|)]不捨[44(·),22(-)]
B: 心[ㆆ,ㅣㅣ]與慳[人]嫉[人,乙,ㄷ]相應[ろ 尒]不捨[尸,<ノ>]
C: 心ㆆㅣㅣ 慳人 嫉人乙 與ㄷ 相應(ゝ)ろ 尒 捨尸 不<ノ>(ゝ)ㅎ)
D: 마음이 慳과 嫉과 더불어 相應하여서 버리지 못하고
E: 마음과 간탐과 질투가 서로 응하여 버리지 못하고,

<주본화엄34, 14:15-16>
A: 恒[24(|)]造諸[33(·)]趣[25(·)]受生[25(|)]因緣[41(·),22(·),52(·)]{42(|)?}
B: 恒[ㅣㅣ]造諸[ㄱ]趣[ㄴ]受生[ㅅㄴ]因緣[乙,ㅎ,ㅅ분]
C: 恒ㅣㅣ 諸ㄱ 趣ㄴ 受生(ㅅ)ㅅㄴ 因緣乙 造(ㅅ)ㅎㅅ분
D: 항상 모든 趣의 受生할 因緣을 짓고 하며,
E: 여러 갈래에 태어날 인연을 항상 지으며,

<주본화엄34, 14:15-16>
A: 貪[11(·)]恚[11(·)]愚癡[11(·),13(/),45(·)]積集諸[33(·)]業[41(·)?,13(:)]日夜[53(·)]增長[22(·)]
B: 貪[ㆍㆍ]恚[ㆍㆍ]愚癡[ㆍㆍ,ㅁㅅ,ㅁㅁ]積集諸[ㄱ]業[乙,xㅿ]日夜[十]增長[ㅎ]
C: 貪ㆍㆍ 恚ㆍㆍ 愚癡ㆍㆍㅅㅅㅁㅁ 諸ㄱ 業乙 積集xㅿ 日夜十 增長(ㅅ)ㅎ
D: 貪이니 恚이니 愚癡이니 하는 것으로 모든 業을 積集하되 밤낮으로 增長하고
E: 탐욕과 성내는 일과 어리석음으로 모든 업을 지어서 밤낮으로 증장하고,

<주본화엄34, 14:16>
A: 以忿恨[25(·)]風[41(·),34(|)?]吹心識[25(·)]火[41(·),13(:)]熾然不息[22(·)?]
B: 以忿恨[ㄴ]風[乙,3]吹心識[ㄴ]火[乙,xㅿ]熾然不息[ㅎ]
C: 忿恨ㄴ 風乙 以3 心識ㄴ 火乙 吹xㅿ 熾然 不息(ㅅ)ㅎ[172]
D: 忿恨의 바람으로써 心識의 불을 불되 熾然 不息하고
E: 분노한 바람으로 마음의 불을 불어서 성한 불꽃이 쉬지 않으며,

<주본화엄34, 14:17>
A: 凡[23(-)]所作[12(·),25(·)]業[15(·/)]皆[25(·)]顚倒相應[23(\),22(·),52(·)]
B: 凡[ㆆ]所作[ㄱ,ㄴ]業[火ㄴㅅㅅㄹㅅㄱ]皆[ㄴ]顚倒相應[ㅎ,ㅎ,ㅅ분]
C: 凡ㆆ 作(ㅅ)ㄱ 所ㄴ 業火ㄴㅅㅅㄹㅅㄱ[173] 皆ㄴ 顚倒 相應ㅎ(ㅅ)ㅎㅅ분

---

172) 熾然을 주어 또는 부사어로 볼 가능성도 있으나 다음 예를 참조하여 해석하였다.
　　時十 兜率宮ㄴ 中3ㄴ 妓樂ㅅ 歌讚ㅅㅅㅅㄱ 熾然 不息xㄱ乙 <주본화엄22, 20:9-10>
173) 다음을 참조할 수 있다.
　　凡ㆆ 受ㅁㄹ 所ㄴ 物ㄴ火ㄴㅅㅅㄹㅅㄱ 悉3 亦刀 {是}ㅣ 如支ㅅㅁㅂ분 <화소09:11-12>

D: 무릇 지은 바의 업이라면 모두 顚倒 相應하게 하고 하며,

E: 모든 짓는 업이 뒤바뀌게 되며,

<주본화엄34, 14:17-18>[174]

A: 欲流[11(·)]有流[11(·)]無明流[11(·)]見流[11(·),13(/)?#13(..),45(·)]相{32(\)}續[23(\)]起心[32(-)]意識[32(-),25(·)]#25(-)]種子[41(·)?,52(/)?#52(..)][175]

B: 欲流ᵅ]有流ᵅ]無明流ᵅ]見流[ᵅ,ロ亽,灬]相續[ᵅ]起心[ㅅ]意識[ㅅ,ㄷ]種子[乙,ᵓ八]

C: 欲流ᵅ 有流ᵅ 無明流ᵅ 見流ᵅノ亽灬 相續ᵅ 心ㅅ 意識ㅅㄷ 種子乙 起(ᵛ)ᵓ八

D: 欲流이니 有流이니 無明流이니 見流이니 하는 것으로 相續하여 心과 意識의 종자를 일으켜서

E: 욕계의 폭류(欲流), 색계의 폭류(有流), 무명의 폭류(無明流), 소견의 폭류(見流)가 서로 계속하여 마음·뜻·식(心意識)의 종자를 일으키느니라.

<주본화엄34, 14:18-19>

A: 於三界[25(·)]田[25(·)]中[23(|)?]復[33(·)]生苦[25(·)]芽[41(·),24(|),34(\),11(·)]

B: 於三界[ㄷ]田[ㄷ]中[ᵛᵓ]復[ㄱ]生苦[ㄷ]芽[乙,‖,X,ᵅ]

C: {於}三界ㄷ 田ㄷ 中(十)ᵛᵓ 復(ᵛ)ㄱ 苦ㄷ 芽乙 生‖Xᵅ

D: 三界의 밭 가운데에서 다시 고통의 싹을 내니

E: 三계란 밭에 다시 고통의 싹을 내나니,

<주본화엄34, 14:19>

A: 所謂[12(·),33(·)]名色共生[35(-),51(·)]不離[13(!)?#13(:),35(·)?,51(·)?]

B: 所謂[ㄱ,ㄱ]名色共生[X,ᵓ]不離[ᵓ亽,矢,ᵓ]

C: 謂(ノ)ㄱ 所ㄱ 名色 共生Xᵓ 離ᵓ亽 不矢ᵓ

D: 즉 名色이 共生하며 떠나지 않으며,

E: 이른바 이름과 물질(名色)이 저와 함께 나서 떠나지 아니하며,

---

174) 18행 欄上에 紺色의 정사각형 不審紙가 있다.
175) 이점본(이)에 따르면 '子'자를 둘러싼 정사각형 각필선이 있다.

<주본화엄34, 14:19-20>

A: 此[45(·)]名色增長[12(:),53(··)]生六處[25(·)]聚落[41(·)?,22(·)]於中[53(·)?]相對[23(|)]生觸[41(·)?, 24(|),22(·),52(·)]

B: 此[ᄉ]名色增長[ᄂㄱ,ㅣ+]生六處[ㄴ]聚落[乙,ᄒ]於中[+]相對[ᄂㆍ]生觸[乙,ㅣ,ᄒ,ᄂᄉ]

C: 此ᄉ 名色 增長ᄂㄱㅣ+ 六處ㄴ 聚落乙 生(ㅣ)ᄒ {於}中+ 相對ᄂㆍ 觸乙 生ㅣㅣᄒᄂᄉ

D: 이로 名色이 增長했을 때에 六處의 聚落을 내고 그 가운데에서 相對하여 觸을 내고 하며,

E: 이름과 물질이 증장하여 여섯 군데의 기관(聚落)을 내고, 그 속에서 서로 대하여 접촉함(觸)을 내며,

<주본화엄34, 14:20>

A: 觸[12(:),45(··)]故生受[41(·),24(|),22(·)]因受[41(·),24(\)]生愛[41(·),24(|)?,22(·),52(·)]

B: 觸[ᄂㄱ,ㅅᄊ]故生受[乙,ㅣ,ᄒ]因受[乙,ᄃ]生愛[乙,ㅣ,ᄒ,ᄂᄉ]

C: 觸ᄂㄱㅅᄊ 故 受乙 生ㅣㅣᄒ 受乙 因ᄃ 愛乙 生ㅣㅣᄒᄂᄉ

D: 觸하였기 때문에 受를 내고 受를 인하여 愛를 내고 하며,

E: 접촉하므로 받아들임(受)을 내고, 받아들임으로 사랑함을 내고,

<주본화엄34, 14:20-21>

A: 愛增長[12(:),45(··)]故[24(·)]{23(·)}生取[41(·),24(|),22(·)]取增長[12(:),45(··)]故[24(·)]生有[41(·), 24(|),22(·)?,52(·)]

B: 愛增長[ᄂㄱ,ㅅᄊ]故[支]生取[乙,ㅣ,ᄒ]取增長[ᄂㄱ,ㅅᄊ]故[支]生有[乙,ㅣ,ᄒ,ᄂᄉ]

C: 愛 增長ᄂㄱㅅᄊ 故支 取乙 生ㅣㅣᄒ 取 增長ᄂㄱㅅᄊ 故支 有乙 生ㅣㅣᄒᄂᄉ

D: 愛가 增長하였기 때문에 取를 내고 取가 增長하였기 때문에 有를 내고 하며,

E: 사랑이 자라서 취(取)함을 내고, 취함이 늘어서 유(有)를 내고,

<주본화엄34, 14:21-22>

A: 有[24(|)]生[12(:)#12(·.),45(··)]故[24(·)#24(-)]有生[11(·)]老死憂悲苦惱[11(·),13(/),34(·)]如是[24(·)]衆生[33(·)]生長苦[25(·)]聚[53(·)?,12(\)?,51(·/)]

B: 有[ㅣ]生[ᄂㄱ,ㅅᄊ]故[支]有生[ᄉ]老死憂悲苦惱[ᄉ,ᄃᅀ,ㅁ]如是[支]衆生[ㄱ]生長苦[ㄴ]聚[+, xㄱ,xᄉ]

346 第二部 判讀과 解讀 및 翻譯

C: 有ㄌ 生ン٦ 入ㅡ 故ㅊ 生ㅣ 老(ㅣ) 死(ㅣ) 憂(ㅣ) 悲(ㅣ) 苦惱ㅣノ令 有口 是 如ㅊ 衆生٦ 苦ㄴ 聚十 生長ㄱㄱx分

D: 有가 났기 때문에 生이니 老이니 死이니 憂이니 悲이니 苦惱이니 하는 것이 있고 이와 같이 衆生은 苦의 聚에서 生長하며,

E: 유가 났으므로 태어나고 늙고 죽고 근심하고 슬퍼하고 괴롭고 시끄러움을 내나니, 이리하여 중생이 고통 속에서 생장하거니와,

<주본화엄34, 14:22-24>

A: 是中[53(·),33(·)?]皆[25(·)]空[24(|),21(·|)]離我[24(|)]我所[53(·.)][176)]無知[14(·.),22(·)]無覺[44(·)?,22(·)]無作[14(·.)?#14(·)?,22(·)?]無受[14(·.),22(·)?,35(·-)]如草木{34(·)}石壁[24(·),22(·)?]亦[33(·)]如影像[24(·),22(·),52(|)#52(:)#52(·)]

B: 是中[十,٦]皆[ㄴ]空[ㄲ,四]離我[ㄲ]我所[下]無知[ㄷㄹ,ᇹ]無覺[ㄹ,ᇹ]無作[ㄷㄹ,ᇹ]無受[ㄷㄹ,ᇹ,٦ 矢]如草木石壁[ㅊ,ᇹ]亦[٦]如影像[ㅊ,ᇹ,x分]

C: 是 中十٦ 皆ㄴ 空ㄲ四 我ㄲ 我所(乙) 離(ㅊ)下 知ㄷㄹ 無ᇹ 覺ㄹ 無ᇹ 作ノㄹ 無ᇹ 受ㄷㄹ 無ᇹ(丷)٦ 矢 草木石壁 如ㅊ(丷)ᇹ 亦(丷)٦ 影像 如ㅊ(丷)ᇹx分

D: 이 가운데에는 모두 空이라서 나와 내 것을 여의어, 아는 것 없고 깨닫는 것 없고 짓는 것 없고 받는 것 없고 한 것이 草木石壁과 같고 또 影像과 같고 하며,

E: 이런 속이 모두 공하여 <나>와 <내 것>을 여의었으므로 알음알이도 없고 깨닫지도 못하고 짓는 것도 없고 받는 것도 없어서 초목이나 돌과 같으며, 영상과도 같건마는,

<주본화엄34, 14:24>

A: 然[43(·),53(-)][177)]諸[33(·)]衆生[33(·)#33(-)]不覺[14(:)?,22(-)]不知[=44(·),22(-),22(·),51(·.),34(\),55(\·)]

B: 然[ㅣ,乃]諸[٦]衆生[٦]不覺[丷ㄹ,<ノ>]不知[ㄹ,X,ᇹ,ナ分,X,ㅣ七ㅣ]

C: 然ㅣ(丷)乃 諸٦ 衆生٦ 覺丷ㄹ 不<ノ>(丷)ᇹ 知ㄹ 不X(丷)ᇹ(丷)ナ分Xㅣ七ㅣ

―――――――――
176) 24에 점토가 있을 가능성도 있다.
177) 다음을 참조할 수 있다.
但ハ 彼 境界乙 因ㅡㅣㅅ 衆生乙 攝取丷欲ㅅ 爲ㅡㅁ 眞實乙 說丷ㅣㅅ 佛法乙 成熟 令ㅣㅣ ナ禾分 然ㅣ丷乃 {此}ㅣ 法٦ {者} 處所 有ㄴ٦ㄴ 非矢分 處所 無ㄴ٦ㄴ 非矢分 內 非矢分 外 非矢分 近 非矢分 遠 非矢٦ㅣㅣㄴㅣ丷ナ分 <화소13:18-14:02>

D: 그러나 모든 중생은 깨닫지 못하고 알지 못하고 하며 한다.'

E: 중생들은 깨닫지도 못하고 알지도 못하느니라.」

<주본화엄34, 14:24-15:02>

A: 菩薩見諸[33(·)]衆生[23(-)]於如是[12(:)]苦聚[53(·),23(|)]不得出離[44(·),22(-),41(|·),45(ㅜ)][178]是故[45(·)]卽[24(\)]生大悲智慧[41(·)?,24(|),51(·.)?#51(·)]{54(/)}

B: 菩薩見諸[ㄱ]衆生[ㄣ]於如是[ᄂㄱ]苦聚[ㅏ,ᄂㆍ]不得出離[ㄕ,<ㄗ>,ㄫㆁㄅ,ㄱㅅㅡ]是故[ᄊ]卽[ㄷ]生大悲智慧[ㄥ,ㅣ,ㅏ分]

C: 菩薩(ㄱ) 諸ㄱ 衆生ㄣ {於}是 如(ㅊ)ᄂㄱ 苦聚ㅏㆍㄅ 得(ㄕㅊ) 出離ㄕ 不<ㄗ>ㄱㅅㄆ 見 ㄱㅅㅡ 是 故ㅡ 卽ㄷ 大悲智慧ㄥ 生ㅣㅏ分

D: 菩薩은 모든 중생이 이와 같은 苦聚에서 능히 出離하지 못하는 것을 보았기 때문에 이러한 까닭으로 곧 大悲智慧를 내며,

E: 보살은 모든 중생들이 이런 고통 속에서 벗어나지 못함을 보고, 큰 자비와 지혜를 내며

<주본화엄34, 15:02>

A: 復[33(·)]作是念[41(·),21(|)]

B: 復[ㄱ]作是念[ㄥ,ㅏㄕㄷ]

C: 復(ㆍ)ㄱ 是 念ㄥ 作(ㆍ)ㅏㄕㄷ

D: 또 이 念을 짓기를,

E: 또 생각하기를

<주본화엄34, 15:02-03>

A: 此諸[33(·)?]衆生[41(·),21(|·)?]我[33(·)?]應救拔[43(|)?]置於究竟安樂[25(··)]之處[53(·)?,24(\),42(|),25(·),12(:),55(\·),45(ㅗ)]是故[45(·)]卽[24(·)#24(\)?]生大慈[25(:)#25(·)]光明智[41(·),24(|),55(/)]

B: 此諸[ㄱ]衆生[ㄥ,火]我[ㄱ]應救拔[ㆍㅊ]置於究竟安樂[ㅏ,ㄷ,ㆆ,ㄷ,ᄂㄱ,ㆍㄷㅣ,ㄕㅅㅡ]是故[ᄊ]卽[ㅊ]生大慈[ㅅㄷ]光明智[ㄥ,ㅣ,ㅅㅣ]

---

178) '不得出離[44(·),22(-),41(|·),45(ㅜ)]'를 '不得出離[41(·),44(·),22(-),41(!),45(ㅜ)]'로 판독하고, '出離ㄥ 得ㄕ 不<ㄗ>(ㆍ)ㆆㄕㅅㄆ 見ㄱㅅㅡ'로 해석할 가능성도 있다.

C: 此 諸ㄱ 衆生乙火 我ㄱ 救拔(ㅆ)ㆆ亦 {於}究竟 安樂(ㅆ)ヒセ{之} 處十 置ノㅎ{應}セㄴㄱ (リ)ㆆセㅣ(ㅆ)尸入ㅁ 是 故ㅁ 卽支 大慈xヒ 光明智乙 生リxㅣ

D: '이 모든 衆生을 나는 救拔하여서 究竟 安樂한 곳에 두어야 할 것이다' 하기 때문에 이러한 까닭으로 大慈의 光明智를 낸다.

E: 『이 중생들을 내가 건져내어 필경 까지 안락한 곳에 둘 것이니, 그러므로 큰 자비와 광명과 지혜를 내리라」 하느니라.』

<주본화엄34, 15:04-05>

A: 佛子[34(ㅣ)]菩薩摩訶薩[33(·)]隨順如是[12(:)]大悲[11(·)]大慈[11(·)13(/),53(ㅣ)]#53(:),24(\),25(·),53(i)?#53(ㅣ)?]以深重心[41(·),34(ㅣ)]住初地[53(·),25(··)]時[53(·),33(·)]

B: 佛子[ㆁ]菩薩摩訶薩[ㄱ]隨順如是[ㅆㄱ]大悲ㆍㆁ大慈ㆍㆁ,ㅁ수,ㅏ十,ㅁ,七,白ㆁ]以深重心[乙,ㆁ] 住初地[十,ヒ七]時[十,ㄱ]

C: 佛子ㆁ 菩薩摩訶薩ㄱ 是 如(支)ㅆㄱ 大悲ㆍ 大慈ㆍノ수ラ十 隨ㅁ 順セ(ㅆ)白ㆁ 深重心乙 以ㆁ 初地十 住(ㅆ)ヒ七 時十ㄱ

D: 佛子여, 菩薩摩訶薩은 이와 같은 大悲이니 大慈이니 하는 것에 隨順하여 深重心으로써 初地에 住할 때에는

E: 『불자여, 보살 마하살이 이러한 대비와 대자(大慈)를 따라서 깊고 소중한 마음으로 초지(初地)에 머물 때에

<주본화엄34, 15:05-06>

A: 於一切物[25(·),11(·),53(·)]無所吝惜[14(·),11(/)]求佛[35(·)]大智[41(·),45(ㅗ)]修行大捨[41(·),13(··)] 凡[23(-)]是[24(ㅣ)]所有[33(·),15(/)]一切[25(·)?#25(·)]能[24(·)]施[55(/)]

B: 於一切物[七,ㆁ,十]無所吝惜[尸,ナ수ㆍ]求佛[ㄴ]大智[乙,尸ㅆㅁ]修行大捨[乙,ㅁ尸ㅁ]凡[ㆁ]是[リ]所有[ㄱ,火七ハ尸入ㄱ]一切[xセ]能[支]施[xㅣ]

C: {於}一切 物セㆍ十 吝惜(ノ)尸 所 無ナ수ㆍ 佛ㄴ 大智乙 求(ㅆ)尸ㅁ 大捨乙 修行ノ尸ㅁ 凡ㆁ {是}リ 有ㄱ 所火セハ尸入ㄱ 一切xセ 能支 施xㅣ

D: 一切의 사물에 대해 吝惜할 바 없어 부처의 大智를 구하기 때문에 大捨를 修行함에 있어서 무릇 있는 것이라면 모두 능히 보시한다.

E: 모든 물건을 아끼지 않고 부처님의 큰 지혜를 구하며 크게 버리는 일을 수행하여, 가진

것을 모두 보시 하나니,

<주본화엄34, 15:06-08>
A: 所謂[12(·),33(·)]財[11(·)]穀[11(·),25(|)]#25(:)]倉庫[11(·)]
B: 所謂[ㄱ,ㄱ]財[ㆍ]穀[ㆍ,ㅅㄴ]倉庫[ㆍ]
C: 謂(ノ)ㄱ 所ㄱ 財ㆍ 穀ㆍ(ノ)ㅅㄴ 倉庫ㆍ
D: 즉 재물이니 곡식이니 하는 창고이니,
E: 이른바 재물·곡식·창고·

<주본화엄34, 15:07-08>
A: 金[11(·)]銀[11(·)]摩尼[11(·)]眞珠[11(·)]瑠璃[11(·)]珂貝[11(·)]璧玉[11(·)]珊瑚[11(·)]等[12(:)]{41(··)} 物[25(·),11(·)]
B: 金[ㆍ]銀[ㆍ]摩尼[ㆍ]眞珠[ㆍ]瑠璃[ㆍ]珂貝[ㆍ]璧玉[ㆍ]珊瑚[ㆍ]等[ヽㄱ]物[ㄴ,ㆍ]
C: 金ㆍ 銀ㆍ 摩尼ㆍ 眞珠ㆍ 瑠璃ㆍ 珂貝ㆍ 璧玉ㆍ 珊瑚ㆍ(ヽ尸) 等ヽㄱ 物ㄴㆍ
D: 金이니 銀이니 摩尼이니 眞珠이니 琉璃이니 珂貝이니 璧玉이니 珊瑚이니 하는 등의 사물이니,
E: 금·은·마니·진주·유리·보석·보패·산호 등과

<주본화엄34, 15:08>
A: 珍寶[11(·)]瓔珞[11(·),25(|)]嚴身[25(·)]之具[11(·)]
B: 珍寶[ㆍ]瓔珞[ㆍ,ㅅㄴ]嚴身[ㄴ]之具[ㆍ]
C: 珍寶ㆍ 瓔珞ㆍ(ノ)ㅅㄴ 嚴身ㄴ{之} 具ㆍ
D: 珍寶이니 瓔珞이니 하는 嚴身의 도구이니,
E: 보물과 영락등 몸을 장식하는 기구와

<주본화엄34, 15:08-10>
A: 象馬[11(·)]車乘[11(·)]奴婢[11(·)]人民[11(·)]城邑[11(·)]聚落[11(·)]園林[11(·)]臺觀[11(·)]妻妾[11(·)]男女[11(·)]內外眷屬[11(·)]及[25(·)]餘[33(·)]所有[33(·),25(·)]珍玩[25(·)]之具[11(·)]
B: 象馬[ㆍ]車乘[ㆍ]奴婢[ㆍ]人民[ㆍ]城邑[ㆍ]聚落[ㆍ]園林[ㆍ]臺觀[ㆍ]妻妾[ㆍ]男女[ㆍ]內外眷

350 第二部 判讀과 解讀 및 翻譯

　　　屬[ᵎ]及[ㄷ]餘[ㄱ]所有[ㄱ,ㄷ]珍玩[ㄷ]之具[ᵎ]
C: 象馬ᵎ、車乘ᵎ、奴婢ᵎ、人民ᵎ、城邑ᵎ、聚落ᵎ、園林ᵎ、臺觀ᵎ、妻妾ᵎ、男女ᵎ、內外眷屬ᵎ、及ㄷ 餘(ᵛ)ㄱ 有ㄱ 所ㄷ 珍玩ㄷ{之} 具ᵎ、
D: 象馬이니 車乘이니 奴婢이니 人民이니 城邑이니 聚落이니 園林이니 臺觀이니 妻妾이니 아들딸이니 內外眷屬이니 및 남은 있는 바의 珍玩의 도구이니
E: 코끼리·말·수레·노비·사환과 도시와 마을과 원림과 누대와 처첩과 아들과 딸과 안팎 권속들과 그 외의 훌륭한 물건들과

<주본화엄34, 15:10-11>
A: 頭目[11(·)]手足[11(·)]血肉[11(·)]骨髓[11(·)]一切身分[11(·),41(:)]
B: 頭目[ᵎ]手足[ᵎ]血肉[ᵎ]骨髓[ᵎ]一切身分[ᵎ,ㄷ소乙]
C: 頭目ᵎ、手足ᵎ、血肉ᵎ、骨髓ᵎ、一切 身分ᵎノ소乙
D: 頭目이니 手足이니 血肉이니 骨髓이니 一切 신체의 부분이니 하는 것에 대해
E: 머리. 눈·손·발·피·살·뼈·골수 등의 모든 몸붙이를

<주본화엄34, 15:11>
A: 皆[25(·)]無所惜[14(·.),34(|)-중복선]
B: 皆[ㄷ]無所惜[ㄷ尸,ᵌ 중복]
C: 皆ㄷ 惜ノ尸 所ᵌ 無ᵌ
D: 모두 아끼는 바 없어
E: 하나도 아끼지 않고,

<주본화엄34, 15:10-11>
A: 爲[24(\)]求諸[33(·)]佛[35(·)]廣大智慧[41(·),41(ㅗ)]
B: 爲[ㄷ]求諸[ㄱ]佛[ᴸ]廣大智慧[乙,xㅅ乙]
C: 爲ㄷ 諸ㄱ 佛ᴸ 廣大 智慧乙 求xㅅ乙
D: (중생을) 위하여 모든 佛의 廣大 智慧를 求하는 것을
E: 부처님의 광대한 지혜를 구하느니라.

<주본화엄34, 15:11-12>
A: 是[41(·)]名[53(·.)]菩薩[24(|)]{45(·)}住於初地[53(·),23(|)]大捨成就[21(-)#21(·),31(··),55(.·)]
B: 是[乙]名[下]菩薩[リ]住於初地[十,ン3]大捨成就[xT,ㅁ커,ナ丨]
C: 是乙 名下 菩薩リ {於}初地十 住ン3 大捨(乙) 成就xTノ커ナ丨
D: 이를 일러 菩薩이 初地에 住하여 大捨를 成就한다고 하는 것이다.
E: 이것을 이름하여 보살이 초지에 있어서 크게 버리는 일을 성취하는 것이라 하느니라.

<주본화엄34, 15:12-13>
A: 佛子[34(|)]菩薩[33(·)]以此[24(|)]慈悲大施心[41(·),34(|)]爲欲救護一切衆生[41(·),32(-),31~32(|)]
B: 佛子[3]菩薩[ㄱ]以此[リ]慈悲大施心[乙,3]爲欲救護一切衆生[乙,人,X]
C: 佛子3 菩薩ㄱ {此}リ 慈悲大施心乙 以3 一切 衆生乙 救護(ン){爲欲}人X
D: 佛子야, 菩薩은 이 慈悲大施心으로써 一切 衆生을 救護하고자
E: 불자여, 보살이 이 자비로 크게 보시하는 마음으로써 일체 중생을 구호하기 위하여

<주본화엄34, 15:13-14>
A: 轉[25(·)]更[34(|)?]推求世出世間[25(·)]諸[33(·)]利益事[41(·),13(··)]
B: 轉[セ]更[3]推求世出世間[セ]諸[ㄱ]利益事[乙,ㅁ尸ム]
C: 轉セ 更3 世 出世間セ 諸ㄱ 利益事乙 推求ノ尸ム
D: 점점 다시 世間, 出世間의 모든 利益事를 推求하되
E: 점점 다시 세간과 출세간의 여러 가지 이익 하는 일을 구하면서도

<주본화엄34, 15:14-15>
A: 無疲厭[44(·),24(|),45(ㅗ)]故[24(·)]卽[24(\)]得[43(|)]成就無疲厭心[41(·),51(·.)]
B: 無疲厭[尸,リ,尸入灬]故[支]卽[ㅁ]得[3 ホ]成就無疲厭心[乙,ナか]
C: 疲厭尸 無リ(ン)尸入灬 故支 卽ㅁ 得3ホ 無疲厭心乙 成就(ン)ナか
D: 싫증냄 없이 하므로 곧 능히 無疲厭心을 成就하며,
E: 고달픈 마음이 없으므로 곧 고달픈 줄 모르는 마음을 성취하며,

<주본화엄34, 15:14-15>
A: 得無疲厭心[41(·),44(·)]已[43(·),23(|),12(:)]於一切經論[53(·)]心[42(|)]無怯弱[44(·),11(/)]
B: 得無疲厭心[乙,尸]已[氵,ッ氵,ッㄱ]於一切經論[十]心[ㅎ]無怯弱[尸,ナ佘氵]
C: 無疲厭心乙 得尸 已氵ッ氵ッㄱ {於}一切 經論十 心ㅎ 怯弱尸 無ナ佘氵
D: 無疲厭心을 얻고 나서는 一切 經論에 대해 마음에 怯弱함 없으니
E: 고달픈 줄 모르는 마음을 얻고는, 일체 경과 논에 겁약함이 없나니,

<주본화엄34, 15:15-16>
A: 無怯弱[44(·),45(⊥)]#45(丁)#45(÷)]故[24(·)]卽[24(·)]得[43(|)]成就一切經論[25(·)]智[41(·),51(·),경계선]
B: 無怯弱[尸,尸入灬]故[攴]卽[攴]得[氵尓]成就一切經論[セ]智[乙,ナ佘]
C: 怯弱尸 無尸入灬 故攴 卽攴 得氵尓 一切 經論セ 智乙 成就(ッ)ナ佘
D: 怯弱함 없기 때문에 곧 능히 一切 經論의 지혜를 成就하며,
E: 겁약함이 없으므로 일체 경론의 지혜를 성취하느니라.

<주본화엄34, 15:16-17>
A: 獲是[24(|)]智[41(·),44(·)]已[43(·),23(|),12(:)?]善能[23(\)]籌量應作[42(|),44(|),25(·),52(·)]{22(·)}不應作[42(|),44(|),25(·),12(:),35(·),33(·),41(··),52(/)]
B: 獲是[刂]智[乙,尸]已[氵,ッ氵,ッㄱ]善能[ㅊ]籌量應作[ㅎ,X,セ,ッ分]不應作[ㅎ,X,セ,ッㄱ,矢,ㄱ,入乙,氵八]
C: {是}刂 智乙 獲尸 已氵ッ氵ッㄱ 善能ㅊ 作(ノ)ㅎ{應}Xセッ分 作(ノ)ㅎ{應}Xセッㄱ 不矢ㄱ入乙 籌量(ッ)氵八
D: 이 지혜를 얻고 나서는, 지어야 하며 지어서는 안 될 것을 잘 籌量하여서[179]
E: 이 지혜를 얻고는, 지을 일과 짖지 아니할 일을 잘 요량하고,

<주본화엄34, 15:17-18>
A: 於上中下[25(·)]一切衆生[53(|)?]隨應[44(|),25(·),12(··),24(\)]隨力[41(·),24(\)]隨其所習[12(··),34(|),

---

179) '지어야 할 것과 지어서는 안 될 것'으로 해석하는 것이 자연스러우나 현토자의 의도대로 해석하였다.

周本 『華嚴經』 卷第三十四   353

　　　41(·),24(\)]如是[24(·)]而[45(·)]行[45(ㅗ)]#45(÷)]
B: 於上中下[ㄴ]一切衆生[氵十]隨應[X,ㄴ,ㄷㄱ,ㄷ]隨力[乙,ㄷ]隨其所習[ㄷㄱ,ㄣ,乙,ㄷ]如是[攴]而[灬]行[尸入灬]
C: {於}上中下ㄴ 一切 衆生氵十 應Xㄴノㄱ 隨ㄷ 力乙 隨ㄷ 其 習ノㄱ 所ㄣ乙^180) 隨ㄷ 是 如 攴 而灬 行(ㄴ)尸入灬
D: 上・中・下의 일체 衆生에 대해 마땅함에 따라, 힘에 따라, 그 익숙해진 바에 따라 이와 같이 行하기 때문에
E: 상・중・하품의 일체 중생에 대하여 마땅함을 따르고 힘을 따르고 그 익힌 바를 따라서 그와 같이 행하나니,

<주본화엄34, 15:18-19>
A: 是故[45(·)]菩薩[33(·)?]得[43(|)]成世智[41(·),24(|),51(·)]
B: 是故[灬]菩薩[ㄱ]得[ㄣ尔]成世智[乙,ㅣㄹ,ナㄣ]
C: 是 故灬 菩薩ㄱ 得ㄣ尔 世智乙 成ㅣナㄣ
D: 이러한 까닭으로 菩薩은 능히 世間智를 이루며,
E: 그러므로 보살이 세간의 지혜를 이루게 되고,

<주본화엄34, 15:19>
A: 成世智[41(·),14(i)?]已[43(·),23(|),12(:)]知時[41(·),22(·)]知量[41(·),22(·),53(!)?#53(|)?#53(i)?#53(:)?]
B: 成世智[乙,ㅣ尸]已[ㄣ,ㄴㄣ,ㄴㄱ]知時[乙,ㅎ]知量[乙,ㅎ,X]
C: 世智乙 成ㅣ尸 已ㄣㄴㄣㄱ 時乙 知ㅎ 量乙 知ㅎX
D: 世間智를 이루고 나서는 때를 알고 量을 알고 하여서
E: 세간의 지혜를 이루고는 시기를 알고 감량을 알아

<주본화엄34, 15:19-20>
A: 以慙愧[41(·),34(|)]莊嚴[43(|)]勤[25(·)]修自[23(-),41(·)]利[24(|),22(·)]利他[41(·),24(|),22(·),25(|)]之道[41(·),14(·|),45(··)]^181)

---
180) '34(|)'가 '習'의 말음첨기일 가능성도 있다.

B: 以慙媿[乙,3]莊嚴[3 尒]勤[七]修自[ラ,乙]利[刂,ㅎ]利他[乙,刂,ㅎ,亽七]之道[乙,x尸,入灬]

C: 慙媿乙 以3 莊嚴(ソ)3 尒 勤七 自ラ乙 利刂ㅎ 他乙 利刂ㅎ(ソ)亽七{之} 道乙 修x尸入灬

D: 慙媿로써 莊嚴하여서 스스로를 이롭게 하고 남을 이롭게 하는 道를 부지런히 닦기 때문에

E: 부끄러운 장엄(慙愧莊嚴)으로 스스로 이롭고 다른 이를 이롭게 하는 행을 닦나니,

<주본화엄34, 15:20>

A: 是{45(⊥)}故[45(·)]成就慙媿[25(·)]莊嚴[41(·),51(·.)]

B: 是故[灬]成就慙媿[七]莊嚴[乙,x分]

C: 是 故灬 慙媿七 莊嚴乙 成就x分

D: 이러한 까닭으로 慙媿의 莊嚴을 成就하며,

E: 부끄러운 장엄을 성취하느니라.

<주본화엄34, 15:20-21>

A: 於此行[25(·)]中[53(·),23(|)]勤[25(·)]修出離[41(·|),43(|)]不退[44(·),22(·)]不轉[44(·),22(·),52(/)]成堅固力[41(·)?,24(|),51(·.)]

B: 於此行[七]中[十,ソ3]勤[七]修出離[ㄱ尸入乙,3 尒]不退[尸,ㅎ]不轉[尸,ㅎ,3 八]成堅固力[乙,刂,x分]

C: {於}此 行七 中十ソ3 勤七 出離ノ尸入乙 修3 尒 退尸 不(ソ)ㅎ 轉尸 不(ソ)ㅎ(ソ)3 八 堅固力乙 成刂x分

D: 이 行 가운데에서 出離하는 것을 부지런히 닦아서 물러나지 않고 輾轉하지 않고 하여서 堅固力을 이루며,

E: 이런 행에서 벗어나는 일을 부지런히 닦아 퇴전하지 아니하면 견고한 힘을 이루며,

<주본화엄34, 15:21-22>

A: 得堅固力[41(·),44(·)]已[43(·),23(|),12(:)]勤[25(·)]供諸佛[41(·),34(-),43(|)]於佛[35(·)]教法[53(·),23(|)]能[24(·)]如說[12(·.),24(·)]行[55(/)?]

B: 得堅固力[乙,尸]已[氵,ソ3,ソㄱ]勤[七]供諸佛[乙,白,3 尒]於佛[ㄷ]教法[十,ソ3]能[支]如說

---

181) '嚴' 아래로 수평선이 길게 그어져 있다. 境界線으로 볼 가능성과 句節線으로 볼 가능성이 있다.

周本『華嚴經』卷第三十四   355

　　[ㄱㄱ,彑]行[xㅣ]
C: 堅固力乙 得尸 已氵∨ㇾㄱ 勤ㄴ 諸(ㄱ) 佛乙 供(∨)白ㅏㅈㅜ {於}佛ㄴ 教法ㄱ∨ㅈ 能彑 說
　　ㄷㄱ 如彑 行xㅣ
D: 堅固力을 얻고 나서는 부지런히 모든 부처를 공양해서 부처의 教法에 대해 말씀한 대로 능히 行한다.
E: 견고한 힘을 얻고는 부처님께 부지런히 공양하며 부처님의 교법에서 말씀 한대로 실행하느니라.』

<주본화엄34, 15:22-23>
A: 佛子[34(ㅣ)]菩薩[33(·)]如是[24(·)]成就十[44(·)]種[25(·)]淨諸[33(·)]地[41(·),25(!)#25(ㅣ)]法[41(·),55(/)]¹⁸²⁾
B: 佛子[ㅈ]菩薩[ㄱ]如是[彑]成就十[尸]種[ㄴ]淨諸[ㄱ]地[乙,x亽ㄴ]法[乙,xㅣ]
C: 佛子ㅈ 菩薩ㄱ 是 如彑 十尸 種ㄴ 諸ㄱ 地乙 淨x亽ㄴ 法乙 成就xㅣ
D: 佛子야, 菩薩은 이같이 열 가지, 모든 地位를 깨끗이 하는 법을 成就한다.
E: 『불자여, 보살이 이와 같이 여러 지(地)를 깨끗이 하는 열 가지 법을 성취 하나니,

<주본화엄34, 15:23-16:01>
A: 所謂[12(·),33(·)]信[11(·)]悲[11(·)]慈[11(·)]捨[11(·)]無有疲厭[44(·),14(··),21(·)]知諸[33(·)]經論[41(·),14(··),21(·)]善[24(·)]解世[25(·)]法[41(·),14(·),21(·)#21(·?)]慙愧[11(·)]堅固[25(··)]力[11(·)]供養諸[33(·)]佛[41(·),53(i)]依教[41(·),34(ㅣ),43(ㅣ)]修行[14(·),21(·),31(··),55(·)]
B: 所謂[ㄱ,ㄱ]信[ㅈ]悲[ㅈ]慈[ㅈ]捨[ㅈ]無有疲厭[尸,ㄷ尸,丁]知諸[ㄱ]經論[乙,ㄷ尸,丁]善[彑]解世[ㄴ]法[乙,尸,丁]慙愧[ㅈ]堅固[ㅌㄴ]力[ㅈ]供養諸[ㄱ]佛[乙,白ㅈ]依教[乙,ㅈ,ㅈㅜ]修行[尸,丁,ノ禾,ナㅣ]
C: 謂(ノ)ㄱ 所ㄱ 信ㅈ 悲ㅈ 慈ㅈ 捨ㅈ 疲厭尸 無有(ㅣ)ノ尸丁 諸ㄱ 經論乙 知ㄷ尸丁 善彑 世ㄴ 法乙 解(ノ)尸丁 慙愧ㅈ 堅固(∨)ㅌㄴ 力ㅈ 諸ㄱ 佛乙 供養(∨)白ㅈ 教乙 依ㅈㅜ¹⁸³⁾ 修行

---

182) '淨諸地'의 좌측에 弧 모양의 선이 수직방향으로 그어져 있다. '淨諸地'를 하나의 단위로 묶어 주는 것으로 보인다.
183) '34(ㅣ),43(ㅣ)'는 각각 'ㅈ'와 'ㅈㅜ'으로 보고 일종의 중복 표기로 보는 방안과 '43(ㅣ)'을 'ㅈㅜ'으로 보는 방안이 있다. 여기서는 전자를 취했다.

(ノ)尸丁ノ乎ナㅣ

D: 즉 ①信이니 ②悲이니 ③慈이니 ④捨이니 ⑤싫증냄 없이 하는 것이니 ⑥모든 經論을 아는 것이니 ⑦世間의 法을 잘 아는 것이니 ⑧慙愧이니 ⑨堅固한 힘이니 ⑩모든 부처를 供養하여 가르침을 의지하여서 修行하는 것이니 하는 것이다.

E: 이른바 신심, 불쌍히 여김, 인자함, 버리는 것, 고달픔이 없음, 경론을 아는 일, 세간 법을 아는 것, 부끄러움, 견고한 힘, 부처님께 공양하고 가르친 대로 수행하는 것이니라.』

<주본화엄34, 16:02-03>

A: 佛子[34(|)]菩薩[33(·)]住此歡喜地[53(·),44(·)]已[23(|),12(:)]以大願[25(·)]力[41(·),34(|)]?]得[43(|)?]見多[42(/)]佛[41(·),34(-),55(/)]

B: 佛子[ㅋ]菩薩[ㄱ]住此歡喜地[十,尸]已[∨ㅋ,∨ㄱ]以大願[七]力[乙,ㅋ]得[ㅋ尓]見多[ㅣㄱ]佛[乙,白,xㅣ]

C: 佛子ㅋ 菩薩ㄱ 此 歡喜地十 住(∨)尸 已(ㅋ)∨ㅋ∨ㄱ 大願七 力乙 以ㅋ 得ㅋ尓 多ㅣㄱ 佛乙 見白xㅣ

D: 불자야, 菩薩은 이 歡喜地에 머물고 나서는 大願의 힘으로써 능히 많은 부처를 뵙는다.

E: 『불자여, 보살이 이 환희지에 머물고는 큰 원력으로 많은 부처님을 보게 되나니,

<주본화엄34, 16:03-06>

A: 所謂[12(·),33(·)]見多[42(/)]百[33(·)?]佛[11(·)]多千佛多百千佛多億佛多百億佛多千億佛多百千億佛多億那由他佛多百億那由他[25(·)]佛[11(·)]多千億那由他[25(·)]佛[11(·)]多百千億那由他[25(·)]佛[11(·),41(:),34(-),51(·,)]

B: 所謂[ㄱ,ㄱ]見多[ㅣㄱ]百[ㄱ]佛[ㅋ]多千佛多百千佛多億佛多百億佛多千億佛多百千億佛多億那由他佛多百億那由他[七]佛[七]多千億那由他[七]佛[ㅋ]多百千億那由他[七]佛[ㅋ,ノ수乙,白,x분]

C: 謂(ノ)ㄱ 所ㄱ 多ㅣㄱ 百ㄱ 佛ㅋ 多(ㅣㄱ) 千 佛(ㅋ) 多(ㅣㄱ) 百千 佛(ㅋ) 多(ㅣㄱ) 億 佛(ㅋ) 多(ㅣㄱ) 百億 佛(ㅋ) 多(ㅣㄱ) 千億 佛(ㅋ) 多(ㅣㄱ) 百千億 佛(ㅋ) 億那由他(七) 佛(ㅋ) 多(ㅣㄱ) 百億那由他七 佛ㅋ 多(ㅣㄱ) 千億那由他七 佛ㅋ 多(ㅣㄱ) 百千億那由他七 佛ㅋノ수乙 見白x분

D: 즉 많은 百 佛이니, 많은 千 佛이니, 많은 百千 佛이니, 많은 億 佛이니, 많은 百億 佛이니,

많은 千億 佛이니, 많은 百千億 佛이니, 많은 億那由他의 佛이니, 많은 百億那由他의 佛이니, 많은 千億那由他의 佛이니, 많은 百千億那由他의 佛이니 하는 이를 뵈오며,

E: 이른바 여러 백 부처님, 여러 천 부처님, 여러 백천 부처님, 여러 억 부처님, 여러 백억 부처님, 여러 천억 부처님, 여러 백천억 부처님, 여러 억 나유타 부처님, 여러 백억 나유타 부처님, 여러 천억 나유타 부처님, 여러 백천억 나유타 부처님을 보느니라.

<주본화엄34, 16:06-07>

A: 悉[34(|)]以大心[11(·)]深心[11(·),41(:),34(|)]恭敬[22(·)]尊重[22(·)]承事[22(·)]供養[22(·),13(··)]
B: 悉[ㅋ]以大心[ㅋ]深心[ㅋ,ㄷㅅ乙,ㅋ]恭敬尊重承事[ㅎ]供養[ㅎ,ㄷㄹㅅ]
C: 悉ㅋ 大心ㅋ 深心ㅋノㅅ乙 以ㅋ 恭敬(ㅅ)ㅎ 尊重(ㅅ)ㅎ 承事(ㅅ)ㅎ 供養(ㅅ)ㅎノㄹㅅ
D: 다 大心이니 深心이니 하는 것으로써 恭敬하고 尊重하고 承事하고 供養하고 하되
E: 모두 큰마음과 깊은 마음으로 공경하고 존중하고 받들어 섬기고 공양하며,

<주본화엄34, 16:07-08>

A: 衣服[11(·)]飮食[11(·)?]臥具[11(·)]醫藥[11(·),14(·)#14(-)]一切資生[41(·)]悉[34(|)]以[43(|)]奉施[22(·)]亦[33(·)]以[43(|)]供養一切衆僧[53(|),22(·),23(|)?]
B: 衣服[ㅋ]飮食[ㅋ]臥具[ㅋ]醫藥[ㅋ,ㄹ]一切資生[乙]悉[ㅋ]以[ㅋ㉿]奉施[ㅎ]亦[ㄱ]以[ㅋ㉿]供養一切衆僧[ㅋ十,ㅎ,ㅅㅋ]
C: 衣服ㅋ 飮食ㅋ 臥具ㅋ 醫藥ㅋ(ノ)ㄹ 一切 資生乙 悉ㅋ 以ㅋ㉿ 奉施(ㅅ)ㅎ 亦(ㅅ)ㄱ 以ㅋ㉿ 一切 衆僧ㅋ十 供養(ㅅ)ㅎㅅㅋ
D: 衣服이니 飮食이니 臥具[184)]이니 醫藥이니 하는 一切 資生[185)]을, 다 그것으로써 奉施하고 또한 그것으로써 一切 衆僧에게 供養하고 하여
E: 의복과 음식과 좌복(臥具)과 의약과 모든 필수품으로 보시하며, 또한 일체 스님에게도 공양 하나니,

---

184) 臥具: 床榻, 被褥(이부자리), 幛帳, 베개 等의 寢具.
185) '資生'은 사는 데 필요한 물건을 말한다.

<주본화엄34, 16:08-09>

A: 以此善根[41(·),52(/)]皆[25(·)]悉[34(|)]?]迴向無上菩提[53(·),55(/)]

B: 以此善根[乙,ㅅㅅ]皆[ㄷ]悉[ㅊ]迴向無上菩提[十,xㅣ]

C: 此 善根乙 以ㅊㅅ 皆ㄷ 悉ㅊ 無上菩提十 迴向xㅣ

D: 이 善根으로써 모두 다 無上菩提에 廻向한다.

E: 이 선근으로써 위가 없는 보리에 회향하느니라.』

<주본화엄34, 16:09-10>

A: 佛子[34(|)]此菩薩[33(·)]?]因供養諸[33(·)]佛[41(·),23(|)#23(:),12(-),41(··),43(·),33(·),45(··)?#45(·)?#45(\)?]故[24(·)]得成就衆生[41(·),25(|)#25(:)]法[41(·),14(:),45(··)]

B: 佛子[ㅊ]此菩薩ㄱ]因供養諸[ㄱ]佛[乙,ㅅㅊ,ㅏㄱ,ㅅ乙,ㅊㄱ,ㅅㅡ]故[ㅊ]得成就衆生[乙,ㄱㄷ]法[乙,ㅅㄹ,ㅅㅡ]

C: 佛子ㅊ 此 菩薩ㄱ 諸ㄱ 佛乙 供養ㅅㅊㅏㄱㅅ乙 因ㅊㄱㅅㅡ 故ㅊ 衆生乙 成就(ㅅ)ㄱㄷ 法乙 得ㅅㄹㅅㅡ

D: 불자야, 이 菩薩은 모든 부처를 供養한 것을 말미암은 까닭으로, 衆生을 成就하는 法을 얻기 때문에

E: 『불자여, 이 보살이 여러 부처님께 공양하였으므로 중생을 성취하는 법을 얻느니라.

<주본화엄34, 16:10>

A: 以前[25(·)]{41(·)}二[44(·)]攝[41(·),52(/)]攝取衆生[41(·),55(/)]

B: 以前[ㄷ]二[ㄹ]攝[乙,ㅅㅅ]攝取衆生[乙,xㅣ]

C: 前ㄷ 二ㄹ 攝乙 以ㅊㅅ 衆生乙 攝取xㅣ

D: 앞의 두 攝[186]으로써 衆生을 攝取한다.

E: 앞에 있는 두 가지 거두어 주는 법으로 중생을 포섭 하나니,

---

186) ①布施, ②愛語, ③利行, ④同事의 四攝 중 앞의 ①布施 ②愛語

<주본화엄34, 16:10-11>¹⁸⁷⁾

A: 謂[12(·),33(·)]布施[32(-)]愛語[32(-),=51(/·)]{25(·)?,41(·)}

B: 謂[ㄱ,ㄱ]布施[ㅅ]愛語[ㅅ,ㅣ分]

C: 謂(ノ)ㄱㄱ 布施ㅅ 愛語ㅅㅣ分

D: 즉 布施와 愛語이며,

E: 보시하는 것과 보시하는 것과 좋은 말하는 것[愛語]이요,

<주본화엄34, 16:11>

A: 後[25(·)]二[44(·)]攝[25(·)]法[41(·)?,21(ㅣ)]但[23(:)#23(ㅣ)]以信解[25(·)]力[41(·),43(·),33(·),45(··)] 故[24(·)]行[13(ㅣ),11(·)]未善[24(·)]通達[14(:),31(:),51(·)]

B: 後[ㄷ]二[尸]攝[ㄷ]法[乙,火]但[八]以信解[ㄷ]力[乙,氵,ㄱ,入灬]故攴行[x仐,氵]未善[攴]通達[ソ尸,x丆,分]

C: 後ㄷ 二尸 攝ㄷ 法乙火 但八 信解ㄷ 力乙 以氵ㄱ入灬 故攴 行x仐氵¹⁸⁸⁾ 善攴 通達ソ尸 未x 丆分¹⁸⁹⁾

D: 뒤의 두 가지 攝의 法¹⁹⁰⁾을, 다만 信解의 力을 말미암은 까닭으로, 行하지만 아직 잘 通達하지 못하며,

E: 뒤에 있는 두 가지 거두어 주는 법은 다만 믿고 아는 힘[信解力]으로 행하거니와, 잘 통달하지는 못합니다.

<주본화엄34, 16:12>

A: 是菩薩[33(·)]十[44(·)]波羅蜜[25(·)]中[53(·),33(·)]檀波羅蜜[24(ㅣ)?]增上[52(·)?]

B: 是菩薩十[尸]波羅蜜[ㄷ]中[十,ㄱ]檀波羅蜜[ㅣ]增上[ソ分]

C: 是 菩薩ㄱ 十尸 波羅蜜ㄷ 中十ㄱ 檀波羅蜜ㅣ 增上ソ分

D: 이 보살은 十波羅蜜의 가운데에서는 보시바라밀이 增上하며,

E: 이것이 보살의 十바라밀다 중에 보시 바라밀다가 더 많은 것이니,

---

187) 10행과 11행 사이의 欄上에 紺色의 不審紙가 있다.
188) '13(ㅣ)'을 'x厶'로 볼 가능성도 있다.
189) 未자 뒤에 'ㅣ'나 'ㅅ'가 보충될 가능성이 있다.
190) 四攝 중 ③利行, ④同事

<주본화엄34, 16:12-13>

A: 餘[33(·)]波羅蜜[41(·),21(|·)?]非不修行[14(:),13(!),35(·),32(|),53(-)]但[23(:)]隨力[41(·),24(\)]隨分[41(·),24(\),31(·|),51(\·)?]

B: 餘[ㄱ]波羅蜜[乙,火]非不修行[ンア,ㅊ 소,矢,X,乃]但[ハ]隨力[乙,ㅁ]隨分[乙,ㅁ,X,x小]

C: 餘(ン)ㄱ 波羅蜜乙火 修行ンア 不(ン)ㅊ 소 非矢X乃 但ハ 力乙 隨ㅁ 分[191)]乙 隨ㅁXx小

D: 다른 바라밀을 修行하지 않는 것은 아니지만 단지 힘에 따라, 分에 따라 하며,

E: 다른 바라밀다는 닦지 않는 것은 아니지마는 힘을 따르고 분한을 따를 뿐이니라.

<주본화엄34, 16:13-14>[192)]

A: 是菩薩[33(·)]隨所勤修[12(·),25(·)]供養諸[33(·)]佛[35(·),41(·),22(·)]教化衆生[41(·),22(·),41(|·),24(\)]皆[25(·)?]以[43(|)]修行[술목선]淸淨[술목선]地[41(·),25(|)#25(·)]法[41(·)?,52(·)?]

B: 是菩薩[ㄱ]隨所勤修[ㄱ,セ]供養諸[ㄱ]佛[ㅁ,乙,ㅎ]教化衆生[乙,ㅎ,ㄴ入乙,ㅁ]皆[セ]以[ㅜ 尓]修行淸淨地[乙,소セ]法[乙,ン小]

C: 是 菩薩ㄱ 勤修(ン)ㄱ 所セ 諸ㄱ 佛ㅁ乙 供養(ン)ㅎ 衆生乙 教化(ン)ㅎㄴ入乙 隨ㅁ 皆セ 以ㅜ 尓 地乙 淸淨(ン)소セ 法乙 修行ン小

D: 이 보살은 勤修한 바의, 모든 부처를 공양하고 중생을 교화하고 한 것을 따라, 모두 그것으로써 地를 淸淨히 하는 법을 修行하며,

E: 이 보살이 간 데마다 부처님께 공양하고 중생을 교화하는 일을 부지런히 하여 청정한 지(地)의 법을 수행하고,

<주본화엄34, 16:14-15>

A: 所有[33(·),25(·)]善[41(·)]悉[34(|)]以[43(|)]迴向一切智地[53(·),52(·)?]

B: 所有[ㄱ,セ]善根[乙]悉[ㅜ]以[ㅜ 尓]迴向一切智地[ᅩ,ン小]

C: 有ㄱ 所セ 善根乙 悉ㅜ 以ㅜ 尓 一切智地ᅩ 迴向ン小

D: 있는 바의 善根을 다 그것으로써 一切智地에 回向하며,

E: 그러한 선근으로 온갖 지혜의 지위에 회향하여,

---

191) 隨分은 能力과 資質의 한도를 따라 행하는 것을 말한다.
192) 14행과 15행 사이의 欄上에 紺色의 不審紙가 있다.

<주본화엄34, 16:15-16>

A: 轉[25(·)]轉[25(·)]明淨[23(|)]調柔成就[23(|),12(:)]隨意[41(·),24(\)]堪[24(·)]用[55(/)]
B: 轉[ヒ]轉[ヒ]明淨[ᵛ氵]調柔成就[ᵛ氵,ㄴㄱ]隨意[乙,ㄅ]堪[攴]用[xㅣ]
C: 轉ヒ 轉ヒ 明淨ᵛ氵 調柔 成就ᵛ氵ㄴㄱ 意乙 隨ㄅ 堪攴 用xㅣ
D: 점점 더 明淨하여 調柔 成就하여서는 뜻에 따라 능히 쓴다.
E: 점점 더 밝고 깨끗하여지고, 조화하고 부드러운 결과가 성취되어 마음대로 소용 하느니라.』

<주본화엄34, 16:16-17>

A: 佛子[34(|)]譬如金師[33(·)]善[24(·)]巧[23(\)]鍊金[41(·)]數[24(|)]數[24(|)]入火[53(:),24(|),34(·),12(-)]
B: 佛子[氵]譬如金師[ㄱ]善[攴]巧[ㆁ]鍊金[乙]數[ㅣ]數[ㅣ]入火[x十,ㅣㅣ,ㅁ,ナㄱ]
C: 佛子氵 譬(入ㄱ) 金師ㄱ 善攴 巧ㆁ 鍊金乙 數ㅣㅣ 數ㅣㅣ 火x十 入ㅣㅣㅁナㄱ
D: 佛子야, 비유컨대 金師가 능히 솜씨 좋게 鍊金을 자주 자주 불에 넣으면
E: 『불자여, 마치 금을 다루는 사람이 금을 연단할 적에 자주 불에 넣으면

<주본화엄34, 16:17>

A: 轉轉[25(·)]明淨[23(|)]調柔成就[12(丅)#12(:),41(·)?]隨意[41(·),24(\)]堪用[34(\),24(·)]
B: 轉轉[ヒ]明淨[ᵛ氵]調柔成就[xㄱ,乙]隨意[乙,ㄅ]堪用[X,攴]
C: 轉(ヒ) 轉ヒ 明淨ᵛ氵 調柔 成就xㄱ乙 意乙 隨ㄅ 堪(攴) 用X 如攴
D: 점점 더 明淨하여 調柔 成就하거늘 뜻에 따라 능히 쓰는 것 같이
E: 점점 더 밝고 깨끗하여지고, 조화하고 부드러운 결과가 성취되어 마음대로 소용 하느니라.』

<주본화엄34, 16:17-18>

A: 菩薩[33(·)]亦[33(·)]復[42(\)?]如是[24(·),23(|)]供養諸佛[41(·),22(·)]敎化衆生[41(·),22(·),12(·),15(·)]
B: 菩薩[ㄱ]亦[ㄱ]復[刀]如是[攴,ᵛ氵]供養諸佛[乙,ㆁ]敎化衆生[乙,ㆁ,xㄱ,入ㄱ]
C: 菩薩ㄱ 亦(ᵛ)ㄱ 復刀 是 如攴ᵛ氵 諸佛乙 供養(ᵛ)ㆁ 衆生乙 敎化(ᵛ)ㆁㄴxㄴ乙 入ㄱ
D: 菩薩은 또한 또 이와 같아 諸佛을 供養하고 衆生을 敎化하고 하는 것은
E: 『보살도 그러하여 부처님께 공양하고 중생을 교화함이

362 第二部 判讀과 解讀 및 飜譯

<주본화엄34, 16:18-19>[193)]
A: 皆爲修行淸淨[술목션]地[41(·),25(|)][194)]法[41(·),32(-)?,45(:)]
B: 皆爲修行淸淨地[乙,ᅀᆞ七]法[乙,ㅅ,xᄼ]
C: 皆(七) 地乙 淸淨(ᄼ)ᅀᆞ七 法乙 修行(ᄼ){爲}ㅅxᄼ
D: 모두 地位를 淸淨히 하는 法을 修行하고자 하므로
E: 모두 청정한 지의 법을 수행함이요,

<주본화엄34, 16:19>
A: 所有[33(·),25(·)]善根[41(·)]悉[34(|)?]以[34(|)]迴向一切智地
B: 所有[ㄱ,ㄱ]善根[乙]悉[ㅊ]以[ㅊ]迴向一切智地
C: 有ㄱ 所七 善根乙 悉(ㅊ) 以ㅊ 一切智地(十) 迴向
D: 있는 바의 善根을 다 그것으로써 一切智地에 迴向하며,
E: 그러한 선근으로 온갖 지혜의 지위에 회향하여,

<주본화엄34, 16:19-20>
A: 轉[25(·)?]轉[25(·)]明淨[23(|)]調柔成就[23(|),12(:)]隨意[41(·),24(\)]堪[24(·)]用[55(/)]
B: 轉[七]轉[七]明淨[ᄼㅊ]調柔成就[ᄼㅊ,ᄼㄱ]隨意[乙,ᅌ]堪[支]用[xㅣ]
C: 轉七 轉七 明淨ᄼㅊ 調柔 成就ᄼㅊᄼㄱ 意乙 隨ᅌ 堪支 用xㅣ
D: 점점 더 明淨하여 調柔 成就하여서는 뜻에 따라 능히 쓴다.
E: 점점 더 밝고 깨끗하여지고, 조화하고 부드러운 결과가 성취되어 마음대로 소용 하느니라.』

<주본화엄34, 16:21-22>
A: 佛子菩薩摩訶薩[33(·)]住於初地[53(·),23(|),12(:)]應從{41(·)}諸[33(·)]佛[11(·)]菩薩[11(·),14(·)]善知識[23(-)]所[53(·),25(·),52(/)#52(/´)]
B: 佛子菩薩摩訶薩[ㄱ]住於初地[十,ᄼㅊ,ᄼㄱ]應從諸[ㄱ]佛[ᄉ]菩薩[ᄉ,ᄅ]善知識[ᇯ]所[十,七,ㅊ八]

─────────────

193) 19행 欄上에 紺色의 不審紙가 있다.
194) '地'의 오른쪽에 ')' 모양의 각필선이 있다.

C: 佛子(ㄥ) 菩薩摩訶薩ㄱ {於}初地十 住ンㅌンㄱ 諸ㄱ 佛ミ 菩薩ミ(ノ)尸 善知識ㅋ 所十 從 セ(ン)ㅌハ

D: 佛子야, 菩薩摩訶薩은 初地에 머물러서는, 諸佛이니 菩薩이니 하는 善知識의 處所[境界]로부터

E: 『불자여, 보살 마하살이 초지에 머물고는, 마땅히 부처님과 보살과 선지식에게,

<주본화엄34, 16:22-23>

A: 推求請問於此地[25(·)?]中[25(··)]相[11(·)]及[25(·)]得果[11(·),41(:),22(·)-중복선,13(··)]無有厭足[44(·),24(|),32(|),42(|),44(|),25(·),55(··)]

B: 推求請問於此地[セ]中[ㅌセ]相[ミ]及[セ]得果[ミ,口ᄉ乙,ᄒ중복,口尸ム]無有厭足[尸,ㅣ,X,ㆆ,X,セ,ナㅣ]

C: {於}此 地セ 中ㅌセ 相ミ 及セ 得果ミノᄉ乙 推求(ン)ᄒ 請問(ン)ᄒノ尸ム 厭足尸 無有ㅣX ㆆ{應}Xセンナㅣ

D: 이 地 중의 相이니 및 得果이니 하는 것을 推求하고 請問하고 하되 싫증냄 없이 해야 한다.

E: 이 지의 모양과 얻는 결과를 구하고 물어서 만족함이 없으리니,

<주본화엄34, 16:23>

A: 爲欲成就此[24(|)]地[25(·)]法[41(·),32(-),45(··)?#45(:)?#45(·)]故[24(·)]

B: 爲欲成就此[ㅣ]地[セ]法[乙,ㅅ,Xᄼ]故[ㅊ]

C: 此ㅣ 地セ 法乙 成就(ン){爲欲}ㅅXᄼ 故ㅊ

D: 이 地의 法을 成就하고자 하기 때문에

E: 이 지의 법을 성취하려 함이요,

<주본화엄34, 16:23-16:24>

A: 亦[33(·)]應從諸佛菩薩[14(·)]善知識[23(-)]所[53(·),25(·),52(/)]

B: 亦[ㄱ]應從諸佛菩薩[尸]善知識[ㅋ]所[十,セ,ㅌハ]

C: 亦(ン)ㄱ 諸佛(ㅈ) 菩薩(ミノ)尸 善知識ㅋ 所十 從セ(ン)ㅌハ

D: 또한 諸佛이니 菩薩이니 하는 善知識의 處所[境界]로부터

E: 또 마땅히 부처님과 보살과 선지식에게

<주본화엄34, 16:24-17:01>

A: 推求請問第二[25(·)]地[25(·)]中[25(··)]#25(·.·)]相[11(·)]及[25(·)]得果[11(·),41(:),22(·)-중복선,13(··)?#13(·.)#13(·.)]無有厭足[44(·),24(|),32(|),42(|),44(|),25(·),55(.·)]

B: 推求請問第二[七]地[七]中[氵七]相[氵]及[七]得果[氵,罒亽乙,亐중복,罒尸厶]無有厭足[尸,丨,X,亐,X,七,ナ丨]

C: 二 第七 地七 中氵七 相氵 及七 得果氵ノ亽乙 推求(ᄉ)亐 請問(ᄉ)亐ノ尸厶 厭足尸 無有丨 X亐{應}X七(ᄉ)ナ丨

D: 둘째의 地 중의 相이니 및 得果이니 하는 것을 推求하고 請問하고 하되 싫증냄 없이 해야 한다.

E: 제 二지의 모양과 얻는 결과를 구하고 물어서 만족함이 없으니,

<주본화엄34, 17:01>

A: 爲欲成就彼地[25(·)]法[41(·),32(-),45(:)]故[11(·)]

B: 爲欲成就彼地[七]法[乙,ㅅ,x灬]故[氵]

C: 彼 地七 法乙 成就(ᄉ){爲欲}ㅅx灬{故}氵

D: 그 地의 法을 成就하고자 하기 때문이다.

E: 저 지의 법을 성취하려 함이요,

<주본화엄34, 17:01-03>

A: 亦[33(·)]應如是[24(·),23(|)]推求請問第三[25(·),33(|),11(·)]第四[25(·),33(|),11(·)]第五第六第七第八第九第十[25(·),33(|)#33(·),11(·),25(|)]地[25(·)]中[25(··)]相[11(·)]及[25(·)]得果[11(·),41(:),22(·)-중복선,13(··)]無有厭足[24(|),32(|),42(|),44(|)#44(:),25(·),55(.·)]

B: 亦[ㄱ]應如是[攴,ᄂ氵]推求請問第三[七,X,氵]第四[七,X,氵]第五第六第七第八第九第十[七,X,氵,亽七]地[七]中[氵七]相[氵]及[七]得果[氵,罒亽乙,亐중복,罒尸厶]無有厭足[丨,X,亐,X,七,ナ丨]

C: 亦(ᄉ)ㄱ 是 如攴(ᄂ)氵 三 第七X氵 四 第七X氵 五 第(七X氵) 六 第(七X氵) 七 第(七X氵) 八 第(七X氵) 九 第(七X氵) 十 第七X氵(ᄂ)亽七 地七 中氵七 相氵 及七 得果氵ノ亽乙 推求(ᄉ)亐 請問(ᄉ)亐ノ尸厶 厭足(尸) 無有丨X亐{應}X七(ᄉ)ナ丨[195]

---

195) 점토의 순서와 해석이 잠정적이다.

D: 또한 이와 같이 셋째 것이니 넷째 것이니 다섯째 것이니 여섯째 것이니 일곱째 것이니 여덟째 것이니 아홉째 것이니 열째 것이니 하는 地位의 중의 相이니 및 得果이니 하는 것을 推求하고 請問하고 하되 싫증냄 없이 해야 한다.

E: 또 이와 같이 제 三, 제 四, 제 五, 제 六, 제 七, 제 八, 제 九, 제 十지중의 모양과 얻는 결과를 구하고 물어서 만족함이 없으니,

<주본화엄34, 17:03-04>

A: 爲欲成就彼地[25(·)]法[41(·),32(-),45(:)]故[11(·)]

B: 爲欲成就彼地[七]法[乙,人,xᄀᆞ]故[ᄂ]

C: 彼 地七 法乙 成就(ᄉᄂ){爲欲}人xᄀᆞ{故}ᄂ

D: 그 地位(第3地~第10地)의 法을 成就하고자 하기 때문이다.

E: 저 지의 업을 성취하려 함이니라.

<주본화엄34, 17:04>

A: 是菩薩[33(·)]善[24(·)]知諸[33(·)]地障[25(·)]對治[41(·),22(·)]

B: 是菩薩[ㄱ]善[攴]知諸[ㄱ]地障[七]對治[乙,ᄒ]

C: 是 菩薩ㄱ 善攴 諸ㄱ 地 障七 對治乙 知ᄒ

D: 이 菩薩은 모든 地位의 障碍의 對治[196]를 잘 알고

E: 이 보살이 여러 지의 장애와 다스리는 일을 잘 알며,

<주본화엄34, 17:04-05>

A: 善[24(·)]知地[25(·)?]成壞[41(·),22(·)]

B: 善[攴]知地[七]成壞[乙,ᄒ]

C: 善攴 地七 成壞乙 知ᄒ

D: 地位의 成壞를 잘 알고

E: 지의 이루고 부숴짐을 잘 알며,

---

196) 對治: 깨달음의 지혜를 가지고 번뇌의 미혹을 깨는 것. 반대로 맞게 고침. 격퇴함.

<주본화엄34, 17:05>
A: 善[24(·)]知地[25(·)]相果[41(·),22(·)]
B: 善[㐷]知地[七]相果[乙,ㅎ]
C: 善㐷 地七 相果乙 知ㅎ
D: 地位의 相果를 잘 알고
E: 지의 모양과 결과를 잘 알며,

<주본화엄34, 17:05>
A: 善[24(·)]知地[25(·)]得{24(·)}修[41(·|),22(·)]
B: 善[㐷]知地[七]得修[ノ尸入乙,ㅎ]
C: 善㐷 地七 得修ノ尸入乙 知ㅎ
D: 地位의 得修하는 것을 잘 알고
E: 지의 얻음과 닦음을 잘 알며,

<주본화엄34, 17:05>
A: 善[24(·)]知地法[25(·)]清淨[12(:),41(··),22(·)]
B: 善[㐷]知地法[七]清淨[ッ1,入乙,ㅎ]
C: 善㐷 地(七) 法七 清淨ッ1 入乙 知ㅎ
D: 地位의 法의 清淨한 것을 잘 알고
E: 지의 법이 청정함을 잘 알며,

<주본화엄34, 17:06>
A: 善[24(·)]知地地[25(·)]轉行[41(·),22(·)]
B: 善[㐷]知地地[七]轉行[乙,ㅎ]
C: 善㐷 地地七 轉行乙 知ㅎ
D: 地位 地位의 轉行을 잘 알고
E: 지와 지로 옮겨 행함을 잘 알며,

<주본화엄34, 17:06>

A: 善[24(·)]知地地[25(·)?]處非處[41(·),22(·)]
B: 善[ㅌ]知地地[七]處非處[乙,ᄒ]
C: 善ㅌ 地地七 處・非處乙 知ᄒ
D: 地位 地位의 處・非處를 잘 알고
E: 지와 지의 옳은 곳과 그른 곳을 잘 알며,

<주본화엄34, 17:06-07>

A: 善[24(·)]知地地[25(·)]殊勝智[41(·),22(·)]
B: 善[ㅌ]知地地[七]殊勝智[乙,ᄒ]
C: 善ㅌ 地地七 殊勝智乙 知ᄒ
D: 地位 地位의 殊勝智를 잘 알고
E: 지와 지의 수승한 지혜를 잘 알며,

<주본화엄34, 17:07>

A: 善知地地[25(·)]不退轉[41(·),22(·)]
B: 善知地地[七]不退轉[乙,ᄒ]
C: 善(ㅌ) 地地七 不退轉乙 知ᄒ
D: 地位 地位의 不退轉을 잘 알고
E: 지와 지의 퇴전하지 않음을 잘 알며,

<주본화엄34, 17:07-08>

A: 善知淨治一切菩薩[44(·)]地[41(·),52(·)]乃至[24(|)]轉[25(·)]入如來[44(·)?]地[53(·),41(·|)#41(|·)#41(·),22(·),55(/)]
B: 善知淨治一切菩薩[尸]地[乙,ゝ分]乃至[Ⅱ]轉[七]入如來[尸]地[十,ᄀ尸入乙,ᄒ,x丨]
C: 善(ㅌ) 一切 菩薩尸 地乙 淨治ゝ分 乃(ゝミ) 至Ⅱ 轉七 如來尸 地十 入ノ尸入乙 知ᄒx丨
D: 一切 菩薩의 地位를 淨治하며 내지 점차 如來의 地位에 들어감을 잘 알고 한다.
E: 일체 보살의 지를 깨끗이 다스려서 내지 여래의 지에 옮아 들어감을 잘 아느니라.

<주본화엄34, 17:08-09>

A: 佛子[34(|)?]菩薩[33(·)]如是[24(·)]善[24(·)]知地相[41(·),23(/),=33(·)]始[25(·),24(\)]於初地[53(·),23(|)]起行[13(··)]不斷[44(·),52(·)]

B: 佛子[3]菩薩[ㄱ]如是[攴]善[攴]知地相[乙,ロハ,ㄱ]始[セ,ㄸ]於初地[十,ﾝ 3]起行[ﾉアム]不斷[尸,ﾝ分]

C: 佛子 3 菩薩ㄱ 是 如攴 善攴 地相乙 知ロハㄱ 始セㄸ {於}初地十ﾝ 3 起行ﾉアム 斷尸 不ﾝ分

D: 佛子여, 菩薩은 이와 같이 地位의 相을 잘 알고서는, 처음 初地에서 起行하되 끊어지지 않으며,

E: 불자여, 보살이 이와 같이 지의 모양을 잘 알고, 처음 초지에서 행을 일으켜 끊지 아니하며,

<주본화엄34, 17:09-10>

A: 如是[23(|)]乃至[24(|)]入第十[25(·)]地[53(·),13(··)]無有斷絶[44(·),24(|),51(..)]

B: 如是[ﾝ 3]乃至[||]入第十[セ]地[十,ﾉアム]無有斷絶[尸,||x分]

C: 是 如(攴)ﾝ 3 乃(ﾝ ;)至|| 十 第セ 地十 入ﾉアム 斷絶尸 無有||x分

D: 이와 같이 하여 내지 열째의 地位에 들어가되 끊어짐 없이 하며,

E: 이와 같이 제 十지에 들어가서 끊어지지 아니하며,

<주본화엄34, 17:10-11>

A: 由此諸[33(·)]地智[25(·)]光明[41(·),43(·),33(·),45(··)]故[24(·)]成於如來[44(·)?]智慧[25(·)]光明[41(·),24(|),55(/)]

B: 由此諸[ㄱ]地智[セ]光明[乙, ; ,ㄱ,入灬]故[攴]成於如來[尸]智慧[セ]光明[乙,||x |]

C: 此 諸ㄱ 地智セ 光明乙 由 ; ㄱ 入灬 故攴 {於}如來尸 智慧セ 光明乙 成||x|

D: 이 모든 地位의 智慧의 光明을 말미암은 까닭으로 如來의 智慧의 光明을 이룬다.

E: 여러 지의 지혜 광명을 말미암아 여래의 지혜 광명을 이루느니라.』

<주본화엄34, 17:11-12>

A: 佛子[34(|)]譬[15(·)]如商主[24(|)#24(·)]善知方便[41(·),13(!),33(·)]欲將諸[33(·)]商人[41(·),34(|),43(|)]往詣大城[53(·),32(-),13(:)]

B: 佛子[氵]譬[入ㄱ]如商主[ㅣ]善知方便[乙,氵㑒,ㄱ]欲將諸[ㄱ]商人[乙,氵,氵㐁]往詣大城[十,人, xㅿ]

C: 佛子氵 譬入ㄱ 商主ㅣ 善(攴) 方便乙 知氵㑒ㄱ 諸ㄱ 商人乙 將氵氵㐁 大城十 往詣(ゝ){欲} 人xㅿ

D: 佛子여, 비유컨대 商主가 方便을 잘 아는 이는[197] 모든 商人을 데리고서 大城에 가고자 하되

E: 『불자여, 마치 장사 물주가 방편을 잘 아는데 여러 장사치를 데리고 큰 성으로 가려면

<주본화엄34, 17:12-13>

A: 未發[44(·),24(|),25(··)]之時[53(·)]先[12(:)]#12(|)#12(·)]問道[25(·)]中[25(··)]功德[11(·)]過失[11(·)]及[25(·)]住止[25(|)]之處[25(··)]安危[11(·)]可不[11(·),41(:),23(/)]

B: 未發[尸,ㅣ,ヒㅌ]之時[十]先[ゝㄱ]問道[ㅌ]中[氵ㅌ]功德氵過失氵及[ㅌ]住止[㑒ㅌ]之處[氵ㅌ]安危[氵]可不[氵,罒㑒乙,口ハ]

C: 發尸 未ㅣ(ゝ)ヒㅌ{之} 時十 先ゝㄱ 道ㅌ 中氵ㅌ 功德氵 過失氵 及ㅌ 住止(ゝ)㑒ㅌ{之} 處氵ㅌ 安危氵 可不氵ノ㑒乙 問口ハ

D: 出發하지 않은 때에 우선 길 가운데에서의 功德이니 過失이니 및 머무르는 곳에서의 安危이니 可不이니 하는 것을 묻고서

E: 떠나기 전에 길가는 동안에 있을 공덕과 허물과 머물러 있을 곳과 편안하고 위태한 것을 먼저 자세히 물은 뒤에,

<주본화엄34, 17:13-14>

A: 然[41(··),25(·\)#25(·)]後[53(:)#53(|),43(·)]具道[25(·)]資糧[41(·),24(\),43(|)]作所應作[44(|),25(·), 12(:),41(·),55(/)]{44(·)}

B: 然[ㄱ乙,xㅌ]後[x十,氵]具道[ㅌ]資糧[乙,罒,氵㐁]作所應作[X,ㅌ,ゝㄱ,乙,xㅣ]

C: 然(ヒゝ)ㄱ乙xㅌ[198] 後x十氵 道ㅌ 資糧乙 具罒氵㐁 作(ノㅁ){應}Xヒゝㄱ 所乙 作xㅣ

D: 그리한 뒤에야 길의 資糧을 갖추어서 作해야 할 것을 作한다.

E: 도중에 필요한 양식을 준비하고 마련할 것을 마련할 것이니라.

---

197) '방편을 잘 아는 商主는'의 뜻이다
198) 다음의 예를 참조할 수 있다.
　　　要ㆆ 衆生氵十 與ゝノ <u>然ヒゝㄱ乙ᅟᅵᅠㅌ</u> 後ㅣㅣ十氵 方ㅌ 食ゝナㅅ <화소09:11>

<주본화엄34, 17:14>

A: 佛子[34(|)]彼大商主[33(·)]雖未發足[41(·),14(:),24(|),54(|·),32(-),33(/)]

B: 佛子[氵]彼大商主[㇕]雖未發足[乙,丷尸,刂,X,人,ㅓ]

C: 佛子氵 彼 大商主㇕ 足乙 發丷尸 未刂X人{雖}ㅓ

D: 佛子여 그 大商主는 발걸음을 떼지 않았더라도

E: 불자여, 저 장사 물주가 비록 길을 떠나지 않았으니

<주본화엄34, 17:14-15>

A: 能[24(·)]知道中[53(·)]所有[33(·),25(·)]一切安危[25(·)]之事[41(·),51(·)]

B: 能[攴]知道中[十]所有[㇕,七]一切安危[七]之事[乙,㢱]

C: 能攴 道 中十 有㇕ 所七 一切 安危七{之} 事乙 知㢱

D: 能히 길 가운데에 있는 바의 一切 安危의 일을 알며,

E: 도중에 있을 편안하고 위태함을 잘 알고,

<주본화엄34, 17:15-16>

A: 善[24(·)]以智慧[41(·),52(/)]籌量觀察[43(|)]備其所須[25(·),14(:)#14(·.),41(·),24(\),13(.·)]令無乏少[12(:),25(·),24(|)-중복선[199],23(/),경계선]

B: 善[攴]以智慧[乙,氵八]籌量觀察[氵尒]備其所須[七,丷尸,乙,㇇,xㅿ]令無乏少[丷㇕,七,刂중복,ロ八]

C: 善攴 智慧乙 以氵八 籌量 觀察(丷)氵尒 其 須七丷尸 所乙 備㇇xㅿ 乏少丷㇕ 無七刂 令刂ロ八

D: 智慧로써 잘 籌量 觀察하여서 그 필요로 할 바를 갖추되 부족함 없이 하게 하고서

E: 지혜로 생각하고 관찰하여 필요한 것을 준비하여 부족함이 없게 하고서야,

<주본화엄34, 17:16-17>

A: 將諸[33(·)]商衆[41(·),34(|),43(|)]乃至[24(|)]安隱[23(\)]到彼大城[53(·),13(.·)]身[11(·)?]及[25(·)]衆人[11(·),13(/),53(|)]悉[34(|)]免憂患[41(·),55(/),14(:)]

199) ‘24(|)’ 둘레에 동그라미 모양의 각필로 보이는 듯한 선이 있다.

B: 將諸[ㄱ]商衆[乙,ㅎ,ㅎ㐌]乃至[ㅣ]安隱[ㅎ]到彼大城[十,xム]身[ㅎ]及[七]衆人[ㅎ,ㅁ亽,ㅎ十]悉[ㅎ]免憂患[乙,xㅣ,ㅅ尸]

C: 諸ㄱ 商衆乙 將ㅎㅎ㐌 乃(ㅅㅎ) 至ㅣ 安隱ㅎ 彼 大城十 到xム 身ㅎ 及七 衆人ㅎㅅ亽ㅎ十 悉ㅎ 憂患乙 免xㅣㅅ尸 如²⁰⁰⁾

D: 모든 商衆을 데리고서 내지 安隱히 그 大城에 이르되 自身이니 및 衆人이니 하는 이에게 다 憂患을 免한다 함과 같이

E: 장사치들을 데리고 떠나서 내지 무사히 큰 성에 들어가며, 자기나 여러 사람이 걱정을 면하게 되느니라.』

<주본화엄34, 17:17-18>

A: 佛子[34(ㅣ)]菩薩[24(ㅣ),14(-)]商主亦[33(·)]復[42(\)]如是[23(ㅣ)]住於初地[53(·),12(-),53(··)#53(:)]善[24(·)]知諸[33(·)]地障[25(·)]對治[41(·),51(·)?]

B: 佛子[ㅎ]菩薩[ㅣ,ナ尸]商主亦[ㄱ]復[刀]如是[ㅅㅎ]住於初地[十,ナㄱ,ㅣ十]善[攴]知諸[ㄱ]地障[七]對治[乙,㢱]

C: 佛子ㅎ 菩薩ㅣナ尸 商主 亦(ㅅ)ㄱ 復刀 是 如(攴)ㅅㅎ {於}初地十 住(ㅅ)ナㄱㅣ十 善攴 諸ㄱ 地 障七 對治乙 知㢱

D: 佛子여, 菩薩인 商主 또한 또 이와 같아 初地에 住할 때에 모든 地位의 障碍의 對治를 잘 알며,

E: 『불자여, 보살인 장사 물주도 그와 같아서, 초지에 머물러 있으면서 여러 지의 장애와 다스릴 바를 알고,

<주본화엄34, 17:18-19>²⁰¹⁾

A: 乃至[24(ㅣ)]善[24(·)]知一切菩薩[44(·)]地清淨[11(·)#12(·)]²⁰²⁾轉[25(·)]入如來[44(·)]地[53(·),14(·),21(·),41(:)#41(·),=23(/)]

---

200) 11행의 '如'가 여기에서 해석되는 것으로 보았다. 그러나 24(·)이 현토되지 않아 '如'가 어디까지 걸리는지 분명치 않다. 11행의 '主'에 달린 점토가 24(ㅣ)이 아니라 24(·)이라면 '如'는 '商主'까지만 걸리게 된다. 한편 '免ㅅ尸 如xㅣ'로 볼 가능성도 있다.

201) 19행 欄上에 정사각형 모양의 紺色 不審紙가 있다.

202) '31(:)'이 있을 가능성이 있다.

B: 乃至[丨]善[攴]知一切菩薩[尸]地淸淨[氵]轉[七]入如來[尸]地[十,尸,丁,ㅁ亽乙,ㅁハ]
C: 乃(ン氵) 至丨 善攴 一切 菩薩尸 地 淸淨氵 轉七 如來尸 地十 入(ノ)尸丁ノ亽乙 知ㅁハ
D: 내지 一切 菩薩의 地位의 淸淨이니 점차 如來의 地位에 들어감이니 하는 것을 알고서
E: 내지 일체 보살지의 청정함을 잘 알며, 옮겨서 여래의 지에 들어가고,

<주본화엄34, 17:19-21>
A: 然[41(·),25(·丨)]後[53(·),43(·)]乃[43(·)?]具福[24(丨)]智[25(·)]資糧[41(·),24(\),43(丨)]將一切衆生[41(·),52(/)]經生死曠野險難[25(·)]之處[41(·),34(丨),13(··)]安隱[23(\)]得[43(丨)]至薩婆若城[53(·),11(/)]
B: 然[ㄱ乙,xヒ]後[十,氵]乃[氵]具福[丨]智[七]資糧[乙,ㅁ,ㅣホ]將一切衆生[乙,ㅣ八]經生死曠野險難[七]之處[乙,ㅣ,xㅅ]安隱[ㆆ]得[ㅣホ]至薩婆若城[十,ナ亽氵]
C: 然(ヒン)ㄱ乙xヒ 後(丨)十氵 乃(ン)氵 福丨 智七 資糧乙 具ㅁㅣホ 一切 衆生乙 將(氵)ㅣ八 生死 曠野 險難七{之} 處乙 經氵xㅅ 安隱ㆆ 得氵ホ 薩婆若城十 至ナ亽氵
D: 그리한 뒤에야 福과 智의 資糧을 갖추어서 一切 衆生을 데리고서 生死 曠野 險難의 處를 지나되 安隱히 능히 薩婆若城에 이르니
E: 그런 뒤에 복과 지혜의 양식을 준비하여 가지고는 모든 중생을 데리고 죽고 사는 넓은 벌판과 험한 곳을 지나서 무사히 살바야의 성에 이르며,

<주본화엄34, 17:21>
A: 身[11(·)]及[25(·)]衆生[11(·),13(/),53(丨)]不經患難[41(·),44(·),55(/)]
B: 身[氵]及[七]衆生[氵,ㅁ亽,ㅋ十]不經患難[乙,尸,xㅣ]
C: 身氵 及七 衆生氵ノ亽ㅋ十 患難乙 經尸 不xㅣ
D: 自身이니 및 衆生이니 하는 이에게 患難을 겪게 하지 않는다.
E: 자기나 중생들이 환난을 받지 아니 하나니,

<주본화엄34, 17:22-23>
A: 是故[45(·)]菩薩[33(·)]常[24(丨)]應匪懈[44(·),43(丨)]勤[25(·)]修諸[33(·)]地[25(·)?]殊[203)]勝淨業[41(·),52(·)]乃[43(·)]至[24(丨)]趣入如來[44(·)]智地[53(·),32(丨),42(丨),25(·),55(··)]

---

203) '殊'에서 오른쪽 옆으로 '生' '曠'자에 이르기까지 곡선으로 연결된 각필선이 보인다.

周本『華嚴經』卷第三十四 373

B: 是故[ᄉ]菩薩[ㄱ]常[ㅣ]應匪懈[尸, 氵]勤[ᄂ]修諸[ㄱ]地[ᄂ]殊勝淨業[乙, ᄂ, 分]乃[氵]至[ㅣ]趣入如來[尸]智地[十, X, ᄒ, ᄂ, ナㅣ]

C: 是 故ᄉ 菩薩ㄱ 常ㅣ 懈尸 匪(ᄂ) 氵 勤ᄂ 諸ㄱ 地ᄂ 殊勝淨業乙 修ᄂ分 乃(ᄂ)氵 至ㅣ 如來尸 智地十 趣入X ᄒ{應}ᄂ(ᄂ)ナㅣ

D: 이런 까닭으로 菩薩은 항상 게으름을 피우지 않고서 부지런히 모든 地位의 殊勝淨業을 닦으며 내지 如來의 智地에 趣入해야 한다.

E: 그러므로 보살은 항상 게으르지 않고 여러 지의 수승하고 깨끗한 업을 부지런히 닦으며, 내지 여래의 지혜인 자리에 나아갈 것이니라.』

<주본화엄34, 17:23-24>

A: 佛子[34(ㅣ)?]是[41(·)]名[53(··)]略[23(\)]說菩薩摩訶薩[44(·)]入菩薩[44(·)]初地[53(·), 25(ㅣ)]門[41(·), 44(·), 21(·), 31(ㅣ), 51(·)]

B: 佛子[氵]是[乙]名[下]略[ᅐ]說菩薩摩訶薩[尸]入菩薩[尸]初地[十, ᄉᄂ]門[乙, 尸, 丁, xᅐ, 分]

C: 佛子 氵 是乙 名下 略ᅐ 菩薩摩訶薩尸 菩薩尸 初地十 入(ᄂ)ᄉᄂ 門乙 說尸丁xᅐ分

D: 佛子여, 이를 일컬어 菩薩摩訶薩이 菩薩의 초지에 들어가는 門을 간략히 말하는 것이라고 하며,

E: 『불자여, 이것을 이름하여 보살 마하살이 보살 초지의 문에 들어감을 간략히 말한다 하거니와,

<주본화엄34, 17:24-18:01>

A: 廣說[14(··)#14(:)#14(·ㅣ), 15(·)]則有無量[=51(·)]無邊[44(·)?, 33(·)]百[33(·)]千[33(·)]阿僧祇[25(·)]差別事[25(·)?, 55(··)]

B: 廣說[x尸, ㅅㄱ]則有無量[分]無邊[尸, ㄱ]百[ㄱ]千[ㄱ]阿僧祇[ᄂ]差別事[ᄂ, ナㅣ]

C: 廣(ㅣ) 說x尸ㅅㄱ²⁰⁴⁾ 則 量 無分 邊尸 無ㄱ 百ㄱ 千ㄱ 阿僧祇ᄂ 差別事 有ᄂナㅣ

D: 자세히 말하면 한량없으며 끝없는 百 千 阿僧祇의 差別事가 있다.

E: 모두 말하자면 한량없고 끝없는 백천 아승지의 차별한 일이 있느니라.』

---

204) '14(·)'을 'ㅁ尸'로 보는 견해도 있다.

374 第二部 判讀과 解讀 및 翻譯

<주본화엄34, 18:02>

A: 佛子菩薩摩訶薩[33(·)?]住此初地[53(·),23(|),12(:)]
B: 佛子菩薩摩訶薩[ㄱ]住此初地[十,ㄴㅓ,ㄴㄱ]
C: 佛子(ㅓ) 菩薩摩訶薩ㄱ 此 初地十 住ㄴㅓㄴㄱ
D: 불자여, 보살마하살이 이 初地에 머물러서는
E: 『불자여, 보살 마하살이 이 초지에 머물러서는

<주본화엄34, 18:02-03>

A: 多[24(|)?]作閻浮提王[14(!),41(··),52(/)]豪貴自在[43(|)]常[24(|)]護正法[41(·)?,31(:),51(·)]
B: 多[ㅣ]作閻浮提王[ㅣㄹ,ㅅ乙,ㅓㅅ]豪貴自在[ㅓホ]常[ㅣ]護正法[乙,xチ,ケ]
C: 多ㅣ 閻浮提王ㅣㄹㅅ乙 作(ㄴ)ㅓㅅ 豪貴 自在(ㄴ)ㅓホ 常ㅣ 正法乙 護xチケ
D: 많이 閻浮提王이 되어서 豪貴 自在하여서 항상 正法을 護持하며,
E: 흔히 남섬부주의 왕이 되어 호화롭고 자재하며 바른 법을 보호하고,

<주본화엄34, 18:03-05>

A: 能[24(·)]以大施[41(·),34(|)]攝取衆生善[24(·)]除衆生[23(-)]慳貪[25(·)]之垢[41(·),23(-),22(·)]{23(·)}常[24(|)]行大施[41(·),13(··)]無有窮盡[44(·),24(|)?,22(·)]布施[11(·)]愛語[11(·)]利益[11(·)]同事[11(·),41(:),22(·),31(:),51(·),보충선?²⁰⁵⁾]
B: 能[ㅎ]以大施[乙,ㅓ]攝取衆生善[ㅎ]除衆生[ㆆ]慳貪[七]之垢[乙,ㆆ,ㅎ]常[ㅣ]行大施[乙,ㄲㄹㅁ]無有窮盡[ㄹ,ㅣ,ㅎ]布施[ㆆ]愛語[ㆆ]利益[ㆆ]同事[ㆆ,ㄲㅅ乙,ㅎ,xチ,ケ]
C: 能ㅎ 大施乙 以ㅓ 衆生(乙) 攝取(ㄴ)ㅎ 善ㅎ 衆生ㆆ 慳貪七{之} 垢乙 除ㆆㅎ²⁰⁶⁾ 常ㅣ 大施 乙 行ノㄲㅁ 窮盡ㄹ 無有ㅣ(ㄴ)ㅎ 布施ㆆ 愛語ㆆ 利益ㆆ 同事ㆆノㅅ乙(ㄴ)ㅎxチケ
D: 능히 大施로써 중생을 攝取하고 능히 중생의 慳貪의 垢를 없애고 항상 大施를 베풂에 있어 다함 없이 하고 布施이니 愛語이니 利益이니 同事이니 하는 것을 하고 하며,
E: 크게 보시하는 일로 중생들을 거두어 주어 중생의 간탐하는 허물을 제하며, 항상 크게 보시함이 끝나지 아니하여, 보시하고 좋은 말을 하고 이익케 하고 일을 같이하느니라.

---

205) '事'자를 관통하는 보충선은 수평이 아니라 역사선 방향으로 기울어져 있다.
206) 'ㅎ'를 垢의 말음첨기로 볼 가능성도 있다.

<주본화엄34, 18:05>

A: 如是[12(:)]一切諸所作[12(·),25(·)?]業[15(/)#15(´)#15(·/)]

B: 如是[ヽㄱ]一切諸所作[ㄱ,セ]業[xㅅㄱ]

C: 是 如(攴)ヽㄱ 一切 諸(ㄱ) 作(ノ)ㄱ 所セ 業xㅅㄱ

D: 이와 같은 일체 모든 지은 바의 業이라면

E: 이와 같아서 모든 하는 일이

<주본화엄34, 18:05-06>

A: 皆[25(·)]不離念佛[41(·),41(·|),44(·),52(·)]

B: 皆[セ]不離念佛[乙,ㅁ尸ㅅ乙,尸,ヽ分]

C: 皆セ 佛乙 念ノ尸ㅅ乙 離尸 不ヽ分

D: 모두 ①佛을 念하는 것을 떠나지 않으며,

E: 모두 부처님을 생각하고

<주본화엄34, 18:06>

A: 不離念法[41(·),41(·|),44(·),52(·)]

B: 不離念法[乙,ㅁ尸ㅅ乙,尸,ヽ分]

C: 法乙 念ノ尸ㅅ乙 離尸 不ヽ分

D: ②法을 念하는 것을 떠나지 않으며,

E: 법을 생각하고

<주본화엄34, 18:06>

A: 不離念僧[41(·)]

B: 不離念僧[乙]

C: 僧乙 念(ノ尸ㅅ乙) 離(尸) 不(ヽ分)

D: ③僧을 念하는 것을 떠나지 않으며,

E: 스님네를 생각하고,

<주본화엄34, 18:06>

A: 不離念同行[25(·)]菩薩[41(·)]

B: 不離念同行[七]菩薩[乙]

C: 同行七 菩薩乙 念(ノㄕ入乙) 離(ㄕ) 不(ヽ氵)

D: ④同行의 菩薩을 念하는 것을 떠나지 않으며,

E: 함께 수행하는 보살을 생각하고

<주본화엄34, 18:07>

A: 不離念菩薩[44(·)]行[41(·)]

B: 不離念菩薩[ㄕ]行[乙]

C: 菩薩ㄕ 行乙 念(ノㄕ入乙) 離(ㄕ) 不(ヽ氵)

D: ⑤菩薩의 行을 念하는 것을 떠나지 않으며,

E: 보살의 행을 생각하고

<주본화엄34, 18:07>

A: 不離念諸[33(·)]波羅蜜[41(·)]

B: 不離念諸[ㄱ]波羅蜜[乙]

C: 諸ㄱ 波羅蜜乙 念(ノㄕ入乙) 離(ㄕ) 不(ヽ氵)

D: ⑥모든 波羅蜜을 念하는 것을 떠나지 않으며,

E: 모든 바라밀다를 생각하고

<주본화엄34, 18:07-08>

A: 不離念諸[33(·)?]地[41(·)]

B: 不離念諸[ㄱ]地[乙]

C: 諸ㄱ 地乙 念(ノㄕ入乙) 離(ㄕ) 不(ヽ氵)

D: ⑦모든 地를 念하는 것을 떠나지 않으며,

E: 여러 지를 생각하고

<주본화엄34, 18:08>

A: 不離念力[41(·)]

B: 不離念力[乙]

C: 力乙 念(ノアㆆ乙) 離(尸) 不(ㄴ亇)

D: ⑧力을 念하는 것을 떠나지 않으며,

E: 힘을 생각하고

<주본화엄34, 18:08>

A: 不離念無畏[41(·)]

B: 不離念無畏[乙]

C: 無畏乙 念(ノアㆆ乙) 離(尸) 不(ㄴ亇)

D: ⑨無畏를 念하는 것을 떠나지 않으며,

E: 두려움 없음을 생각하고

<주본화엄34, 18:08>

A: 不離念不共佛法[41(·)]

B: 不離念不共佛法[乙]

C: 不共佛法乙 念(ノアㆆ乙) 離(尸) 不(ㄴ亇)

D: ⑩不共佛法을 念하는 것을 떠나지 않으며,

E: 함께하지 않는 불법을 생각하는 일들을 떠나 아니하며,

<주본화엄34, 18:09>

A: 乃至[24(|)]不離念具足一切種一切智智[41(·)?,41(·|),44(·),31(:),51(·)]

B: 乃至[ㅣ]不離念具足一切種一切智智[乙,ㅁ尸ㆆ乙,尸,x푸,亇]

C: 乃(ㄴ氵) 至ㅣ 一切種 一切智智乙 具足 念ノアㆆ乙 離尸 不x푸亇²⁰⁷⁾

D: 내지 ⑪一切種 一切智智를 具足함 念하는 것을 떠나지 않으며,

E: 내지 갖가지 지혜와 온갖 지혜의 지혜를 구족함을 떠나지 아니하느니라.

---

207) '具足一切種一切智智乙 念ノアㆆ乙'로 볼 가능성도 있다.

<주본화엄34, 18:09-10>

A: 復[42(\)]作是念[41(·),21(|)?]

B: 復[刀]作是念[乙,ナ尸丁]

C: 復刀 是 念乙 作(ソ)ナ尸丁

D: 또 이 念을 짓기를,

E: 또 생각하기를,

<주본화엄34, 18:10>

A: 我[33(·)]當[23(:)]於一切衆生[25(·)]中[53(·)]爲首[14(i)#14(!),41(··),52(·)]

B: 我[ㄱ]當[八]於一切衆生[七]中[十]爲首[リ尸,入乙,ソ分]

C: 我ㄱ 當八 {於}一切 衆生七 中十 首リ尸 {爲}入乙ソ分

D: '나는 반드시 일체 중생들 가운데에서 ①우두머리가 되며,

E: 내가 일체 중생들 가운데서 머리가 되고 나은 이가 되고

<주본화엄34, 18:10>

A: 爲勝爲殊勝

B: 爲勝爲殊勝

C: 勝(リ尸){爲}(入乙ソ分) 殊勝(リ尸){爲}(入乙ソ分)

D: ②勝한 이가 되며 ③殊勝한 이가 되며,

E: 썩 나은 이가 되고,

<주본화엄34, 18:10-11>

A: 爲妙爲微妙

B: 爲妙爲微妙

C: 妙(リ尸){爲}(入乙ソ分) 微妙(リ尸){爲}(入乙ソ分)

D: ④妙한 이가 되며 ⑤微妙한 이가 되며,

E: 묘하고 미묘하고,

<주본화엄34, 18:11>

A: 爲上爲無上[14(i),41(‥)]

B: 爲上爲無上[ㅣ尸,入乙]

C: 上(ㅣ尸){爲}(入乙ㅅ分) 無上ㅣ尸{爲}入乙(ㅅ分)

D: ⑥上이 되며 ⑦無上한 이가 되며,

E: 위가 되고 위없는 이가 되고,

<주본화엄34, 18:11>

A: 爲導爲將爲帥

B: 爲導爲將爲帥

C: 導(ㅣ尸){爲}(入乙ㅅ分) 將(ㅣ尸){爲}(入乙ㅅ分) 帥(ㅣ尸){爲}(入乙ㅅ分)

D: ⑧導가 되며 ⑨將이 되며 ⑩帥가 되며,

E: 길잡이가 되고 장수가 되고 통솔자가 되며,

<주본화엄34, 18:11-12>

A: 乃至[24(|)]爲一切智智依止者[14(i),41(‥),31(‥),55(\·),55(/)#55(/·)]

B: 乃至[ㅣ]爲一切智智依止者[ㅣ尸,入乙,ㅁ邜,ʓ七ㅣ,xㅣ]

C: 乃(ㅅ彡) 至ㅣ 一切智智 依止者ㅣ尸{爲}入乙ノ邜ʓ七ㅣxㅣ

D: 내지 ⑪一切智智 依止者가 되겠다.'라고 한다.

E: 내지 온갖 지혜와 지혜의 의지함이 되리라고 하느니라.』

<주본화엄34, 18:12-13>

A: 是菩薩[33(·)?]若[25(·)]欲捨家[41(·)#41(·.),23(/)]於佛法[25(·)]中[53(·)]勤行精進[32(-),24(/),12(-), 53(‥),33(·)]

B: 是菩薩若[ㄱ]欲[七]捨家[乙,ロハ]於佛法[七]中[十]勤行精進[入,去,ナㄱ,ㅣ十,ㄱ]

C: 是 菩薩ㄱ 若七 家乙 捨(ㅅ)ロハ {於}佛法七 中十 勤行 精進(ㅅ){欲}入(ㅅ)去ナㄱㅣ十ㄱ

D: 이 보살이 만약 집을 버리고서 佛法 가운데에서 勤行 精進하고자 하면

E: 『이 보살이 만일 출가하여 불법을 부지런히 수행하려면

<주본화엄34, 18:13-14>

A: 便[24(·)]能[24(·)]捨家[11(·)]妻子[11(·)]五欲[11(·),41(:),23(/)]依如來[44(·)]敎[41(·),34(|)]出家學道[31(:),51(·)]

B: 便[㐱]能[㐱]捨家[氵]妻子[氵]五欲[氵,ᄆ仒乙,ロハ]依如來[尸]敎[乙,ㅋ]出家學道[x乎,分]

C: 便㐱 能㐱 家氵 妻子氵 五欲氵ノ仒乙 捨(ᄂ)ロハ 如來尸 敎乙 依ㅋ 出家 學道x乎分

D: 문득 능히 家이니 妻子이니 五欲이니 하는 것을 버리고서 여래의 가르침을 의지하여 出家 學道할 것이며,

E: 문득 집과 처자와 다섯 가지 욕락을 버리고 여래의 가르침을 따라 출가하여 도를 배우며,

<주본화엄34, 18:14>

A: 旣[43(·)]出家[44(·)?]已[43(·),23(|)?,12(:)]勤行精進[41(·),13(··)]

B: 旣[氵]出家[尸]已[氵,ᄂ,ㅋ,ᄂ7]勤行精進[乙,ᄆ尸ㅅ]

C: 旣氵 出家尸 已 氵ᄂㅋᄂ7 勤行 精進乙ノ尸ㅅ²⁰⁸⁾

D: 이미 출가하고 나서는 勤行 精進을 하되

E: 이미 출가하고는, 부지런히 정진하여

<주본화엄34, 18:14-15>

A: 於一[33(·)?]念[25(·)?]頃[53(·)]得百[33(·)]三昧[41(·),51(·)]

B: 於一[7]念[七]頃[十]得百[7]三昧[乙,分]

C: {於}一7 念七 頃十 百7 三昧乙 得分

D: 한 念 사이에 ①백 삼매를 얻으며,

E: 잠깐 사이에 백 삼매를 얻고,

<주본화엄34, 18:15>

A: 得[43(|)]見百[33(·)]佛[41(·),34(-),51(·)]

B: 得[氵亦]見百[7]佛[乙,白,分]

C: 得氵亦 百7 佛乙 見白分

---

208) '勤七 精進乙 行ノ尸ㅅ'로 볼 가능성도 있다.

D: ②능히 백 佛을 뵈오며,
E: 백 부처님을 보고,

<주본화엄34, 18:15>
A: 知百[33(·)]佛[35(·)]神力[41(·),51(·)]
B: 知百[㇉]佛[㇆]神力[乙,シ]
C: 百㇉ 佛㇆ 神力乙 知シ
D: ③백 佛의 신력을 알며,
E: 백 부처님의 신통력을 알고,

<주본화엄34, 18:15-16>
A: 能[24(·)]動百[33(·)]佛[35(·)]世界[41(·),52(·)]
B: 能[攴]動百[㇉]佛[㇆]世界[乙,ゝシ]
C: 能攴 百㇉ 佛㇆ 世界乙 動ゝシ
D: ④능히 백 佛의 세계를 震動하며,
E: 백 부처님의 세계를 진동하고,

<주본화엄34, 18:16>
A: 能[24(·)]過百[33(·)]佛[35(·)]世界[41(·),52(·)]
B: 能[攴]過百[㇉]佛[㇆]世界[乙,ゝシ]
C: 能攴 百㇉ 佛㇆ 世界乙 過ゝシ
D: ⑤능히 백 佛의 세계를 지나며,
E: 백 부처님의 세계를 지나가고,

<주본화엄34, 18:16>
A: 能[24(·)]照百[33(·)]佛[35(·)]世界[41(·),52(·)?]
B: 能[攴]照百[㇉]佛[㇆]世界[乙,ゝシ]
C: 能攴 百㇉ 佛㇆ 世界乙 照ゝシ[209]
D: ⑥능히 백 佛의 세계를 비추며,

382 第二部 判讀과 解讀 및 飜譯

　　E: 백 부처님의 세계를 비추고,

　　<주본화엄34, 18:16-17>

　　A: 能[24(·)]敎化百[33(·)]世界[25(·)]衆生[41(·),52(·)]
　　B: 能[攴]敎化百[ㄱ]世界[ㅅ]衆生[乙,ᄂ分]
　　C: 能攴 百ㄱ 世界ㅅ 衆生乙 敎化ᄂ分
　　D: ⑦능히 백 세계의 중생을 교화하며,
　　E: 백 부처님 세계의 중생을 교화하고,

　　<주본화엄34, 18:17>

　　A: 能[24(·)]住壽[13(··)]百[33(·)]劫[41(·),52(·)]
　　B: 能[攴]住壽[ᄒアム]百[ㄱ]劫[乙,ᄂ分]
　　C: 能攴 住壽ノアム 百ㄱ 劫乙ᄂ分
　　D: ⑧능히 住壽하되 백 겁을 하며,
　　E: 백 겁을 살고,

　　<주본화엄34, 18:17-18>

　　A: 能[24(·)]知前後際各[43(|)]百[33(·)]劫[25(·)]事[41(·).51(·),경계선?]
　　B: 能[攴]知前後際各[3 ホ]百[ㄱ]劫[ㅅ]事[乙,分]
　　C: 能攴 前後際 各 3 ホ 百ㄱ 劫ㅅ 事乙 知分
　　D: ⑨능히 前後際 각각 백 겁의 일을 알며,
　　E: 앞뒤로 백 겁 일을 알고,

　　<주본화엄34, 18:18>

　　A: 能[24(·)]入百[33(·)]法門[53(·)?,52(·)?]
　　B: 能[攴]入百[ㄱ]法門[十,ᄂ分]

---

209) 아래의 예를 참고하면, '照分'로 읽을 가능성도 있다.
　　菩薩ㄱ 右手 3 十 淨光乙 放ノアム 光ㅅ 中 3 十 香水乙 空乙 從ㅅ 雨刂 3 普刂 十方ㅅ 諸 佛土 3 十 灑ᄂ 3 ホ 一切 世乙 照刂ᄒᄉㅅ 燈乙 供養ᄂㅁヒ分 <화엄16:04-05>

C: 能⺪ 百㇀ 法門十 入ソ㢴

D: ⑩능히 백 법문에 들어가며,

E: 백 법문에 들어가고,

<주본화엄34, 18:18>

A: 能[24(·)]示現百[33(·)]身[41(·),52(·)]

B: 能[⺪]示現百[㇀]身[乙,ソ㢴]

C: 能⺪ 百㇀ 身乙 示現ソ㢴

D: ⑪능히 백 身을 나타내며,

E: 백가지 몸을 나타내고,

<주본화엄34, 18:18-19>

A: 於一一[33(·)]身[53(·),43(\),55(·)?]能[24(·)]示百[33(·)]菩薩[41(·)]以[43(|)]爲眷屬[43(·)?,12(·.),41(··),24(|),31(:),51(·)]

B: 於一一[㇀]身[十,ケ,丨]能[⺪]示百[㇀]菩薩[乙]以[㇌ホ]爲眷屬[氵,ㅁ㇀,入乙,リ,x示,㢴]

C: {於}一一㇀ 身十ケ丨 能⺪ 百㇀ 菩薩乙 以㇌ホ 眷屬 {爲}氵ㅁ㇀ 入乙 示リx示㢴

D: 하나하나의 몸에마다 능히 백 보살로써 眷屬 삼은 것을 보일 것이며,

E: 몸마다 백 보살로 권속을 삼느니라.

<주본화엄34, 18:19-20>

A: 若[25(·)]以菩薩[44(·)]殊勝願力[41(·),52(/)]自在[23(\)]示現[14(·),53(··)#53(-),33(·)]{35(·)}過於是數[23(-),41(·),23(\),31(:),21(·|)#21(:)]

B: 若[七]以菩薩[尸]殊勝願力[乙,㇌ハ]自在[を]示現[尸,丨十,㇀]過於是數[ラ,乙,を,x示,皿]

C: 若七 菩薩尸 殊勝 願力乙 以㇌ハ 自在を 示現(ソ)尸丨十㇀ {於}是 數ラ乙[210] 過をx示皿

D: 만일 보살의 殊勝 願力으로써 自在히 시현하면 이 數를 넘도록 하는 것이라서

E: 만일 보살의 훌륭한 원력으로 자재하게 나타내게 되면 이보다 지나가서,

---

210) 아래의 예를 참고할 수 있다.

數ラ 無七リソ㇌ㅁ㇀ 氵 <화소10:09>

384 第二部 判讀과 解讀 및 翻譯

<주본화엄34, 18:20-21>

A: 百[33(·)]劫[11(·)]千[33(·)]劫[11(·)?]百[33(·)]千[33(·)]劫[11(·)]乃至[24(|)]百[33(·)]千[33(·)]億那由他[25(·)]劫[11(·),13(/),53(|)?,53(-)]不能數知[44(·),31(··),55(·)]

B: 百[ㄱ]劫[ゝ]千[ㄱ]劫[ゝ]百[ㄱ]千[ㄱ]劫[ゝ]乃至[ㅣ]百[ㄱ]千[ㄱ]億那由他[七]劫[ゝ,ㅁ亽,ヲ+,乃]不能數知[尸,ㅁ矛,ナㅣ]

C: 百ㄱ 劫ゝ 千ㄱ 劫ゝ 百ㄱ 千ㄱ 劫ゝ 乃(ゝㆎ) 至ㅣ 百ㄱ 千ㄱ 億 那由他七 劫ゝノ亽ヲ十乃[211] 數知尸 不(<ノ>)能(ㅣ矢)ノ矛ナㅣ

D: 백 겁이니 천 겁이니 백천 겁이니 내지 백천억 나유타 겁이니 하는 것에도 헤아려 알 수 없다.

E: 백 겁 천 겁 백천 겁이나 내지 백천억 나유타 겁에도 능히 세어서 알 수 없느니라.』

<주본화엄34, 18:21-22>

A: 爾時金剛藏菩薩欲重宣其義而說頌曰

B: 爾時金剛藏菩薩欲重宣其義而說頌曰

C: 爾 時(十) 金剛藏菩薩(ㄱ) 重(ゝ) 其 義(乙) 宣(ゝ){欲}(人) 而(灬) 頌(乙) 說(ㆎ) 曰(ㅎ尸)

D: 그 때에 金剛藏菩薩은 거듭 그 뜻을 펴고자 게송을 일러 말씀하시기를,

E: 그 때 금강장 보살이 이 뜻을 다시 펴려고 게송으로 말하였다.

<주본화엄34, 18:23>

A: 若[25(·)?]人[24(|)]#24(·)]集衆[33(·)]善[41(·),12(·|)]#12(·|·)#12(ㄒ)#12(ㅗ)#12(÷),33(·)]具足白淨法[41(·),52(·)]

B: 若[七]人[ㅣ]集衆[ㄱ]善[乙,xㄱ]具足白淨法[乙,ゝ分]

C: 若七 人ㅣ 衆ㄱ 善乙 集xㄱㄱ 白淨法乙 具足ゝ分

D: 만약 사람이 많은 선을 모으면 白淨法을 具足하며,

E: 어떤 사람 선행(善行) 닦아 깨끗한 법 구족하고

---

211) 다음의 예를 참조할 수 있다.
今七 我ぅ {此}ㅣ 身ㄱ 後ㅣ十乃 當必ゝぅ 死ゝㅿㄱㅣ十ㄱ <화소11:02-03>

<주본화엄34, 18:23>

A: 供養天人[25(·)]尊[41(·)?,34(-),51(·)?]²¹²⁾{52(\)}隨順慈悲[25(·)]道[53(·)#53(\)#53(·.),24(\),25(·),52(·)]

B: 供養天人[ㆍ七]尊[乙,白,刂]隨順慈悲[七]道[十,ヮ,七,ヽ刂]

C: 天人ㆍ七 尊乙 供養(ヽ)白刂 慈悲七 道十 隨ヮ 順セヽ刂

D: 天人의 尊을 공양하며 慈悲의 道에 따르며,

E: 세존님께 공양하며 자비한 길 따르나니,

<주본화엄34, 18:24>

A: 信解極[23(\)]廣大[52(·)]志樂[41(·),52(·)]亦[33(·)]淸淨[52(·),52(/)]²¹³⁾

B: 信解極[ㅋ]廣大[ヽ刂]志樂[乙,ヽ刂]亦[丁]淸淨[ヽ刂,ㆍ八]

C: 信解 極ㅋ 廣大ヽ刂 志樂乙ヽ刂 亦(ヽ)丁 淸淨ヽ刂(ヽ)ㆍ八

D: 信解가 지극히 광대하며 志樂을 하며 또한 청정하며 하여서

E: 신심, 지혜 넓고 크고 즐기는 뜻 청정하며

<주본화엄34, 18:24>

A: 爲求佛[35(·)?]智慧[41(·),32(-)]發此無上{42(·)}心[41(·),55(/)]

B: 爲求佛[ㄴ]智慧[乙,ㅅ]發此無上心[乙,x丨]

C: 佛ㄴ 智慧乙 求(ヽ){爲}ㅅ 此 無上心乙 發x丨

D: 佛의 지혜를 구하고자 이 無上心을 낸다.

E: 부처 지혜 구하려고 위가 없는 마음 내고,

<주본화엄34, 19:01>

A: 淨一切智力[41(·),33(\),52(·)]及[25(·)]以[34(|)]無所畏[41(·),24(|)?,33(\),52(·)]

B: 淨一切智力[乙,ㆎ,ヽ刂]及[七]以[ㆍ]無所畏[乙,刂,ㆎ,ヽ刂]

C: 一切 智力乙 淨(ヽ七)ㆎヽ刂 及七 以ㆍ 畏(ノア)所乙 無刂(ヽ七)ㆎヽ刂

D: 一切 智力을 깨끗하게 하고자 하며 이로써 두려워하는 바를 없애고자 하며,

---

212) 13(/)이 있는 듯이 보이기도 한다. 그렇다면 '天人ㆍ七 尊ノ소乙'로 해독할 수 있다. 원본 확인이 필요하다.
213) '淨'자를 관통하는 사선이 그어져 있다.

386 第二部 判讀과 解讀 및 飜譯

E: 온갖 지혜 깨끗한 힘 두려움 없으므로

<주본화엄34, 19:01>
A: 成就諸[33(·)]佛法[41(·),52(·)]救攝羣生衆[41(·),33(\)]
B: 成就諸[ㄱ]佛法[乙,ᴜ分]救攝羣生衆[乙,ㆎ]
C: 諸ㄱ 佛法乙 成就(ᴜヒㆎ)ᴜ分 羣生衆乙 救攝(ᴜヒ)ㆎ(ᴜ分)
D: 모든 佛法을 成就하고자 하며 群生衆을 救攝하고자 하며,
E: 부처님 법 성취하여 모든 중생 구제하며,

<주본화엄34, 19:02>
A: 爲得大慈悲[41(·),32(-),52(·)]及[25(·)]轉勝法輪[41(·)?,33(\),52(·)?]
B: 爲得大慈悲[乙,ㅅ,ᴜ分]及[七]轉勝法輪[乙,ㆎ,ᴜ分]
C: 大慈悲乙 得{爲}ㅅᴜ分 及七 勝法輪乙 轉(ᴜヒ)ㆎᴜ分
D: 大慈悲를 얻고자 하며 勝法輪을 轉하고자 하며,
E: 대자대비 큰마음과 수승하온 법륜 얻고

<주본화엄34, 19:02>
A: 嚴淨佛[35(·)]國土[41(·),33(\),52(·)?,45(ㅗ)#45(÷)]發此最勝心[41(·),12(-),51(/)]
B: 嚴淨佛[ᴧ]國土[乙,ㆎ,ᴜ分,尸入ᄉ]發此最勝心[乙,ナㄱ,ㅣ分]
C: 佛ᴧ 國土乙 嚴淨(ᴜヒ)ㆎᴜ分(ᴜ)尸入ᄉ 此 最勝心乙 發(ᴜ)ナㄱㅣ分
D: 부처의 國土를 嚴淨하고자 하며 하기 때문에 이 最勝心을 낸 것이며,
E: 불국토를 청정 하려 가장 좋은 마음 내고,

<주본화엄34, 19:03>
A: 一[33(·)]念[53(·)]知三世[41(·),13(ㅜ),11(·)]而[33(·)?]無有分別[24(|)?,33(\),52(·)]
B: 一[ㄱ]念[十]知三世[乙,x令,ᴣ]而[ㄱ]無有分別[ㅣㅣ,ㆎ,ᴜ分]
C: 一ㄱ 念十 三世乙 知x令ᴣ 而ㄱ 分別 無有ㅣㅣ(ᴜヒ)ㆎᴜ分
D: 한 念에 三世를 알고도 分別 없이 하고자 하며,
E: 한 생각에 세 세상을 알면서도 분별없고

周本『華嚴經』卷第三十四 387

<주본화엄34, 19:03>
A: 種種[25(·)]時[25(·)]不同[42(/),41(·)?]以[43(|)?]示於世間[53(·),24(|),33(\),51(·)]
B: 種種[七]時[七]不同[ㅣㄱ,乙]以示於世間[十,ㅣㅣ,氵,x分]
C: 種種七 時七 不(多) 同ㅣㄱ乙 以 ﾝ ホ {於}世間十 示ㅣ(七)氵x分
D: 갖가지 때가 같지 않거늘 그것으로써 世間에 보이고자 하며,
E: 가지가지 시간으로 세상 사람 보여주며,

<주본화엄34, 19:04>
A: 略說[32(·)]求諸[33(·)]佛[35(·)]一切勝功德[41(·),45(ㅗ)#45(÷)]
B: 略說[ㅁㄱ] 求諸[ㄱ]佛[乙]一切勝功德[乙,尸入灬]
C: 略(ﾝ) 說ㅁㄱ 諸ㄱ 佛乙 一切 勝功德乙 求(ﾉ)尸入灬
D: 간략히 말하면 모든 부처의 一切 勝功德을 求하기 때문에
E: 부처님의 여러 가지 승한 공덕 얻으려고

<주본화엄34, 19:04>
A: 發生廣大心[41(·)?,13(:)]量等虛空界[53(·)#53(·.),34(|),12(-)]
B: 發生廣大心[乙,xㅿ]量等虛空界[十,ﾝ,ナㄱ]
C: 廣大心乙 發生xㅿ 量 虛空界十 等 ﾝ ナㄱ(ㅣ分)
D: 廣大心을 發生하되 量이 虛空界와 같은 것이며,
E: 광대한 맘 내었으니 허공계와 평등하다.

<주본화엄34, 19:05>
A: 悲[41(·)]先[43(·),22(·)]慧[41(·)]爲主[43(·),22(·)]方便共[25(·)]相應[=23(\),22(·)]
B: 悲[乙]先[氵,ﾎ]慧[乙]爲主[氵,ﾎ]方便共[七]相應[ﾝ,ﾎ]
C: 悲乙 先 氵 ﾎ 慧乙 主 {爲} 氵 ﾎ 方便 共七 相應 ﾝ(ﾉ)ﾎ
D: 慈悲를 先 삼고 智慧를 主 삼고 方便 함께 相應하게 하고
E: 자비・지혜 으뜸 되어 방편들과 서로 응해

<주본화엄34, 19:05>

A: 信解淸淨心[41(·),22(·)]如來[44(·)]無量[33(·)]力[41(·)]
B: 信解淸淨心[乙,ㅎ]如來[尸]無量[ㄱ]力[乙]
C: 淸淨心乙 信解(ﾉ)ㅎ 如來尸 量 無ㄱ 力乙(ﾉ)ㅎ
D: 淸淨心을 信解하고 如來의 한량없는 힘을 하고
E: 믿고 아는 청정한 맘 한량없는 여래의 힘,

<주본화엄34, 19:06>

A: 無礙智[41(·)]現前[22(·)]自[45(·)]悟[43(|)]不由他[41(·),43(·)?,44(·),22(·)]
B: 無礙智[乙]現前[ㅎ]自[ᆢ]悟[3 尔]不由他[乙,氵,尸,ㅎ]
C: 無礙智乙 現前(ﾉ)ㅎ 自ᆢ 悟(ﾉ) 3 尔 他乙 由氵尸 不(ﾉ)ㅎ
D: 無礙智를 現前하고 스스로 깨달아서 남을 말미암지 않고
E: 걸림 없는 지혜 생겨 제힘으로 깨달았고

<주본화엄34, 19:06>

A: 具足[34(|)?]同如來[44(·)?,53(·)?,24(|)]發{13(:)}²¹⁴⁾此最勝心[41(·)?,12(-),51(/)]
B: 具足[3]同如來[尸,十,ㅣ]發此最勝心[乙,ナㄱ,ㅣ㆔]
C: 具足(ﾉ) 3 如來尸十 同ㅣ(ㅎX) 此 最勝心乙 發(ﾉ)ナㄱㅣ㆔
D: 具足히 如來와 같고 하여 이 最勝心을 낸 것이며,
E: 여래처럼 구족하려 최승심(最勝心)을 내었어라.

<주본화엄34, 19:07>

A: 佛子[33(·)]始[25(·),24(\)]發生如是[12(:)]妙寶心[41(·),12(:),53(··)?]
B: 佛子[ㄱ]始[ㄷ,ㅁ]發生如是[ﾉㄱ]妙寶心[乙,ﾉㄱ,ㅣ十]
C: 佛子ㄱ 始ㄷㅁ 是 如(支)ﾉㄱ 妙寶心乙 發生ﾉㄱㅣ十
D: 佛子는 처음 이 같은 妙寶心을 내면
E: 불자들이 처음으로 묘한 마음 내올 적에

---

214) 이점본에는 '發'자에 13(:)이 기입되어 있으나, 이것은 '來'자의 53 위치의 점토일 가능성이 있다.

<주본화엄34, 19:07>
A: 則[24(·)]超凡夫[25(·)]位[41(·),43(|)]入佛[35(·)]所行處[53(·),22(·)?]
B: 則[攴]超凡夫[七]位[乙,ᢳ氵]入佛[叱]所行處[十,ㅎ]
C: 則攴 凡夫七 位乙 超(ﾉﾉ)ᢳ氵 佛叱 所行處十 入(ﾉﾉ)ㅎ
D: 凡夫의 地位를 超越하여서 부처의 所行處에 들어가고
E: 범부 지위 초월하여 부처의 행 들어가고,

<주본화엄34, 19:08>
A: 生在如來[44(·)]家[53(·),22(·)]種族無瑕玷[22(·)]
B: 生在如來[尸]家[十,ㅎ]種族無瑕玷[ㅎ]
C: 如來尸 家十 生在(ﾉﾉ)ㅎ 種族 瑕玷 無ㅎ
D: 如來의 가문에 태어나고 種族에 흠 없고
E: 여래 가문 태어나서 종족에는 허물없고

<주본화엄34, 19:08>
A: 與佛[41(·),25(·)?]共[25(·)]平等[22(·)?]決[23(\)]成無上覺[41(·)?,22(·),14(·|),45(··)]
B: 與佛[乙,七]共[七]平等[ㅎ]決[氵]成無上覺[乙,ㅎ,x尸,入ㅅㅅ]
C: 佛乙 與七 共七 平等(ﾉﾉ)ㅎ 決氵 無上覺乙 成(丨丨)ㅎx尸入ㅅㅅ
D: 부처와 더불어 平等하고 결정코 無上覺을 이루고 하기 때문에
E: 부처님과 평등하게 무상각(無上覺)을 이루리라.

<주본화엄34, 19:09>
A: 纔[34(|)]生如是[12(:)]心[41(·),42(/),53(··)]卽[24(·)]得[43(|)]入初地[53(·),52(/)]
B: 纔[氵]生如是[ﾉﾉㄱ]心[乙,ㅣㄱ,ㅣ十]卽[攴]得[氵]入初地[十,氵ㅅ]
C: 纔氵 是 如(攴)ﾉﾉㄱ 心乙 生ㅣㄱㅣ十 卽攴 得氵 初地十 入(ﾉﾉ)氵ㅅ
D: 겨우 이 같은 마음을 내면 곧 능히 初地에 들어가서
E: 이런 마음 겨우 내곤 초지 중에 들어가서

<주본화엄34, 19:09>
A: 志樂不可動[42(|),25(·),12(:),35(·),33(·)?]譬如大山王[24(·)?,55(/)]
B: 志樂不可動[亠,匕,ゝㄱ,矢,ㄱ]譬如大山王[攴,xㅣ]
C: 志樂 動(ノ)亠可匕ゝㄱ 不矢ㄱ(矢) 譬(ㅅㄱ) 大山王 如攴xㅣ
D: 志樂 움직일 수 없는 것이 비유컨대 大山王 같다.
E: 기쁜 마음 부동하니 수미산과 같느니라.

<주본화엄34, 19:10>
A: 多[42(/)]喜[11(·)]{12(/)}多[42(/)]愛樂[11(·)]亦[33(·)]復²¹⁵⁾多[42(/)]淨信[11(·)]
B: 多[ㅣㄱ]喜[ㆄ]多[ㅣㄱ]愛樂[ㆄ]亦[ㄱ]復多[ㅣㄱ]淨信[ㆄ]
C: 多ㅣㄱ 喜ㆄ 多ㅣㄱ 愛樂ㆄ 亦(ゝ)ㄱ 復 多ㅣㄱ 淨信ㆄ
D: 많은 喜이니 많은 愛樂이니 또한 많은 淨信이니
E: 환희하고 즐거우며 깨끗 하온 신심 많고

<주본화엄34, 19:10>
A: 極大勇猛心[11(·)?]及[25(·)]以[34(|)?]慶[11(·)]躍[11(·),25(|)]心[11(·)?,41(:)?,52(·)?,보충선]
B: 極大勇猛心[ㆄ]及[匕]以[ㆍ]慶[ㆄ]躍[ㆄ,亽匕]心[ㆄ,ロ亽乙,ゝ分]
C: 極大 勇猛心ㆄ 及匕 以ㆍ 慶ㆄ 躍ㆄ(ノ)亽匕 心ㆄノ亽乙ゝ分
D: 極大 勇猛心이니 및 慶이니 躍이니 하는 心이니 하는 것을 하며,
E: 엄청나는 용맹심과 경행(經行)하여 뛰는 마음,

<주본화엄34, 19:11>
A: 遠離於鬪諍[11(·)]惱害[11(·)?]及[25(·)]瞋恚[11(·)?,41(:),22(·)]
B: 遠離於鬪諍[ㆄ]惱害[ㆄ]及[匕]瞋恚[ㆄ,ロ亽乙,ᄒ]
C: {於}鬪諍ㆄ 惱害ㆄ 及匕 瞋恚ㆄノ亽乙 遠離(ゝ)ᄒ
D: 鬪諍이니 惱害이니 및 瞋恚이니 하는 것을 遠離하고
E: 다투거나 해치거나 성내는 일 여의었고

---

215) 33(·) 또는 24(\)이 있을 가능성이 있다.

周本『華嚴經』卷第三十四   391

<주본화엄34, 19:11>
A: 慙敬[23(ㅣ)]而[45(·)]質直[22(·)?]善[24(·)]守護諸[33(·)]根[41(·)?,22(·)]
B: 慙敬[ㅅ 3]而[ㅡ]質直[ㆆ]善[ㅊ]守護諸[ㄱ]根[乙,ㆆ]
C: 慙敬ㅅ 3 而ㅡ 質直(ㅅ)ㆆ 善ㅊ 諸ㄱ 根乙 守護(ㅅ)ㆆ(ㅅ 分)
D: 慙敬하여 質直하고 모든 根을 잘 守護하고 하며,
E: 참회하고 질직하게 여러 근을 수호하며,

<주본화엄34, 19:12>
A: 救世[41(·),25(\)]無等者[23(-)]所有[33(/),12(ㅣ),25(·)]衆[33(·)?]智慧[41(·)]
B: 救世[乙,x七]無等者[ㆉ]所有[ㅛ,ㆆㄱ,七]衆[ㄱ]智慧[乙]
C: 世乙 救x七 無等者ㆉ {有}ㅛㆆㄱ 所七 衆ㄱ 智慧乙
D: 세상을 救하는 無等者의 가지신 바의 많은 지혜를
E: 세상 구해 짝없는 이 여러 가지 가진 지혜

<주본화엄34, 19:12>
A: 此處[41(·)]我[33(·)?]當得[34(ㅣ),24(\),55(·)#55(·.)#55(·.),23(ㅣ)]憶念²¹⁶⁾生歡喜[41(·)#41(·.)#41(·ㅣ),24(ㅣ),52(·.)]
B: 此處[乙]我[ㄱ]當得[3,ㆆ,ㅣ,ㅅ 3]憶念生歡喜[乙,ㅐ,x 分]
C: 此 處乙 我ㄱ 當(ㅅ) 得 3 ㆆㅅ 3 憶念 歡喜乙 生ㅐ x 分
D: 이 處를²¹⁷⁾ 나는 반드시 얻어야겠다 하여 생각하므로 歡喜를 내며,
E: 이 곳에서 내가 얻어 생각하고 기뻐하며,

<주본화엄34, 19:13>
A: 始[25(·),24(\)]得[43(ㅣ)]入初地[53(·),12(:),53(··)]{35(·)?}即[24(·)]超五[25(·)]怖畏[41(·),13(··)]
B: 始[七,ㆆ]得[3 ホ]入初地[十,ㅅㄱ,ㅣ十]即[ㅊ]超五[七]怖畏[乙,ㆆ尸ㅿ]
C: 始七ㆆ 得 3 ホ 初地十 入ㅅㄱ ㅣ十 即ㅊ 五七 怖畏乙 超ノ尸ㅿ

---

216) 45 위치에 점토가 있을 가능성이 있다.
217) '此處'를 '菩薩初地'로 보아 처소격으로 해석할 가능성도 있다.

D: 처음 능히 初地에 들어가면 곧 다섯 怖畏를 초월하되
E: 초지 중에 처음 들어 다섯 공포 초월하니

<주본화엄34, 19:13>
A: 不活[11(·)]死[11(·)]惡名[11(·)?]惡趣[11(·)]衆威德[11(·),31(··)?,33(·),41(·)#41(·.)]
B: 不活[ː]死[ː]惡名[ː]惡趣[ː]衆威德[ː,ㅁ干,ㄱ,乙]
C: 不活ː 死ː 惡名ː 惡趣ː 衆威德ːノ干ㄱ乙
D: 不活이니 死이니 惡名이니 惡趣이니 衆威德이니 하는 것이거늘
E: 살 수 없고, 죽는 일과 나쁜 누명, 나쁜 갈래, 대중 위덕 공포들을

<주본화엄34, 19:14>[218]
A: 以不貪著我[53(·),52(·)#52(\)]及[25(·)]以[34(|)#34(·)]於我所[53(·)#53(:),14(:),14(-),41(··),43(·),34(|)]
B: 以不貪著我[十,ゝ分]及[七]以[氵]於我所[十,ゝ尸,ナ尸,入乙,ː,氵]
C: 我十 貪著ゝ分 及七 以氵 {於}我所十ゝ尸 不(ゝ)ナ尸入乙 以氵氵[219]
D: 我에 대해 탐착하며 我所에 대해 (탐착)하지 않는 것을 말미암아[220]
E: <나>와 <내 것> 안 탐하며

<주본화엄34, 19:14>
A: 是諸[33(·)]佛子等[12(:),33(·)]遠離諸[33(·)]怖畏[41(·),55(/)]
B: 是諸[ㄱ]佛子等[ゝㄱ,ㄱ]遠離諸[ㄱ]怖畏[乙,xㅣ]
C: 是 諸ㄱ 佛子 等ゝㄱㄱ 諸ㄱ 怖畏乙 遠離xㅣ
D: 이 모든 佛子들은 모든 怖畏를 遠離한다.

---

218) 欄上에 紺色의 직사각형 모양 不審紙인 듯한 것이 있다. 위쪽이 말려 올라가 있으며, 不審紙인지 불분명하다.
219) '所'자에 붙은 14(-)을 '我'자에 붙은 44(-)으로 볼 가능성도 있다. 그럴 경우 다음과 같이 '不'자가 '貪著'에만 걸리는 것으로 볼 수도 있다.
    C: 我十 貪著(尸) 不ゝ分 及七 以氵 {於}我X 所x十ゝ尸入乙 以氵氵
    D: 我에 대해 탐착하지 않으며 我所에 대해 그렇게 함을 말미암아
220) '[我에 대해 탐착하며 我所에 대해 (탐착)하지 않는 것을 말미암아'의 구조로 파악하였다.

周本『華嚴經』卷第三十四   393

E: 이와 같은 불자들이 그런 공포 여의었고.

<주본화엄34, 19:15>

A: 常[24(|)?]行大慈[11(·)]愍[11(·),41(:),22(·)]恒[24(|)]有信[11(·)]恭敬[11(·),41(:),33(/),22(·)]
B: 常[ㅣ]行大慈[ㆍ]愍[ㆍ,ㄱㅅ乙,ㆆ]恒[ㅣ]有信[ㆍ]恭敬[ㆍ,ㄱㅅ乙,ㄐ,ㆆ]
C: 常ㅣ 大慈ㆍ 愍ㆍノㅅ乙 行(ㆍ)ㆆ 恒ㅣ 信ㆍ 恭敬ㆍノㅅ乙 {有}ㄐㆆ
D: 항상 大慈이니 愍이니 하는 것을 行하고 항상 信이니 恭敬이니 하는 것을 가지고
E: 큰 자비를 늘 행하며 신심 있고 공경하고

<주본화엄34, 19:15>

A: 慙愧[25(·)#25(|)]功德[41(·)?]備[24(\),22(·)]日夜[53(·)]增善法[41(·),24(|),22(·)]
B: 慙愧[ㄷ]功德[乙]備[ㄱ,ㆆ]日夜[十]增善法[乙,ㅣ,ㆆ]
C: 慙愧ㄷ 功德乙 備ㄱㆆ 日夜十 善法乙 增ㅣㆆ
D: 慙愧의 功德을 갖추고 日夜에 善法을 늘리고
E: 부끄러운 공덕 갖추어 밤낮으로 선심(善心) 늘며,

<주본화엄34, 19:16>

A: 樂法[25(·)]眞實利[41(·),24(\),22(·)]不愛受諸[33(·)]欲[14(·.),41(··),44(·),24(·),51(·.)]
B: 樂法[ㄷ]眞實利[乙,ㄱ,ㆆ]不愛受諸[ㄱ]欲[ㄱ尸,ㅅ乙,尸,多,xㄘ]
C: 法ㄷ 眞實利乙 樂ㄱㆆ²²¹⁾ 諸ㄱ 欲(乙) 受ㄱ尸ㅅ乙 愛尸 不多(ㆍㆍ)ㆆxㄘ
D: 法의 眞實利를 좋아하고 모든 欲을 받는 것을 좋아하지 않고 하며,
E: 참된 법을 좋아하고 모든 욕락(欲樂) 안 받으며

<주본화엄34, 19:16>

A: 思惟所聞[12(·),25(·)]法[41(·),22(·)]遠離取著[25(·)]行[41(·)?,22(·)?]
B: 思惟所聞[ㄱ,ㄷ]法[乙,ㆆ]遠離取著[ㄷ]行[乙,ㆆ]

---

221) 자토석독구결에는 '樂ㄱ' 뒤에 'ㆍㆍ'가 오는 예와 오지 않는 예가 모두 존재한다.
   其 心ㆍ十 慊ㆆㆍㆍㆍ 色乙 <u>樂ㄱナㅅㄷ</u> 者ㅁ乙 皆ㄷ 道ㆍ十 從ㄷ 俾ㅣナㆍ <화엄18:05>
   國ㆍ 財ㆍノㅅ乙 捨ㆍㅁ 常ㅣ 出家ノ尸ㅅ入 <u>樂ㄱㆍㆍㆍᄌ</u> 心ㆍ 寂靜ノㄱㅅ乙 現ㄱㆍナㆍ <화엄18:15>

C: 聞(ロ)ㄱ 所ㄷ 法乙 思惟(ﾉ)ㅎ 取著ㄷ 行乙 遠離(ﾉ)ㅎ
D: 들은 바의 法을 思惟하고 取著의 行을 遠離하고
E: 들은 법을 생각하여 온갖 고집 떠났으니,

<주본화엄34, 19:17>
A: 不貪於利養[53(·),44(·),22(·)]唯[23(:)]樂佛菩提[41(·),24(\),22(·)]
B: 不貪於利養[十,尸,ㅎ]唯[ㅅ]樂佛菩提[乙,ㄷ,ㅎ]
C: {於}利養十 貪尸 不(ﾉ)ㅎ 唯ㅅ 佛菩提乙 樂ㄷㅎ
D: 利養에 대해 탐하지 않고 오직 佛菩提를 좋아하고
E: 이양(利養)이란 탐하잖고 부처 보리 좋아하며

<주본화엄34, 19:17>
A: 一[33(·)]心[45(·)]求佛智[41(·),22(·)]專精無異[12(:)?]念
B: 一[ㄱ]心[ㅆ]求佛智[乙,ㅎ]專精無異[ﾉㄱ]念
C: 一ㄱ 心ㅆ 佛智乙 求(ﾉ)ㅎ 專精 異ﾉㄱ 念 無(ㅎ)²²²⁾
D: 한 마음으로 佛智를 구하고 專精히 다른 생각 없고
E: 일심으로 지혜 구해 전일하게 딴 맘 없고

<주본화엄34, 19:18>
A: 修行波羅蜜[41(·),22(·)]遠離諂[11(·)]虛誑[11(·),41(:)#41(·.),22(·)]
B: 修行波羅蜜[乙,ㅎ]遠離諂[ヽ]虛誑[ヽ,ﾉㅅ乙,ㅎ]
C: 波羅蜜乙 修行(ﾉ)ㅎ 諂ヽ 虛誑ヽﾉㅅ乙 遠離(ﾉ)ㅎ
D: 波羅蜜을 修行하고 아첨이니 虛誑이니 하는 것을 遠離하고
E: 바라밀다 수행하여 아첨 허황 떠났으며

---

222) 이점본에 '念'자에 41(·), 51(··)이 달려 있는 것을 반영하여 '無異ﾉㄱ 念乙 專精ㅄ'로 파악할 가능성도 있다.

<주본화엄34, 19:18>

A: 如說[12(·.)#12(·),24(·)]而[45(·)]修行[22(·)]安住實語[25(·)]中[53(·),22(·)]

B: 如說[ㅅㄱ,攴]而[灬]修行[ㅎ]安住實語[七]中[十,ㅎ]

C: 說ㅅㄱ 如攴 而灬 修行(ㆍ)ㅎ 實語七 中十 安住(ㆍ)ㅎ

D: 說한 대로 修行하고 實語의 가운데에 安住하고

E: 말한 대로 행을 닦아 참말 속에 머무르며,

<주본화엄34, 19:19>

A: 不汙諸[33(·)]佛家[41(·),34(|),44(·),22(·)]不捨菩薩[44(·)]戒[41(·),44(·),22(·)]

B: 不汙諸[ㄱ]佛家[乙,ㅊ,尸,ㅎ]不捨菩薩[尸]戒[乙,尸,ㅎ]

C: 諸ㄱ 佛家乙 汙ㅊ尸 不(ㆍ)ㅎ 菩薩尸 戒乙 捨尸 不(ㆍ)ㅎ

D: 모든 佛家를 더럽히지 않고 菩薩의 戒를 버리지 않고

E: 부처 가문 더럽잖게 보살 계행 버리잖고

<주본화엄34, 19:19>

A: 不樂於世事[53(·)?,44(·)?,11(/)#11(/)]²²³⁾常[24(|)]利益世間[41(·)]

B: 不樂於世事[十,尸,ナ亽ㅣ]常[リ]利益世間[乙]

C: {於}世事十 樂(ㄱ)尸 不(ㆍ)ナ亽ㅣ 常リ 世間乙 利益(ㆍ)ㅎ

D: 世事를 좋아하지 않으나 항상 世間을 이롭게 하고

E: 세상일을 좋아 않고 항상 세간 이익하며,

<주본화엄34, 19:20>

A: 修善[41(·),13(..)]無厭足[44(·),24(|),22(·)]轉[25(·)]求增勝道[41(·),22(·),53(!)]

B: 修善[乙,ㄨᅀ]無厭足[尸,リ,ㅎ]轉[七]求增勝道[乙,ㅎ,X]

C: 善乙 修ㄨᅀ 厭足尸 無リ(ㆍ)ㅎ 轉七 增勝道乙 求(ㆍ)ㅎX

D: 善을 닦되 싫증냄 없이 하고 점점 더 增勝道를 求하고 하여

E: 선한 일에 만족 없고 더 좋은 길 구하면서

---

223) 53(·) 대신 41(·)을 해독에 반영할 가능성도 있다.

396 第二部 判讀과 解讀 및 翻譯

<주본화엄34, 19:20>

A: 如是[24(·)]好樂法[41(·),24(\),51(·)]²²⁴⁾功德[25(·)#25(/)]義相應[=23(\),13(··)]
B: 如是[攴]好樂法[乙,丷,彡]功德[七]義相應[ㅎ,丷尸厶]
C: 是 如攴 法乙 好樂丷彡 功德七 義 相應ㅎノ尸厶
D: 이 같이 法을 좋아하며 功德의 義 相應하게 하되
E: 이런 법을 즐겨 하여 공과 덕과 서로 응해,

<주본화엄34, 19:21>²²⁵⁾

A: 恒[24(|)?]起大願心[41(·),21(|)]願[15(·)]見{45(·)}於諸[33(·)]佛[41(·),34(-),33(\),52(|)?]
B: 恒[刂]起大願心[乙,ナ尸丁]願[入丁]見於諸[ㄱ]佛[乙,白,彳,x彡]
C: 恒刂 大願心乙 起(ᆢ)ナ尸丁 願入丁 {於}諸ㄱ 佛乙 見白(七)彳x彡
D: 항상 大願心을 일으키기를, '원컨대 모든 부처를 뵙고자 하며,
E: 큰 서원을 항상 내어 부처님을 뵈옵고자

<주본화엄34, 19:21>²²⁶⁾

A: 護持諸[33(·)]佛法[41(·),33(\)?,52(|)?]{24(|)?}攝取大仙道[41(·),33(\),52(|),54(\)?,51(·.)#51(\)]
B: 護持諸[ㄱ]佛法[乙,彳,x彡]攝取大仙道[乙,彳,x彡,x丨,x彡]
C: 諸ㄱ 佛法乙 護持(ᆢ七)彳x彡 大仙道乙 攝取(ᆢ七)彳x彡x丨x彡
D: 모든 佛法乙 護持하고자 하며 大仙道를 攝取하고자 하며 한다' 하며,
E: 부처님 법 보호하고 보리 도를 거두어지다.

<주본화엄34, 19:22>²²⁷⁾

A: 常[24(|)]生如是[12(:)]願[41(·),24(|),21(|)]修行最勝行[41(·)?,33(\),52(|)#52(\)]
B: 常[刂]生如是[ᆢㄱ]願[乙,刂,ナ尸丁]修行最勝行[乙,彳,x彡]

---

224) 43(|)이 있을 가능성이 있다. 그럴 경우 '法乙 好彡 樂丷(ᆢ)彳尓'으로 해독할 수 있다.
225) <주본화엄34, 11:07-11> 참조. 十大願 중 第一大願에 해당한다. 十大誓願의 전체 내용은 <주본화엄34, 11:07-13:16> 참조.
226) <주본화엄34, 11:12-13> 참조. 十大願 중 第二大願에 해당한다.
227) <주본화엄34, 11:19-24> 참조. 十大願 중 第四大願에 해당한다.

C: 常ﾘ 是 如(支)ㆍﾝㄱ 願乙 生ﾘﾅㄕﾘ 最勝行乙 修行(ㆍﾝヒ)ㅓxᛐ
D: 항상 이 같은 願을 내기를, '最勝行을 修行하고자 하며,
E: 이런 서원 늘 세우고 좋은 행을 수행하며

<주본화엄34, 19:22>[228]
A: 成熟諸[33(ㆍ)]羣生[41(ㆍ),33(\),52(|)]嚴淨佛國土[41(ㆍ),33(\),52(|)]{52(/)#52(|)}
B: 成熟諸[ㄱ]羣生[乙,ㅓ,xᛐ]嚴淨佛國土[乙,ㅓ,xᛐ]
C: 諸ㄱ 羣生乙 成熟(ㆍﾝヒ)ㅓxᛐ 佛國土乙 嚴淨(ㆍﾝ)ㅓxᛐ
D: 모든 群生을 成熟시키고자 하며 佛國土를 嚴淨히 하고자 하며,
E: 모든 중생 성숙하고 부처 국토 청정하게,

<주본화엄34, 19:23>[229]
A: 一切諸[33(ㆍ)?]佛刹[53(ㆍ)]佛子[41(ㆍ)]悉[34(|)]充徧[42(ㆍ)#42(|),33(\),52(|)]
B: 一切諸[ㄱ]佛刹[十]佛子[乙]悉[ㅅ]充徧[ㅅﾘ,ㅓ,xᛐ]
C: 一切 諸ㄱ 佛刹十 佛子乙 悉ㅅ 充徧ㅅﾘ(ヒ)ㅓxᛐ
D: 一切 모든 佛刹에 佛子를 다 充徧하게 하고자 하며,
E: 모든 부처 세계 중에 불자들이 가득한데

<주본화엄34, 19:23>[230]
A: 平等[43(|)?]共[25(ㆍ)]一心[42(|)?,25(ㆍ),33(\),52(|)?]所作[12(ㆍ)#12(|),15(ㆍ/)#15(ㆍ.)#15(:)]皆[25(ㆍ)?]
   不空[32(ㆍ),35(ㆍ),22(|),33(\),52(ㆍ)?]
B: 平等[ㅜﾑ?]共[ヒ]一心[ᛙ]所作[ㄱ,火ヒﾝﾘㅅㄱ]皆[ヒ]不空[ㅁㄱ,矢,X,ㅓ,ㆍﾝᛐ]
C: 平等(ㆍﾝ)ㅜﾑ 共ヒ 一(ㄱ) 心ᛙ(ﾘ)ヒㅓxᛐ 作(ㄱ)ㄱ 所火ヒﾝﾘㅅㄱ 皆ヒ 空(ㆍﾝ)ㅁㄱ 不矢
   X(ヒ)ㅓㆍﾝᛐ
D: 평등히 함께 한 마음이고자 하며 지은 바는 모두 空하지 않고자 하며,
E: 평등하게 한 맘으로 짓는 일이 헛되잖고,

---

228) <주본화엄34, 11:24-12:06> 참조. 十大願 중 第五大願에 해당한다.
229) <주본화엄34, 12:10-12:16> 참조. 十大願 중 第七大願에 해당한다.
230) <주본화엄34, 12:16-13:04> 참조. 十大願 중 第八大願과 第九大願에 해당한다.

<주본화엄34, 19:24>[231]

A: 一切毛端[25(·)]處[53(·)]一[33(·)]時[53(·)]成正覺[33(\),54(\),11(/)]
B: 一切毛端[七]處[十]一[ㄱ]時[十]成正覺[彳,x丨,ナ수ㆍ]
C: 一切 毛端ㄴ 處十 一ㄱ 時十 正覺 成(七)彳x丨(ン)ナ수ㆍ
D: 一切 毛端의 處에서 일시에 正覺 이루고자 한다' 하니
E: 한량없는 털끝마다 한꺼번에 성불하리

<주본화엄34, 19:24>

A: 如是等[12(:)]大願[33(·)]無量無邊際[34(·),12(-),21(-)#21(/)]
B: 如是等[ソㄱ]大願[ㄱ]無量無邊際[ロ,ナㄱ,xT]
C: 是 如(攴ソア) 等ソㄱ 大願ㄱ 量 無(分) 邊際 無ロナㄱxT
D: 이와 같은 등의 大願은 한량없고 끝없다.
E: 이와 같은 큰 원력이 한량없고 끝이 없네.

<주본화엄34, 20:01>

A: 虛空[11(·)]與[25(·)]衆生[11(·)]法界[11(·)?]及[25(·)]涅槃[11(·)]
B: 虛空[ㆍ]與[七]衆生[ㆍ]法界[ㆍ]及[七]涅槃[ㆍ]
C: 虛空ㆍ 與七 衆生ㆍ 法界ㆍ 及七 涅槃ㆍ
D: '虛空이니 衆生이니 法界이니 涅槃이니
E: 허공계나 중생계나 법계거나 열반계나

<주본화엄34, 20:01>

A: 世間[11(·)]佛出興[11(·)]佛智[11(·)]心{11(·)}境界[11(·)]
B: 世間[ㆍ]佛出興[ㆍ]佛智[ㆍ]心境界[ㆍ]
C: 世間ㆍ 佛出興ㆍ 佛智ㆍ 心境界ㆍ
D: 世間이니 부처 出興이니 부처 智慧이니 心境界이니
E: 세간계나 부처 출현 여래 지혜, 마음 경계,

---

231) <주본화엄34, 13:04-13:16> 참조. 十大願 중 第十大願에 해당한다.

<주본화엄34, 20:02>

A: 如來[44(·)]智[45(·)]所入[14(|),11(·)]及[25(·)]以[34(|)]三轉[11(·),25(|)]盡[11(·)]
B: 如來[尸]智[灬]所入[ㅎ口尸,ㆍ]及[七]以[ㅎ]三轉[ㆍ,ㅅ七]盡[ㆍ]
C: 如來尸 智灬 入(ㅅ)ㅎ口尸 所ㆍ 及七 以ㅎ 三轉ㆍ(ㅅ)ㅅ七 盡ㆍ
D: 如來께서 智慧로 들어가실 바이니 및 三轉이니 하는 盡이니
E: 불 지혜로 들어갈 데 세 진전이 끝나는 일

<주본화엄34, 20:02>

A: 彼諸[33(·),54(-),24(|)]若[25(·)]有[232]盡[44(·)-중복선,33(/),31(ㅗ),15(·)]{33(·)}我[23(-)?]願方[25(·)]始[25(·),24(\)]盡[34(|),13(-)]{11(·)}
B: 彼諸[ㄱ,X,ㅣ]若[七]有盡[尸중복,ㅿ,xㅋ,ㅅㄱ]我[ㅎ]願方[七]始[七,口]盡[ㅎ,xㅿ]
C: 彼 諸ㄱXㅣ 若七 盡尸 {有}ㅿxㅋ尸ㅅㄱ 我ㅎ 願 方七 始七口 盡ㅎ xㅿ[233]
D: 그 모든 것이 만일 다함 있으면 내 소원 바야흐로 비로소 다하되
E: 저런 것이 다 끝나면 내 소원도 끝나련만

<주본화엄34, 20:03>

A: 如彼[24(|)]無盡[32(-),25(i)]期[23(-)#23(-·),25(·),33(·),24(·),32(·)]我[23(-)]願亦[33(·)]復[42(\)]然[11(·),54(\),51(·.)#51(ㅜ)]
B: 如彼[ㅣ]無盡[ㅅ,x七]期[ㅎ,七,ㄱ,支,口ㄱ]我[ㅎ]願亦[ㄱ]復[刀]然[ㆍ,xㅣ,x分]
C: 彼ㅣ 盡xㅅ七 期ㆍ 無七ㄱ 如支(ㅅ)口ㄱ[234] 我ㆍ 願 亦(ㅅ)ㄱ 復刀 然ㆍxㅣx分
D: 그것이 다할 기약이 없는 것과 같으니 내 소원 또한 그러하다' 하며,
E: 저런 것이 끝 않나니 내 소원도 끝이 없어,

---

232) '有'에 44(·), 31(ㅗ), 15(·)이 현토되어 있는데, '有'에 잘못 현토한 후 '盡'에 현토한 듯하다.
233) 11(·)을 해독에 반영하고 13(-)을 'xㅅ'로 보아 'xㅅㆍ'로 해독할 가능성도 있다.
234) 다음 예를 참조할 수 있다.
  A: 迷妄[45(·)]漂流[13(:)]無返[32(-),25(i)]期[23(-),34(|)]此等[12(:)#12(··),33(·)]可憫[44(·),25(·),32(·)#32(:)#32(.·)]
    <주본화엄36, 14:05>
  B: 迷妄[灬]漂流[xㅿ]無返[ㅅ,x七]期[ㅎ,ㆍ]此等[ㅅㄱ,ㄱ]可憫[尸,七,口ㄱ]
  C: 迷妄灬 漂流xㅿ 返ㅅ七 期ㅎ 無ㆍ 此 等ㅅㄱㄱ 憫尸 可七(ㅅ)口ㄱ

<주본화엄34, 20:04>

A: 如是[24(·)]發大願[41(·),12(-),53(··)]心[42(|)]柔輭[22(·)]調順[22(·),51(·.)]
B: 如是[攴]發大願[乙,ナ 1, I 十]心[古]柔輭[古]調順[古,x分]
C: 是 如攴 大願乙 發(ソ)ナ 1 I 十 心古 柔輭(ソ)古 調順(ソ)古x分
D: 이 같이 大願을 발하면 마음 柔輭하고 調順하고 하며,
E: 이와 같이 원을 내니 순한 마음 부드럽고

<주본화엄34, 20:04>

A: 能[24(·)]信佛功德[41(·),22(·)]觀察於衆生[41(·),22(·),51(·.)]
B: 能[攴]信佛功德[乙,古]觀察於衆生[乙,古,x分]
C: 能攴 佛 功德乙 信(ソ)古 {於}衆生乙 觀察(ソ)古x分
D: 능히 부처 功德을 믿고 衆生을 觀察하고 하며,
E: 부처 공덕 능히 믿고 중생들을 관찰하여,

<주본화엄34, 20:05>

A: 知從因緣[41(·),25(·)]起[41(|·),34(|)?,12(:)]則[24(·)]興慈念心[41(·),21(|)#21(:)]
B: 知從因緣[乙,七]起[ノ1入乙, 3,ソ1]則[攴]興慈念心[乙,ナ尸丁]
C: 因緣乙 從七 起ノ1入乙 知 3 ソ1 則攴 慈念心乙 興(ソ)ナ尸丁
D: 因緣으로부터 일어난 것을 알고서는 곧 慈念心을 일으키기를,
E: 인연으로 난 줄 알고 자비심을 일으키며

<주본화엄34, 20:05>

A: 如是[12(:)]苦[25(·)]衆生[41(·)]我[33(·)]今[12(:)]應救脫[25(·),12(:)?,55(\·),51(·.)]
B: 如是[ソ1]苦[七]衆生[乙]我[1]今[ソ1]應救脫[七,ソ1, 3 七 I,x分]
C: 是 如(攴)ソ1 苦七 衆生乙 我1 今ソ1 救脫(ノ古){應}七ソ1(リ) 3 七 I x分
D: '이 같은 苦痛의 衆生을 나는 이제 救脫하여야 한다.' 하며,
E: 이런 고통받는 중생 내가 이제 제도하되,

<주본화엄34, 20:06>

A: 爲是衆生[41(·),43(·),33(·),45(··)]故[24(·)]而[45(·)]行種種[25(·)]施[41(·),13(··)]
B: 爲是衆生[乙,氵,ㄱ,入灬]故[攴]而[灬]行種種[七]施[乙,口尸厶]
C: 是 衆生乙 {爲}氵ㄱ入灬 故攴 而灬 種種七 施乙 行ノ尸厶
D: 이 衆生을 위하기 때문에 갖가지 布施를 행하되
E: 이런 중생 위하여서 가지가지 보시하고

<주본화엄34, 20:06>

A: 王位[11(·)]及[25(·)]珍寶[11(·)]乃至[24(|)]象馬車[11(·)?]
B: 王位[氵]及[七]珍寶[氵]乃至[刂]象馬車[氵]
C: 王位氵 及七 珍寶氵 乃(ㆍ氵) 至刂 象(氵) 馬(氵) 車氵
D: 王位이니 珍寶이니 내지 코끼리이니 말이니 수레이니
E: 왕의 지위, 보물이나 코끼리와 말과 수레,

<주본화엄34, 20:07>

A: 頭[11(·)]目[11(·)]與[25(·)]手[11(·)]足[11(·)]乃至[24(|)]身[11(·)]血[11(·)]肉[11(·),14(·)#14(:)]
B: 頭[氵]目[氵]與[七]手[氵]足[氵]乃至[刂]身[氵]血[氵]肉[氵,尸]
C: 頭氵 目氵 與七 手氵 足氵 乃(ㆍ氵) 至刂 身氵 血氵 肉氵(ノ)尸
D: 머리이니 눈이니 손이니 발이니 내지 몸이니 피이니 살이니 하는
E: 왕의 지위, 보물이나 코끼리와 말과 수레, 머리와 눈 손과 발과 이내 몸과 피와 살을

<주본화엄34, 20:07>

A: 一切[41(·)?]皆[25(·)]能[24(·)]捨[23(/)#23(/·)]心[53(·)]得無憂悔[14(··),25(·)?,41(·)#41(··),51(·.)]
B: 一切[乙]皆[七]能[攴]捨[口ハ]心[十]得無憂悔[口尸,七,乙,x分]
C: 一切乙 皆七 能攴 捨(ㆍ)口ハ 心十 憂悔ノ尸 無七(ㄱ)乙 得x分
D: 一切를 모두 능히 버리고서 마음에 憂悔함이 없음을 얻으며,
E: 모든 것을 다 버려도 이 마음에 걱정 없고,

<주본화엄34, 20:08>
A: 求種種[25(·)]經書[41(·),22(·)]其心[42(|)]無厭倦[44(·),24(|),22(·)]
B: 求種種[七]經書[乙,ㅎ]其心[宀]無厭倦[尸,ㅣ,ㅎ]
C: 種種七 經書乙 求(ﾉ)ㅎ 其 心宀 厭倦尸 無ﾘ(ﾉ)ㅎ
D: 갖가지 經書를 구하고 그 마음 싫증냄 없이 하고
E: 온갖 경전 구하여도 싫증나는 마음 없고

<주본화엄34, 20:08>
A: 善[24(·)]解其義趣[41(·)]能[24(·)]隨世[25(·)]所行[53(·),24(\),22(·)]
B: 善[支]解其義趣[乙]能[支]隨世[七]所行[十,ㅁ,ㅎ]
C: 善支 其 義趣乙 解(ﾉ)ㅎ 能支 世七 所行十 隨ﾛ(ﾉ)ㅎ
D: 그 義趣를 잘 이해하고 능히 世間의 所行을 따르고
E: 그 이치를 잘 알아서 세상 행을 따라가며,

<주본화엄34, 20:09>[235)]
A: 慙愧[45(·)]自[41(·)]莊嚴[22(·)]修行[13(··)]轉[25(·)]堅固[23(\),22(·)]
B: 慙愧[灬]自[乙]莊嚴[ㅎ]修行[ﾛ尸ㅅ]轉[七]堅固[ﾜ,ㅎ]
C: 慙愧灬 自乙 莊嚴(ﾉ)ㅎ 修行ﾉ尸ㅅ 轉七 堅固ﾜ(ﾉ)ㅎ
D: 慙愧로 스스로를 莊嚴하고 修行하되 더욱 堅固히 하고
E: 부끄러운 장엄으로 닦는 행이 견고하고

<주본화엄34, 20:09>
A: 供養無量[12(··)#12(-)]佛[41(·),13(··)]恭敬而[45(·)]尊重[22(·),55(/)]
B: 供養無量[ㅎㄱ]佛[乙,ﾉ尸ㅅ]恭敬而[灬]尊重[ㅎ,xㅣ]
C: 量 無ㅎㄱ 佛乙 供養(ﾉ)ﾉ尸ㅅ 恭敬 而灬 尊重(ﾉ)ㅎxㅣ
D: 한량없으신 부처를 供養하되 恭敬 尊重하고 한다.
E: 무량불께 공양하되 공경하고 존중하며,

---

235) 8행과 9행 사이의 欄上에 紺色의 不審紙가 있다.

<주본화엄34, 20:10>
A: 如是[24(·)]常[24(|)]修習[13(··)]日夜[53(·)]無懈倦[44(·),25(·),52(/)]
B: 如是[攴]常[刂]修習[ﾉﾌﾑ]日夜[十]無懈倦[尸,七,ろ,ハ]
C: 是 如攴 常刂 修習ﾉﾌﾑ 日夜十 懈倦尸 無七ろハ
D: 이 같이 恒常 修習하되 日夜에 게으름이 없어서
E: 이와 같이 항상 닦아 밤과 낮에 게으름 없어

<주본화엄34, 20:10>
A: 善根[41(·)]轉[25(·)]明淨[14(··)?#14(:)?#14(|)?,35(·)]如火[45(·)]鍊眞金[41(·),14(:),24(·),51(··)]
B: 善根[乙]轉[七]明淨[x尸,矢]如火[灬]鍊眞金[乙,ﾉ尸,攴,x分]
C: 善根乙 轉七 明淨x尸矢 火灬 眞金乙 鍊ﾉ尸 如攴x分
D: 善根을 더욱 明淨하게 하는 것이 불로 眞金을 鍛鍊하는 것과 같으며,
E: 선근 더욱 깨끗하기 불로 진금 연단하듯,

<주본화엄34, 20:11>
A: 菩薩[33(·)]住於此[53(|),23(|),12(:)]淨[24(|)]修於十地[41(·),13(:)#13(··)]
B: 菩薩[ᄀ]住於此[ﾗ十,ﾉろ,ﾉᄀ]淨[刂]修於十地[乙,xﾑ]
C: 菩薩ᄀ {於}此ﾗ十 住ﾉろﾉᄀ 淨刂 {於}十地乙 修xﾑ
D: 보살은 여기에 머물러서는 깨끗이 十地를 닦되
E: 보살들이 이 곳에서 十지 행을 잘 닦으며

<주본화엄34, 20:11>
A: 所作[43(\),=55(·)#54(·)]無障礙[44(·),24(|),23(|)]具足[43(|)]不斷絶[44(·),55(/)]
B: 所作[ケ,ㅣ]無障礙[尸,刂,ﾉろ]具足[ろホ]不斷絶[尸,xㅣ]
C: 作(ﾉᄀ) 所ケㅣ 障礙尸 無刂ﾉろ 具足(ﾉ)ろホ 斷絶尸 不xㅣ
D: 지은 바마다 걸림 없이 하여 具足하여서 끊어지지 않는다.
E: 짓는 일이 장애 없고 구족하여 안 그치니,

<주본화엄34, 20:12>
A: 譬[15(·)]如大商主[33(·)]爲利諸[33(·)]商衆[41(·),24(|),32(-)]
B: 譬[ㅅㄱ]如大商主[ㄱ]爲利諸[ㄱ]商衆[乙,ㅣ,ㅅ]
C: 譬ㅅㄱ 大商主ㄱ 諸ㄱ 商衆乙 利ㅣ{爲}ㅅ
D: 비유컨대 大商主는 모든 商衆을 이롭게 하고자
E: 마치 어떤 장사 물주 장사치를 이익 하려

<주본화엄34, 20:12>
A: 問知道[25(·)]險易[41(·),23(/),51(·)]安隱[23(\)]至大城[53(·),34(\),24(·)]
B: 問知道[ㄴ]險易[乙,ㅁㅅ,ㄞ]安隱ㅎ至大城[十,X,攴]
C: 道ㄴ 險易乙 問ㅁㅅ 知ㄞ[236] 安隱ㅎ 大城十 至X 如攴
D: 길의 險易을 물어서 알며 安隱히 큰 성에 이르는 것과 같이
E: 험한 길을 자세히 물어 큰 성중에 잘 가듯이,

<주본화엄34, 20:13>
A: 菩薩[24(|)]住初地[53(·),24(/),32(|),33(·),45(-)]應知[42(|),44(-),25(·),55(..)]{14(·)#14(:)#14(|)}亦[42(\)]如是[23(|)]
B: 菩薩[ㅣ]住初地[十,去,X,ㄱ,X]應知[ㅎ,X,ㄴ,ナㅣ]亦[刀]如是[ㅅㅣ]
C: 菩薩ㅣ 初地十 住(ㅅ)去Xㄱ X[237] 知(/)ㅎ{應}X ㄴ(ㅅ)ナㅣ 亦刀 是 如(攴)ㅅㅣ
D: 菩薩이 初地에 머무르는 것은, 알아야 한다, 또한 이와 같아
E: 초지 중에 있는 보살 하는 일도 그와 같아

---

236) '問ㅁㅅ'으로 해독한 것은 게송과 관련된 <주본화엄34, 17:12-13>을 참고하였다. 이 밖에 51(·)의 위치가 멀어서 인정하지 않고 '問知(ㅅ)ㅁㅅ'으로 해독할 가능성도 있다.

237) 45(-)은 'ㄴ'로 해독할 가능성이 있다. 첫째 근거는 '不矢-' 부정문에서 '-ㅎ{應/可}ㄴㅅ-' 등의 형용사를 부정할 때 자토석독구결의 경우 'ㅅㄱ' 또는 'ㅅㄴ'가 '不矢-'의 선행요소가 되는데, 주본『화엄경』점토 석독구결에는 12(:) 또는 45(-)가 현토된다는 점이다. 둘째 근거는 45(-)가 51(·) 또는 55(..)와 함께 현토된 예가 많은데, 이들은 각각 'ㄴ(ㅅ)ㅎㄞ'와 'ㄴ(ㅅ)ㅎㅣ'로 해독할 가능성이 있다는 점이다. 마지막 근거로 45(·-)는 15(·/)과 함께 현토되는데, 이는 'ㅁㅌ火ㄴㅅㄹㅅㄱ'으로 해독할 가능성이 있다는 점을 들 수 있다.

<주본화엄34, 20:13>

A: 勇猛[43(|)]無障礙[44(·),24(|)]到於第十地[53(·),34(·),31(:),21(-)#11(-)]
B: 勇猛[ㅅ아]無障礙[尸,刂]到於第十地[十,口,xチ,xㅜ]
C: 勇猛(ᄂ)ㅅ아 障礙尸 無刂 {於}第十地十 到口xチxㅜ
D: 勇猛하여서 걸림 없이 第十地에 이르는 줄을.
E: 용맹하고 장애 없이 제十지에 이르도다.

<주본화엄34, 20:14>

A: 住此初地[25(·)]中[53(·),23(|),12(:)]作大功德王[14(i),41(··),53(!)]
B: 住此初地[ㅌ]中[十,ᄂ아,ᄂㄱ]作大功德王[刂尸,入乙,X]
C: 此 初地ㅌ 中十 住ᄂㅅㄱ 大功德王刂尸入乙 作X
D: 이 初地의 가운데에 머물러서는 大功德王이 되어
E: 초지 중에 머문 보살 큰 공덕의 왕이 되어

<주본화엄34, 20:14>

A: 以法[41(·),43(|)]化衆生[41(·),13(··)]慈心[45(·)]無損害[44(·),24(|),52(·)]
B: 以法[乙,ㅅ아]化衆生[乙,ᄃ尸ㅁ]慈心[ㅡ]無損害[尸,刂,ᄂ유]
C: 法乙 以ㅅ아 衆生乙 化ノ尸ㅁ 慈心ㅡ 損害尸 無刂ᄂ유
D: 法으로써 衆生을 敎化하되 慈心으로 損害를 끼침 없이 하며,
E: 법문으로 중생 교화 자비한 마음 손해 없고,

<주본화엄34, 20:15>

A: 統領閻浮[25(·)]地[41(·),43(|)]化[41(·)]行[13(-)#13(··)]靡不[24(·)#24(··)]及[12(··),25(·),24(|),23(|)]
B: 統領閻浮[ㅌ]地[乙,ㅅ아]化[乙]行[xㅁ]靡不[多]及[ᄃㄱ,ㅌ,刂,ᄂㅅ]
C: 閻浮ㅌ 地乙 統領(ᄂ)ㅅ아 化乙 行xㅁ 不多 及ᄃㄱ 靡ㅌ刂ᄂㅅ²³⁸⁾
D: 閻浮提의 地를 統領하여서 敎化를 行하되 미치지 않음 없이 하여

---

238) 자토석독구결의 다음 예를 참조할 수 있다.
十方ㅅ十 示現ノ尸ㅁ 不多 {徧}ケ丨ᄂㄱ 靡ㅌㅅ아 悉ㅅ 能支 諸ㄱ 衆生乙 調伏ᄂヒチ유 <화엄13:02-03>

E: 남섬부주 통치하며 왕의 덕화 멀리 미쳐

<주본화엄34, 20:15>
A: 皆[25(·)]令住大捨[53(·),22(·)]成就佛智慧[41(·),22(·),24(|),51(·.)]
B: 皆[ㄴ]令住大捨[十,ぅ]成就佛智慧[乙,ぅ,刂,xぅ]
C: 皆ㄴ 大捨十 住(ゝ)ぅ 佛 智慧乙 成就(ゝ)ぅ 令刂xぅ
D: 모두 大捨에 머무르고 부처 智慧를 成就하고 하게 하며,
E: 큰 보시에 머물러서 부처 지혜 성취하게,

<주본화엄34, 20:16>
A: 欲求最勝道[41(·),32(-)]捨己[23(-)]國王[25(·)]位[41(·),23(/)]
B: 欲求最勝道[乙,ㅅ]捨己[ぅ]國王[ㄴ]位[乙,ロハ]
C: 最勝道乙 求(ゝ){欲}ㅅ 己ぅ 國王ㄴ 位乙 捨(ゝ)ロハ
D: 最勝道를 구하고자 자기의 國王의 지위를 버리고서
E: 최승도(最勝道)를 구하려고 국왕 자리 다 버리고

<주본화엄34, 20:16>
A: 能[24(·)]於佛教[25(·)]中[53(·),23(|)]勇猛[23(\)]勤[25(·)]修習[12(-),53(··),33(·)]
B: 能[攴]於佛教[ㄴ]中[十,ゝ з]勇猛[ぅ]勤[ㄴ]修習[ナ기,丨十,기]
C: 能攴 {於}佛 教ㄴ 中十ゝ з 勇猛ぅ 勤ㄴ 修習(ゝ)ナ기 丨十 기
D: 능히 부처의 가르침의 가운데에서 勇猛하게 부지런히 修習하면
E: 불교 중에 들어가서 용맹하게 수행하며,

<주본화엄34, 20:17>
A: 則[24(·)]得百[33(·)]三昧[41(·),51(·)]及[25(·)]見百[33(·)]諸[33(·)]佛[41(·),34(-),51(·)]
B: 則[攴]得百[기]三昧[乙,ぅ]及[ㄴ]見百[기]諸[기]佛[乙,白,ぅ]
C: 則攴 百기 三昧乙 得ぅ 及ㄴ 百기 諸기 佛乙 見白ぅ
D: 곧 백 三昧를 얻으며 백 모든 부처를 뵈오며,
E: 일백 삼매 얻은 후에 백 부처님 뵈오면서

<주본화엄34, 20:17>

A: 震動百[33(·)]世界[41(·),52(·)]光照{22(·)}行{14(·)}亦[42(\)]爾[11(·),25(·),52(·)]

B: 震動百[ㄱ]世界[乙,ㅣ分]光照行亦[刀]爾[氵,七,ㅣ分]

C: 百ㄱ 世界乙 震動ㅣ分 光照行 亦刀 爾氵七ㅣ分

D: 백 世界를 震動하며 光明 비춘 행 또한 그러하며,

E: 백 세계를 진동하고 광명 비친 행도 그래,

<주본화엄34, 20:18>

A: 化百[33(·)]土[25(·)]衆生[41(·),52(·)]入於百[33(·)]法門[53(·),52(·)]

B: 化百[ㄱ]土[七]衆生[乙,ㅣ分]入於百[ㄱ]法門[十,ㅣ分]

C: 百ㄱ 土七 衆生乙 化ㅣ分 {於}百ㄱ 法門十 入ㅣ分

D: 백 世界의 衆生을 敎化하며 백 法門에 들어가며,

E: 백 세계의 중생 교화 백 법문에 들어가서

<주본화엄34, 20:18>

A: 能[24(·)]知百[33(·)]劫[25(·)]事[41(·)?,51(·)?]示現於百[33(·)]身[41(·),52(·)]

B: 能[攴]知百[ㄱ]劫[七]事[乙,分]示現於百[ㄱ]身[乙,ㅣ分]

C: 能攴 百ㄱ 劫七 事乙 知分 {於}百ㄱ 身乙 示現ㅣ分

D: 능히 백 劫의 일을 알며 백 몸을 示現하며,

E: 백 겁 일을 능히 알고 백가지 몸 나타내며,

<주본화엄34, 20:19>

A: 及[25(·)]現百[33(·)]菩薩[41(·)]{24(\)}以[43(|)]爲其眷屬[43(·),12(··),41(··),24(\),31(:),51(·)]

B: 及[七]現百[ㄱ]菩薩[乙]以[氵尒]爲其眷屬[氵,亇ㄱ,入乙,ㅁ,х干,分]

C: 及七 百ㄱ 菩薩乙 以氵尒 其 眷屬 {爲}氵亇ㄱ 入乙 現ㅁх干分

D: 백 菩薩로써 자기 眷屬 삼은 것을 나타내며,

E: 백 보살을 나타내어 나의 권속 삼거니와

408 第二部 判讀과 解讀 및 飜譯

<주본화엄34, 20:19>

A: 若[25(·)]自在[12(-)?]願力[14(·),35(·),33(·)-중복선,53(··)]過是數[41(·),43(|)]無量[24(|)-중복선, 55(/),경계선]
B: 若[ㄱ]自在[ナㄱ]願力[尸,矢,ㄱ 중복,ㅣ十]過是數[乙, ㅏ 弥]無量[ㅣ중복,xㅣ]
C: 若ㄱ 自在(ン)ナㄱ 願力(ㅣ)尸矢ㄱㅣ十ㄱ 是 數乙 過(ン) ㅏ 弥 量ㅣ 無ㅣxㅣ
D: 만일 自在한 願力인 것이라면 이 수를 지나서 한량없이 한다.
E: 자재 하온 원력으론 더 지내기 한량없어,

<주본화엄34, 20:20>

A: 我[33(·)]於地義[25(·)]中[53(·)]略[23(\)]述其少分[43(\),41(·),34(·),12(-),11(·)]
B: 我[ㄱ]於地義[ㄴ]中[十]略[ㅈ]述其少分[ケ,乙,ロ,ナㄱ,氵]
C: 我ㄱ {於}地義ㄴ 中十 略ㅈ 其 少分ケ乙 述(ン)ロナㄱ 氵
D: 나는 初地의 義趣 가운데에서 간략히 그 少分만큼을 말했지만
E: 내가 지금 초지 뜻을 조그만치 말했지만

<주본화엄34, 20:20>

A: 若[25(·)]欲廣[24(|)]分別[32(-),14(·),35(·),33(·)-중복선,53(··)]億劫[53(·)?#53(|)?, 53(-)]不能盡[34(|), 22(-),35(·),31(··),55(..)#55(·.)#55(·)]
B: 若[ㄴ]欲廣[ㅣ]分別[入,尸,矢,ㄱ 중복,ㅣ十]億劫[十,乃]不能盡[氵,<ノ>,矢,㔾,ナㅣ]
C: 若ㄴ 廣ㅣ 分別(ン){欲}入(ン)尸矢ㄱㅣ十ㄱ 億劫十乃 盡氵(尸) 不<ノ>能(ㅣ)矢ノ㔾ナㅣ
D: 만일 자세히 分別하고자 하는 것이라면 億劫에라도 능히 다할 수 없다.
E: 광대하게 말하려면 억겁에도 못 다하리.

<주본화엄34, 20:21>

A: 菩薩[44(·)]最勝道[45(·)]利益諸[33(·)]羣生[41(·),44(\),33(..)?,25(··)]
B: 菩薩[尸]最勝道[灬]利益諸[ㄱ]羣生[乙,X,X,ㅌㄴ]
C: 菩薩尸 最勝道灬 諸ㄱ 羣生乙 利益XXㅌㄴ
D: 菩薩의 最勝道로 모든 群生을 이롭게 하는
E: 보살들의 수승한 도(道) 중생들을 이익 하니

<주본화엄34, 20:21>

A: 如是[12(:)]初地[25(·)]法[41(·)]我[33(·)]今[12(:)]已說[44(·)]竟[34(·)#34(|),55(`\)]

B: 如是[ᴧㄱ]初地[ㄥ]法[乙]我[ㄱ]今[ᴧㄱ]已說[尸]竟[ㅁ,xㅣ]

C: 是 如(支)ᴧㄱ 初地ㄥ 法乙 我ㄱ 今ᴧㄱ 已(氵) 說尸 竟ㅁxㅣ[239]

D: 이와 같은 初地의 法을 나는 이제 이미 說하기를 마친다.

E: 이와 같은 초지 법을 내가 지금 다 말하네.없음

---

239) 다음의 예를 참조할 수 있다.
    A: 我[33(·)]以種種[25(·)]方便[25(·)]力[41(·),34(|)?]爲諸[33(·)]佛子[23(-),43(·)]宣說[44(·)]竟[34(·),55(`\)] <주본화엄36, 15:03>
    B: 我[ㄱ]以種種[ㄥ]方便[ㄥ]力[乙,氵]爲諸[ㄱ]佛子[ㆆ,氵]宣說[尸]竟[ㅁ,xㅣ]
    C: 我ㄱ 種種ㄥ 方便ㄥ 力乙 以氵 諸ㄱ 佛子ㆆ {爲}氵 宣說(ᴧ)尸 竟ㅁxㅣ